新疆大学"211工程"优秀学术著作出版资金资助出版
新疆稳定与地区经济发展法制保障研究基地资助出版

Research on Legal Regulation Problems of
Commodity Speculation

商品投机
法律调控问题研究

夏黑讯 / 著

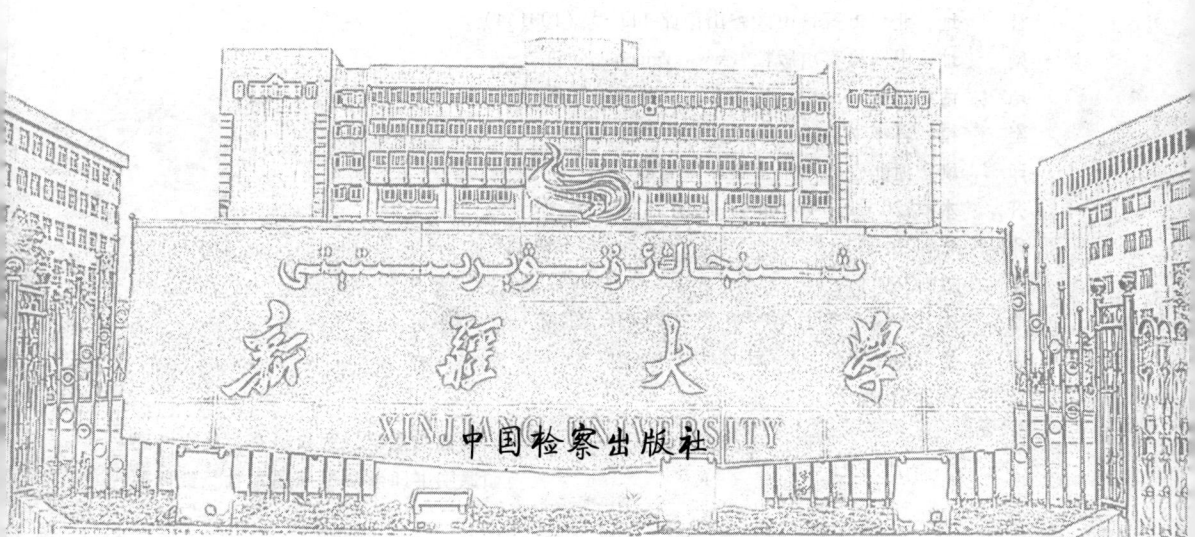

中国检察出版社

图书在版编目（CIP）数据

商品投机法律调控问题研究/夏黑讯著. —北京：中国检察出版社，2014.5
ISBN 978 - 7 - 5102 - 1179 - 9

Ⅰ.①商…　Ⅱ.①夏…　Ⅲ.①商业投机 - 贸易法 - 研究
Ⅳ.①D996.1

中国版本图书馆 CIP 数据核字（2014）第 071029 号

商品投机法律调控问题研究

夏黑讯　著

出版发行：中国检察出版社
社　　址：北京市石景山区香山南路 111 号（100144）
网　　址：中国检察出版社（www.zgjccbs.com）
电　　话：(010)88685314(编辑)　68650015(发行)　68650029(邮购)
经　　销：新华书店
印　　刷：河北省三河市西华印务有限公司
开　　本：720 mm×960 mm　16 开
印　　张：20.25 印张
字　　数：369 千字
版　　次：2014 年 5 月第一版　　2014 年 5 月第一次印刷
书　　号：ISBN 978 - 7 - 5102 - 1179 - 9
定　　价：50.00 元

序

夏黑讯是我同乡，也是我的博士。该书即是黑讯在其博士论文的基础上经多次修订完成的。

选择商品投机法律调控问题作为其博士毕业论文选题，始初，对我来说多少是有一点担心的。因为，商品投机本身涉及的问题与内容较为复杂，而且国内外没有形成相对完整的商品投机基本理论体系，系统研究商品投机基本原理的成果也较为稀少，这使得作者必须花费较大精力和较大篇幅系统分析和论述商品投机基本理论。不仅如此，商品投机基本理论往往要涉及经济学、心理学、社会学、法学等诸多学科，这对于以法学专业为主要研究方向的黑讯来说，应当是一个很大的挑战。经不懈努力，历三年，黑讯终于完成论文初稿，皇皇30余万言，作为导师既感欣慰，也为黑讯高兴，更为其衣带渐宽的身影心疼。

黑讯在博士论文通过答辩之时，曾向我表达出版的愿望，并希望我能为该书作序。现该书将付梓出版，考虑再三，感到能为黑讯的第一本专著写一些感想，既是导师的荣幸，也是导师应尽之事。

商品投机是一种以逐利为目的的特殊商品经济行为。它与商品经济具有天然的联系。哪里有商品经济活动，哪里就可能存在商品投机活动。在商品经济活动中，商品投机一直以来就是人们关注的焦点之一，从近代荷兰的郁金香投机热、美国20世纪二三十年代的股票投机，到现代我国的"豆你玩"、"蒜你狠"、"炒房潮"等，无不充斥着投机因素。

在传统伦理框架中，商品投机一直以负面的形象展现在人们的视野中并为人们所诟病，尤其是在我国高度集中的计划经济时期，打击和限制商品投机一度超出法律的范畴，被提升到政治高度。随着商品经济的发展，尤其随着现代市场经济制度的确立与发展，商品投机在市场经济活动中的积极作用，逐渐得以彰显。因此，改变人们以往对商品投机的片面偏见，重新审视商品投机在市场经济活动中的积极一面，既是社会经济发展的必然趋势，也是学界应负的历史之责。

商品投机是客观存在的，也是可以治理的。在市场经济条件下，运用各种法律手段对商品投机进行调整、引导和规制，是有效抑制商品投机消极作用、促进和维护商品投机积极作用最重要的途径之一。如何对商品投机进行有效的法律调控，实现投机者合法利益与社会公共利益最大化，则是国内外理论界和实务界共同面临的复杂而又棘手的问题。

通览全书，它的最大特点，就在于法律与经济结合、理论与实证结合，论理充分全面，分析细腻透彻，创新之处颇多。

首先，黑讯凭借多年从事经济法理论教学与研究的功底，系统全面地分析了与商品投机相关的基本理论。对我国经济学领域关于商品投机理论体系的研究，提出了颇多可资借鉴观点和思想。

其次，以历史考察与实证相结合的研究方法，探究了古今中外商品投机的演变与重大事件，分析各个历史时期各相关主权国家运用法律、政策手段调控商品投机的表现与功效。这也为当下和将来从事该相关理论研究与实践工作者提供了积极的参考。

再次，运用法律分析方法与思维，在借鉴市场失灵——国家干预失灵——经济法律规制的经济法形成逻辑的基础上，提出并分析了商品投机变动理论，积极探索了商品投机变动与法律调控制度之间的互动逻辑，并指出了商品法律调控制度失灵的应对措施与出路——法律调控制度的适应性调整。

复次，全书详细地分析和探讨了如何克服或应对商品投机法律调控失灵的具体问题。提出最主要、最有效的途径就是对原有的市场经济法律调控机制进行适应性调整，即由立法决策者直接改变原有的法律制度内容和形式，或由法律制度执行者（施控者）直接改变现行的执行机制，及时有效地应对市场经济的实时变化，适应和满足社会发展的客观需求。

最后，该书明确提出并论证了商品投机法律调控的合理限度——宪法限度与伦理限度。即运用法律手段对商品投机进行调控，必须遵循一定的宪法限度和伦理限度。提出了：市场投机法律调控制度的宪法限度的实质，就是对市场经济调控权力予以宪法限制，使其按照宪法的初衷和宗旨或在宪法基本精神下设定与行使相应的市场经济调控权；市场投机法律调控的伦理限度，既包括商品投机调控立法在调整范围与手段方面受到的伦理限制，也包括商品投机法律调控主体在执法监管过程中必须要遵循为民谋福利与防止权力被滥用的道德维度。与此同时，该书还进一步分析了商品投机者的市场经济地位，指出商品投机者在市场经济条件下既要享有一定的经济权利又要承担一定的义务。

应当说，该书是国内第一部以商品投机法律调控问题为题并进行深入研究、系统研究的学术著作。该书的出版不仅对法学、经济法学等学科，即便对经济学等学科也有一定的意义。

这里还要着重指出的是，黑讯在随我读博士前即已在新疆大学法学院从事

经济法学的教学与科研工作，博士毕业后又毅然回到亟需青年才俊的新疆大学
继续任教。新疆大学作为在西部民族地区乃至整个中亚地区具有重要影响的一
所区部共管重点高校，已有近百年的历史。新疆大学的法学教学与科研经过多
年的发展，整体水平已取得了飞速发展，并已形成了自己的特色。在此，也深
切希冀黑讯能坚守并创新经济法学思想与学术理念，为新疆大学、为西北少数
民族地区经济法学的发展和法学教育再写新篇。

陶广峰

2014 年 4 月于南京

目　　录

内容摘要

　　商品投机是一种以逐利为目的特殊的商品经济活动。本质上，它是投机者在商品经济活动中自愿实施的一种非常规性的微观经济行为。商品投机与商品经济具有天然的亲和力，只要有商品交易，就有商品投机的可能性。因为商品经济是以商品交易为核心的经济活动，而商品投机则是商品交易活动的一种非常规表现形式。商品投机是客观存在的，但也是可以治理的。在市场经济条件下，运用法律手段对商品投机进行调整、引导和控制，是有效抑制商品投机消极作用，促进和维护商品投机积极作用最重要的途径之一，同时也是促进和维护市场经济持续健康发展，进一步促进和实现国民经济总变量平衡，维护和实现市场经济活动主体基本经济权利与自由的重要保障。但如何对商品投机进行有效的法律调控，实现投机者合法利益与社会公共利益最大化，则是国内外理论界和实务界共同面临的复杂而又棘手的问题。

　　在传统伦理框架中，商品投机一直被片面视为只具有消极作用的行为而为人们所诟病，并属于绝对排除对象。随之商品经济的发展尤其是随着现代市场经济制度的确立与发展，商品投机在市场经济活动中的积极作用，逐渐得以彰显。为此，人们也逐渐改变以往单一的否定性偏见，重新审视或客观对待商品投机在市场经济活动中的地位与作用。

　　商品投机的形成与发展是各种主客观因素相互作用的结果。这其中既包括投机者为满足某种特殊需要的主观动因，也包括投机者借以进行投机所需要的客观存在的投机机会与条件。投机机会的存在又以一定的制度与非制度因素为前提和基础。非制度性因素主要是指与投机相关的各种经济因素和文化因素，而制度因素主要是指以社会道德规范和宗教为代表的非正式制度因素和以法律制度为核心的正式制度因素。商品投机的形成与成立是两个不同的概念。商品投机作为一种特殊的经济行为，其成立必须具备一定的要素，即主体要素、目的要素、投机资源要素、工具要素和投机客体或对象。在市场经济条件下，商品投机既有非理性的一面，也有其理性的一面，而且在实践，往往具有不同的表现形式与类型。

对商品投机予以法律调控，并不仅仅是当代社会重视的问题，在古代，就已经存在运用法律手段对商品投机进行调整或控制的现象。只不过在不同的历史时期不同的条件下，商品投机法律调控的具体方式与手段往往会存在明显的差异。目前，在社会主义市场经济条件下，我国已逐步形成了一套商品投机微观法律规制与宏观法律调控有机结合的相对完整、系统的商品投机法律调控机制。商品投机法律调控制度同一般法律一样，也存在某种无法克服的缺陷，存在调控失灵的问题。要克服商品投机法律调控制度自身的缺陷，积极应对调控失灵问题，最主要、最有效的途径就是在对商品投机的发展变化及时有效地进行监测与分析的基础上，依据市场经济本质与规律，按照均衡调整、综合协调、法定调整、合理调整、民主与效率等基本原则，以适度投机为调控目标，对商品投机法律决策机制与执法监管机制及时地进行适应性调整。

对商品投机进行法律调控，还必须遵循一定的限度，即在一定的宪法限度和伦理限度内对商品投机予以法律调控。在宪政体制下，除宪法之外的一切法律规则或制度都应以国家宪法为基础与依据，并对宪法负责，接受宪法监督，其规定的内容和效力均不应与之相抵触或相背离。商品投机法律调控制度作为一种法律效力或位阶较低的基本规范或规则，其规定的内容与效力也应置于宪法之下，接受其监督与制约，不得与之相抵触或超出其规定的限度。商品投机法律调控制度合宪性的实质就是对国家享有和行使的市场经济调控权力予以宪法限制，使其按照宪法的初衷和宗旨或在宪法基本精神下设定与行使相应的市场经济干预（调整、管理与控制权）权。法律与伦理道德有许多共性，但这并不意味着法律可以完全取代伦理道德而直接调整所有原本属于伦理道德调整的社会经济关系，即道德法律化是有一定限度的。商品投机法律调控的伦理限度，既包括商品投机调控立法在调整范围与手段方面受到的伦理限制，也包括商品投机法律调控主体在执法监管过程中必须要遵循为民谋福利与防止权力被滥用的道德维度。

在现代市场经济条件下，商品投机者是市场经济活动的重要参与者，是重要的市场主体之一。为了满足自身的合法需要，其应依法享有和行使各种经济权利。以自由交换为核心内容的市场经济，必然要求经济权利的首要内涵是自由。投机者享有的经济自由是有条件的受限制的自由，是受法律和道德双重约束下的自由。对投机者而言，自我基本生存与发展需要的满足，常常又以投机获利为其重要的实现途径，而投机获利又以自由地行使经济权利为前提。自由市场经济制度的重要作用就在于为市场活动主体（包括投机者）自由行使经济权利，进行各种合法的交易活动，提供了重要的平台与保障。而自由市场经济制度的供给与保障之责，就在于政治国家的承担与履行。因此，国家尤其是政府不得假借各种名义，在违背宪法规定和市场经济内在本质的前提下，利用经济调控权随意地对各种商品投机行为进行调整、引导和控制，并直接或间接地限制与剥夺投机者享有的最基本的宪法性经济权利与自由。

关键词 商品投机 适度投机 法律调控 适应性调整 调控限度

Abstract

Commodity speculation is one kind of special commodity economic activities with the purpose pursue benefit. In essence, Commodity speculation is a kind of voluntary and unconventional micro – economic behavior. There is a natural affinity between commodity speculation and commodity economy, which commodity speculation is possible as long as there are commodity trading. Because commodity economy is based on commodity trading, and commodity speculation is a kind of unconventional Manifestation of commodity trading activities. Although there is the objective existence of commodity speculation, but it can be managed. In market economy conditions, it is the most important way to adjust and guide and control commodity speculation by the legal means, which effectively inhibit the negative role of commodity speculation, promote positive role of commodity speculation , promote and maintain the sustained healthy development of market economy, further promote and achieve the balance of the total variable of the national economy, guaranteed and safeguard market players' basic economic rights and freedoms in the market economy activities. But how to effectively regulate commodity speculation by laws and to maximize speculators' legitimate interests and the social and public interests is a complex and intractable problem for domestic and international theoretical circles and practitioners.

In traditional theory framework, regardedas only a negative effective behavior, commodity speculation has been criticized unilaterally and absolutely by people. With the development of commodity economy, especially the establishment and development of the modern market economy system, the positive roles of commodity speculation in market economic activities gradually highlight, people have being gradually change the previous single negative bias, re – examine or objectively treat commodity speculation status and role in the market economy activities.

The formation and development of commodity speculation is the result of the interaction with various subjective and objective factorswhich includes subjective motivations able to meet speculators' some special needs and being objectively opportunities and conditions of speculation. The existence of speculative opportunities must have certain prerequisites and foundations of institutional and non – institutional factors. Non – institutional factors mainly refer to the various economic and speculative factors, simultaneously institutional factors mainly mean the informal system about social ethics and religion and the formal institutional factors with the core of law.

The formation of commodity speculation and the establishment of commodity speculation are two different concepts. As a special kind of economic behavior, the establishment of commodity speculation must have certain elements of Participant, destination, speculative resources, tools, speculative objects. Under market economy conditions, the commodity speculation has both sides of irrational and rational, but has different forms and types in practice often.

Since ancient time especially modern society, many countries or regions including China were paying attention to the regulation function of legal means to commodity speculation. Now, many countries in the world have formed a relatively complete legal regulation system of commodity speculation, which include the mandatory micro – legal regulation system involved in non – legitimate speculation and micro – legal regulation system involved in indirectly adjusting and guiding legitimate speculation. Under different historical conditions, there are the differences in culture, politics, economy and social systems and so on, which make countries or regions take different legal attitude, legal status, legal regulation mode and means on a certain range of commodity speculation.

Similarly to like a general law system, the legal regulation system of commodity speculation has some defects not overcome and the problem of control failure. To overcome the defects of commodity speculation legal system on itself and positively response to control failures, the most important and effective way is to suitably adjust the legal decision – making mechanisms of commodity speculation and the law enforcement and regulatory mechanisms in time, on the basis of timely monitoring and analysis on the diversification of commodity speculation and complying with the nature of market economy and following the basic principles of isostatic adjustment, comprehensive coordination, statutory adjustment, reasonable adjustment democracy and efficiency etc. , in accordance with zero tolerance of non – legitimate speculation and the modest goal of legitimate speculation.

It is must to follow certain limits of constitution and ethical to regulate commodity speculation by law. Under the constitutional system, in addition to the constitution, all the legal rules must have the foundation of constitution, and are responsible to the constitution, accept the constitutional supervision, are consistent to or incompatible with constitution about content and effectiveness of law. In essence, constitutionality of legal regulation system of market speculation is a kind of constitution limits to the regulation power of market economy enjoyed and implemented by countries, which make them create and carry on the intervention power of market economy in accordance with the original intention and purpose of the constitution or the basic spirit of the constitution. There are much more in common between law and ethics, but it not means law can adjust all relations of social and economic originally belonged to the scope of ethics' adjustment, namely the moral law has certain ethical limit. The ethical limit of legal regulation of market speculation include the ethical limit of adjustment range and means in regulation legislation of commodity speculation and the moral dimension of the people well – being and preventing abuse of power during the course of enforcement regulatory.

In the condition of modern market economy, market speculator is an important participant in market economic activities, and one of the important market players. In order to meet their legitimate needs, market speculator should legally enjoy and exercise all economic rights. As the core content of market economy, the free exchange require inevitably that the primary meaning of economic rights is freedom. The economic freedom speculators enjoyed is the freedom restricted by conditions and the freedom with constraints of legal and the moral. In terms of speculators, basic needs of self – survival and development are often to be realized through the important ways of speculative profit, but to exercise freely economic rights is the premise of the acquisition of speculative profit. The important role of free market economic system is to provide an important platform and security for free making use of economic rights by speculators and legitimate trading activities. The supply and security responsibility of free market economy is to be fulfilled and performed by political countries. Sincely, a country especially its government should not adjust, guide and control a variety of commodity speculation at random, at the same time, should not directly or indirectly limit and deprive of the most basic constitutional rights and freedoms of speculators' under the guise of various names and the premise of department from the constitutional provisions and the inherent nature of the market economy.

Key words: Commodity speculation　Moderate speculation　Legal regulation Adaptation regulation　Regulation limit

绪　论

一、选题缘起和意义

（一）选题缘起

自从实行改革开放以来，尤其是社会主义市场经济体制目标确立以来，我国社会经济取得了长足发展，社会主义市场经济日趋活跃，市场化程度逐步提高。但是改革旧有体制必然涉及众多方面的既得利益，而社会转型也必然会伴随着阵痛和风险。在制度不尽完善或存在漏洞以及面对千变万化的市场变动与未来某种事件的不确定性时，为了规避风险或谋获更多的利益或其他特殊追求时，人们常常转变自己常规的思维方式和行为方式，依靠自己的智慧与经验，延承或发展出一些不被社会大众所提倡的行为方式，或重拾原本为世人所厌恶的某些传统社会行为方式。也就是说，在某些人看来，按照惯常方式行动往往不如按其他"非常规"方式行动更为直接高效，甚至是更为"合理"地实现自身追求的目标。这种行为方式对一些不同于常人的具有高度理性思维和渊博智慧的专家学者来说，或许是具有更多非理性成分的且对整个社会利益构成损害的行为。但对追求个人利益最大化的行为个体来说，或许是合理的。这种最具代表性的行为方式莫过于客观存在于商品经济活动中尤其是现代市场经济活动中并长期为人们高度关注和引起争议的商品投机行为。

自从有了人，就有了投机活动和投机者。过去如此，将来也会如此。① 尽管笔者不敢完全苟同这句话，但其中却包含着这样一个事实：投机或投机行为的产生不是当代社会产物，而是具有悠久的历史沿革②。一些人认为只有资本主义经济体制才把人变成了投机者。这种观点是完全错误的，圣经就已经把这一点驳倒了。③ 之所以说投机具有悠久的历史，依据在于既有相关文献资料记

---

① ［匈］安德烈·科斯托拉尼：《大投机家》，何宁译，海南出版社、三环出版社2006年版，第15页。

② 在此不包含对投机内涵与外延任何限定，如果有也只是从最普通的或最广义的角度使用，而非被视为具有主流意义的经济学角度使用。

③ ［匈］安德烈·科斯托拉尼：《大投机家》，何宁译，海南出版社、三环出版社2006年版，第13页。

载，也有相关学者的考证，当然也包括最具说服力的有关投机历史事件。① 投机作为一种"非常规"现象，在世界范围内客观存在的，甚至存在于多种不同的经济体制中，当然市场经济体制最为明显也最为活跃，产生的社会影响与后果更为明显，因而也最能惹人眼球，引人关注。在对商品投机予以关注的人群中，既包括公民个人、各种经济组织，也包括国家权力机关与决策层、公共行政部门的实务人员以及相关理论家或学者等。

在传统伦理框架中，投机行为属于绝对排除的对象。而在日常生活中，投机行为一般并不为人所齿，也不为人所重视，甚至有时被遗忘，即便是经济学家在分析市场经济问题时，也常常忽视投机的存在或忽视投机在市场经济运行中的地位与功效。这一断言，并不是纯粹的经验分析与猜测，而是从以往的许多经济学家的经济学经典著作中找不到有关投机的专门性篇章论述为佐证的。随着商品经济的发展，投机问题却变得复杂起来。投机的存在及其变化所导致的积极社会效应与消极社会效应，或宏观社会效应与微观社会效应，已无法被人类社会完全忽视。所以投机问题便成为理论界与实务界持续认真对待和研究的问题，而不是在商品投机逐渐涌起与蔓延，使投机频率和投机的规模达到一定程度，形成一定的显性或隐形风险如投机泡沫，并引发一系列社会问题与矛盾时才被重视；也不是随着市场经济运行重新趋于平稳或风平浪静时，人们对其关注随之偃旗息鼓。

在商品经济的历史上，国内外不乏各种各样的投机现象与活动，如 17 世纪荷兰的郁金香投机热、1928—1929 年的股票投机热，近两年我国的房地产投机热，日本地震导致核泄漏引发的食盐抢购潮等。近年来，世界各国包括发达资本主义国家和新兴发展中国家由商品投机所引发的各种经济危机，已引起了世界各国各领域学者（其中经济学领域的学者对此关注最为突出）的广泛关注，实在不足为奇。但是在一定条件下，因商品投机严重不足或市场欠缺投机而影响市场经济的活力并阻碍或滞后整个国民经济持续健康发展的问题，却未引起人们尤其是许多经济学家的足够重视。投机并不完全是猛虎野兽，况且即便是猛虎野兽，其自身也有不可忽视的价值或积极作用。任何人对客观存在

---

① 如汉语中"投机"一词最早可见于《新唐书·屈突通张公谨等传赞》，书中"有投机之会"。黄长征：《投机经济学》，中国社会科学出版社 2003 年版，第 2 页。《新唐书·屈突通张公谨等传赞》，"投机之会，间不容穟，公谨所以抵龟而决也"。参见《辞海》（普及本·第 3 卷），上海辞书出版社 1999 年版，第 3651 页。历史上流传的第一次投机出自埃及的约瑟夫之手。在古雅典一个名叫弗米恩金融杂技演员因其冒险商业投机活动而导致了一系列的金融灾难和价格暴跌。参见［匈］安德烈·科斯托拉尼：《大投机家》，何宁译，海南出版社、三环出版社 2006 年版，第 13～14 页。

的商品投机故意视而不见或忽略不计，未必是一种理性化的选择方式或应对举措，尤其是对具有一定社会经济决策与管理职能国家而言，尤为如此。基于此，我们应以客观中立的姿态看待商品投机问题，以唯物辩证的方式既要重视商品投机活动对社会经济所产生的消极作用，也要重视商品投机活动对社会经济所起到的积极作用。

商品投机既是一个旧问题，同时也是一个新问题。说它是一个旧问题，就在于从历史角度看，商品投机是随着商品经济的产生而形成的一种较为古老而又特殊的商品交易行为，并且随着商品经济的发展尤其现代市场经济的发展而不断地得以存在与发展。从人们对其关注情况看，商品投机自其产生以来，就引起了人们的关注，这其中既包括具有某种特殊利益追求的投机者，也包括直接或间接受投机影响的非投机者以及具有特殊经济管理职能的国家管理者或统治者。说它是一个新问题，就在于随着市场经济的发展，商品投机也随之呈现出各种新的变化。如何客观地分析这种新的变化，准确地了解商品投机新的发展变化规律，积极应对这种新的变化所带来的影响以及如何有效地抑制商品投机的消极功能，充分发挥商品投机的积极功能等，都是摆在人们面前亟需解决的新问题。

在市场经济条件下，作为投机行为主要表现形式与主要内容的商品投机与市场经济体制本身具有密不可分的关系。如从 20 世纪 80 年代末至 90 年代因通货膨胀所引发的全国大面积的抢购日用消费品的消费投机，到前两年的股市投机泡沫，再到近两年房地产商品投机，都凸显了我国市场经济体制下的特定制度因素，其中法律制度则是其核心内容。在现代民主法治社会，法律因其特殊的地位和方式，在有效抑制商品投机的消极功能和充分发挥商品投机的积极功能时，往往具有不可替代的作用。但如何对商品投机进行科学、合理、有效的法律调控，商品投机与法律调控制度之间存在怎样的内在关联性，商品投机法律调控制度的运行机制及商品投机法律调控过程中应注意哪些问题等，都是摆在法律理论界和实务界面前复杂而又棘手的新问题。尤其是对处于转轨时期的中国而言，在旧的道德体系破除，新的商业伦理还没有建立的情况下，从事法学理论与实务的工作者，应如何从法学角度，正确认识、理解、把握商品投机与法律制度之间的关系，如何运用法律手段从宏观和微观角度对商品投机进行合理有效的调整、引导和控制，在笔者看来，则是一项全新的课题与内容。

（二）研究意义

1. 本书在批判与继承前人已有的有关投机理论研究成果的基础上，进一步分析研究商品投机的概念、特征、构成要素与手段、类型与表现形式、市场经济的功能与地位、形成的主客观原因等基本理论问题，并将投机理论与我国转型时期社会主义市场经济运行过程中出现的大量商品投机现象紧密联系在一起，形成了一套较为完整的商品投机基本理论，一定程度上有助于促进商品投机理论体系的完善和确立，有助于人们对商品投机有一个较为客观全面的认识与把握，对商品投机树立正确的观念，为商品投机在传统观念中片面消极地位进行"正名"。

2. 商品投机是客观存在的，也是可以治理的。通过对商品投机基本理论的分析与研究，探索商品投机产生发展的机理，发掘商品投机的内在规律性与特点，为国家决策机构与执法监督机构合理有效地治理商品投机，提供重要的理论指导。

3. 本书以法律分析方法分析研究了商品投机的诸多法律问题，如商品投机产生或形成的法律基础与条件，商品投机变动与法律适用性调整的内在逻辑，法律进行有效调整的基本价值目标与原则等。将商品投机的经济现象和法律知识与方法有效结合起来，相互渗透，丰富了研究商品投机问题的方法与视角，而不是以往及现在过分倚重经济学、心理学与个人主义行为学的研究方法与视角，弥补了法律理论界对商品投机研究的不足与滞后。

4. 通过分析研究商品投机及其变动为内容的微观经济行为内在特征与发展规律，为国家或政府及时适当地调整宏观经济政策与法律法规，提供客观可靠的量化依据和基础。同时，及时适当地调整宏观经济政策与法律法规，也有助于个人与经营组织以此规范或指导自己的行为。个人微观行为与国家或政府宏观行为之间及时有效的相互影响，相互作用，相互过渡与转换，并以法律制度的形式合理性与实质合理性有机结合为基础，有助于形成一个良好的互动关系，促进个人、企业、社会和国家之间的利益均衡化与最优化发展。如果将两者之间客观存在的联系，人为隔开或视而不见或无法容忍的无知与偏见，必然会导致个人行为与政府行为朝着两个相反的方向极端发展，激化社会矛盾，进而阻碍社会和谐与进步。

二、国内外理论研究现状与评价

（一）国内理论研究现状

20 世纪 90 年代中期，国内理论界主要是经济学界少数经济学家才开始关注投机问题尤其是商品投机问题。对包括商品投机理论在内的投机理论进行系统专门研究，总体起步较晚，并明显滞后于欧美等西方发达国家的理论研究，甚至晚于投机现象的出现与实践，并受到西方国家投机思想与理论的很大影响。1995 年我国著名老一辈经济学家于光远先生就在《值得研究的投机经济学》一文中，呼吁与倡导年轻一代的经济学人应勇于克服偏见，摈弃传统观念束缚，积极投身于投机经济规律的研究中。他的呼吁得到年轻学者的热烈响应，尤其是随着我国证券、期货市场的产生与不断发展，社会投机、商品投机行为越来越多，研究投机行为人也随之增多，并公开发表和出版了较为丰富的有关商品投机的经济理论成果，如 2003 年出版的黄长征的《投机经济学》、2004 年出版的胡军的《理性投机分析》等专著，以及药建英 1995 年发表的《投机与市场价格变动》、毛兆荣 2004 年发表的《房地产"投机"动因的经济分析》、谭相秋 2005 年发表的《行为经济学在消费者购房行为研究中的应用》、董长瑞 2009 年发表的《投机消费一种值得研究的消费现象》、王惠文 2004 年发表的《过度投机中的理性化特征》等论文。此外还有若干与投机相关的博士学位论文，如董长瑞的《投机消费及其经济影响研究》、赵鹏的《中国股市投机泡沫形成机制与实证研究》、高维和的《中国企业渠道投机行为及其治理策略研究》等。

（二）国外理论研究现状

国外尤其是欧美等西方国家的投机理论研究明显早于中国，其形成的投机理论成果与确立的投机理论体系，也远在中国之上。究其原因，主要在于所处的社会历史环境与制度背景的差异。国外有关商品投机的理论与思想，较早可追溯到早期经济学家凯恩斯在其经典经济学著作《就业、利息和货币通论》中从研究企业的角度讨论与阐述的投机性市场理论。20 世纪 70 年代，西方经济学的研究出现了一股行为主义的热潮，他们将人的心理和行为因素引入经济学分析中，构建独特的行为经济学理论。20 世纪 80 年代，理性预期理论又被引入投机行为分析中，使投机理论得到进一步发展。随后，经济学界将有关投机理论的研究成果逐渐广泛应用到金融市场领域中，尤其是股票、期货以及后来的贸易、房地产、企业经营管理、消费等投机程度很高的市场领域。在对商品投机理论研究中，具有代表性、影响较大的有加尔布雷斯的《1929 大萧条》（1988 年版）中投机性泡沫理论，希勒的《股市变动》（1989 年版）中股市投机理论，弗里德曼的稳定投机理论，金德尔伯格的局内人与局外人投机理论以及投机消费理论等，形成了较为全面的商品投机基本理论。

（三）国内外理论研究评价

到目前为止，国内外对商品投机的研究，从内容上看，主要集中在四个方面：一是分析研究商品投机的客观存在性及其性质，包括商品投机产生的原因（社会环境、心理、行为、信息等因素）；二是运用数学模型、实验、经验推理的方式分析了商品投机变量因素对市场经济的影响，并提出了一些有重要理论意义和实践意义的应对策略；三是侧重分析研究了市场经济发展进程中所发生的具有重要影响的商品投机历史事件，归纳分析了商品投机的特点与规律；四是运用商品投机研究理论成果，积极将其运用到相关市场领域。起初，投机基本原理更多的是被运用到股票、期货等金融领域，近些年开始有所转变，投机原理越来越多地被应用到房地产、企业营销与管理等领域。历史上，投机更多的是被认为投资者的非理性行为所引起的。① 由于以往对投机的研究没有真正区分投机与商品投机的差异或区别，并把它们混为一谈或视为同义语，并对其更多的是进行一种简单的描述或片面界定，且各抒己见，因而没有形成统一的权威性的商品投机基本理论体系，而且有关商品投机的一些基本理论研究，仍然存在不足或不尽完善。

　　从总体上说，以上研究内容从主流上看，仍属于经济学范畴，或者说现有的有关商品投机的思想观念与理论及其应用，仍没有摆脱具有极强穿透力的经济学理论与思想的影响或干扰。而从法律的视角和法学分析的方法，分析研究商品投机问题的学者与理论成果，明显存在不足。虽然有个别理论成果或多或少地涉及商品投机的法律制度因素或规范因素，但专门运用法学方法与原理分析研究商品投机问题的，最多也就分析探讨了特定国家特定时期的商品投机现象及与之相关的制度因素。如加尔布雷斯的投机性狂热模型直接针对的就是1929 年美国"大萧条"中股市泡沫的一些制度因素，如税收政策、社会分配、经济杠杆等因素，基本上没有形成一个系统的概括性的商品投机法律调控理论。如商品投机变动对法律规范的影响及法律如何应对，商品投机者如何表达和维护自己的基本权利，国家对商品投机进行干预是否存在一定的限度，如果存在限度，那么应是何种限度等，而且对商品投机背后的制度因素分析也不是很深入全面。

三、研究思路与方法

（一）研究内容与思路

　　从内容与结构安排上，本书总体分为五个部分即五章。其中第一部分重点分析和探究了与商品投机相关的一系列基本理论，这其中主要包括商品投机概念、特征、性质、构成要素、类型、作用、形成的条件与基础等。商品投机基本理论从总体上来说，具有一定的概括性和抽象性。它的确立与完善对于与之

---

　　① Mackay Charles, 1852, Extraordinary Popular Delusions and the Madness of Crowds, Vol. 1, 2nd Edition, London: Office of the National Illustated Library.

相关的法律问题的分析与研究，尤其是为商品投机法律调控基本原理与制度的展开提供了重要的理论基础。

第二部分以实证的方法重点分析和探讨了国内外相关国家的商品投机法律调控制度的历史与现状，指出不同国家之间商品投机法律调控制度的共性与差异。系统地分析了社会主义市场经济条件下我国当前的商品投机法律调控运行机制，指出其中存在的不足。

第三部分重点分析了商品投机法律调控机制的失灵问题，指出商品投机法律调控机制失灵的原因与表现。系统地分析了商品投机法律调控机制失灵与商品投机变化之间的内在联系。

第四部分主要是针对商品投机法律调控机制失灵问题提出和论证了一系列符合世界各国共同需要的基本应对措施与方法。同时结合我国国情提出了一系列符合现实需要的有关对现行商品法律调控制度进行调整所应遵循的基本原则、目标、依据与范畴等。

第五部分探讨和强调了运用法律手段在对商品投机进行调控的过程中，应当注意或遵循一定的限度，即宪法限度与伦理限度。同时还指出了在对商品投机行为进行调控时，应当注意和尊重商品投机者在正当投机时依法应享有的基本经济权利与自由。

（二）研究方法

1. 以法学理论分析和规范研究相结合，系统地研究了商品投机的基本法律原理与法律制度，其中包括商品投机法律调控体系、商品投机的法律地位，商品投机对现行法律规范的影响，商品投机者权利与义务，分析论证商品投机法律调控应遵循的基本原则、任务与目标等。

2. 因果分析法。通过因果分析法，有助于分析和了解导致商品投机的形成与发展变化及商品投机法律调控制度失灵等问题的各种主客观原因，使我们能够在理论研究和实务工作中做到有的放矢，及时有效地应对和克服商品投机法律调控中出现的各种新问题。

3. 个案分析与归纳总结相结合的方法。通过对一些具有代表性商品投机案例进行研究，观察分析投机现象背后所隐含的本质与规律性的东西，将相关的基本理论与社会现实紧密结合起来，增强论文叙述与论证的权威性与可信服性。

4. 运用辩证分析法，客观地分析商品投机在市场经济活动中的积极作用和消极作用。

5. 运用经验分析与逻辑推理的方法，分析探讨了商品投机变动与相关法律调控制度之间相互影响、相互作用的内在逻辑关系。

四、研究创新之处

1. 进一步丰富和确立了商品投机基本理论体系，提出并分析了与商品投机相关的一些新的观点与理论，其中主要包括商品投机构成要素与投机手段、商品投机的分类、商品投机的理性化与非理性特征等。

2. 以法律分析方法与思维，提出并分析了商品投机变动理论，探索了商品投机变动与法律调控制度之间的互动逻辑，提出了商品法律调控制度失灵的应对措施——法律调控制度的适应性调整，并确立和论述了商品投机法律调控适应性调整应遵循的基本原则、目标与范畴等。

3. 提出并论证了商品投机法律调控的合理限度——宪法限度与伦理限度。

4. 通过对商品投机行为背后投机者自身动因与需求出发，开创性地分析了投机者尤其是个人投机者如消费者的基本经济权利或自由在市场经济条件下的"另类"行使与实现方式——商品投机。

经济学的问题，是以最小的努力获得欲望的最大满足，以最小量的不欲物获得最大量的可欲物。

——斯坦利·杰文斯

承担风险的意愿对于自由经济的增长具有关键作用。

——前美联储主席艾伦·格林斯潘

第一章　商品投机的基本理论

第一节　商品投机的概述

一、投机与商品投机的概念

（一）投机概念的纷争梳理

由于所处的历史文化背景和政治经济制度的差异，人们对"投机"的概念形成了各种各样的观点，迄今也未形成一个统一的权威性界定。即便是对"投机"分析研究最多的经济学领域，也同样存在诸多的差异，况且"'投机'从来都不是主流经济学关注的重要对象"。[1] 在西方经济学先后流行过的三本著名的教科书中，即约翰·穆勒的《政治经济学》、马歇尔的《经济学原理》、萨缪尔森的《经济学》，对投机行为都没做深入的分析，[2] 而且实践中还存在着将投机与投机倒把、投机取巧、商品投机、赌博、投资等概念不加区分地混同使用的现象。因此，对一些主要的有关投机的概念或学说进行梳理分析，是客观分析与科学界定商品投机概念的前提与基础。

在汉语当中，所谓"投"是指扔、掷、投入之意；而"机"则是机会、时机的意思。[3] 而"投"与"机"合在一起，《当代汉语词典》解释为：利用

---

[1]　黄长征：《投机经济学》，中国社会科学出版社 2003 年版，第 14 页。

[2]　黄长征：《投机经济学》，中国社会科学出版社 2003 年版，第 14 页。

[3]　《中华字海》，中华书局、中国友谊出版公司 1994 年版，第 737 页、第 121 页。

时机用不正当手段谋取私利，如投机钻营、投机取巧。《辞海》将投机解释为迎合时机，后专指乘时机以谋求个人名利。"投机"一词最早可见于《新唐书·屈突通张公谨等传赞》所记载的"有投机之会"一语，其中投机是指迎合时机、投准机会的意思。① 此外投机还有两相契合、乘机牟利等意思，如陈汝元《金莲记·构衅》中的："酒逢知己千杯少，话不投机半句多"，意指两相契合，② 周而复的《上海的早晨》一书中所描述的"朱延年老是做投机买卖，又没有本事，最后蚀光拉倒"中的投机买卖则是指乘机牟利的意思。③《中国金融百科全书》中将"股票投机"界定为利用股票价格波动，以牟取最大利润为目的的短期的股票交易活动。④《证券投资大辞典》指出：在证券市场上的投机，绝不是人们常说的投机倒把，而是指通过选择时机买进卖出证券，以获得差价收益的行为。⑤ 外汇市场上的投机是指期望从未来的汇率涨落中获利而进行的外汇买卖。外汇投机是投机者在汇价变动上赌博的行为，因此冒有很大的汇率风险。⑥

　　在英语中，根据高维和博士的考证，投机或投机行为一词最初源于Oppportunism，而不是一般概念上的 speculaion。但近些年来，人们根据使用的习惯与许多学者较为自然接受的范围以及现代国外一些权威性的工具类辞典的界定与评述。Oppportunism 通常被国内许多经济学者译为"机会主义"⑦，speculaion 则被译为投机或投机行为。例如《布莱克法律词典》将 speculaion 一词就界定为：根据价格波动之差以期获利的买卖活动，亦指期望获取非正常巨额利润而从事风险性商业交易与投资的行为。⑧《新帕尔格雷夫经济学辞典》对投机的定义是"为了再出售（或再购买）而不是为了使用而暂时买进（或

---

① 黄长征：《投机经济学》，中国社会科学出版社 2003 年版，第 2 页。

② 《汉语大词典》（第 6 卷），汉语大词典出版社 1990 年版，第 407 页。

③ 《汉语大词典》（第 6 卷），汉语大词典出版社 1990 年版，第 407 页。

④ 黄达、刘鸿儒、张肖：《中国金融百科全书》，经济管理出版社 1991 年版，第465 页。

⑤ 韩双林、马秀岩：《证券投资大辞典》，黑龙江人民出版社 1998 年版，第 465 页。

⑥ 崔生金主编：《财经管理辞典》，中国科学技术出版社 1991 年版，第 253 页。

⑦ 高维和：《中国企业渠道投机行为及其治理策略研究》，上海交通大学 2007 年博士学位论文，第 6 页。

⑧ Black's Law Dictionary, By Henry Campbell Black, M. A.（Ⅴ）, 1979, By West Publishing Co.

暂时出售）商品，以期从其中的价格变化中获利"① 的经济活动。萨缪尔森则认为："投机就是（试图）从市场价格波动中获利的活动。"② 由于萨缪尔森及其经济学著作在国外经济学权威性与影响，因而他的有关投机的定义在西方具有广泛的影响和一定的代表性。美国著名的经济学家凯恩斯不是对投机的概念作明确的界定，而是根据投机行为的特点与性质作了较为详细生动的描述："从事职业投资，好像是参加择美竞赛……每个参加者都从同一观点出发，于是都不选他自己真认为最美者，也不选一般人认为最美者，而是运用智力，推测一般人所认为一般认为最美者。" 当美国人购买一件投资品时，希望所寄，主要不在该投资之未来收益，而在该投资之市价（因循成规的市价）波动于他有利，换句话说，他就是以上所谓投机者。③ 美国经济学家威廉姆森认为："投机行为是指不充分揭示或歪曲有关信息，特别是指那些精心策划的误导、颠倒、歪曲或其他种种混淆视听的行为，直接或间接导致了信息不对称问题，从而使经济组织中的问题极大地复杂化了。"④

近些年来，国内也有许多学者对投机的内涵进行了相应的探讨和研究，如我国学者黄长征将金融领域中的投机界定为：投机是一种试图通过交易对象短期价格的波动，谋取买卖差价中高风险收益的经济行为。⑤ 董长瑞博士将投机定义为："交易者根据自己的判断，愿意承担一定的市场风险，所做出的买卖决定。"⑥

在现实生活当中，人们还常常将投机与其他一些相近或相似的词语混同使用，如投机取巧、投机倒把等。投机取巧在《汉语大词典》中被界定为耍小聪明，利用时机谋取私利。⑦ 投机倒把是我国独有的术语，意思也较为丰富，并且在我国一些相关辞书与文献中也有详细的界定与描述。如《经济与管理大辞典》将投机倒把界定为：一般指工商业和金融等领域中，为了谋取暴利

---

① ［英］伊特维尔、米尔盖特、纽曼：《新帕尔格雷夫经济学大辞典》，胡坚等译，经济科学出版社 1996 年版，第 476 页。

② 转引自黄长征：《投机经济学》，中国社会科学出版社 2003 年版，第 193 页。

③ ［美］约翰·梅纳德·凯恩斯：《就业、利息和货币通论》，徐毓枬译，商务印书馆 1997 年版，第 133～136 页。

④ Williomson, Oliver E., The Mechanisms of Governance. New York：Oxford University Press, 1985.

⑤ 黄长征：《投机经济学》，中国社会科学出版社 2003 年版，第 4 页。

⑥ 董长瑞：《投机消费及其经济影响研究》，华中科技大学 2008 年博士学位论文，第 28 页。

⑦ 《汉语大词典》（第 6 卷），汉语大词典出版社 1990 年版，第 407 页。

而进行的各种不正当活动，即利用各种手段扰乱市场以追求高额利润的行为。如黑市经纪、买空卖空、囤积居奇、哄抬物价、倒买倒卖、弄虚作假等，是资产阶级唯利是图本质的表现。在社会主义阶段，则是一种违法行为，是打击的对象，是保证社会主义事业顺利发展和巩固无产阶级专政的一项重要措施。① 《当代汉语词典》与《汉语大词典》则以投机倒把的具体表现形式对其加以界定，即以囤积居奇、买空卖空、掺杂使假、操纵物价等手段攫取暴利的行为。黄运武主编《市场经济大辞典》对投机倒把行为作了更为详尽的界定，即投机倒把（speculation）是以谋取非法利润为目的违反国家法规和政策，扰乱社会主义市场经济秩序的行为。投机倒把行为由工商行政管理机关依法予以处罚。其中情节严重，构成投机倒把罪的，由司法机关依法惩处。② 此外，我国特定社会历史时期的法律法规如 1979 年《刑法》，就对投机倒把罪的概念及其定罪处罚作了具体规定。

通过以上分析，我们可以发现：

首先，投机的内涵较为丰富，不同的人由于所处的客观环境的差异或主观动机的不同，则有不同的看法。作为一种行为而言，其既可指一种经济行为，也可指一种社会行为或法律行为或政治行为。从适用领域看，投机在实践中应用较为广泛，这其中包括政治领域、经济领域、体育竞技等领域，但应用最为广泛的，当属经济领域，如证券投机、股票投机、外汇投机、期货投机、投机倒把等。

其次，实践中人们经常将投机与投机行为混同使用，不加以区分。实际上，投机既可以是一种行为，也可以是一种现象。就词性而言，投机是一个中性词。但更多的时候人们将其视为一个贬义词，片面地将其与投机钻营、投机取巧、投机倒把混同使用。以投机倒把为例，投机倒把可以说是在特定时期针对特定的违法犯罪行为或现象的高度概括与使用的一个法律术语，并经常为人们所不齿或被作否定性评价。投机与投机钻营、投机取巧、投机倒把无论是在内涵还是外延、性质、特征上均存在一定的差异，两者不能简单画等号。但它们之间也存在一定的关联性，从某种意义上说后者是前者重要的社会表现形式，反映了投机行为的实质特征。

再次，经济学意义上投机具有一定的时代特征，它的内涵与表现形式往往会随着社会的发展变化而相应地调整。因此，在提及投机时，人们常常会遇到

---

① 马洪、孙尚清主编：《经济与管理大辞典》，中国社会科学出版社 1985 年版，第 454 页。

② 黄运武主编：《市场经济大辞典》，武汉大学出版社 1993 年版，第 796 页。

传统意义上的投机与现代意义上的投机的提法。

最后，尽管人们对投机内涵至今还没有形成一个统一的界定，但相互间看法或观点并非是非此即彼的关系，而是在某种程度上具有共通之处，或是相互间影响相互借鉴的，如在多数情况下投机被视为是一种特殊的社会行为尤其是一种特殊的经济行为。

在笔者看来，投机意指人们根据自己所掌握的学识与信息，并运用自身智力，分析推测其所关注的特殊客观环境发生变动与否或其变动的幅度与规律，找准时机投入其所掌控或使用的一定资源，以期获得超额的或额外收益的非常规行为。根据投机的适用范围或被限定的程度，可分为广义投机与狭义投机。广义上的投机是指广泛适用于各种领域的投机；狭义的投机，意指被限定于特定范畴的投机。本书所论述的投机，是一种狭义上的投机，是一种被限定于经济领域尤其是商品经济领域的投机，而非政治意义或竞技意义等方面的投机。

在经济学领域，投机常被视为一种非常规的风险性交易行为或投资行为，是投机者凭借自身的能力与掌握的信息，在分析推测市场行情尤其是价格变动的基础上，投入一定资金与实物于市场，以期获得超额或额外利润的行为。一般来说，只要有商品经济，也就必然存在交易与买卖，因而也就存在投机的可能性。投机所依赖的市场既可以是商品交易场所，也可以是投资市场；既可以是有形市场，也可以是无形市场。事实上，商品投机既可以存在于商品经济体制中，也可以存在于计划经济体制中；既可以存在于简单商品经济中，也可以存在于现代意义上的市场经济中。

（二）投机与投资的区别与联系

传统投机理论常常将投机与投资紧密联系在一起，并将投机视为投资的一种手段和方式。① 事实上，投机与投资无论是内涵上还是外延，均存在诸多差异。

在社会经济发展的进程中，因所处的历史背景或政治经济制度的不同，人们对经济学意义上的投资（investment）赋予了不同内涵。在新中国成立之后和社会主义市场经济体制确立之前，有人将投资视为一种特殊的较为完整的经济行为过程，并将投资区分为资本主义制度下的投资和计划经济体制下的投资或社会主义制度下的投资。《简明大不列颠百科全书》明确指出："投资指在一定时期内期望在未来能产生收益而将收入变换为资产的过程。在整个资本主

---

① 王惠文、袁建明：《过度投机中的理性化特征》，载《北京航空航天大学学报》（社科版）2004 年第 3 期。

义历史中，投资主要是私人企业的职能，但在 20 世纪，实行计划经济的政府和各发展中国家已成为主要投资者。"① 我国《辞海》（1979 年版）则将投资视为一种特殊经济行为，即（1）在资本主义制度下，为获取利润而投放资本于国内或国外企业的行为。主要是通过购买企业发行的股票和公司债券来实现的。旧中国对独资企业、合伙企业投入资本或以出租为业的购入房地产等亦称投资。（2）在社会主义制度下，一般指基本建设投资。② 但是随着社会发展变化，为了迎合社会发展的需要，投资的概念与性质也予以了修正，被赋予了新的内涵。如 1999 年版的《辞海》（普及本）将投资界定为投资企业或个人以获得未来收益为目的投放一定量的货币或实物，以经营某项事业的行为。

在国外相关的工具性辞书或文献资料中，有的将投资视为一种货币支出行为，即指为获得能够保值或增值或产生收益的物品或权益而做出的货币支出。如商业投资、工业投资、金融投资。③《新帕尔格雷夫金融学大辞典》将投资界定为资本形成——购置或创造用于生产的资源。④ 现代主流经济学意义上投资，一般是指一种经济行为，是一定经济主体（包括各种性质的法人、非法人组织和自然人及政府）为获取一定的经济利益而投入一定资金（资本）或经济要素的常规性经济活动。

经济意义上的投机与投资，都是一种特殊的经济行为，而且投机活动的核心内容与范畴和投资密切相关，所以有些学者将投机与投资混同在一起不加以区分，也就不足为怪了。事实上，在经济学领域除了个别学者如胡军⑤将投机与投资作了较为简单的区分外，就很少看到其他的有关对投机与投资进行详细的明确的区分与界定的文献资料。

要完全将投机与投资区分开来是比较困难的。尽管如此，我们仍有必要将投机与投资加以区分。通过上述对投机与投资的内涵与特点的梳理分析，总体来说，它们之间的差异可以归纳为以下几个主要方面：

1. 投机与投资的主体不同。在任何一个国家或地区经济活动中，无论是计划经济体制还是市场经济体制，无论是资本主义制度还是社会主义制度，投机者一般是指以逐利为目的的各类企业、经济性社团组织及个体，此外还包括

① 《简明不列颠百科全书》（第 7 卷），中国大百科全书出版社 1986 年版，第 840 页。
② 《辞海》（第 3 卷），上海辞书出版社 1979 年版，第 673 页。
③ ［英］戴维·M. 沃克：《牛津法律辞典》，北京社会与科技发展研究所译，光明日报出版社 1988 年版，第 366 页。
④ ［英］伊特维尔、米尔盖特、纽曼：《新帕尔格雷夫金融学大辞典》（第 2 卷），胡坚等译，经济科学出版社 2000 年版，第 496 页。
⑤ 胡军：《理性投机分析》，上海三联书店 2005 年版，第 10~12 页。

具有特定目的的消费者，即投机消费行为的消费者。如当消费者在受到某种特殊社会事件或自然灾害的影响时，往往会追求正常消费需求之外的消费，而这时的消费者其实就是一种特殊的投机者。例如 2011 年 11 月，武汉市宝丰路的"易初莲花购物中心"为庆祝开业，在 23—25 日大搞优惠活动，结果在 23 日开业当天，武汉三镇近 30 万市民前去抢购，场面一度混乱，武汉警方只好出动民警 50 余名前往维持秩序。①

相对于投机主体而言，投资主体——投资者的类型、常规时期投资者的数量与规模等则更为广泛、更具有普及性。它除了包括以营利性为目的的各类企业、经济性社团组织及个体外，还包括不以营利为目的的政府机构、各类经济组织、团体与个人。作为国家权力机关主要代表的政府可以而且事实上已成为主要的投资主体之一。实践中，政府投资既可以进行直接投资，也可以间接投资。政府直接投资主要表现为直接出资进行基础设施或公共设施建设或购买外国或国际机构发行的有价债券等。间接投资主要表现为通过其投资设立企业或以参股或控股的企业进行投资。

2. 投机与投资的对象的差异。虽然投机与投资的对象在范畴上或具体表现形式上很难界定开来，但在以往及现实经济活动中，人们将投机的对象往往集中于既存于市的具有一定市场价值的且人为设置交易障碍较少的（如可随时进行交易或变现的）商品或一些特殊产品，其中主要包括一般商品、金融产品及房地产、日常生活必需品等。与投机不同的是，投资的对象，往往不以既存于市的商品为主，而是以形成既存于市的商品为目的。其涉及的对象既可以是有形的东西如建筑、设备、土地、原材料、资源开发等，也可以是无形的东西如人力资源。而且投资者投资时往往会遇到较多的人为设置障碍因素或约束性条件，或者说投资行为相对具有较为完善的进入与退出机制，规范化程度较高。

3. 从目的和动机上看，投资和投机都具有增值的目标。但是投机者进行投机的主要目的在于其投机行为或其投机品能为其带来比常规经济行为更高的或额外的利润，其超额的潜在利润部分往往被视为"灰色地带"。这种"灰色地带"在公众看来，一般认可度较低，并缺乏相应的稳定性与确定性。针对投机者个人而言，在特殊情况下，投机还具有一定的风险规避功能。因此，投机者选择投机在一定程度上是为了规避特定的社会风险与自然灾害，以求自身及其家庭成员未来某一时期能够安身立命或更高的目标。

---

① 载 http：//www. cnhan. /com/gb/content/2002 - 12/09/content - 228832. htm。浏览日期：2011 年 2 月 18 日。

投资的目的或动机主要在于追求该项投资行为或投资产品所可能产生的未来收益，也即在未来某一时间内投资产品的价值超过产出品成本的部分。这种未来潜在收益，一般公众认可程度高和具有较高的确定性。投资的目的既可能是盈利性，也可以是非盈利性如以满足整个社会基本衣食住行的公共基础设施建设的投资。

4. 投机与投资存在风险程度不同。一般情况下，投机者主要是利用投机品在价格波动中之价差进行投机获利。投机品的价格波动受诸多不确定因素的影响，投机品价格时常变动不居，投机者无法对其价格变化作准确预测，因此投机行为具有较大赌博性和风险性，尤其是一些市场价格经常游离于其使用价值并且变化幅度较大的投机品。当然，高风险往往意味着高潜在收益与回报。

相对投机而言，投资者进行投资，其未来的收益也会受到诸多不确定因素的影响而存在一定的风险性，但因其专业技能、事前信息收集分析和准备程度较高以及投资对象、规范程度等相对高于投机行为。因而从长远的角度讲，其风险程度相对较低，未来获利的可能性与稳定性更高，尤其是一些交换价值（市场价格）与其使用价值之间变动幅度较小的投资品。正如匈牙利著名的经济学家安德烈·科斯托拉尼所言，股票投机与投资从长期来看，投机手总是赔钱，而投资者不管什么时候进入交易所，他们在长期都是盈利的，至少过去情况总是如此。[①] 事实上，在美国为数众多的大投资家中，只有巴菲特一人被认为是凭长期价值型投资谋取合理利益，并给他人带来的"伤害"最小，而其他人都不为大众所喜爱。[②]

需要指出的是，投机与投资之间的风险程度与其未来的损益大小并不是绝对成正比的，有时也会存在相反的结果。现实经济活动中也不排除一些高风险的投资行为，如资本市场的风险投资（Venture Capital，VC）特指对创业项目的投资。由于风险投资是以高新技术为基础，生产与经营技术密集型产品的投资，并且由于投资规模较大，由专业化人才管理、具有较为规范的操作手法和退出渠道，显然不能将风险投资视为投机行为。根据美国全美风险投资协会的定义，风险投资是由职业金融家投入新兴的、迅速发展的、具有巨大竞争潜力的企业中的一种权益资本。风险投资还具有协调风险投资家与技术专家、投资者关系的功能，而这是投机所不具备的。

---

① [匈] 安德烈·科斯托拉尼：《大投机家》，何宁译，海南出版社、三环出版社2006年版，第15页。
② 黄长征：《投机经济学》，中国社会科学出版社2003年版，第12页。

5. 投机与投资在人们传统观念中的地位与作用不同。无论是国内还是国外，投机都有不劳而获和损人利己的嫌疑，尤其是被视为全球金融大鳄的大投机家索罗斯，经常在世界各地金融领域进行投机，当其导致或加重该地经济危机时如 1997 年的东南亚金融危机，投机的名声更是每况愈下。同样在我国传统的观念或理论框架中，投机一直是个贬义词，属于一种非常规性经济行为。在伦理价值判断方面，人们更注重投机行为的负面效应，尤其是投机泡沫或投机过度的形成与发展过程中对社会经济发展所带来的巨大负面影响。而投机行为对社会经济生活与发展的积极作用几乎被忽视或被完全否定，所以其常被纳入绝对排除的对象，几乎没有商谈的余地。在特定历史阶段，投机行为还被视为一种较为严重的违法犯罪行为而予以严厉打击。即便是现代社会，投机对社会经济发展的积极作用仍未被重视，但相比以前则略微有些改善。其实更早些时候，已经有个别经济学家如凯恩斯就将投机视为一个中性词和客观存在的现象，对其进行分析研究。

近些年来，由于一些国内外学者对投机所作的积极研究与客观的解读，人们已在观念上有所转变，越来越多的人开始逐渐将其视为一个中性词，客观对待之。

与投机相比，投资则显得较为幸运。它不像投机那样被人排斥或片面地予以否定。投资通常被视为一个中性词，是一种常规性经济活动，人们对此也不存在褒贬之分。

6. 投机者与投资者虽然都有期望其投资于市的资本或经济要素能够产生一定的收益或回报，但两者收益回报的周期或行为持续时间则可能不尽相同。相比较而言，投资行为持续时间与预期可能的收益回报周期相对较长，尤其是一些规模较大的不动产投资、资源型开发生产性投资、质量与技术含量要求很高的投资等。当然也不排除一些持续时间或预期回报周期较长的投机行为客观存在的事实。一般来说，投机者发现或预测投机品的价格会发生波动或可能发生波动，从中有获利的可能性，投机者就会为了占得先机，及时买进或卖出投机品。有些投机品，由于其价格稳定性较差，变动幅度较大，变动周期相对较短如股票，那么投机者某一单位的投机行为持续时间或周期也相对较短。

7. 投机与投资的实现手段与行为方式不同。实践中，投机者为了实现投机的目的，往往要借助买卖来实现，即以在市场上直接或间接买卖即成的具有一定商品价值的投机品为主要手段。投资目的的实现手段，除了包括一般意义上的买卖行为（含直接与间接买卖）外，还表现为非直接买卖行为，如创设新的生产经营企业，技术与人力支持、合作开发、金融机构提供贷款、入股参股等方式。

即便是以交易为手段，投机与投资在行为方式上也往往是相悖的。一般情况下，投机者对投机品需求的大小或规模与投机品的价格涨跌成反比，即当投机品市场价格上涨到一定程度时，投机者就会及时出售投机品，或减少或停止购买投机品；当投机品市场价格下跌或下跌到一定程度时，投机者就会继续增加投机规模与数量，或暂停出售或减持投机品。与投机相反的是投资者依据投资品的预测价值或评估价值进行投资，在投资品价格下跌时，减少投资，价格上涨时则增加投资。投资者投资规模和投资需求与投资品的价格的高低往往成正比。

8. 现代经济学意义上的投资中的资，其内涵与外延相对宽泛些，一般是指资本、资金。其中的资本既包括机器设备、厂房、土地等有形资本，也包括特定的人力资本、知识产权等无形的资本。而实践中，投机行为中投机者投资于市的资，一般更多的是指以货币为主要表现形式的资金。投资是现代社会直接创造财富的主要方式，无论是社会主义社会还是资本主义社会，也不管是进行实物投资，还是进行人力、技术投资。与投资相比，投机一般不具有直接创造社会财富的功能，现实生活中的投机者大多数都是"食利者"。

9. 在投机与投资各自的行为过程中，由于所处的风险程度不同，两者主体的主观心理状态也存在一定的差异。总体说来，投机者进行投机时，具有较多的冒险心理、侥幸心理或赌博心态，理性化程度较低，如投机中的疯狂性投机或盲目性跟风投机，就是很好的说明。与投机者相比，投资者在一定程度上相对较为理性，心理起伏较小，稳定性强。

（三）商品投机概念的初步界定

所谓商品投机是指在商品经济条件或在有商品经济活动的地方，商品投机者依据其所掌控知悉的相关信息与市场行情，运用自身智力，分析推测市场行情可能发生的变化，找准时机，以交易为主要手段自愿投入一定资源于市场，以期获取高额或额外利益或规避特殊风险的非常规的微观经济行为的统称。

从商品投机的历史发展看，商品投机的内涵与外延往往也会随着商品经济尤其是现代市场经济的发展变化而发展变化，即商品投机的内涵与外延，实际上有传统与现代之别。换句话说，传统意义上，商品投机理论常常无法科学地诠释现代市场经济活动中出现的诸多投机行为。以投机目的为例，传统经济学意义的商品投机是一种获利行为，投机者投机的目的主要在于利用价格波动所导致的价差以获取超额利润。而现代意义上，商品投机除了获利目的外，还包括投机者为了自身及其家庭成员的财产与生存安全所进行的规避特殊风险的目的，如自然灾害或重大食品安全事故中特殊生活必需品的抢购行为。2011 年日本福岛核电站泄漏事故后，在我国许多省市发生的大规模食盐抢购事件就是最有说服力的例证。从投机主体看，传统意义上的投机主体一般是指市场经营者与投资者，而消费者则被排除在外。消费者可以成为投机主体，而且事实上国内外发生的一些投机事件中，都能发现许多消费者的身影。而且近年来国内外已有些学者开始关注与研究投机消费问题，并取得了一定的学术成果，如董长瑞的博士论文《投机消费及其经济影响研究》。从投机风险的角度看，传统投机理论认为投机是从事一定风险的经济行为，而事实上有些投机者所从事的投机，因其投机性质与投机对象的特殊性，使其投入的资本将来未必受损，而且还具有一定的保值甚至增值的效果。

二、商品投机的性质与特征

商品投机在本质上是投机者在商品经济活动中实施的非常规性的自愿性的微观经济行为。

商品投机行为的非常规性，主要是相对于常规性经济行为模式即相对于人们一般观念中的经济行为模式而言的。一般来说，常规性经济行为范畴较为广泛，并呈日常化、普遍化现象，其可以涉及各个领域，各种层次，各种规模，参与人员最为普遍，并为传统道德价值观念所容纳和现行法律规范所普遍接受，具有较高的理性化特征，也不以唯利性、利己性为主要目的。常规性经济行为既可以是宏观经济行为也可以是微观经济行为，而商品投机行为只能属于微观经济行为的范畴。

商品投机具有以下几方面的特点：

1. 商品投机是投机者自愿性经济行为，具有一定的投机自由性。投机者在市场经济活动中是否投机、何时投机、选择投机的对象、场所、规模、方式与手段等均由投机者自行选择。古今中外至今没有一部法律法规强制要求人们进行投机，更多的时候是对投机行为作禁止性规定，即便对投机未作禁止性规定，但其也不会直接鼓励人们积极进行投机。所以投机在性质上完全是投机者的私人经济行为（包括市场经营行为、消费行为），而不是任何性质的国家公共行为（包括立法行为、司法行为、行政行为等）。

2. 商品投机是以逐利和规避风险或寻求安命保财为目的的经济行为。实践中，投机者进行商品投机除了以套利为主要目的外，还包括为了规避特殊风险以防范或保障其人身与财产免受损害的目的。不管是为了获利还是为了特殊的风险防范，"投机实际上是一种投入资金以获取非生产性财富的经济行为"①，不具有直接创造社会财富的功能。但需要说明的是不直接创造财富不等于不创造财富。实践中还存在不同的投机者以不同的目的实施同样一种投机行为，为了同一个目的，不同的投机者可能会采取不同的或相反的行为方式。例如 2011 年 3 月，日本福岛核电站受大地震的影响发生核泄漏事故，国内有人故意捏造或歪曲事实，谣传我国主要食用的海盐已经或可能受到核污染，我国许多省市都发生了食盐抢购事件。许多消费者不了解事实真相，担心今后未来很长一段时间（非当前时期）将买不到无污染的食盐而影响生活，所以就提前抢购大量的食盐储存在家以备将来之需。还有许多人为了今后能获取高额利润，趁机大肆抢购或惜售，进行囤积居奇。

3. 商品投机在表现形式上既可是规范性的行为，也可以是一种违反法律法规的非规范性行为。在市场经济活动中，有的投机者是通过合法方式在合法的投机场所对合法的投机品进行投机，即遵循一定的法律规范或在法律许可的范围内进行买卖投机品，其和一般的合法的经济交易行为实质上并无二致，如消费者对特殊的消费品进行的抢购。也有的投机者则违反相关法律法规进行投机如投机倒把、囤积居奇的行为。从法律效力上看，合法的投机行为其产生的后果是受法律保护的，具有一定法律约束力。反之，违法性投机行为，投机者的投机行为往往会受法律上的否定性评价，并要承担一定法律责任。在某种程度上讲，规范性的投机行为实质上就是一种合法的民事法律行为，而违规性投机行为则是一种民事违法行为或行政违法行为或刑事违法行为。

4. 商品投机的外部性。商品投机的外部性主要体现在两个方面：一是对其他市场经济活动主体的示范或警示效应；二是对市场经济运行与发展会产生一定的影响。商品投机不仅对投机者自身利益产生了一定的影响，而且在一定程度上对周围的环境甚至对整个社会也会产生一定的影响。这种影响可能是积极的也可能是消极的。

首先，某一投机者在某一领域投机过程中获得了一定的成功，就会对其他的市场经济活动主体（包括投机者）产生一定的示范效应，促使投机者积极进行投机行为如股票市场中的跟风行为、羊群效应，从而导致投机群体与投机规模的扩大与增加，此时参与投机的市场经济活动主体的身份与角色也随之由非投机者转变成投机者。反之，某一具有影响或代表性的投机者在投机过程中

---

① ［英］伊特维尔、米尔盖特、纽曼：《新帕尔格雷夫金融学大辞典》，胡坚等译，经济科学出版社 1996 年版，第 476 页。

发生严重亏损，其他市场经济活动参与者（包括投机者）就会以此为戒，在以后投机时更加细心谨慎或暂停投机或干脆放弃投机的想法。同时投机者的投机行为影响了某一投机对象的价格变化，这种变化在一定时间段内表现为某一涨跌趋势时，就有可能进一步强化或弱化投机行为。因此在一定程度上讲，投机还具有自我影响、自我复制或退化的功能。当然在现实生活中，也不排除一些市场经济活动主体在其他投机者投机亏损时开始或继续进行投机或者获利时停止或放弃投机的现象。效仿其他投机者或跟风性投机，其结果与被效仿者或被跟风者既可能一致，也可能相反。

其次，如果参与投机的个体或单位数量越来越多，并达到一定规模时，投机的结果则会对市场经济活动与发展产生一定的影响。这种影响既可能是积极的，如活跃市场、加快流通速度、吸引社会闲置资本等；也可能是消极的，如投机过度或投机泡沫导致的通货膨胀、物价飞涨、经济危机等。

5. 商品投机具有明显的利己性与唯利性的特点。投机者进行投机的直接动机就在于追逐自身的高额或额外的收益，实现个人经济效益与生活效益的最优化，以满足自身及其家庭的需要。投机者主观上往往以自身及其家庭的利益得失为出发点，而不以他人或社会利益为出发点。他只考虑投机行为对其自身及其家庭的经济利益的影响，不考虑自身的行为所产生的社会影响与效应，不考虑他人、集体与社会的利益与感受，是一种非社会性或公共性的经济行为，具有明显的利己性与唯利性。唯有行动者一并考虑到他人的行动时，个人的经济行动才可以说是社会性行动。① 虽然商品投机行为在客观上或对社会产生一定的效应或影响，但这种影响可能是积极的，也可能是消极的。即便具有一定的积极效应，投机者也不以追求或促进公共利益或社会整体（或部分）利益或社会经济效益帕累托最优化为直接目标。

6. 商品投机过程中，投机者具有较强的冒险与赌博心理。与一般常规经济行为相比，投机具有较高的风险性。投机的风险性既可能源于市场经济运行过程中独立于投机者之外的客观环境与因素的不确定性与复杂性，也可能源于投机者个人自身的主客观因素。奈特在 1992 年出版的《风险、不确定性和利润》一文对风险、不确定性及复杂性等概念作了较为明确的界定。其中风险是指经济行为人所面临的能够用客观、具体的数字概率表述的随机性。不确定性是指经济行为人对事件基本性质与结果缺乏认知或认知不足，难以通过已有理论或经验进行预见和定量分析。至于复杂性，在奈特看来则

---

① ［瑞典］理查德·斯威德伯格：《马克斯·韦伯与经济社会学思想》，商务印书馆 2007 年版，第 40 页。

是一个静态的概念，是指某一环境或事物的结构相对于人的认知能力而言具有复杂性。

　　由于具有相对较高的风险，商品投机在一定程度上对市场经济活动主体的心态与动机就会产生一定影响，使得一般的市场主体不能很随意地进行投机活动。但是任何事物都具有两面性：积极一面与消极一面。同样投机也具有积极一面和消极一面。即投机可能会失败，投机者遭受损失；也可能会成功，投机者获利。基于古典经济学中的经济人假设，市场经济主体为了追求自身利益，尤其是期望在短时间内能够获取或实现自身经济效益最大化，他们必然会寻求相应的行为方式或途径，即便存在一定的风险，他们也会乐此不疲。对他们来说，投机恰恰可能是一种很好的选择。一旦选择投机，投机者对结果并没有十足的把握，因而主观上往往就会产生赌博与侥幸心理。

　　虽然说投机者在投机的过程中具有一定的赌博和侥幸心态，但与赌博相比，两者则具有很大的差异性。赌博（Gambling）是指作为游戏、比赛或其他精神行为方式，以金钱或其他有价值的东西所作的冒险。它可以由机会或投巧决定，具有强烈的冒险性和渴望性。① 就行为性质与适用范围看，投机主要是一种经济行为，以交易为主要手段，一般不适用于游戏与竞技比赛中；而赌博则是一种精神性行为，主要适用于游戏、比赛等活动中。其次从风险角度看，赌博者一般是赌博风险的创造者，赌博不存在，赌博风险也就不存在；而投机的风险往往是独立于投机者而客观存在的。而且赌博具有很强的随机性，赌博者根本无法完全准确预测其结果。从获利的方式看，赌博基本上是靠运气，而投机者获利既要靠运气，但更主要的是靠自身对影响市场行情各种客观因素的认知与预测能力。

　　7. 商品投机是一种弹性很大的不确定性经济行为。就整个社会而言，投机是客观存在的，但这不意味着投机行为、投机的规模、投机者的数量、投机的时间与对象等是持续稳定一成不变的，它会随着社会经济的发展、思想文化观念的转变、社会制度的变迁、法律制度的完善程度、资源的稀缺程度、人们的主观动机与行为习惯、社会的稳定程度以及市场行情变化等发生相应的变动，因而具有很大的弹性与不确定性。就个人投机而言，其是否投机、何时投机、投机品与投机规模的选择，如何投机等，都是无法确定或预测的。从某种程度上讲，投机并不是市场经济存在与发展的必要条件。但是常规性的经济活动如生产经营活动、日常消费等则是市场经济存在与发展的必要条件，而且还具有很强的确定性。在一定条件下，人们可以确定或准确预测某些常规的经济

---

　　① ［英］戴维·M. 沃克：《牛津法律辞典》，光明日报出版社 1988 年版，第 366 页。

行为，其中包括规模、参与人员数量、对象等。

8. 从投机者的行为角度看，商品投机是行为人在特定的制度中受外界经济的刺激和自身投机动机的驱使，经过一系列心理与行为活动所形成的一种特殊投资行为。投机的形成不是由某一单方面因素决定，而是由各种不同的主客观因素相互作用的结果。

9. 商品投机是一种特殊的经济交往形式和社会冲突形式。投机的存在与发展在一定程度上有助于社会关系的互动与发展。韦伯认为，市场上存在着"人与人的斗争"。[①] 韦伯解释说，"当企图形式上和平地达成协议对机会的控制，而此种机会亦是他人想要的时候"，"和平的冲突便是'竞争'"。[②] 商品投机作为一种特殊的经济交往行为，主要表现在投机是一种特殊的市场竞争行为，是投机者与投机者之间的竞争，是以占有并赢得先机为主要目标的竞争。因为只有在竞争中取得先机，投机者才有可能实现其预期的目标。投机一旦失去先机，也就意味着投机者在竞争中处于不利，正可谓机不可失，失不再来。取得先机，投机者之间往往要在时间、各种信息掌控、对相关制度的把握与理解、自身的勇气与意志等方面展开竞争，相互间很少进行沟通与信息共享。

韦伯指出，每个经济行动都存在着非不确定性因素，它们直接指向获得效用的时机，而非效用本身。[③] 所谓经济行动，在韦伯看来则是指"行动者和平地运用其控制资源的权力"，[④] 是以主观上以及首要以经济为考虑的行动——所谓主观意识，完全取决于行动者相信经济打算的必要性，而非客观上是否真属必要。[⑤] 获取利润和满足需求也同样如此。获得使用某件东西的机会，部分是指排除了他人获得这种机会。习惯、利害状况或——由因袭传统或法律所保障的——秩序，当其有利于某一种在经济上被重视的机会时，可称作"经济

---

① ［德］马克斯·韦伯：《经济与社会》，加利福尼亚大学出版社 1978 年版，第 635 页。

② ［瑞典］理查德·斯威德伯格：《马克斯·韦伯与经济社会学思想》，商务印书馆 2007 年版，第 50 页。

③ ［瑞典］理查德·斯威德伯格：《马克斯·韦伯与经济社会学思想》，商务印书馆 2007 年版，第 43 页。

④ ［德］马克斯·韦伯：《经济行动与社会团体》，康乐、简美慧译，广西师范大学出版社 2004 年版，第 3 页。

⑤ ［德］马克斯·韦伯：《经济行动与社会团体》，康乐、简美慧译，广西师范大学出版社 2004 年版，第 4 页。

机会"。① 韦伯所说的经济机会是关于占有，或者更确切地说是垄断的机会：营利机会、市场机会等等。②

同时商品投机也是一种特殊的社会冲突形式。现代市场经济是一个资源有限的市场经济。资源的有限性决定着市场竞争的存在。为了获取有限的市场资源，市场活动主体之间必然进行竞争。竞争的产生与存在在一定程度上反映了市场主体的需求与资源的有限性之间的冲突，反映了市场主体之间在需求上的冲突。同样，商品投机者作为市场活动主体的重要组成部分，相互间也存在着基于资源有限和机会有限的矛盾与冲突。商品投机作为一种非常规的经济行为，不具有普遍性，它不是时时刻刻普遍存在于任何市场经济活动领域，也不是所有的市场经济活动主体都能或都愿意成为投机者。投机的存在与否、投机程度的高低、投机者的角色经常处于变动当中，因此投机者之间的竞争与冲突，也经常发生相应的变动。

商品投机与一般意义上的市场竞争相比，两者之间明显存在差异。传统的市场竞争主要是市场经营者之间的竞争，是商品供给者与供给者之间、需求者与需求者之间、供给者与需求者之间的竞争，是以经济为导向的市场占有率和市场配置的资源的争夺。争夺的手段主要表现为：竞争双方（如交易双方）围绕相互间的交易，展开的价格斗争（典型的手段：讨价还价或议价）；竞争对手之间围绕当前或将来预期的第三方（潜在的利益共享者或合作者）的抢夺（如竞标）。

三、商品投机的类型化

（一）类型化的基本内涵

所谓类型化，简而言之，就是分类，是人类特殊的一种思维方式，它往往与抽象思维相对应。抽象思维强调的是非此即彼的概念差异，整个概念体系中的每一个概念单元都是一个封闭的群体，相互之间泾渭分明。而类型化思维更倾向于将事物具体化、形式化、类别化，易于被人所认知，而不是高度归纳概括。与抽象化思维的"非此即彼"不同，类型化思维更具有开放性、直观性和现实意义性，能够有效弥补抽象思维的不足。人类思维对现实世界的把握就

---

① ［德］马克斯·韦伯：《经济行动与社会团体》，康乐、简美慧译，广西师范大学出版社 2004 年版，第 10 页。

② ［瑞典］理查德·斯威德伯格：《马克斯·韦伯与经济社会学思想》，商务印书馆 2007 年版，第 43 页。

是从对现实世界的分类开始的。① 类型，并非简单地指某类事物，而是相对应于类别的一个概念存在。自 19 世纪以来，类型作为一个范畴，在人文社会科学的研究中，日益得到人们的青睐。② 从马克斯·韦伯的社会学领域中的统治类型学说到荣格的心理学领域中的心理类型学说再到汤因的历史学领域的人类全部历史的 26 个文明类型，反映了类型学在研究方法中的作用与价值。

类型化最本质的特征在于其以事物的根本特征或主要特征为标准对研究对象进行类属划分。类型化标准并不要求研究对象的所有特征都与其本质内涵完全等同。类型化"一方面，它表现为一种精致化的具体思考，另一方面又体现为一种抽象的概括思维"。③ 从某种意义上来讲，类型化法学研究方法是与传统的抽象化方法和个体化、具体化方法相对立的，介于抽象与具体之间的中介物。④

（二）商品投机的分类

在现实市场经济活动中，商品投机的类型与表现形式往往具有多样性与复杂性的特点，甚至有时在一定程度上超出人们既有的认知水平与能力。同时由于人们划分的标准不同，那么对商品投机类型的划分也就相应地存在着差异。事实上在国内外经济学界，已有部分学者对投机的类型作了各种各样的划分。如黄长征在其《投机经济学》一书中将投机划分为市场性投机与非市场性投机⑤（前者如黄金投机，后者如倒卖批文）、以能否直接影响市场价格为标准的竞争性投机与操纵性投机、单向投机与双向投机（前者如只能先买后卖的股票投机，后者如既可以做多也可以做空的期货投机）、以投机者承担责任形式为标准的有限责任投机与无限责任投机、以商品投机的程度为标准的适度投机与过度投机⑥、合法投机与非法投机、以实际交付的资金与交易数额之比为

　　① 倪斐：《公共利益的法律类型化研究》，载《法商研究》2010 年第 3 期。
　　② 李心峰、戴阿宝：《艺术类型学》，文化艺术出版社 1998 年版，第 19 页。
　　③ 杜宇：《再论刑法上之类型化思维——一种基于"方法论"的扩展性思考》，载《法制与社会发展》2005 年第 6 期。
　　④ 李可：《类型思维及其法学方法论意义》，载《金陵法律评论》2003 年秋季卷。
　　⑤ 黄长征认为，市场性投机的特点是参与者众多、交易量庞大、运转规范且交易成本低；而非市场性投机针对信息严重不对称、不具有标准化特征且交易稀少的"稀薄市场"而言的，如倒买倒卖各种赛会票证行为。但笔者并不认可这种划分方法，原因在于，只要有商品，就必然有其流通市场，因此即使发生投机行为，也是属于在市场领域中的投机行为；而且非市场性投机与本书标题也存在冲突。
　　⑥ 事实上，适度投机与过度投机无论在理论还是在实践上都很难明确界定或很难完全量化，而且衡量适度与过度投机的因素较多，具有一定的复杂性、系统性和综合性。

标准的杠杆投机与非杠杆投机（前者如期货投机，后者如股票投机）。

除了上述类型外，根据不同的标准，商品投机还可以分为以下若干类型：

1. 根据投机行为的理性程度，可将商品投机分为理性投机（合理性）与非理性投机。理性投机是指投机者往往根据市场行情并以自身的认知能力与经济实力，相对合理地预期价格波动或市场运行趋势，并利用各种机会进行的投机总称。这里的理性是一种相对理性或有限理性，而不是绝对的理性。非理性投机主要是指投机者在投机时较为盲目，跟风性或即发性较强，缺乏对市场与自身实际情况的深入认识、充分的分析与合理的预测判断，如从众投机（或称羊群效应）、盲目抢购就是典型代表。理性投机与非理性投机并不是完全绝对对立互补相容的，而是相对的。在特殊情况下，两者可以相互转化，如对投机者个人来说，投机行为可能是合理的，但当理性投机者在相互间缺乏沟通的情况下而不递增，达到一定程度时，就不是合理的，反而是非理性的如过度投机。同样对投机者个人来说，其投机行为缺乏合理性，当非理性投机者达到一定程度时，这种非理性投机行为对整个社会而言也可能是合理的。

2. 以商品投机的性质与目的为标准，商品投机可分为谋利性的商事投机与以特殊消费为目的消费性投机（以某种特殊偏好为目的的投机如艺术品投机）。谋利性的商事投机从本质上来说是市场经济活动主体——商主体的一种以追逐利益最大化或保值为目的的商业行为或商业活动。消费性投机则是消费者实施的以特殊消费为目的的投机行为如消费品抢购行为。

3. 法定化投机与非法定化投机。根据某一国或地区的法律法规对投机场所、投机对象及投机的专业化、标准化、许可化规定与否为标准，可将商品投机分为法定化的专业性投机与非法定化投机。前者如合法炒作股票、期货等；后者则属于一般性投机，其对投机对象与场所、投机者资格、专业要求等均未作出规定，即现行的法律法规既不明文禁止，也不明文许可，如商品房投机。

4. 根据投机品的种类、数量与结构为依据，可将商品投机分为单一性投机与多样性投机。单一性投机是指投机者在某一时间段内投机买或卖的商品或投机品较为单一，只是某一种类的商品而不是几类或多种商品。这里所谓的某一类商品主要是指在功能、产品通用名称等方面属于同一类别，至于商品的产地、色彩、商标、外观包装等差异则不在考虑范畴。多样性投机则是投机者在某一时间段内投机买或卖的投机品，种类在两种或两种以上的投机，如投机者在某一时间段内，在投机期货的同时，又投机房地产、股票等。

5. 根据某一投机者在某一时间段内投机的频率与投机品的批次为标准，可将商品投机分为单频次投机与多频次投机。单频次投机是指投机者在某一时间段内只实施一个投机单元行为。所谓的一个投机单元主要是指某一批次投机品在整体上实施一次完整买或卖的行为，并以此产生的结果来衡量投机预期实现与否。如果在某一时间段内，投机者反复多次买卖同一批次同种投机品或多批次同种投机品或多批次不同的投机品的投机行为，则是多频次投机。

6. 根据投机者选择投机时主观态度或意愿以及对投机的主动关注与否，可将商品投机分为主动性投机与被动投机。主动投机是指投机者为了某一特定的目的而主动地有意识关注与分析市场变化，并积极自愿性地进行投机，如大多数专业性投机者的投机行为都属于这类投机。被动投机是指投机者原本没有投机意愿，但是基于市场变化或自身条件限制与要求，为了应对特殊情况或为了特定目的而无奈地自愿性选择投机的行为，换句话说是市场或内外部环境的压力选择他们去投机，而不是他们主动选择或借助市场进行投机，如许多家庭在住房价格逐渐攀升的情况下，基于自身的收入压力和住房需求而进行的住房投机消费行为，往往就属于一种被动性投机。

7. 根据投机者选择投机时的外部条件与投机机会的存在与否，可将投机分为创设性投机与即存性投机。前者是指对某种商品在某一地区某一时间段内没有投机者进行投机的外部环境与投机的机会，投机者基于逐利目的，主动去创造投机条件与机会，然后在达到一定条件的基础上再主动进行投机的行为。创设性投机具有创造投机机会和引领其他投机者进行投机的特殊功能。例如当某一商品的市场价格与供求水平在一定时间一定地区处于相对平稳或均衡状态，投机者为了破坏这种均衡状态，通过各种手段或方式如哄抬物价或提供虚假信息或相互串通或操纵或垄断等手段促使商品价格上下波动或供求关系失去均衡状态，以期在未来的价格波动中利用价差进行获利。在大多数情况下，创设性投机都是非法投机行为。即存性投机是指市场经济活动中某一种商品的价格不断处于波动当中，对投机者来说，时刻都有利用价差进行投机的机会，不需要投机者亲自去创造投机机会，而且投机机会实际上是客观独立于投机者投机选择与否及投机时间的把握。这种价格明显上下波动不是人们有意为之的，更多的是受市场供求关系、商品的成本因素及一些重大的突发性事件如自然灾害、战争等因素的影响。实践中绝大多数跟风性投机或从众投机行为，基本都属于即存性投机。

8. 根据投机对象的属性及类别为依据，可将商品投机分为动产商品投机与不动产商品投机；或生活资料商品投机与生产资料商品投机；或普通商品投机与特殊商品投机；或植物性商品投机、动物性商品投机与矿物性商品投机；或消耗品投机与耐用品投机，必需品投机与奢侈品投机；或本（国）地商品投机与外（国）地商品投机等。

9. 根据投机品的具体通用商业名称为标准，可将投机分为期货投机、股票投机、艺术品投机、外汇投机、商品房投机、食用盐投机等。

10. 根据投机主体的类型为标准，可将商品投机分为消费者投机、商业组织投机（包括企业组织投机和非企业性商业团体投机）与商个体投机。

11. 根据具体实施或参与或操作投机行为的主体是投机者本人还是由其他人代为进行为标准，可将商品投机分为自行投机与代理投机。

12. 根据投机者之间是否有合作投机的意愿与意思表示，可将商品投机分为各意投机与合意投机。各意投机是指投机者之间在投机之前或过程中没有共同合作的意思，而是各按照自己的意愿与方式或渠道，独立进行投机，如市民抢购，在抢购之前或抢购过程中市民之间一般不存在相互合作的意愿与行为。合意投机是指两个或两个以上的投机者之间，在投机之前或投机过程中有共同的合作意愿，并在实际行动中有共同的客观合作行为，如自发组成的临时性投机团体就是典型代表。合意投机又可分为事前合意与事中合意，先期合意与偶合性投机。

13. 根据投机所属经济活动的性质与市场领域、目的可划分为商业性投机与消费性投机。商业性投机又分为投资性投机（如房地产、上市公司炒股）、生产性投机、营销性投机。

14. 根据投机者是否将投机视为一种职业或常业，可将商品投机分为职业化或常业化投机与非职业化或常业化投机。

由于商品投机的类型与表现形式在实践中复杂性、多样性的特点，本书在论述中不可能完全穷尽，所以本书只能将一些在特殊时期特殊领域中常见的或具有一定影响的商品投机行为与类型，纳入重点研究与分析范畴，而不是以历史全貌的形式对相关投机行为予以展现与评说。

第二节　　商品投机的构成

商品投机是一个复杂的概念体系与行为系统，而不仅仅是一个单纯的经济学词语或简单的行为者的举动。任何一个具有社会意义的行为，必然有其外在结构特征与内在的关联机制。商品投机作为一种特殊的经济行为也不例外。商品投机的外在结构特征与内在关联机制主要体现在商品投机的构成及其各构成要件之间的内在联系。商品投机的构成是一个静态的概念，是关于商品投机行为成立的问题，与商品投机的形成与发展等概念之间存在明显区别。投机行为的成立，必须具备投机主体、投机目的、投机物质媒介、投机的行为工具或手段、投机客体等要素。

一、主体要素——行动者

行动者是行为的核心与基础，也是社会存在与发展的核心与基础。没有行动者也就不存在所谓的行为，也就没有所谓经济、社会行为，更没有投机行为，人类社会也就不存在。投机是一种特定社会主体的行为，是行为人实施的具有一定社会意义的行为。投机行为不是行动者单方面有目的的举动，而是双方或多方社会主体之间的行为，是双方或多方社会主体间相互影响、相互作用的行为与结果，反映了特定的社会经济关系。行动过程如果只有一个行动者，那么这种行动就不具有社会意义（除非他的行动影响他人）。① 实践中，投机往往存在于具有竞争性的交易活动中。交易活动通常是由交易双方或由作为竞争者的第三方参与下来完成的。就交易双方而言（买方与卖方），不管是买方或是卖方抑或买卖双方，任何一方要成为潜在的投机者，都必须要借助其他任何一方的参与，才能进行交易，实施真正意义上的投机行为。从这个意义上讲，投机是相互依赖性的行为。交易双方都是市场经济活动的主要参与者，是社会经济活动的行动者，而这些行动者则构成了投机的主体要素与条件。

投机者首先是个人或是个人的结合体（组织或团体）。他们不是一出生或一成立就以一个投机者角色而存在于社会中。在市场经济活动中，投机角色的确立应当以一般意义上的市场经济活动参与者的身份为基础，或者说市场经济活动的主体身份是其成为投机者一个重要前提，因为商品投机者存在于而且只能存在于市场经济活动中。只有市场经济主体存在并参与市场经济活动中，商品投机才有可能存在与发展。

市场经济活动中投机者的角色不是单一的，而是多元的。没有绝对不变的投机者，只有不断处于变动中的投机者。例如作为一个完全民事权利能力和民事行为能力的普通公民，可能会集普通消费者、投机者、投资者等于一身。过去他不是一个投机者，现在或将来则可能是一个投机者，或者现在他是一个投机者，但将来则可能放弃或完全停止投机而成为一个普通消费者或经营者，或者过去是一个投机者，但现在不是一个投机者，将来则又可能成为一个投机者。

投机者作为特殊的市场经济活动的主体或参与者，在现实市场经济活动中

---

① ［美］詹姆斯·S. 科尔曼：《社会理论的基础》（上），邓方译，社会科学出版社1999 年版，第 39 页。

具有多样化特征。投机者的多样化主要体现在投机行为往往是由多种不同的市场经济活动主体实施的。而这些市场经济活动主体主要包括以营利为目的的企业、非企业性经济组织、商个体，以特定消费或规避特殊风险为目的的消费者，特殊情况下的以追求自身经济利益为目的的特定行政决策机构或监管机构。

以营利为目的的企业包括法人企业与非法人企业。法人企业包括公司、国有企业、集体所有企业、股份合作社（或企业）。非法人企业包括合伙企业、个人独资企业、不具备法人条件的中外合作企业等。

非企业性经济组织主要是指以营利为主要目的的经济性社会团体如自发性成立的地方性商会、炒房团。他们是由若干自然人或企业出于共同的经济利益追求而结合或联合在一起，一般不具有企业特征与法人资格，具有一定的松散性，不够紧密。与企业相比，非企业性经济组织的规范性程度较低，其存在与发展主要依据内在的约定性协议或内部达成的章程或约定成俗的传统习惯。

商个体是指以营利为目的，并由其个人或其家庭投资与控制的从事市场经营活动的市场经济参与者。商个体在我国现行法律体系中主要表现为三种类型：个体工商户、私营独资企业、农村承包经营户。此外从事小商品买卖的小商小贩以及以个人名义进行商事活动的自然人如山西煤老板个人炒房行为，也是属于商个体的范畴。

在特殊情况下，消费者也能成为投机者。所谓特殊情况，一般是指消费者进行投机消费，而非正常意义的消费。所谓投机消费，简单地讲就是能够给消费者带来额外收益的消费。① 投机消费是相对于正常消费或基本生活消费而言的。正常消费是消费者为了满足自身及其家庭基本生活需要而进行的消费，也即消费者希望从商品或服务的消费中获得一种使用价值意义上的满足。而投机消费则是超出人们正常或日常消费需求之外的一种消费，即目的在于其消费一定的商品或服务时还能获得额外的价值。投机消费与正常消费的关系是依附与被依附的关系，即投机消费不是一种独立的消费方式，它往往是以正常消费为前提，是正常消费的附属品。在现实生活中，投机消费主要表现为消费者在满足正常生活需求的情况下进行的抢购行为、过度消费。

当然，也排除某些特定的政府决策部门或监管部门，为了追求部门经济利益或地方经济利益，在决策或监管过程中发生角色转变，由公共权力机构转变成具有自身经济利益追求的经济人。在这种情况下，这些特定的行政决策机构

---

① 董长瑞：《投机消费及其经济影响研究》，华中科技大学 2008 年博士学位论文，第 28 页。

或监管机构也相应地成为市场经济活动中的特殊投机者。这种投机行为实质上是一种政策性投机，而非一般意义上的纯粹经济性（交易性）投机。

在投机者类型划分当中，国内外还有一些学者将投机者分为局外人与局内人①、作为需求方的投机者与作为供给方的投机者②等。

二、投机目的

目的通常是指行为主体根据自身的需要，预先设想的行为目标和结果。目的是一种有意识的主观思维活动，反映了人对客观事物的实践关系。作为观念形态，有意识性主要体现在行动者了解或知悉自身或其家庭所需要的具体内容，能了解或预测自身的行为可能会带来怎样的后果，并具有完全控制自己行为的意志。投机者选择投机，首先以满足自身或其家庭需要为其内在动力。投机目的赋予了投机行为一定的主观内容与意义，使其具有一定的社会意义，是商品投机的主观要件。同时也赋予投机对象以特殊的价值属性与功能，为投机者与投机对象之间建立了特殊的沟通渠道，改变了两者作为客观存在的完全独立状态。

实践中商品投机者投机的目的主要包括两个方面：一是实现资产增值；二是规避特殊的社会风险与自然灾害。

三、投机的物质媒介

市场经济行动主体要实施投机行为，只有投机动机是不够的，其还必须向流通市场投入一定资源。行动者拥有合法的控制性资源或资本，具有私人物品的性质，是行动者借以进行投机的重要媒介与物质基础。媒介有广义和狭义之

---

① Kindleberger 认为，投机者可分为两个群体，局内人与局外人。局内人把价格抬得高而又高，在高峰时卖给局外人；局外人高价买进低价卖出，对于每一个不稳定的投机者，对应着一个稳定的投机者。See Kindleberger C P. Manias, Panics and Crashes, "A Hisory of Financial Crises", 1989.

② 需求方投机：需求方主要包括单纯买进卖出获利的投机者、首次置业的自住型需求者以及以旧换新、以小换大的改善型需求者，其投机的表现形式如下：（1）单纯买进卖出的投机者投机的表现形式；（2）首次置业的自住型需求者投机的表现形式；（3）改善型需求者投机的表现形式。供给方投机：供给方主要包括开发商和存量房拥有者，其投机行为的表现形式主要如下：（1）开发商囤积、炒卖土地；（2）开发商摘取地王；（3）开发商炒自己抬房价；（4）存量房拥有者投机的表现形式。参见袁小兵：《住宅房地产商品投机度研究》，东北财经大学 2010 年硕士学位论文，第 11 页、第 12 页。

分。凡是能使人与人、人与事物或事物与事物之间产生联系或发生关系的物质都是广义的媒介。这里所谓的媒介是一种狭义上的媒介，以行动者的资源为外在特征，是行动者与其他市场经济活动主体进行经济交往并借以进行投机的前期成本与资金。

投入市场中的资源与行动者之间是被控制与控制关系，是一种利益关系。如果行动者无法对某一事物进行控制，也就意味着他丧失了借其进行投机的物质基础和相应的获利机会。控制就是排他性对某一事物进行占有、使用、支配和处分的行为状态与效果。所谓利益关系则是指行动者所控制的资源能满足自身需要的属性或有用性。满足行动者的需要既可直接源自于资源本身，也可以利用其控制的资源间接满足自身需要。如果行动者控制的所有资源都对自身有利，他们肯定按照满足自身利益的方式行使对资源的控制。① 反之，如果其所控制的资源无法满足自身利益或无法实现个人利益最大化，他就可能通过交易方式换取处于他人控制之下的各种资源，以达到其所控制的资源能够满足自身利益需求或无法实现个人利益最大化的结果。行动者用来投机交易的资源，必须具有一定的使用价值和交换价值，能够满足他人某种需要的。如果不具有相应的使用价值或交换价值，也就无法被他人所认可与接受，双方也就无法进行交易，行动者的投机意愿也就无法付诸实施。

行动者掌控的能使自身或他人获利的资源的种类很多，其中包括物品、事件、信息、人力资源等，最常见的一类是物品。在投机过程中，被行动者用以投机的物品，必须为市场（或公众）所认可，具有一定的交换价值与使用价值（满足自身或他人某种需要），并不为法律所禁止交易。实践中，用以投机的物品主要是以货币为主要表现形式，除此之外还包括房屋、土地、矿产资源、生产与生活资料、一般商品、证券等。

四、投机的行为工具或手段

投机工具是行动者借以实现自身实质目标的行为手段，也是投机者借以与他人建立特定的经济关系的一种特殊行为模式。商品投机是一种特殊的经济行为，是各种具体行为方式与过程的综合。投机者要实现其投机的目的，除了要借助一定的物质化工具外，还必须借助一定的行为工具。如果只有物质工具、投机的主观诉求和可控资源甚至包括一些简单的举动，没有相应的行为工具或

---

① ［美］詹姆斯·S. 科尔曼：《社会理论的基础》（上），邓方译，社会科学出版社1999年版，第35页。

手段将其有机结合在一起，投机就无法实现由观念转变成现实，也就无法产生相应的市场经济效应与社会效应。商品投机手段不同于经济学意义上的交换手段或支付手段。交换手段或支付手段是用来交换某一对象的实物如货币，而投机手段强调的是一种无形的并为人们所感知的综合性行为。

人们选择的投机工具必须是现实的为社会所认同的，尤其是为商品经济社会所认可，并在一定程度上形成了制度化或规范化。不被社会认可的投机工具，很难有其立足之地。行动者之间一旦选择并被其他行动者认同的某一投机工具，其就具有了一定的社会意义，并具有一定的形式效力与实质效力。投机工具的形式效力体现在其对行动双方的行为与契合机会的约束与保障。实质效力体现在对行动双方的利益限制与保障。实际上，投机工具的效力还对行动者主体资格提出严格要求。如果行动主体不具有相应的资格如民事权利能力与行为能力，任何投机手段所产生的效力就会大打折扣。

商品投机工具的选择往往具有一定的经济上的效益性与有用性，即经济性。商品投机工具的经济效益主要表现在成本与收益问题，而成本与收益则是投机者关注的核心问题，它直接关系到投机者投机目标的实现。

实践中，交易是商品投机的最基本、最主要的行为工具。无论是商业性投机还是消费性投机，无论是经营性投机（如生产、销售）还是非经营性投机（股票、期货投机），交易都是投机者借以进行投机的必然选择。不进行交易，就无法实现投机的现实化与客观化，投机的主观意愿与诉求也就无法实现。在这种意义上讲，交易又可被视为投机的形式目标或手段目标，但不是最终目标或实质目的。

交易有广义与狭义之分。广义的交易除了包括一般意义上的买卖行为，还包括各种交换、投资、允诺等行为。从内容上来说，广义的交易包括经济交易、社会交易、政治交易等。从交易的对象上看，则有实物交换、权钱交易、商品与劳务交易、权利交易、信息交换等。市场经济体制下的交易，是一种狭义上的经济性交易，是以货币为主要支付手段以实物交换为辅助手段的交易。

从商品投机的性质与目的看，商品投机可分以保值套利为目的的商业性投机和以追求特定消费利益或规避特殊生活风险为目的的消费性投机。以保值套利为目的的商业性投机行为，其某一投机单位的整个投机过程通常包括两个相对独立的交易单元。首先投机者 A 出资从 B（投机者或非投机者）处购买某一投机对象，之后再将该投机品（原投机对象）出售给第三人 C（也可能是 B），从而完成整个投机行为，不管是否实现预期目的。其中 A 与 B 之间的交易是第一个交易单元，A 与 C 或 B 之间的交易是第二个交易单元。但是现实有时总是充满变数或不确定因素，即在第一个交易单元完成直到第二个交易单元完成之前，交易市场或社会或自然界可能会出现一些异常情况或现象（相对于投机者预期而言的）如产品质量问题、战争、地震灾害等。这些异常情况或现象在很大程度上会影响或改变市场行情。如果投机者 A 继续选择预定的第二个单元交易，投机者就可能无法实现套利保值的目的，甚至会亏损。为了避免或减少亏损，有些投机者在完成第一个交易单元后，往往会在投机品的表面或内容上或者在行为方式与策略上做出一些改变，然后继续进行或规避第二交易单元行为，最终在客观上达到一定的投机效果。

为了继续进行第二交易单元，投机者在投机品的表面或内容上或者在行为方式与策略上所做出的改变，通常具有违规或违法性质，如隐瞒事实真相、虚假宣传、捏造事实真相、短斤少两、掺杂使假、误导对方、强制让步等行为。为了在实质上规避第二交易单元，投机者在投机品的表面或内容上或者在行为方式与策略上做出的改变，通常具有违约侵权性质，如强占、拒绝履行等。由此可以发现，投机行为在实践中存在合法与非法之分，即合法投机行为与违法投机行为。投机行为虽然有违法合法之分，但投机工具——交易是一种客观存在，是人类进行经济交往的一种行为模式。不存在也无法规定"交易"合法与否问题，只存在法律是否允许某一客体被进行交易。所以，判断投机行为合法与否主要是看投机的主观动机、投机的行为方式、投机的资本与客体等是否为法律所限制或禁止，投机产生的后果是否为法律所容忍。

不是所有商业性投机行为的每一个投机单位的整个流程中都包含两个交易单元，有些投机单位的投机流程中可能只含有一个交易单元。如某一产生性企业，只是按照自身正常行为和市场规律进购原材料→加工→成品→出售，此间没有任何投机意图或动机，也不存在任何投机行为。但是当该企业进购某一批原材料后，市场行情突变，如果再按正常的销售程序销售该批加工产品，企业可能会丧失诸多利益与机会。为此，该企业就可能停止出售或延期供货，实施具有投机性质的囤积行为，待后来价高时售出，获取巨大的利润。在这种情况下，该企业对该批原材料的购买行为则不属于投机行为，因而不属投机过程的第一交易单元。而企业囤积该批产品（一个投机单位）后的高价销售行为具有明显的投机性质，因此这种销售行为则属于投机行为的一个交易单元。此外，投机消费行为中某一单位消费品的交易过程，只有一个交易单元。消费者在投机消费过程中，在购买特殊消费品之后，希望直接从投机消费品中获得额外的消费利益，而不是或也不希望将其再次出售以期获得利差，否则就是商业性投机而非投机消费。

在交易的选择上，是否进行交易，如何交易，投机者有自己的选择权利。市场经济活动中，作为投机手段的交易，投机者既可以选择形式（口头或书面）交易，也可以选择实质交易如即时交付、现实转让；既可以选择即期交易，也可以选择近期交易或远期交易；既可以选择现货交易，也可以选择期货交易；既可以选择亲自交易，也可以由委托代理人代为交易等。

五、投机的客体

投机的客体也即投机的对象，是指被纳入投机者的投机视野，并能够在将来与投机者控制的资本进行交易的对象或是可供投机的商品，是一种潜在投机品或获准投机品。投机品是指被纳入投机者的投机视野中，并与投机者控制的资本完成交易的商品。投机客体（准投机品）与投机品都属于商品范畴，但不是所有的商品都能够成为投机的对象或投机品如服务性商品、完全由国家控制或分配的商品或产品等。所有商品中，有的可能是已被投机者纳入投机视野但未进行交易的商品，是一种潜在的投机品或准投机品；有的是被纳入投机者的投机视野并完成一定交易程序的商品，即真正意义上的投机品；有的商品则未被纳入投机者投机视野或根本无法用来投机，属于非投机客体。投机的客体与投机品之间，除上述中是否发生现实交易的差异外，还表现在投机客体是投机行为直接指向的对象，是行为的客体；而投机品则是投机行为的结果。商品、投机客体（投机对象）、投机品与非投机品之间的关系如下图表示：

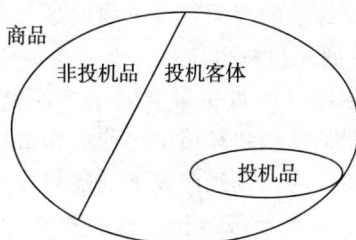

在现实经济活动中，人们将投机的对象往往集中于既存于市的具有一定市场价值的并且人为设置其交易的障碍因素较少的（如可随时进行交易或比较容易进入与退出的或比较容易变现的）商品或一些特殊产品，其中主要包括一般商品、金融产品及房地产、日常生活必需品等。从原理上说，任何耐用品都可以是投机性购买的对象。但是如果运输成本高，或者商品没有流动性，那么即便买入价和卖出价之间差额很大，在这种商品上投机，通常是缺乏吸引力的。① 流动性在此是指存在一个或近于完全的市场，商品随时可以按确定的价格卖出。而这一要求大大限制了可用来大规模投机的商品范围。

———————————

① ［英］伊特维尔、米尔盖特、纽曼：《新帕尔格雷夫经济学大辞典》，胡坚等译，经济科学出版社1996年版，第476页。

　　按照投机客体是实物形态还是货币价值形态为标准，投机客体可以分为实物形态客体和货币价值形态客体。实物形态客体是指具有实物形态的商品，如黄金、房地产、厂房、机器设备、文物古玩、珠宝玉石等。货币价值形态是指以货币价值形态表示的产品，如股票、债券、外汇等。

　　按投机的客体直接应用领域为标准，投机客体可分为生产性投机客体和生活性投机客体。生产性投机客体一般是指工农业领域中用于生产、建设等物质资料与产品，如建材、化肥等。生活性投机客体是指用于满足生活需要的商品或产品，如食品。

　　根据投机的频率、规范化程度、参与投机的人数与规模等为标准，投机客体又可分为经常性投机客体和非经常性投机客体，前者如股票、期货，后者如艺术品、珠宝玉石。实践中，以股票、证券、期货为对象的权证投机，常被经济学界视为最适合也是最具普及性的投机对象。

第三节　　商品投机的经济功能

　　经济学的问题，是以最小的努力获得欲望的最大满足，以最小量的不欲物获得最大量的可欲物。① 商品投机也应该遵循这个原则，事实上绝大多数投机者已经或正在遵循这个原则。因投机者遵循这个原则而实施的一系列投机行为，使得投机在某一时期某一特定环境下可能成为市场经济发展的动力，而在另一时期一定环境下可能成为市场经济发展的障碍或阻力。换句话说，商品投机对市场经济主体或整个市场经济运行就像一把双刃剑，具有双重功能与作用，即积极作用与消极作用。商品投机对市场经济活动所发挥的积极功效与消极功效，既可能是微观的也可能是宏观的；既可能是对投机者个人而言的，也可能是对其他市场经济主体而言的。对投机者个人精神而言，投机也可能会给其自身带来双重功效。如投机的过程可能使投机者紧张不安或焦虑或痛苦，也可能使其愉悦、有成就感等。如果只存在两个相互对应的投机者，那么投机结果则是一种零和博弈，即两者在交易中，一方如果获利，另一方则亏损；反之亦然。投机对获利者而言可能是积极的，对亏损者而言可能是消极的。对市场经济整体而言，商品投机的双重功效主要体现在：一方面投机有助于平抑市场

---

　　① ［英］斯坦利·杰文斯：《政治经济学理论》，郭大力译，商务印书馆 1997 年版，第 51 页。

价格，平衡供求关系，促进资源的优化配置，维护或促进市场竞争秩序，活跃与创新市场，传递市场信息等积极功效；另一方面投机又具有加剧价格波动，使价格信息失灵，破坏供求平衡，扰乱市场秩序，增加市场风险，扭曲市场信息等消极功效。

市场经济最重要的内在动力就是分散于各个领域的市场经济活动主体对自身利益最大的追求。从经济理论和市场运行机制来看，投机性因素就是市场运行的内在因素之一，它是以市场为中介获得利益的一种形式。① 但是，作为市场经济重要动力之一的商品投机，如果缺乏充分的认知和有效的理性指引与规范，这种动力也可能转化为破坏力。而事实上，传统的经济学理论对商品投机的经济功能的评价，大多数是限定在它的负面性或是否定性方面，而投机的积极功能或作用几乎被抛弃或忽视。

一、商品投机与商品价格、供求

在市场经济运行中，商品投机行为往往会影响市场供求平衡、价格波动和市场资源转移与配置。具体来说，商品投机既能导致或加剧市场供求失衡，也能促进和实现市场供求平衡；既能加剧或导致价格波动，也能平抑价格波动；既能促进资源的有效配置，也能促使或导致资源配置的低效。

市场机制包括竞争机制和价格机制。竞争机制和价格机制在市场机制中发挥着基础性作用。市场价格机制是市场经济体制发挥资源配置的核心机制。市场价格机制是把价格作为一个有机系统、一个运动过程来加以描述的，是指与价格有关的价值、货币、供求、竞争、生产者和消费者等各种因素相互联系，相互制约，从而发挥特定经济功能的运行过程。价值变化是价格变化的内在因素，供求是价格变化的外在因素，价格行为是价格变化的直接因素，而经济调控是价格变化的间接因素。

商品投机与市场价格天生具有亲和力。在市场经济尤其是充分竞争的市场经济中，商品的价格是商品投机者时刻关注的焦点，也是投机者借以进行投机的风向标。商品的价格变动与否以及变动幅度往往决定着投机者的投机与否和投机程度。因为投机者希望通过商品价格发生波动并产生一定程度的价差进行获利。如果商品价格保持不变或者即使发生波动，但波动幅度极小，投机者获利的可能性就极小或根本不能获利，那么投机者一般不会进行投机。当然价格并不是投机者关注的唯一因素，商品的稀有程度以及某些重大的自然或人为事

---

① 杨育民：《"投机"的经济学诠释》，载《全国商情·理论研究》2006 年第 8 期。

件发生，同样也是影响投机者是否选择投机的外在因素。

投机在本质上属于微观经济行为。由于供求在时间和空间上的不均衡，供求力量往往决定着价格围绕价值上下波动。投机者就是利用价格波动进行投机的。反过来投机者的投机行为又影响供求变化与平衡，进而影响市场的价格波动。投机程度与市场供求变化程度及市场价格波动程度密切相关。对于某种商品而言，不管适度投机还是投机不足或投机过度，都可能直接影响该商品的供求平衡与该商品的价格稳定，进而影响资源合理的配置。例如现今房地产市场的过度投机一方面减少了住宅的实际供给，另一方面不合理地推高了住宅价格水平，同时还影响了社会大量的闲置资本涌向房地产领域，而其他领域的投资或融资总量则相应地萎缩。

投机行为一般不会对宏观经济运行产生直接的影响，但却可能产生间接影响。由于商品投机客观增加了市场不稳定的因素，而这种不稳定因素或不确定因素，既可能促进宏观经济发展，也可能加剧宏观经济运行风险，并引发连锁反应，甚至导致经济崩溃或萧条。以美国股市为例，在1925年以前，美国股市基本处于相对萎靡状态，整个股市行情不是很活跃。此后，随着参与股市投机人数与规模的增加与扩大，美国股市逐渐活跃起来，股票价格也随之不断攀升。到了1929年夏天，许多不同阶层和社会地位的人都进入了股市，股市投机在当时已成为一种非常盛行的文化内容。随着投机规模的扩大，美国股市泡沫现象日趋严重，整个股市处于摇摇欲坠的风险状态。从1929年秋季尤其是10月24日星期四开始①，股票价格狂跌，成交量剧增，股票指数一路下挫，最后股市崩盘，随后导致全球性经济危机。对美国来说，1929年的大崩盘导致的经济大萧条，以不同的严重程度持续了10个年头。而近几年来我国房价一路飙升，也有房地产商品投机的一分"功劳"。

在任何制度中，只要存在商品经济，物价问题历来都是官民共同关注的经济问题。物价单一地持续上涨或持续下跌或持续保持不变，都不是永久的选择和最佳的经济目标。物价是保持上涨还是下跌或不变，取决于一国或地区在某一时期的特定经济发展形势与需要。从整体来说，只有将三者有机结合在一起，根据经济发展变化与需要，适时地、适度地进行调整与选择，才能真正实现社会经济在较长历史时期持续健康的发展。适时适度地调整价格运行目标，顺应或阻碍价格涨跌趋势，就需要借助各种可能的手段或政策，而商品投机有时就是一个很好的选择。在特定时期特定情况下，投机者参与投机，往往会对

---

① 史称1929年大恐慌的第一天。参见［美］约翰·肯尼斯·加尔布雷斯：《1929年大崩盘》，沈国华译，上海财经大学出版社2006年版，第70页。

物价发挥积极作用，改善市场价格不合理状况和商品不合理的供求结构。例如当商品供大于求时，价格持续下跌，投机者如果大量买进，就会在一定程度上抬高物价，挽救一些经营企业的颓废或防止大量资源浪费；物价持续上涨时，投机者乘机出售投机品，在一定程度上会缓和供求矛盾，平抑物价。从理论上讲，要保证市场价格的自由波动，就应尽量排除各种垄断因素的影响，而投机者的商品投机行为正好为市场价格向均衡价格的运动提供了动力。①

二、商品投机与消费

　　商品投机与消费经济有时也会存在密切关系，在一定程度上是相互影响、相互作用的。商品投机对消费的影响主要体现在其对消费方式、消费结构、消费群体、消费观念、消费的对象等方面的改变。商品投机对消费的影响有时是积极的，有时是消极的；有时对微观消费行为产生影响，有时也会影响整个国家或地区的消费态势。

　　就微观方面来看，商品投机行为可能导致消费品供求关系与价格波动，进而影响或改变消费者正常的消费行为与消费观念。例如 2011 年 3 月我国多个省市发生的大规模食盐抢购，由于受虚假信息②的影响，不明真相的许多消费者担心今后购买不到无核污染食用盐，疯狂地抢购食盐。结果导致市场上食用盐短时间内供不应求，许多地方出现盐荒。有些经营者也乘机进行抬高盐价或囤积食盐等投机行为，扰乱了市场秩序。有些消费者家中囤积了大量的食盐，有的消费者由于出手晚而一无所获，还有的消费者开始大量购买带有食盐成分的食品如酱油、咸菜，以备将来之需。这种抢购行为在一定程度上改变了消费者正常的食盐消费方式。有的可能今后几年不用购买食盐，有的因购买高价的投机盐而支付很大开支，影响其他方面的消费开支。再如近几年我国许多消费者在经济能力一般的情况下，投机购买住房。有的消费者投机购买住房在一定程度上属于超前消费行为，这种超前消费让消费者提前享受属于自己的生活空间，同时在一定程度上可因房价继续上涨使自己及其家庭资产增值或保值。但是另一方面，在家庭收入既定的情况下，投机性购房居住往往改变了家庭原有

---

　　①　杨育民：《"投机"的经济学诠释》，载《全国商情·理论研究》2006 年第 8 期。
　　②　日本福岛发生 9 级大地震后，福岛核电站因受损发生核辐射事故。国内有人借此恣意散布一些不准确信息，说平时市场上销售和供消费者食用的食盐主要是海盐，而今后的海盐由于受日本福岛核辐射污染，无法正常食用，否则会影响身体健康。事实上，根据官方公布的信息指出，我国库存的食盐量很大，消费者不用担心食盐供给，而且我国大部分食盐是井盐、湖盐，海盐只占食用盐的 30%。

的消费结构，使整个家庭消费结构处于不合理状态，即购房支出大大超出了原有的计划支出，而其他方面的消费支出则相应削减，影响了家庭其他方面的需求与发展。

从宏观上讲，投机行为影响消费，而消费在一定程度上又会影响宏观经济的运行与发展。消费经济学是有关消费的经济学说，是经济学的一个分支，其在经济学领域中占有重要地位。消费经济学强调和重视消费者的微观消费行为对经济的影响和作用。经济学界所谓的"三驾马车"实际就是指投资、贸易和消费（即平常通称的内需）在拉动国民经济增长过程中的主导作用与地位。消费者是社会经济的发展核心，是经济增长的主要推动者。在市场经济中，政府、企业和消费者是市场经济的三大主体，消费者的消费则是市场经济发展最根本的推动力。如上述所举的住房投机之例，如果一个国家或地区，适度的住房投机行为可以增强房地产市场的活力，进而促进与房地产相关产业的发展。但是如果投机程度较高，就必然引起抬高房价，消费者为了购房就必然要支付高额的费用。在既定家庭收入的情况下，住房支出的增加必然要削减其他方面的支出。如果参与购房的消费者数量较多或规模较大，就可能影响其他消费领域与产业的发展与活力，即便对房地产市场的发展也未必都具有积极意义。因为大量的房地产投机也可能会导致房地产市场严重偏离理性或加剧房地产市场的垄断性或者扭曲房地产市场信息或房地产市场泡沫，进而在整体上影响国民经济的均衡协调发展。

三、商品投机与市场风险

市场经济本身的特点决定了商品经济活动必然具有一定的风险性。投机起因于市场风险，因而投机是具有风险性的经济行为。反过来，投机的存在又影响着市场风险。投机对市场风险的消极作用就是加剧市场风险，积极作用就是转嫁或规避风险。但对外行来说，投机活动与市场不稳定的形影相随，通常被认为是投机者引起不稳定的证据；但专业人员的观点是不稳定产生了套头交易或保险的需求，恰好是投机者承担风险的意向满足了这种需求。①

商品投机在规避市场风险作用中，最典型的当属期货市场。期货市场最重要的一项经济功能就是为生产、加工和经营等不愿冒风险的交易者提供套期保值的交易方式，将交易中所形成的价格波动风险转嫁给愿意承担风险的第三

---

① ［英］伊特维尔、米尔盖特、纽曼：《新帕尔格雷夫经济学大辞典》，胡坚等译，经济科学出版社 1996 年版，第 477 页。

者，达到降低本身交易风险。期货投机是期货市场的基本条件。如果没有期货交易，巨大的价格风险就会出现，买卖双方将不得不依靠具有行为反复无常和价格风险特征的现金交易市场（即现货市场）。美国南北战争后，芝加哥期货交易所一开始就没有多少人履行交割程序，而是大部分在合约期满后被平仓前选择交易。这些场内交易商们并不考虑交割，他们考虑的仅仅是在商品上投机。如果没有投机者，期货交易所便是一个没有生机的地方。[①] 期货投机者之所以愿意承担风险，主要是因为他希望通过这种冒险的方式以期获得更大的利润。如果没有投机者的投机活动，套期保值者所不愿承担风险就没办法转移。在此需要指出的是期货市场只能帮助套期保值者转移风险，不能从根本上消除风险。有时期货商品投机行为也可能对某一期货交易或整个期货市场带来巨大的风险或负面影响。例如当期货市场过度投机时，一些期货价格可能会暴跌，挫伤市场的理性投资行为，市场价格过分脱离价值，价格信号失灵，使市场资源得不到合理配置。再如绿豆、白糖、粳米等期货品种，由于国内市场容量小，价格易于被大资金操纵，因而容易发生过度投机。为了防范风险，有关部门不得不取消了这些品种的期货交易。[②]

从微观角度看，商品投机者除了具有转嫁其他市场主体的市场风险的功能外，也可以规避自身可能遇到的特殊风险。例如当发生重大自然灾害时，某些生活物品面临严重短缺风险，普通居民可乘机大量购买或囤积这些生活必需品，以帮助自身及其家庭在将来相当长一段时间内渡过生存难关。从宏观角度看，在国际经济交往中，一国或地区通过其相应机构或组织进行国际性投机，这在一定程度上有助于其在充满竞争和风险的国际经济环境中规避或转嫁经济风险。

四、商品投机与市场信息传递

现代市场经济其实就是竞争经济与信息经济。谁最先、最快、最准掌握市场信息，谁就可能在市场竞争中领先对手，处于优势地位。现代经济学理论认为，整个商品生产与流通领域，都涉及信息传递问题。信息能否得到及时充分的传递，直接影响到市场充分竞争的实现，影响到市场的供求关系与商品的价格，进而影响市场的资源配置功能和国民经济协调发展，也会影响到国家经济政策的制定与实施。

①　[美] 查尔斯·R. 盖斯特：《贪婪的智慧》，吕彦儒、崔世春等译，上海财经大学出版社 2006 年版，第 7 页。
②　黄长征：《投机经济学》，中国社会科学出版社 2003 年版，第 262 页。

　　事实上，在现代市场经济运行过程中，市场信息的分布很不均匀也具有不确定性。各类市场主体掌握或获取的信息方式与程度存在诸多差异或不对称性。因而市场信息的有效传递，就需要各个市场主体对此发挥应有的作用或影响，以此引导市场主体朝着预期方向或引导整个市场经济活动朝着健康方向发展。而商品投机者及其投机行为作为市场经济活动重要组成部分，其在市场信息传递过程中同样会发挥一定的作用或影响。

　　以微观角度为例。在商品投机活动中，有许多投机者在投机过程中需要及时主动捕捉、收集、整理、分析各种相关信息，这样才能更好地了解、判断、把握及预测市场行情与走势，及时对市场做出反应，以便在投机中获得更大利润或将风险与损失降到最低限度。投机者及时捕捉分析信息的行为以及根据获取的信息所作出的市场反应，实际上已经或可能在一定程度上起到信息传递的功效与效果，即便从内心上不愿与他人分享或交换信息。但是对于与投机者有某种密切利益联系的其他主体，并不排除投机者主动将其掌握的信息供他人分享。或者其他市场主体不需投机者直接相告，但根据投机者对市场做出的反应性行为或行为结果，在一定程度上可以判断或感知市场变化及其隐含信息，并以此为示范或警示采取下一步行动。效仿者的效仿行为或戒备防范行为，反映出投机行为在实质上起到了信息传递的作用。

　　从宏观上讲，商品投机为国家宏观经济运行以及国家相关经济政策的制定与实施，在一定程度上起到信息传递与风险预警功能。实践中，经济政策的制定者或实施者可以根据商品投机的有无或投机程度，分析了解或分析归纳现行的经济政策或制度实际发挥的功效或存在优势与弊端，以便能及时了解与预测市场经济运行的状况，进而对现行的经济政策或制度做出相应的变动，使其符合市场经济发展的规律和要求。投机的有无与投机的程度在一定程度上所反映的市场行情与变化，为政策决策者调整相应经济政策提供了重要的依据与信息来源。

　　当然，商品投机在市场经济运行过程中所传递的信息，可能是直接的也可能是间接的，信息内容可能是准确的也可能是不准确的，信息传递的结果可能是积极的也可能是消极的。

五、商品投机与活跃市场或市场培育

　　无论是在实践上还是理论上，商品投机还具有刺激与活跃市场或者培育与创新市场的功能。当市场缺乏活力或发展动力不足时，由投机者参与商品投机，在一定程度上可以激发市场活力，改善市场经济活动的低迷或萧条。但是当投机超过一定水平，投机的"鲶鱼"效应就可能导致市场异常活跃，使市场处于极度的风险运行状态。美国在 19 世纪开始的西进运动过程中反复出现的大量土地投机活动，曾几度极大地促进了美国西部地区的经济开发与繁荣发展，但多次出现的过度土地投机也阻碍了西部地区经济的发展，导致西部原本较为繁荣的经济几度变得萧条和低迷。

以海南房地产市场为例：1988 年，海南岛正式建省脱离广东，同时成了中国最大的经济特区，一时间成了全国各地"淘金者"眼中的天堂，几乎一夜之间，岛上就涌进了十多万人。1992 年初，邓小平发表南巡讲话，中央也向全国传达了《学习邓小平同志重要讲话的通知》，提出加快住房制度改革步伐，海南建省和特区效应全面释放。此后，海南房地产业也如日中天。到了1992 年，公开资料显示，在最高峰时期，这座总人数不过 600 多万的海岛上涌现出近两万家房地产公司，房地产投资达 87 亿元，占固定资产总投资的一半，仅海口一地的房地产开发面积就达到了 800 万平方米。一年间地价从1991 年的十几万元/亩飙升至 600 多万元/亩，升幅五六十倍。据《中国房地产市场年鉴（1996）》统计，1991 年海南商品房平均价格为 1400 元/平方米，1992 年猛涨至 5000 元/平方米，1993 年达到 7500 元/平方米的顶峰。[1] 海南房地产此时已存在严重泡沫问题。1993 年，国务院发布《关于当前经济情况和加强宏观调控意见》，海南房地产泡沫宣告破灭。留下的结果是，海南全省"烂尾楼"高达 600 多栋、1600 多万平方米，闲置土地 18834 公顷，积压资金800 亿元。[2] 此后十几年的海南房地产市场，一直处于低迷状态。

2010 年海南建设国际旅游岛的消息一出，原本一直处于低迷状态的海南房地产市场，立即又引来了新一轮房地产投资投机高峰。这种投资与投机行为，再次激活了原本萎靡不振的海南房地产业，海南的房价重新一路高歌猛进。但是随着投机规模的扩大，再次引发了人们对海南房地产泡沫的担心和猜测。

虽然没有充分证据证明投机行为是推高 90 年代初海南房地产市场的主要动力，但商品投机则在一定程度上起到了推波助澜的作用，尤其是对海南房地产市场的初步发展与充满活力，确实起到一定的积极作用。

此外，商品投机还具有创新或培育市场的功能，尤其是一些所谓冷淡的或新兴的或需较高专业文化技术知识的商品市场如艺术品市场、网络商品市场

---

① 《海南房地产泡沫》，载 http：//news. qq. com/a/20100113/001872. htm，浏览时间：2011 年 3 月 7 日。

② 《海南房地产泡沫》，载 http：//news. qq. com/a/20100113/001872. htm，浏览时间：2011 年 3 月 7 日。

等，商品投机往往能发挥独特的功效。以我国天津艺术品证券交易为例。

2011 年 1 月 26 日，天津文化艺术品证券交易所（以下简称"文交所"）在天津赛顿中心鸣锣开业。第一批上市交易的两件藏品《黄河咆哮》、《燕塞秋》在短短不到 30 个交易日内，成交价格已经由最初的 1 元最高时分别涨至 10.12 元、10 元，两件艺术品的净投资回报率超过了 900%。3 月 16 日，《黄河咆哮》与《燕塞秋》分别达每份 17.16 元和每份 17.07 元，双双暴涨超过 17 倍，3 月 17 日《黄河咆哮》与《燕塞秋》停牌。① 5 月 12 日，天津文化艺术品证券交易所作出的积极贡献得到了天津市地方政府的初步肯定。②

天津文化艺术品交易所是以一个经地方政府批准的中国艺术品市场交易场所，是一种全新的交易形式。文交所是中国艺术品市场及其资本市场的发展过程中的婴儿，是艺术品资本市场发展过程中的一个创新和补充。文交所是一种新的市场形态，对推动市场的社会化、大众化具有积极的作用。

尽管文交所成立之初受到多方关注，并受到了诸多批评与质疑。但是自文交所成立与运行，在一定程度上也刺激了大批投资者和投机者涌入文交所，激活了原本不被人看好的新兴艺术品市场。例如 2011 年 3 月 10 日，天津文交所市场参与程度异常火爆。短短的一个月时间，从最初的 300 户发展到现在的 47860 户。按招行金卡的开户规定，客户必须存有 5 万元现金，才能具备开卡资格。因此，按每人 5 万元一个账户的保守估计，预计已有 23 亿资金进入市场炒作。③

文交所为投机者提供了新的投机场所，使投机行为在一定程度上对文交所的正常运行产生了一定的负面影响；但是另一方面，投机行为又为文交所的发展提供了内在的动力支持，并对中国这种新艺术品市场的前期培育和创新发挥了重要的作用。

近年来，特别是 2008 年美国金融危机以来，发达国家开始了货币量化宽松（印刷纸币）的竞赛，美元不断贬值，利息降至 0—0.25% 的底线区间；与此同时，2005 年 7 月以来，人民币升值，加息，导致大量国际热钱流入中国投机。此外，中国在金融危机后为 4 万亿元救市的需要，采取了适度宽松货币

---

① 《天津文交所遭四大质疑：艺术品股票疯涨谁买单》，载 http：//www.cf1234567. com/20110113/313436831.html,浏览时间：2011 年 3 月 19 日。

② 《天津市政府首次对天津文交所表态肯定其成绩》，载 http：//money.163.com/11/ 0516/22/74791S8L002540BQ.html, 浏览时间：2011 年 3 月 19 日。

③ 《艺术品证券化：收藏变"炒股"，是投资还是投机》，载 http：//finance.ifeng.com/ money/special/yspfetz/20110402/3809878.shtml，浏览时间：2011 年 3 月 19 日。

政策。多重因素之下，中国国内流动性严重过剩。如何整治疏导热钱，促进第三产业需要发展，振兴文化事业，已经成为当今中国宏观调控的最优先课题之一。而艺术品证券化市场创新与运作，无非是一个不错的选择与尝试。虽然在成立和发展初期还存在诸多的弊端和不完善的因素，我们不能因此完全否定它的作用，我们要做的就是要积极地进行制度化与规范化指导与运作，充分发挥其积极功能，克服自身的弊端。

六、商品投机与生产技术水平、经营管理方式

在市场经济活动中，任何生产经营或交易活动都需要一定的成本。在某一交易单位总量既定情况下，交易成本的高低在一定程度上制约着经营者的市场优势地位。如果经营者生产技术与管理水平相对较高，那么其在生产经营过程中的成本就相应较低，反之则较高。实践中经营者之间的生产技术与管理水平不可能绝对平均，它们之间总会存在一定的差异。为了实现资本收益的最大化，经营者往往通过各种手段或方式以最小交易成本获取利润的最大化或超额化。对于生产技术和管理水平处于劣势地位的经营者，其交易成本就相对较高，如果按照正常的生产经营方式或遵循正常的竞争秩序，其在同业竞争中往往会处于劣势地位，也很难实现资本利润的最大化。为了尽可能降低交易成本并实现资本收益的最大化，一些经营者往往会想尽一切可能的手段或方法，改变竞争策略或改善经营管理方式或提高技术水平。其中的一些经营者可能改变通常意义上的经营者身份而转变成投机者，以投机的方式降低交易成本，损害或可能损害其他正常经营者或正当竞争者的利益。

一旦渠道价值链中存在投机机会和空间，自利导向的渠道主体就会有

"进行投机"，获取最大化利益可能，① 而营销渠道②中的窜货行为就是典型的例子。窜货是销售商或销售代理商在销售供货商产品的过程中，为了谋取超额利益或非常收益，根据销售环境的变化及其存在投机机会所进行的一种销售投机行为。营销渠道投机可能发生在供货商与下游销售商或代理商之间，也可能发生在上游代理商与下游代理商之间。窜货问题不仅损害了合作方的利益，而且还损害了销售渠道整体利益，严重的窜货行为还可能极大地影响销售渠道安全与正常运转。为了维护自身利益，其他正常经营者或正当竞争者往往会主动采取相应措施进行应对如外部救济（以法律救济为主）和自我救济，以弥补或逐步挽回被投机行为侵损的利益与市场。其中自我救济的途径就包括进一步提高生产技术水平或改善经营管理方式，从而提高生产经营效率，降低交易成本。这种以提高生产技术水平或改善经营管理方式的自我救济方式，在一定程度上有助于促进该企业或整个行业乃至整个社会相关生产技术水平的提高和经营管理方式的改善。例如针对渠道投机行为，受害方在实践中采取各种措施如渠道所有权控制模式③、专用性资产抵押模式④等，一定程度上提高或改善自身的营销渠道管理水平，增强了渠道的安全性，甚至节省了大量的交易成本，

---

① Williomson. Oliver E. The Mechanisms of Governance. New York：Oxford University Press. 1985. p. 108.

② "营销渠道是使产品或服务能够被使用或消费的一系列相互依存的组织"（Stern L. W，ReveT. "Distribution channels aspolitical economics". Journal of Marketing，1980，44（summer）：52 - 64.），"是指产品或服务转移所经过的路径，由参与产品或服务转移活动以使产品或服务便于使用或消费的所有组织构成，包括从生产商到中间商再到消费者的各个环节"。在竞争日益激烈的买方市场上，营销渠道已成为影响企业市场控制和市场占有率的重要因素，商品的分销成本通常已占到一个行业商品零售价格的 15% —40%。商品分销成本的急剧增长，越来越多的国内外各类企业纷纷将企业管理的重心由内部转向营销渠道。营销渠道逐渐成为企业在竞争环境下不得不重点考虑的要素和一项战略性资产，因此许多企业纷纷投入大量资源进行渠道建设。但是，现实是对有些企业而言，渠道建设似乎并没有实现企业管理层的初衷，而是在渠道建设过程中出现诸多争端。这些争端中相当一部分是因营销渠道投机行为所导致。参见高维和：《中国企业渠道投机行为及其治理策略研究》，上海交通大学 2007 年博士学位论文，第 1 页。

③ 渠道价值链的某一方通过收购/兼并的方式将渠道价值链的上游或者下游纳入共同的所有权框架。参见高维和：《中国企业渠道投机行为及其治理策略研究》，上海交通大学 2007 年博士学位论文，第 1 页。

④ 通过使得渠道上下游某主体投资专用性资产，从而"锁定"投资方。参见高维和：《中国企业渠道投机行为及其治理策略研究》，上海交通大学 2007 年博士学位论文，第 1 页。

并对其他经营者起到了很好的示范效应。

商品投机除了上述所分析的经济功能或作用外，其在特定时期对满足居民基本生活需要，促进市场竞争与防控垄断，完善国家宏观经济政策与市场法律制度，发现和完善市场监管漏洞等方面，也具有一定的作用或发挥相应的影响。

当然，商品投机的功能或作用并不仅仅体现在经济方面，有时其对社会、文化、政治与法律等方面产生的影响，同样不容忽视，如商品投机在缓和或激化社会冲突，加强社会互动，维护市场主体的经济权利，满足投机者好奇、消磨时间、驱逐无聊等方面的娱乐功能，对提高特定群体的社会地位等方面，在特殊时期、特定情况下也发挥了一定的作用。例如美国股市在 1929 年崩盘之前，先后有许多妇女走出家门，带着发家致富的梦想进入股市进行投机。她们谈论股票就像谈论自己的朋友一样熟悉。无论在家庭还是在股市，无论成功还是失败，事实上她们已逐渐成为当时社会所关注的重点，"家庭主妇"的社会地位或形象得到一定程度的修正。1929 年 4 月，《北美评论》载文指出，女性已经成为"最刺激的男性资本游戏"的大玩家……作者大胆地预测，投机方面取得的成功大大提高了妇女的声望。[①] 当然妇女同任何人一样都有发财致富的权利，只不过商品投机给她们提供了一条较为便捷且节省体力的机会。

第四节　商品投机的理性与非理性特征

一、理性、有限理性与非理性

理性因主体、时代或学科的不同而被赋予了不同的内涵。如古希腊的智者学派所谓的理性主要是指自然本性，培根所说的理性主要是指人的知识与经验，黑格尔所说的理性是指"绝对精神"，是"思想与存在的同一"。再如以数学、物理学为代表的自然科学所指的理性主要是指确定性、精确性，心理学上的理性主要是指意识性、自觉性。社会学意义上的理性主要是指能够识别、判断、评估实际理由以及使人行为符合特定目的等方面的智能。从哲学角度讲

---

① ［美］约翰·肯尼斯·加尔布雷斯：《1929 年大崩盘》，沈国华译，上海财经大学出版社 2006 年版，第 53 页。

"理性就是一和一切"①。这里的"一"就是同一，"无别就是同一性"②。同一性就是"主观与客观绝对无别"③，是思维与存在的同一。理性不仅具有认识论的含义，而且还有本体论和实践论的含义。本体论意义上的理性是指一切存在的共同本源。实践论上的理性是指人对价值观念的追求和价值评价的能力。认识论意义上的理性是指人对一切现象的可知能力，是包括概念、判断、推理等特殊的思维形式，常与感性、直觉相对应。经济学上理性是一个手段—目标的概念，是指人的理性化能力与人的行为、手段和目标理性化或合理性。张雄教授认为经济学上的理性可从三个方面来把握：（1）经济理性指的是人的理性化能力，包括寻求规定性原则、寻找内在的依据；（2）经济理性是以追求利益的推理来表示的；（3）经济理性是一个手段—目标的概念，其包括三层含义：①承认"独立存在的理性"的存在；②该形式所显示的内在一致性法则属于"手段方面的理性"；③手段服从一定的"目的理性"，指利益最大化。④ 实践中，理性常与理智、有意识、合理性紧密联系在一起，被视为基于正常思维状态下的行为与状态。理性的意义就在于对自身存在及超出自身却与生俱来的社会使命负责。

　　哲学上的理性是主客观的同一，但这种同一总是表现为有限的同一或相对的同一，而不是无限的同一或绝对的同一，因此有限理性就是主客观的有限同一，⑤ 理性是有限理性的本质。康德认为，无限的存在有三个："实体"、"神"、"自由"，⑥ 而理性被排除在无限之外，因而是有限的。理性之所以是有限的就在于其只能讨论有限的对象，而不能讨论无限的存在。从认识论角度看，有限理性强调理性虽然最终可以认识事物的本质与规律，但这种认识是相对的，是一个逐渐发展和丰富的过程。从方法角度看，有限理性强调理性认识事物的有效性，但不是唯一的有效方法。康德首先论述了理性的"有限性"问题，但他没有直接明确提出"有限理性"的概念。

----

① [德] 黑格尔：《哲学史讲演录》（第 4 卷），贺麟、王太庆译，商务印书馆 1981 年版，第 239 页。

② [德] 黑格尔：《哲学史讲演录》（第 4 卷），贺麟、王太庆译，商务印书馆 1981 年版，第 355～356 页。

③ [德] 黑格尔：《哲学史讲演录》（第 4 卷），贺麟、王太庆译，商务印书馆 1981 年版，第 355 页。

④ 张雄：《市场经济中的非理性世界》，立信会计出版社 1995 年版，第 27～28 页。

⑤ 李容华：《有限理性及其法律适用》，知识产权出版社 2007 年版，第 24 页。

⑥ [德] 康德：《纯粹理性批判》，蓝斌译，商务印书馆 1997 年版，第 400 页、第 429 页、第 447 页。

经济学领域尤其是新古典经济学中所提出的"理性就是收益最大化"的论断，完全是建立在"经济人是完全理性"假定之上的。在新古典经济学中，关于经济人行为假定包括：首先是作为经济人的经营者与消费者在市场经济活动中，其目标追求分别是利润最大化和获得消费效用的最大化；其次是经济人行为完全理性，即经济人在决策过程中，总能够充分地利用所有可能得到的信息，并具有足够的认知能力，对所知的一切信息加以理性的计算，从各种备选方案中选择最优方案。① 但诸多事实与经济学理论②（如英国庸俗经济学、制度经济学、宏观经济学），已证明经济人并非完全总是理性的，也并非以收益最大化为唯一目标的，有时或常常表现为有限理性或非理性的一面。西蒙第一次在其著作《现代决策理论的基石》中直接明确提出"有限理性"的概念，但是他对"有限理性"这一概念的内涵则使用了贝克尔在《人类行为的经济分析》中所说的"非理性"的含义，即非理性就是对最大化的偏离。③ 贝克尔对"非理性就是对最大化的偏离"的论断，实际上是关于有限理性的论断，因为在他看来，所谓的理性就是人的趋利避害，就是收益的最大化。西蒙认为，人的理性是有限度的，因为在现实市场交易中，人们很难对每一种可能的结果完全予以了解和做出准确的预测，他们往往主要是根据主观判断进行决策的，而且在决策时也很难考虑到所有可能的措施。所以，人们基于受情境和计算能力的限制，往往以满意抉择代替最优抉择。

与理性概念相对立的概念则是非理性。如果说理性是主客观同一或绝对无别，那么非理性就是主客观不同一或有别。非理性既有客观非理性也有主观非理性，前者表现为人的思维方式的非逻辑性，后者表现为客观存在在时间、空间上的不一致性；既有认识非理性也有实践非理性，前者表现为人的直觉、本能，后者表现为人的行为的恶、丑。从心理学和认识论角度看，非理性有广义和狭义之分。广义的非理性泛指一切不是理性或违反理性的状态或心理过程。狭义的非理性是指类似感性，包括直觉、情感、随意、任性、无意识等基于非理智的状态或心理过程。④ 非理性与理性相比，具有个别性如人的情感、表现

---

①　金雪军：《微观经济学》，浙江大学出版社 2001 年版，第 4~5 页。

②　如英国庸俗经济学代表人物是马尔萨斯。其在《人口理论》中用人的"肉体"和"热情"对抗经济人的"精打细算"，指出人总是表现为"非理性热情"、"复合的实体"、"肉体的倾向"等。制度经济学代表人物凡勃伦根据有限阶层的生活方式证明了"理性经济人"是一个伪命题。凯恩斯的宏观经济学利用市场失灵和国家适度干预度的必要性，反驳了理性经济人的假定。

③　李容华：《有限理性及其法律适用》，知识产权出版社 2007 年版，第 22 页。

④　夏军：《非理性及其研究的可能性》，载《中国社会科学》1993 年第 4 期。

形式的情景性、不自觉性如冲动、不确定性如直觉等特征。

二、商品投机的理性化特征

商品投机者的投机行为并非总是盲目的或无意识的或随意的，无论是投机者个人还是投机群体，无论是投机个体还是投机机构，无论是低度投机还是过度投机，许多时候其行为都具有一定的理性化倾向。这种理性化倾向既可能是完全理性的，也可能是非理性的。当然投机行为的理性化更多的时候是一种有限理性，而不是绝对理性或完全理性。实践中，商品投机的理性化主要体现在投机客体选择有极强的针对性与目的性、投机目标的确定性与合理性、合理或充分的投机根据、投机手段与行为模式的选择的规范化与合理性、投机决策的明确性与最优化选择等方面。具体来说，商品投机的理性化特征主要表现在以下几个方面：

首先，投机者对投机客体或投机对象的选择，往往具有很强的针对性和目的性。从理论上说，在市场经济活动中，投机者涉猎投机的对象较为广泛，并呈现出种类的多样性和层次结构的复杂性特点。但在实践中，投机者对可供投机的对象并不是全部涉猎，而是通过对市场行情的分析与预判，并基于自身的经济能力限制，有针对性地选择能为其在短时间内带来较大或巨大收益的具有投机潜力的商品。如果选择一个较为冷门或根本无人问津的商品，即便其具有极高的使用效能，投机者一般也不会涉猎之。事实上，作为投机者选择的投机对象的商品，也不是无限的，而是有限的，同时还要对选择的投机对象提出诸多要求或条件如较强的流通性、具有一定的市场价值、一定的稀缺性、市场价格非绝对稳定性等，而这些恰好反映了投机行为的理性化色彩。

其次，投机目的的明确性与合理性。对投机者个人来说，投机者进行投机往往是自愿的有意识的且具有明确的目的，即一般是为了套利保值或规避特殊风险或满足某种特殊需要，而不是盲无目的的，或者说投机者是为何投机。同时投机者对投机可能导致的结果，可能已有所预测或心理准备，知道投机行为能给自身带来何种结果或影响。投机者投机行为目的的确定性、明确化及对投机结果的预测则是投机行为理性化的重要表现。此外，投机者对投机目标的确定，往往也不是不切实际，盲目幻想的，对其自身来说具有一定的合理性。他知道用一分钱进行投机，不可能一夜之间就变成一个亿；他也知道，在同等条件下，投机所带来利润绝不可能是正常收益的上千倍或上万倍。投机者对投机目的合理性的选择，是投机者内部的一种思维和判断的结果，是投机行为理性化的基础与重要表现。

再次，特定投机行为工具与行为模式选择的规范化与合理性。商品投机在行为工具或行为模式选择上往往也充满了理性化色彩。这种理性化色彩主要体现在两个方面：一是投机行为工具的选择上必须符合规范。规范本身就具有高度的形式理性，是社会大众（包括投机者）共同认同的交往规范与保障。只有选择符合规范的投机行为工具，投机者才能有效寻求交易对象，进而才有可能实现投机目标与动机。实践中，交易是商品投机的最基本、最主要投机行为工具。交易中不管是买还是卖，都必须具有明确的交易主体与对象，有明确的支付手段和交易流程，有相应的法律效力与责任作为保障。二是在行为模式选择上，一旦选择交易，交易双方或多方往往会讨价还价，注重交易成本的计算。讨价还价与计算反映了投机者投机行为的有目的性、针对性、计划性和规范性（或合契约）等，在一定程度上体现了商品投机行为的形式理性与实质理性、目的理性与工具理性的统一。韦伯认为："一项经济行动之所以是形式理性的，就在于其能够以计量的、'可计算的'权衡思虑。所谓经济行动的实质理性就在于一定的群体（不论范围多小）通过经济取向的社会行动所进行的种种财货供给总是（将是或应该是）从某种价值判断的观点出发，并且受此一标准检验。"① 在韦伯看来，以营利经济和家计是两种典型的具有形式理性的经济取向行动，其中货币计算是在经济行动的取向中形式上最为理性的手段。经济计算越精确，其在形式上越理性。

最后，具有一定的理性化决策根据与决策方案。市场经济中存在两类交易者：知情（理性）交易者和噪音交易者。知情交易者在交易之前或交易过程中，往往具有不同于常人包括噪音交易者的专业技能、经验、信心，并掌握或了解一定的市场交易信息与行情，据此作出较为合理明确的决策方案与合理的预期。商品投机者根据自己所掌握和了解的客观真实信息，并凭借自身良好的专业技能与经验，适时进行投机活动，充分体现了知情交易者投机行为的理性化特征。现代市场经济也是信息经济。对市场信息了解掌握真实与充分程度，往往决定了投机者投机决策的合理性，决定了收益预期的理性程度。在现实生活中总会有一些投机者具有相对较为熟练的技能和经验并能及时掌握和了解相关市场信息，为自己投机成功奠定坚实的基础。例如某些市场操纵者，他总能够充分利用其所掌控的信息与专业技能，在商品投机活动中得心应手，按自己的预期实现吸金纳银的效果。此外，基于投机决策根据的合理性或充分性，投机者往往有自己明确的投机决策。如果存在多种决策，投机者往往会选择最优化决策方案或令自己满意的决策方案进行实施。

---

① ［德］马克斯·韦伯：《经济行动与社会团体》，康乐、简美慧译，广西师范大学出版社 2004 年版，第 36 页。

三、商品投机的非理性化特征

商品投机的非理性化主要体现在投机者在投机决策时所依据的信息与技能的欠缺或不完全或不真实或不及时，同时还表现在投机者投机意愿与思维模式的过分主观化。

商品投机者投机行为的理性化程度及理性与否，常与投机者对市场信息及时了解或掌控的真实性与充分程度密切相关。由于市场信息往往具有非对称性、不确定性特点，商品投机者了解或掌控信息往往也具有一定的非均衡性，因而投机行为并非总表现为理性化色彩，有时也呈现出非理性的一面。在实践中，为什么有的人在投机市场中（如股票市场）赚，而有的人亏？为什么有的人一错再错，而有的人反败为胜？在笔者看来除了投机者个人自身专业技能与经验的不足或欠缺外，其中一个重要因素就在于对市场信息及时了解或掌控的真实与充分程度与否，当然也不排除有些投机者误打误撞并获得预期效果的事实。有些投机者看似发现或掌握一定的市场真实信息，但事实上其掌握或了解的信息与真正信息还是存在误差或不够全面充分。如市场价格错觉、股市记忆、噪音交易或从众行为等，均不同程度地反映投机者对相关市场信息缺乏充分全面的了解，因而导致其后续的非理性交易。有时人们知道其他人的做法是一种从众行为，但他们仍然会考虑他人的判断，并且参与其中。虽然对个人而言，这种行为可能是合情合理的，但由此产生的从众行为却是非理性的。①

商品投机的非理性化还表现在投机者投机意愿与思维模式的过分主观化，即投机者心理因素起到重要作用。有些投机者在市场经济活动中往往凭借某种直觉、情感、信念、偏见或兴趣爱好进行投机，而不是在掌握或了解一定信息的基础上，凭借自身的专业技能与经验，通过充分分析计算，然后做出合理选择方案与预期目标等一系列的理性化方式。以收藏品时尚投机为例，有些投机者投机收藏品很多时候是以对某种收藏品的爱好，作为其投机根据，而不是以收藏品本身的价格在短期内的上下波动信息为依据。有些投机者虽然掌握或了解了一定的市场信息，但由于过度自信或受先前经历过的类似事件及经验体会的影响，其行为的结果是实际发生的情况与其之前的预测与预期有所差异或相反。有的理论在分析人们为什么看起来总是过度自信的原因时，指出在评价其

---

① ［美］罗伯特·J. 希勒：《非理性繁荣》，中国人民大学出版社 2010 年版，第172 页。

结论的正确性时，人们往往总能注意到其推理的最后一步是否正确，全然不顾推理中其他部分可能存在的错误。① 也有的理论指出人们通过寻找其他已知事物的类似性来判断概率的，但他们忘记了每个事物都有自身的特点。②

当然，国内也有一些学者对商品投机的非理性化在实践中的表现形式作了较为科学的分析与归类。例如黄长征在《投机经济学》一书中的非理性有个体非理性与群体非理性之分。同时还将投机决策的非理性在实践中的表现形式分为三个方面，即片面理性、间接理性、适应性（短视）理性。片面理性主要体现在由于投资（或投机）者在知识、信息、时间等方面的局限性和特定的思维定式，使得投资者（或投机者）的注意力事实上只能集中在为数极少的他所看重与感兴趣的因素及相关的逻辑关系上。间接理性是指投资者（或投机者）不是基于对基本逻辑要素的分析而是基于一些间接结论来做决策，这些间接结论包括：此前相似情况下的经验或教训，其他投资者或专家的看法等。适应性理性的一个重要特点在于决策策略常常随着决策者感受到的环境变化而变化。而在较长一个时间内看，这些策略在逻辑上可能是前后不一甚至完全相反的，即这种适应性理性往往是短时的。③

投机的理性与非理性并不是完全绝对对立互不相容的，两者之间的界限也并非完全清晰的。理性与非理性在特殊情况下，往往是可以相互转化互相过渡的。如某一投机者此次投机是理性的，但前次或下次就可能是非理性的。投机个体的投机行为可能是理性的，但对于一个投机群体而言，其或许是非理性的，即个体理性会导致群体非理性，当然个体非理性也会导致群体非理性。对投机个体而言也许是理性的，但对整个社会而言，或许是非理性的，反之亦然。

---

① See GordonW. Pitz, "Subjective Probability Distributions for Imperfevtly Kowm Quantities," in LeeW. Gregg (ed), Knowledge and Cognition (Potomac, Md.: Lawrene Erlbaum Associates, 1975), pp. 29 – 41.

② See Allan Ccollins, Eleanor Warnock, Nelleke Acello, and Mark L. Miller, "Reasoning from Incomlete Knowledge," in Daniel G. Borow and Allan Collins (eds.), Representation and Understanding: Studies in Cognitive Science (New York: Accademic Press, 1975), pp. 383 – 415.

③ 黄长征：《投机经济学》，中国社会科学出版社 2003 年版，第 51 ~ 53 页。

第五节　商品投机形成的主观动因

　　市场是否存在投机机会，如果存在，那么商品投机的形成究竟是内生的还是外生的等问题历来都是经济学界所关注的问题，同时也是研究商品投机法律问题必须关注的问题。对于市场是否存在投机机会问题，长期以来是经济学界两大门派——学院派和市场派争议的焦点之一。学院派否认市场存在本体论意义上的投机机会，但可能存在认识论意义上的投机机会。而市场派则基于价格非均衡理论与现实，认为市场的确存在本体论意义上的投机机会。但事实上，市场经济活动中客观存在着投机活动，而投机机会的客观存在，是投机者进行投机的必要前提，即只有存在投机机会，投机者才有可能进行投机。如果客观上不存在投机机会，即便投机者主观上认为有投机机会，并有投机意愿，而且客观上实施了自认是"投机"的行为，也不可能形成真正的投机行为。

　　与投机机会不同的是，商品投机行为是人的行为，是主客观因素相互作用的结果，是人自身因素与外在因素的有机结合。投机机会的存在是投机者进行投机行为的前提条件，但非充分条件，即只有客观的投机机会的存在而没有投机者的投机意愿，是不可能形成投机的。美国经济学家威廉姆森用交易的特征性规范了投机行为产生的原因——交易者的有限理性和市场环境的不确定，由于交易双方存在对环境和交易事项的认知偏差，因而参与方随时随地都会产生投机行为的冲动。威廉姆森对商品投机形成的原因分析，实际上反映了投机的形成是主客观因素相互作用的结果。

　　美国经济学家希勒（Robert J. Shiller）认为，经济学不是关于数据和数字的，经济学是关于情感与心理的。运用心理学理论解释和分析经济个体行为，是当代许多经济学家和社会学家的成功解释和分析相关问题的重要途径与基础。20 世纪 70 年代出现的后被经济学界广泛关注的行为经济学（又称为心理学的经济学），就是很好的例证。所以，对商品投机的心理分析，是分析与了解商品投机形成的原因的重要方法与途径，而对商品投机的心理因素进行分析，离不开对投机者的内在欲求需要、价值与认知、信念与性情等心理要素与范畴的分析与研究。在西方经济学界，已有许多经济学者对商品投机的心理问题直接或间接进行了分析与探讨。例如早在 20 世纪 30 年代，英国经济学家凯恩斯就在其代表作《就业、利息和货币通论》中对证券市场中的投机性行为进行了心理分析，他指出人的本性和无法控制的不确定性共同作用促使参与者形成了投机性的心理。对于人的本质，凯恩斯认为，大部分人都是懦弱的、贪婪的，对采取长期投资有些不耐烦，不愿为了长期的利益而牺牲眼前的利益。人们之所以喜欢采用短期投资策略，主要原因在于"人生有限，故人性喜欢有速效，对于即刻致富之道最感兴趣，而于遥远未来能够得到的好处，普遍人都要打折扣"①。同时凯恩斯还认为对于有赌博偏好的人，玩职业投资者所玩的游戏（投机行为）很有吸引力。美国经济学家加尔布雷斯在其《1929 大萧条》一书中所提出的制度主义者的投机性泡沫模型，其核心是一种心理因素。该心理因素具体表现为弥漫市场的一种财务安全心理，这种心理通过促使更多人投机于股市的社会性人格特点来壮大自己。

一、投机需要与投机动机

人为什么会产生行为？人与人之间在思想和行为上为何存在差异？其实从心理学角度来看，主要原因就在其内在的需要。人是一种不断需求的动物，除短暂的时间外，极少达到完全满足的状态。一个欲望满足后，另一个迅速出现并取代它的位置，当这个被满足了，又会有一个站到突出位置上来。人几乎总是在希望着什么，这是贯穿他整个一生的特点。② 需要是个体对内外需求（生理需求和社会需求）在人脑中的反映，是个体感觉欠缺什么并力求获得满足时产生的一种心理状态。马斯洛认为，驱使人类的是若干始终不变的、遗传的、本能的需要，而这些需要是心理的，而不仅仅是生理的，它们是人类真正的内在的本质。现在可利用的证据的重要性似乎向我们指出，任何动机生活分类所唯一依据的坚固的根本的基础是基本的目标或需要，而不是任何一般的刺激物意义上的"吸引"或"推动"。③ 通过对比匮乏性动机与成长性动机，马斯洛指出需要的实质就在于个体在生活中感到自身及自身与环境之间失去平衡并力求恢复平衡抑或是个体寻求发掘自身最大潜能的一种内心状态。

需要引起动机，动机产生行为，行为又指向一定目标。④ 这说明人的行为都是动机支配的，而动机则是由需要引起的，人的行为则是在某种动机的策动下为达到某个目标而进行的有目的的活动。⑤ 即如：需要→动机→行为→

---

① ［英］约翰·梅纳德·凯恩斯：《就业、利息和货币通论》，高鸿业译，商务印书馆 1999 年版，第 134 页。

② ［美］马斯洛：《动机与人格》，许金声等译，华夏出版社 1987 年版，第 29 页。

③ ［美］马斯洛：《动机与人格》，许金声等译，华夏出版社 1987 年版，第 31 页。

④ ［美］马斯洛：《马斯洛人本哲学》，成明编译，九州出版社 2003 年版，第 37 页。

⑤ 陆剑清等编著：《投资心理学》，东北财经大学出版社 2000 年版，第 82 页。

目标。

　　需要、动机与目标都是人类行为的基本源泉、动力，都属于动力系统范畴。但三者之间也有明确的差异。需要是动机的基础与前提，是动机产生的主要内在诱因，它既可以是有意识的也可以是无意识的。需要与动机相比往往处于没有具体明确的思想内容与计划，它更多的是停留在一种本能状态或似本能状态，没有确切满足或实现某特定需要的行为计划方案与步骤，或没进入如何满足需要的考虑状态。与需要相比，动机则是思想、意识与观念上的进一步升华。这时的个体已具有如何实现或满足自身及其关系相近人的需要的详细思考和相应的行为举动心理预设，甚至已有较为周全的行为计划、步骤、行为对象、行为手段等。

　　动机"是构成人类大部分行为的基础"。[①] 动机是"个体的内在过程，行为是这种内在过程的结果"。[②] 现代心理学则把人类行为的动机看成是"由目标或对象引导、激发和维持个体活动的一种内在心理过程或内部动力"。[③] 动机引起和维持个人行为，并将该行为导向某一目标，以满足个人某种特殊的需要。动机是行为的心理准备与指导，两者之间是直接的内容与形式的关系，行为是动机的具体表现，而动机与行为之间的差距，在某种程度上讲就在于举动。动机有外部动机和内部动机之分。外部动机指的是个体在外界的要求或压力的作用下所产生的动机，内部动机则是指由个体的内在需要所引起的动机。马斯洛的动机研究主要集中在内部动机即由基本需要引起的动机上。[④]

　　目标与动机相比，两者虽然都属于动力系统范畴，但两者也存在一定差异。在作用上，前者主要解决行为的动力问题，后者主要是解决行为方向问题。两者与需要的关系不同，前者由需要引发，与需要是直接关系，后者是行为的结果，与需要是间接关系。此外，同一目标可能由不同动机引起，同样动机可能引起不同的目标导向。

　　需要、动机、行为与目标实质上是三类变量之间的相互关系，即刺激变量、机体变量和反应变量。需要、动机属于机体变量，行为属于反应变量，外界的目标则是刺激变量。[⑤] 刺激变量是对有机体的反应发生影响的刺激条件，而商品投机的刺激变量大多是社会、经济的环境变量。机体变量是指有机体对

---

① 彭聃龄：《普通心理学》，北京师范大学出版社 2004 年版，第 326 页。
② 朱智贤主编：《心理学大词典》，北京师范大学出版社 1989 年版，第 71 页。
③ 朱智贤主编：《心理学大词典》，北京师范大学出版社 1989 年版，第 71 页。
④ ［美］马斯洛：《马斯洛人本哲学》，成明编译，九州出版社 2003 年版，第 18 页。
⑤ 陆剑清等编著：《投资心理学》，东北财经大学出版社 2000 年版，第 81~82 页。

反应有影响的特性，如性格、动机等。反应变量是指刺激变量和机体变量在行为上引起的变化。

对商品投机来说，投机者之所以选择投机行为，也离不开一定的内在需求或动机。投机者在市场经济活动中为了满足某种需要，在社会、经济、制度等客观外界环境的刺激下，萌发投机动机，然后在投机动机的支配下，以预期目标为指引实施一系列投机行为。投机者在某一投机活动中，不管是否实现其预期目标，那么其结果都可能会刺激投机者，使其形成一定的心理体验如成就感或恐惧感或娱乐性刺激感等，这种心理体验在某种程度上又进一步刺激了投机者及其他市场活动主体的心理态度，起到增加或降低信心或意愿的作用，进而决定或驱动其此后是否再进行相应的或不同的投机活动。

如果一个投机者成功了，那么成功者本人或其他投机者就会重复或效仿类似的投机行为或尝试新的投机行为。如果失败了，投机者就可能部分放弃或完全放弃类似的或所有的投机行为。当然一次失败并不能导致所有的投机者都放弃投机，因为有些投机者有可能把一次或几次小的失败当作获得更大或更多成功前的必然准备与经历，或者对投机行为认知不足，把投机视为一种类似赌博的活动，成功与否，运气是决定因素。

只要存在市场经济活动，市场中总会有成功者与失败者，也总会存在着曾经实施过一次或几次投机而此后放弃或继续进行投机的人；同时也存在着未投过机但有投机意愿或期待进行投机的准投机者。

商品投机行为是投机者针对自身与周围环境变化而实施的个体应对行为。应对这个词本身就意味着努力去解决或至少应付一个问题，因此它表达了与某种超越它自身的东西的联系；它不是独立的。它或与直接需要有联系，或与基本需要有联系，它既与手段也与目的相联系，既与挫折引发的行为相关联，也与追求目标的行为相关联。① 个体投机行为的实质就是社会经济的环境刺激变量引起机体变量（需要、动机）产生持续不断的兴奋或焦虑不安或恐惧等，从而引起投机行为反应，当投机的结果，经反馈又强化了刺激，如此循环往复，延续不断。

二、投机者的投机需要类型与表现

每个人都有不同的自我内在需求，需求不同，必然导致人的需要的广泛性、多样性、社会历史性等特点。即便是同一个人，在不同时期不同的环境，

---

① ［美］马斯洛：《动机与人格》，许金声等译，华夏出版社1987年版，第153页。

也有不同方面、不同层次的需求。美国著名的心理学家马斯洛 20 世纪 50 年代提出的需要层次理论在心理学和社会学领域产生了重要的影响，并在心理学家中得到了广泛的关注与接受。马斯洛将一般人的需要分两类，即自然需要（生存需要）和社会需要（精神需要）。马斯洛认为，人的需要是有层次的，所以他按照需要的不同类型、重要程度和发生顺序将人的需要从高到低划分为生理需要、安全需要、社会需要、自尊需要和自我实现的需要等五个层次。每个层次上的需要都是内生的，总是由低到高，逐步上升的，只有当低一级的需要获得满足以后，个体才从需要层次的底部移动到较高层次。基于马斯洛及其理论对社会学、心理学、教育学、经济学等领域的重要影响，受马斯洛的需要层次理论的启发，本书按投机者个体对投机客体的依赖程度或投机客体、投机行为经历及投机结果对投机者的影响与作用程度，可将投机的需要或动机或目标的类型与表现形式，按从低级到高级进行分析与归类，如下图所示：

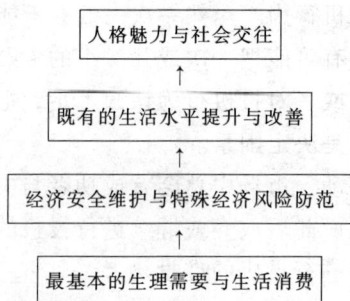

人格魅力与社会交往

既有的生活水平提升与改善

经济安全维护与特殊经济风险防范

最基本的生理需要与生活消费

（一）最基本的生理需要与生活消费

维持生存是满足人类最基本的生理需要，是最低层次的投机需求与投机动机。为了维持正常生存，人们就必须进行生活消费。在市场经济条件下，当市场中最基本的维持生活需要的生活资料因战争、暴乱、自然灾害等引起供求失衡或严重短缺时，有的人就会无法从正常的交易方式和交易时段内获取其最基本的生活资料。当其发现或认为自身及其家庭成员可能或实际上已面临获取基本生活资料的压力或生存风险时，往往会采取一些非常规方式或途径去获取基本生活资料。非常规方式或非正常途径既可能是暴力方式如武力抢夺，也可能是和平方式。在获取基本生活资料的和平方式或途径中，交易性投机就是一种典型的表现形式。以维持正常生存为目的，以消费为动机，以基本生活资料为对象的投机，在历史与现实生活当中比比皆是，如粮食抢购、食盐抢购、矿泉水抢购、药品与防护用品抢购等。

以美国民众抢购碘化钾为例：2011 年 3 月 15 日起，一些美国民众因担心日本核电站释放的辐射会扩散到美国，纷纷抢购认为具有防辐射作用的碘化钾，导致碘化钾一度在美国脱销。① 碘化钾抢购是一种典型的以维护或保障自身及其家庭成员生命健康与安全为最基本生理需要与目标的投机行为。

再以内地消费者到香港抢购奶粉为例，由于近两年大陆多家奶粉厂家生产婴幼儿奶粉频曝质量问题如三聚氰胺、皮革奶，导致许多消费者尤其是新生儿父母对大陆奶粉质量失去信心与信任，大陆许多家庭纷纷购买海外厂家生产的奶粉或直接到境外采购国外产的婴幼儿奶粉。其中深圳、广州等地许多家庭因地理因素纷纷到香港疯狂采购婴幼儿奶粉，结果导致香港本地销售的奶粉有时无法及时满足香港市民的需要，引起香港部分超市对内地客抢购奶粉发出限购令，有时甚至发生香港消费者与内地消费者因购买奶粉发生冲突。②

内地消费者为了保证自己的婴幼儿的生存与人身安全健康的需要，直接到香港购买自认为具有质量安全保证的婴幼儿奶粉的行为，实际上也是一种典型的为满足最基本生理需要而进行的消费性投机行为。

出于对核辐射的担忧，日本核辐射之后部分地区（如东京）的食品、药物和汽油被民众抢购一空。图片来源：凤凰网，http://city.ifeng.com/cskx/20110318/50899.shtml，浏览时间：2011 年 3 月 25 日。

---

① 《日核辐射恐惧越洋美国民众抢购碘化钾导致脱销》，载 http://finance.sina.com.cn/roll/20110317/16159549812.shtml，浏览日期：2011 年 3 月 17 日。

② 参见《香港部分超市因内地客抢购奶粉发出限购令》，载 http://news.163.com/11/0224/03/6TKJ7EMV0001124J.html；《为买奶粉 打架打到香港去》，载 http://www.morning.sc.cn/new/html/tfzb/20110311/tfzb456631.html，浏览日期：2011 年 3 月 20 日。

（二）经济安全维护与特殊经济风险防范

与最基本的生理需要与生活消费相比，其都属于低级需求层次与动机，都以物质生活需要为主，但它又不属于最低层次，它比最基本的生理需要又高一个层次。从投机需求与动机的内容上看，主要是以投机者自身拥有的财产为核心，目的较为单一。

在满足最基本生活需要的基础上，人们通过自身的努力，获得或拥有了一定的经济基础或物质财富。但对于他们来说，现实社会充满了不稳定性与风险因素如通货、政策风险等，这种不稳定性与风险使他们时刻或经常感到其拥有的财富处于贬值甚至丧失的不安全状态。人们自身的这种危机意识与竞争意识，也促使他们关注在和平状态下如何维护自身的财产安全，如何进行特定的经济风险防范的问题。因此在维护自身经济安全和防范特殊的经济风险的各种措施或手段中，投机对于有些人来说也是一个不错的选择。现实生活中一些为防范通货或货币贬值而进行的具有保值或适度增值的黄金投机、房地产投机等就是典型的代表。

（三）既有的生活水平提升与改善

在满足基本的物质生活与精神需要之后，有的人并不满足既有的生活水平或财富状况，而是在既定的生活水平或消费水平的基础上希望进一步改善或提升自身物质生活与精神生活质量与水平的需要。实现既定生活质量与水平的改善或提升有两个基本途径：一是在既定物质财富的基础上提高财物的使用效能或使用价值或改善消费结构；二是实现自身拥有的财富获得更多更高的增长。而投机行为则是实现这两个目标的可能方式与措施。这两种投机行为都以逐利为主要动机与直接目的。但是前者重在交易成本的降低与效率最大化，投入成本量与收益规模相对较小。投机的主体主要是以消费者为主，如实践中的促销活动中的抢购行为，为了虚荣心的奢侈品消费投机，把投机行为当作一种时尚的投机及为寻求娱乐或刺激而进行的投机。后者重在一本万利，其期望的投入与收益之比超出正常途径，而且投入的成本与规模对自身而言相对较大，如股票、期货操纵性投机行为。

以国人在美国热购茅台酒为例：① 贵州茅台酒厂 2010 年就放出消息，说在 2011 年把酒价调涨约 20%，由于茅台酒一直以来为中国人所崇尚，成为餐桌及送礼的佳品，由此引发国内掀起一阵抢购茅台酒风潮。中国国内掀起茅台

---

① 参见《美国热购茅台酒华人超市一夜脱销》，载 http：//bj. sydc. sina. com. cn /synews/2/2011/0117/1401. shtml，浏览时间：2011 年 1 月 18 日。

酒涨价潮竟波及至万里之外的美国南加州，即由于圣盖博谷（San Gabriel Valley）地区华人超市销售的茅台酒价格比国内价格低廉不少，① 引起从中国来的游客、来美的商务人士及准备返乡探亲的侨民抢购圣盖博谷地区华人超市销售的茅台酒，导致多家华人超市茅台酒一夜之间售罄脱销一瓶不剩。

国人在美国抢购茅台酒的行为实际就是一种投机消费行为，这种投机消费主要目的不是满足最基本的生理需要，也不是为了保障自身的财产安全，而是为了改善或提升既有的生活水平质量或以最低成本来扩大现有货币财富的使用效率。

（四）人格魅力与社会交往

人格魅力展现与社会交往是人类特有的精神需要与文化需要。与上述三种需求而进行的投机相比，为展现人格魅力与社会交往的需要而进行的投机则是最高层次的投机与需求。人格魅力展现与社会交往是自我价值实现与他我社会关系改善的综合，其中包括价值观、声誉与尊重、文化认同与归属感等内容。价值观包括自我能力的展示或自我理性的实现或理想与追求。例如有的人为实现其自身获取一定财富的能力，彰显自身应有社会价值的自信，往往会借助短期的投机行为，向既定的目标进行"努力"。声誉、尊重、文化认同与归属感的需要重在强调投机者自身在社会关系或他人内心中引起关注，被认同地位。这实际是行为主体所追求的一种特殊精神需要，是社会主体为主动适应或应对社会环境尤其人际关系的变化而确立的精神目标。

例如当周围的朋友或同事或亲属或竞争对手或合作伙伴因某种原因聚合在一起时，他们谈话的内容时刻不停地停留在炒股时，而对炒股一无所知的人可能因没有共同的话题而倍感尴尬或无所适从。为了迎合社交的需要或赢得别人尊重或寻求群体归属感或寻求商机，他们也积极投机于股市，而不管投机的结果如何，重要是在于获得相关知识与经验，以弥补股市投机认知的不足。因为对于他们来说，有关股票操作与交易流程等方面的理论知识与实践知识，专业化程度相对较高。获取相关股票的理论知识，他们可通过专业书籍去汲取或通过形式化语言交流获取，但对于实践知识，则只能通过模仿或亲自体验才能获取。与自行获取的理论知识相比，通过自身的实践而获取的实践性知识往往具有无可比拟的优势，如以其共同经历的事实来获取他人对自己的文化与身份的认同，而相同经历的事实在一定程度上又促进了对新事物的共有感知与解读。

---

① 2011年年初，在圣盖博谷地区超市，普通五十三度茅台酒的价格一月初普遍售70多美元，三十八度酒只售40多美元，加上当地消费税，折算成人民币，茅台在南加的售价往往不到国内的一半。

这种共有感知有时有助于避免或防范在正常的人际交流与信息传递中出错或被人轻视的尴尬情境的出现。

三、投机者的性情与偏好

除了满足自身某种需求而选择投机外，投机者的性情与偏好往往也是其选择投机活动的重要主观因素，这其中主要包括职业追求、某种兴趣爱好或某种冲动的情绪。

职业偏好：在长期的市场经济活动中，难免会形成或存在一定的较为稳定和规范程度较高的投机市场，如股票市场、期货市场。这种市场的存在也必然存在大量的投机机会，因此社会上总会有一些人以此为职业，专门从事投机行为，长期以往，忽略或降低了对其他职业的兴趣与爱好，其自身的基本生理需求或财富追求或自我价值实现或他我人际交往等，已不再是主要的目的或需要。

兴趣爱好：有些人则把投机视为一种特殊的爱好而坚持不懈，甚至有的达到了忘却自我而沉醉其中的境地。例如常被西方经济学家比作赌场的股市，由于其充满风险和赌博特性，使得有赌博偏好的人往往热衷于选择股市投机而不是其他，以期从股市投机中获取类似历经赌博时的心理体验与感受。

冲动的情绪：实践中不排除有的人在毫无目标或毫无理性计划与安排的情况下，基于某种情绪性的冲动而投机于市场交易。这种基于冲动情绪实施的投机行为，更多的是因某一外在原因而不是内在原因的激发，如受人唆使或激发等，因而投机者往往没有明确的需要，或虽有需求但目的较为混乱，没有主次先后之分。

第六节　商品投机形成的客观基础与条件

一、商品投机形成的经济条件

（一）价值与使用价值不可兼得性及价值与价格的背离

在自给自足的自然经济条件下，人们生产的劳动产品主要是供自己使用，这时的劳动产品具有满足人们某种需要的自然属性与效用，但是由于其不是用来交换的，它不是商品，因而也就无所谓商品价值与使用价值，它的交换价值——价格也就无从说起。没有价格就没有价格之差，因而人们也就没有通过价差以求获利的可能，那么投机机会与投机行为自然就丧失了其存在的可能。

相比较自给自足的自然经济，商品经济条件下的劳动产品因交换的目的而具有相应的商品价值与使用价值，但是它的价值主要是通过交换价值表现出来的。虽然商品是商品本身具有的价值与使用价值的统一，两者缺一不可，并且商品的价值可以通过交换价值体现出来，但是无论是对商品生产者来说还是对使用者来说，商品的价值与使用价值不可能同时兼得，即两者只能得其一。商品的价值与使用价值相对于市场主体的分离，使得商品流通成为可能，进而人们才可以对商品进行多次交换。

同时商品交换的过程中，商品的价值是通过交换价值——价格体现出来的。在实践中，商品的价格并不总是和商品的价值保持一致，商品的价格往往会围绕着商品价值上下波动，导致价格与价值相背离或相对分离。价格的波动必然导致商品价差的出现，商品的价差存在为那些以逐利为目的的市场主体提供机会。这种获利机会的存在，自然也为商品投机者进行投机活动提供了前提与可能。

（二）经济资源的有限性与不平衡性

一切经济运行方式，都是资源的调配方式，而资源调配的根本目的就是为了满足人类自身对各种资源的需求。资源，简单地说就是指人、财、物统称与综合。经济资源是资源的主要组成部分或是其系统中的一个子系统，是指一切直接或间接地为人类所需要的具有一定开发利用价值的资财来源，其中包括自然资源、人力资源、资本资源、信息资源等内容。在市场经济条件下，商品是人类对各种原初或半原初的经济资源综合加工的结果，是经过劳动而形成的产品，它既是经济资源的重要组成部分，也是经济资源的主要表现形式。

一般情况下，经济资源总是有限的，而且在人类分布中具有不平衡性。同时人类生存发展总是需要各种经济资源（包括商品），而人类的需求又具有多样性和无限性特点。商品的有限性或稀缺性和不平衡性与人类需求的无限性，必然导致商品供求的矛盾与问题。资源有限性与人们需要无限性的矛盾，首先表现为人与自然的矛盾，其次表现为人与人之间的矛盾，这些矛盾关系的实质是人们的利益问题，也是一种利益冲突的表现。

因为资源是有限的，人们之间才发生了各种各样的冲突，同时也产生了因为相互依存所需要的秩序；因为资源是有限的，才有了所有制与分配的问题，才有了公平、道德和法律问题。假设资源是无限的，人们生存发展所需要的一切应有尽有的话，那么，所有制、分配、道德、法律等都会成为多余的了。①
正因为经济资源的稀缺性或有限性与分布的不平衡性，为了生存与发展的需
要，都会迫使人们去考虑如何有效利用现有的资源和如何进行有效的配置资源
等问题。这一问题的解决，不管是对某一国家或民族还是某一地区，不管是对
某一组织还是某一个体或家庭，也不管是对一般民众还是某些具有特殊职责的
人士，都是必须面对的。正是这一问题的不可忽视性或必须重视性，实践中总
会有一些组织或个体利用这种特殊现象与矛盾，尽可能在同等条件下，为自己
谋取比他人更多地资源或利益，以便在市场活动和社会生活中尽可能处于某种
优势或获得某种便利。因此对他们来说，在市场经济活动中选择投机也许是一
个不错的选择方式或自行解决途径。

（三）信息非对称性与不完备性

"经济人"假设是传统经济学理论的基本前提与出发点。传统的经济学理
论认为，行为人——市场经济活动主体是完全理性的，其完全能够把握或掌握
完备的或全部信息。但事实上，现实生活中市场主体不可能占有完全的市场信
息。某些事件的知识或概率的分布，在相互对应的经济人之间往往做不对称分
布，即一方比另一方占有较多的相关的信息，一方居于信息优势，而另一方则
处于信息劣势。这种市场信息在市场主体之间做不对称分布的现象，在经济学
界被称之为信息不对性问题。

信息非对称的概念，最初源自阿克勒夫（Akerlof）于 1970 年提出的信息
非对称理论，即"市场上买卖双方各自掌握的信息是有差异的，通常卖方拥
有较完全的信息而买方拥有不完全的信息；在信息不对称的市场环境中，企业
管理者比投资者更多地了解企业的全部经营信息，因此在与投资者的对弈中处
于优势地位。实际上，管理者披露的信息常常带有许多噪声，这就使得投资者
在获得有效信息和获得投资利益时处于不利地位，受到不公正的待遇。"② 信
息非对称性是社会大生产与专业化分工的必然结果。随着社会的发展和信息量
的急剧膨胀，任何人都不可能掌握完全信息，对同一事物信息占有相对量的差
别必然会导致交易者信息地位的不同。在市场经济活动中形成的经济交往关
系，既包括具有竞争性质或相互排斥的同业或同行之间的关系，也包括具有某
种合作性质的经济关系。在这两种经济关系中，竞争主体或合作主体就其共同
指向某一行为客体的经济活动中，他们之间对同一事物的信息掌握量，往往是

---

① 康芒斯：《制度经济学》（上册），商务印书馆 1997 年版，第 326 页。
② 路小红：《信息不对称理论及实例》，载《情报理论与实践》2000 年第 5 期。

非对称性的，即便单独对任何一方而言，其对某一事物信息的掌握，有时也可能是不完全的。

信息的非对称性与不完全性必然会导致不利选择问题（又称隐蔽信息问题），即掌握信息较多的一方往往会利用对方对有关信息的无知或不完全性，签订对自己有利的协议，以获取额外利益，从而在客观上导致不合理的市场分配，使信息劣势者处于不利选择的位置。

就一般商品市场来说，也普遍存在信息不对称现象，最常见的是有关商品价格和质量信息的不对称。以商品的价格信息为例，某些市场主体可能比其他竞争对手或合作对象对某一商品的价格变化或影响其价格的因素获知程度较高或较快或较多，从而使其在竞争或合作中赢得先机或某种优势地位，并乘机获取超额的利益。

当然，市场主体对相关信息的获取量与及时性，往往与人们自身获取信息的能力相对应，而人们获取信息能力又与多种因素有关，这其中包括本人的文化层次、所处的社会环境、信息意识等。

（四）交易的机会与成本

由于传统经济学理论——新古典经济学中的理性经济人、完全市场竞争和交易成本为零的理论与实践相背离，使得该理论在现实经济的运用中遇到了各种挫折与障碍的同时，导致以科斯为代表的以交易成本理论为核心的新制度经济学在西方经济学界应运而生，并获得了其应有的地位和影响。交易成本理论告诉我们，现实中不存在鲁宾逊·克鲁索式的经济，天下也没有免费的午餐，任何交易行为或活动都必然存在一定的交易成本。交易成本不仅包括决策成本、信息成本，还包括一定的搜寻成本和机会成本。市场交易的机会与成本不仅是经济学和管理学理论关注的问题，也是市场交易主体（包括生产经营者、消费者及投机者）关注的重心。市场主体尤其是投机者在市场经济交往中，非常重视和积极寻求交易成功的机会与交易费用的降低，以此来追求更多的收益或剩余。良好的交易成功与超额获益机会的丧失，有时就意味着现在或将来交易的失败或交易费用与支出的增加，进而影响自身既有的财富或生产经营水平或生活水平的维持与改善。

因此，在实践中，市场活动主体为了降低交易成本，维持或增加收益，总会时刻关注一些为其可能带来更多或更大收益或剩余的机会。以普通居民投机购买住房为例，当房地产市场尤其是普通居民住房价格不断上涨的情况下，有些打算再过一段时间或未来更长远的某一时间内购买住房以改善当前居住条件或居住环境的消费者，由于房价不断上涨的趋势，使其对将来能否买得起住房问题或即使买得起但因可能需要支出更多的储蓄与收入而倍感压力。如果按现行房价，消费者自身或整个家庭还能承受得起的话，及时购买一套住房，以免将来因房价持续畸高不下而永远买不起。当然也有些消费者宁愿倾其所有甚至大量借贷，也要趁房价还没达到自身或整个家庭完全无法承受或无法买得起的境况购买用于改善自身居住环境或条件的住房。对于具有同等购买力的消费者而言，有的消费者非常关注住房价格不断上涨的行情与信息，并趁房价暂时处于其能承受的高位运行时，及时出手，投机性购买用于自己及其家庭自用的住房；而有的消费者则不是按照市场行情变化适时调整自身的消费计划，而按照自己的正常收支预算与支出情况，放弃或激活当前的购房机会。前者的行为，是一种典型的投机性消费行为，这种投机性提前消费行为即使会对整个家庭未来的消费结构与消费支出产生严重影响，他们也依然不愿放弃这种交易机会，因为这种交易机会的丧失就意味着将来交易成本的增加，甚至包括将来类似交易机会的完全丧失。

（五）市场经济的不确定性

市场经济本身是一个多层次的、多结构的、多因素的、多联系的、多功能机理的综合系统。市场经济的这种特点必然使其在运行过程中充满多变性和不确定性。市场经济的不确定性实际上就意味着市场主体很难确切地预知或完全把握市场行情的变化与发展的趋势。无法完全准确预知与把握又总是和风险联系在一起。对每个人来说，风险区别主要就在程度大小。每个市场主体都要面临市场不确定性问题，市场的不确定性对每个市场主体来说，其产生的作用与影响并不完全相同。市场的不确定性是积极的还是消极的，有时还要看市场主体对不确定性的看法与态度，即市场的不确定性对人类的意义并非只有消极意义，它对人类社会有一些非常重要的积极作用。对市场主体来说，如果充分认识并有效利用这种不确定性，或许能为其带来出人意料的积极效果。在实践中，对市场不确定性采取不同于常人的态度或价值观念的人，其实施的行为方式往往也具有不同于常人的地方。例如基于市场不确定性所可能带来的额外收益而实施的投机行为，对常人或一般市场主体来说，要么被忽视、要么被轻视或者被打压，但对投机者来说，恰好是其借以满足自身某种需求的一种重要前提与途径。

二、商品投机形成的文化因素

商品投机的形成与发展往往离不开一定文化背景或文化底蕴，或者说一定文化背景与观念在某种程度上催生商品投机行为或激化了商品投机行为的发展。市场文化背景是市场主体在长期的交往过程中形成的结果，是沟通主体间凭借语言文字或符号等交流工具而形成的具有稳定的共同价值取向、思维模式、心理结构、行为模式的统称。文化背景或观念的存在往往以无形的力量和特殊的方式对特定的商品投机行为的产生与发展起到重要的影响与作用。

例如长期具有经商观念的浙江温州人,自改革开放以来不断活跃于全国乃至世界各地的商品交易场所和投资场所。在长期的经商过程中,温州籍商人为了彼此的便利或特殊的风险防范,相互间逐渐形成了相对稳定的合作理念或抱团意识,进而形成了许多商人团体或社团。许多由个体自发组成的松散型或紧密型团体,经常游走于全国各地的投资、贸易等商业领域。然而有的商业团体基于个体的逐利的愿望与目的,在商业活动中持续不断地实施相同或类似或不同内容的投机行为。以房地产为投机客体的"温州炒房团"在全国房地产市场领域中的名声凸显,在一定程度上就反映了上述的特殊商业文化背景。

再如荷兰历史上的郁金香投机行为及后来导致的投机泡沫,其背后其实也隐藏着一定文化因素:法国人对浮华和奢侈的崇尚,达官显贵在家里把摆设郁金香作为观赏品和奢侈品的炫耀,普通百姓(包括一般市民、工匠、农民、随从、船夫等)在媒体炒作下而展现出来的对郁金香的病态倾慕与热忱。

当然文化因素与投机有时又是相互作用、相互影响、相互促进的。一定的文化因素促使了投机的形成与发展;反过来商品投机又在一定程度上促进了一定文化的形成与丰富。美国经济学家加尔布雷斯在其《1929年大崩盘》中分析评价1929年美国股市投机时明确地指出:"有关1929年股市投机最令人惊讶的不是参与人数的规模,而是股市投机成了美国文化的核心内容。"[1]

三、商品投机形成的制度条件与基础

由于人是"追求目的的动物,也是遵循规则的动物"。[2] 任何个人与组织都是在一定制度的安排下存在与发展。所以许多社会学理论则把社会规范[3]作为既定条件,用以研究特定规范指导下的个人行为。制度安排往往决定了个人的行为选择,个人的最大化行为仅仅是被界定在选择中的一个最大化选择。从

---

① [美] 约翰·肯尼斯·加尔布雷斯:《1929年大崩盘》,沈国华译,上海财经大学出版社2006年版,第54页。

② Hayek, F. A (197 3), "Law, legislation, and Liberty VOL. 1: Rules and Order", London: Routledge&Kegan Paul. 11. [美] 丹尼尔·W. 布罗姆利:《经济利益与经济制度——公共政策的理论基础》,陈郁、郭宗峰、汪春译,上海三联书店1996年版,第61~62页。

③ 在此对制度与规范不作区分,而是在相通或相同意义上进行使用。

个人行为决策过程的角度看，对制度的认知是个人对情景解释的重要组成部分，作为构成行为环境重要组成部分的制度，规定着行为的方向与强度。① 从制度对个人行为的影响后果看，制度既可能激励人的行为，也可能限制或约束人的行为。因此人类行为的选择与现实制度之间是密切联系的，它们之间相互影响、相互作用、相互依存。制度制约或激励着人的行为，而人的行为反过来又促进或阻碍制度的延续与发展。同样人类的经济行为产生与发展总是与一定社会制度密切相连的，或者说任何一种经济行为从产生与发展往往都具有一定的制度背景或制度因素。一定制度对某一经济行为可以提供其必要的产生与发展的动力条件或机会，也能为某一经济行为的存在与发展提供无法抗拒的压力或阻力。因此制度对个人经济行为的选择具有激励与规范约束的双重功能。

马克思非常注重制度分析，他认为制度因素是社会经济发展中的内生变量，而不是独立于社会经济发展之外的。将制度作为一个重要的经济变量引入经济学研究之中，用以分析研究微观经济行为产生、发展的原因与规律，是新制度经济学派在方法论上的重要贡献。正是新制度经济学将制度引入到经济学理论分析当中，制度问题一度成为分析、发现和解决经济问题的重要工具。事实上在新制度经济学理论之前，已有一些经济学家将制度因素运用到相关经济问题的分析当中，这其中也包括投机的制度分析与研究。例如英国经济学家凯恩斯在分析影响投资行为者行为的因素时，曾指出投机性心理虽是主要因素，但与现代市场相关的一些制度特点同样也有很大影响。凯恩斯在对伦敦证券交易所与美国华尔街作比较时提到：伦敦证券交易所的祸害（主要是指投机行为）之所以少于华尔街，其原因主要并不在于民族特点的差异，而在于：对一般的英国人而言，和一般美国人进入华尔街相比，进入斯洛哥莫顿街是非常困难和昂贵的。附加在伦敦证券交易所进行经营的费用，如介绍费、经纪费、向英国财政部缴纳的大量转手税，可以减少市场的流动性；这在很大程度上使带有华尔街的特点的交易不能存在。② 凯恩斯对伦敦证券交易所与美国华尔街作比较，实际上说明了美国华尔街的证券投机程度比伦敦证券交易所要严重的多。究其原因主要在于制度因素，这其中最主要的是国家财税制度的差异。

尽管早期的经济学家对商品投机的制度分析不是很全面与透彻，甚至与新制度经济学理论中有关"制度"问题的界定存在差异，但其中的思想与分析经济问题的方法为我们运用制度尤其是法律制度因素来分析探究商品投机的产生

① 卢华：《制度变迁与投资者行为》，上海财经大学出版社 2006 年版，第 58 页。
② ［英］约翰·梅纳德·凯恩斯：《就业、利息和货币通论》，高鸿业译，商务印书馆 1999 年版，第 163 页。

与发展提供了重要启示与参考，从而有助于我们进一步分析商品投机与制度之间的互动关系，使我们了解诸如商品投机形成与发展的制度背景与原因等问题。

（一）制度的界定与划分

制度是本书的一个核心概念。要分析探究商品投机形成的制度因素或制度背景，就需分析界定制度的基本内涵、类型等问题，以便弄清楚制度对商品投机形成或形成所起到的作用。但是"解释制度是一件非常困难的事"，① 之所以困难，主要原因之一就是要弄清楚制度问题，往往需要回答许多问题如制度为何存在，制度怎样出现的，制度如何被执行，制度如何变迁等。尽管制度是本书的一个核心概念，但基于研究问题的关联程度和需要性，这里所讨论的制度不同于许多经济学或者社会学文献中经常被用于指代各种类型组织的"制度"，也不同于类似有的学者将制度理解为诸如"市场经济理解就是一种制度经济或制度安排"最宽泛意义的制度，而是从最一般的规范意义上的角度所探究的制度，并将探讨的范围限定于制度的基本概念与基本类型的划分。从最一般的规范意义上的角度所探究的制度，其实就是将制度与规范同等对待的，不加以作详细区分之，其主要原因在于方便论述，尽量减少误解与分歧。因为在笔者看来，制度与规范都可以被用于指代指导或制约人类各种行为的各种准则、原则、规则、标准及各种具有普遍价值观念的综合系统，都属于宏观体系的范畴。无论是对制度进行考察还是对规范进行考察，其着眼点或出发点都在于从宏观系统的角度探讨某一制度或规范体系对微观或个人的具体行为选择的影响，强调宏观体系与微观行为之间的互动。

不同的学者或不同学说因其视角或出发点的差异，势必导致其对制度的理解或界定的差异。例如美国学者曼特扎维诺斯将制度理解为"是规范的社会规则，即社会博弈规则，它通过法律或者决定人们的相互关系的其他社会控制机制来实施"。② T. W. 舒尔茨将制度界定为"一种行为规则，这些规则涉及社会、政治及经济行为"。③ 康芒斯将制度解释为"集体行动控制个体行

---

① ［美］C. 曼特扎维诺斯：《个人、制度与市场》，梁海音等译，长春出版社2009年版，第65页。

② ［美］C. 曼特扎维诺斯：《个人、制度与市场》，梁海音等译，长春出版社2009年版，第65页。

③ ［美］T. W. 舒尔茨：《制度与人的经济价值的不断提高》，载［美］R. 科斯等：《财产权利与制度变迁——产权学派与新制度学派译文集》（中译本），上海三联书店、上海人民出版社1994年版，第253页。

动"。① 而凡勃伦则把制度理解为"思想习惯"和流行的精神状态，他认为"制度的实质就是个人或社会对有关某些关系或某些作用的一般思想习惯；而生活方式所由构成的是，在某一时期或社会发展的某一阶段通行的制度的综合，因此，从心理学的方面来说，可以概括地把它说成一种流行的精神态度或一种流行的生活理论"。② 但在笔者看来，制度就是对人的行为选择与相互交往产生规范性影响的一系列具体规则、准则、原则、标准及价值观念的综合，是一种相对于微观系统的宏观系统或体系。

对于制度的类型，则可以不同的标准作不同的划分。以执行主体与效力的不同，可将制度分为正式制度和非正式制度。③ 以制度涉及的内容与领域，则可分为政治制度、经济制度、法律制度、文化制度、宗教制度等。根据制度的表现形式及传统的通用学说理论，制度通常包括传统习俗、政策与法规、商业伦理或道德规范、宗教信条、惯例、国际性条约或协定等。

商品投机的产生制度因素实际上意指某一制度因素对某一商品投机行为的产生所起到的作用或影响，其中这里又包含着两层基本内涵：一是周围的某一制度环境对市场主体的主观投机动机产生客观激励或约束；二是市场主体对现行的某一制度的主观态度对其投机动机产生的影响。由于不同的制度之间存在着诸多的差异，因而其对投机行为产生也就具有不同的影响与作用。所以本书试图通过对商业道德规范、宗教信条与法律制度的相关内容分析，以期获得这三种不同类型的制度与商品投机形成之间的内在互动关系，以彰显它们之间在作用机理上的差异。

（二）商品投机形成的非正式制度因素

1. 投机与社会道德规范

什么是道德？市场经济与道德规范究竟有何关系？社会道德规范如何协调或处理个人利益冲突，如何影响个人经济行为的选择？回答上述问题是我们客

---

① 康芒斯：《制度经济学》，商务印书馆 1983 年版，第 87 页。

② 卢华：《制度变迁与投资者行为》，上海财经大学出版社 2006 年版，第 46 页。

③ 如科斯、曼特扎维诺斯均将制度分为正式制度与非正式制度。但两者有关正式制度与非正式制度的范畴或具体表现问题上则存在一定差异。其中科斯认为正式制度包括宪法、产权制度和合同等具体的部门法律规范，非正式制度主要包括规范与习俗。而曼特扎维诺斯认为正式制度主要是指法律，即法律规范的统称；而非正式制度则包括惯例、道德准则和社会规范。参见 [美] R. 科斯等：《财产权利与制度变迁——产权学派与新制度学派译文集》（中译本），上海三联书店、上海人民出版社 1994 年版，第 270～271 页、第 377～378 页；[美] C. 曼特扎维诺斯：《个人、制度与市场》，梁海音、陈雄华、帅中明译，长春出版社 2009 年版，第 66 页。

观分析和了解社会道德规范与商品投机的产生之间内在关系的基本理论基础与前提。

　　道德（道德规范）是"一种社会意识形式，指以善恶评价的方式调整人与人、个人与社会之间相互关系的标准、原则和规范的总和"，① "是社会对人的行为、社会生活起约束作用的被认同的规范与准则。亦即被社会上大多数人取得共识的伦理原则"。② 马克思说过，社会存在决定社会意识，经济基础决定上层建筑。道德规范作为社会意识的一种特殊形态，是上层建筑的重要构成部分，也是由一定的社会经济基础决定的，是一定社会经济基础的反映，体现着一个社会文化价值的内涵和基本要求。道德规范作为一个"软调节"的手段，反过来又反作用于一定的社会经济关系，其对社会经济的作用或影响不可忽视。所以，在经济学界，"道德作为伦理学的主要载体之一，贯穿于经济学所研究的全部内容之中"。③

　　市场经济与社会道德规范的关系究竟如何，几个世纪以来人们一直围绕这个问题展开了激励争论。有的学者认为，市场经济与道德规范之间的关系其实就是市场经济的道德维度问题，这其中又包括两个方面：一是市场经济本身的合道德性，即市场经济的内在价值尺度或道德考量；二是对市场经济活动的价值评价和道德规范。④ 最先将市场经济与伦理道德联系起来展开讨论，应当首推亚当·斯密。斯密运用哲学伦理思想与原理，将经济问题的研究从伦理中分离出来，创立利他心与经济利己心的统一的经济伦理思想。斯密把以个人利益为核心的利己主义称为"自爱"，把同情他人遭遇的利他主义称为"同情心"。受斯密理论与思想的影响，在斯密之后现代社会之前的社会，人们对个人行为尤其经济行为的道德的评价，基本是以利己心和利他心为基本标准的。利己与利他实质上反映了行为人自身利益取舍问题。利益的取舍又与一定的道德紧密联系在一起。因为道德中蕴涵的利益机制表现在人们趋利避害的道德选择。⑤ 另外，人所追求的利益则包括物质利益和精神利益两部分，而"在物质利益

---

① 《中国大百科全书》（哲学卷），中国大百科全书出版社1987年版，第123页。
② 朱荣科：《人性与经济道德的离散》，载《求是学刊》2000年第4期。
③ 朱荣科：《人性与经济道德的离散》，载《求是学刊》2000年第4期。
④ 赵景来：《关于市场经济与伦理道德问题研究述要》，载《中共中央党校学报》2002年第3期。
⑤ ［意］G.科拉济亚里：《伦理与经济》，侯宏勋译，载《国外社会科学》1994年第3期。

与精神利益之间就有一个道德取舍的问题"。①

　　而在现代社会，人们常常私下议论某种好或不好的行为，更多地是用道德标准来衡量的。我们讲道德，实际就是要求人们摆正利己与利他的关系，做到利己与利他相结合、相统一，否则，肯定是不道德的，因为这种行为没有对他人、对社会负责，甚至造成了某种危害。例如已被整个社会纳入共识的"君子爱财取之有道"，其实就是社会道德标准之一。其中，判断一个人的行为是不是道德的，关键不在于爱不爱财的问题，而在于获取财富的方法或途径，是不是正当的、合法的，是不是损害他人、集体或国家利益的。例如在现实经济领域中，那些欺诈交易、不正当竞争行为、不讲信誉、恶意不履行合同、偷盗商业秘密、虚假宣传、假冒伪劣产品、索贿受贿等商业行为，因其违法或不正当行为，损害了他人、集体或国家合法利益，就是典型的不道德行为。

　　作为经济行为重要的表现形式与内容的商品投机行为，其产生或市场主体选择与否，实际上与社会道德规范存在密切联系。这其中包括道德规范的有无或完善与否对投机产生的影响，既有社会道德规范对投机者直接产生约束性如何，投机者选择投机行为时是否需要进行自我伦理道德评价，投机者对自身行为有无道德情感等。事实上，社会道德规范对商品投机形成的影响主要概括为两个方面：一是社会道德规范的有无或既有的道德规范对商品投机的形成能否直接产生激励或制约作用（换句话说就是市场主体在经济交往过程中，被动地受作为外部制度因素之一的社会道德规范的影响而实施相应的经济行为）；二是市场主体基于自身的社会道德认知与情感，主动以相应的道德规范或评价标准作为其实施相应的经济行为——商品投机的决策依据或重要参考。

　　在简单的商品经济条件下，由于受"义利"和"利他"等传统社会道德规范强有力的影响，再加上人们受其投机认知水平的约束，投机行为被视为损人利己的行为而为人所不齿，并属于社会道德规范体系中绝对排除的对象。并且在传统社会，规范人们行为和维持一定社会秩序的规范体系中，法律规范体系并不像现代社会这么发达健全。人们有时更加依赖传统道德规范发挥特有的作用，即通过传统道德规范的内化，以实现人们自觉地遵循和维护既定的秩序。所以在日常经济交往中（包括商品交换），投机动机常被压缩至极为狭窄的空间，人们选择投机行为以谋取私利的动机与机会也就相应很少了，甚至还常被人们遗忘至经济交往中某一偏僻的角落，因而投机行为也就相应缺少了其产生所需要的某些外部条件。无论从社会道德规范的外部影响还是从行为主体

---

　　① ［意］G. 科拉济亚里：《伦理与经济》，侯宏勋译，载《国外社会科学》1994 年第 3 期。

内在的社会道德自我激励或约束，传统的社会道德规范对经济交往中的投机行为的产生或形成都起到重要阻碍作用。所以这也是当时的商品投机行为没有现代市场经济这么普遍的重要原因之一。

自近现代社会以后，由于受自由资本主义思想的影响，原先发挥重要或主要规范作用的传统社会道德规范体系逐渐被破除，取而代之的是逐渐完善和健全的具有现代精神的法律规范体系。同时随着人们认知水平的提高，人们对原先的投机态度和其伦理价值评判标准，也逐渐发生转移或改变，投机不再是触摸不得的雷区。在现代市场经济条件下，尤其是一些处于市场经济转型期的国家和地区如中国，由于依靠自我约束的新的商业道德规范体系尚未完全确立，一些重要的商业道德规则与标准（如社会责任、诚信）对市场主体缺乏应有的约束力，它们的存在更多是一种摆设。人们所信赖的是更具强制约束力的法律规范来维护自身利益和维持经济秩序。所以只要自身的经济行为合法，或者法律对一些特定的经济行为（如期货投机）采取放任或认可，人们就可能过分考虑以利己为主要目的或出发点，无需考虑"弱不禁风"道德规范对自身经济行为的选择产生何种影响。即便是自身的经济行为可能违反某些法律，只要其主观上没有某些社会伦理价值评判包袱或者内心没有任何道德情感激励或压力，其照样会选择一些只顾利己结果的投机行为。如果投机的动机和结果仅仅是利己，或既利己又利他或利国，这实际上就是利己与利他的有机统一，是社会道德所应鼓励与提倡的。如果投机的动机不但利己而且还有损于损害他人、社会甚至国家，这实际上是经济上的利己心与道德上的利他心的分离，是利己与利他之间在道德上的失衡结果，是社会伦理道德规范所不能容忍的。但由于既有的社会道德规范缺乏类似法律规范应有的强制性外在约束力，再加上社会道德评价自我意识和积极性的社会道德情感的缺失——特定社会道德规范的内化，就为现代市场经济活动中的投机行为的频繁发生或形成，提供了一种外在可能条件。

2. 投机与宗教因素

宗教是人类社会发展到一定历史阶段的产物，"是人对神的敬仰和崇拜以及神人之间存在着某种沟通的意思"。[①] 宗教作为一种社会历史文化现象，不可避免地要与社会经济生活发生某种联系，而不是相互间完全独立或隔离。历史上有许多的历史学家和宗教学家在研究宗教问题时，都会自觉或不自觉地涉及宗教与经济的关系。亚当·斯密在《国富论》中就曾指出宗教是影响经济

---

① 郑永廷、张艳新：《宗教经济与经济宗教简论》，载《学术交流》2009 年第 4 期。

发展的一种重要社会力量，"是对支配人们生活的外部力量的幻想的一种反映"。① 美国宗教社会学家罗纳德·L. 约翰斯通则指出："首先我们可以看到，虽然宗教经常被看作是一个半自动的与其他制度机构平行的社会系统（社会制度和机构），但从许多方面看，它自身却是包罗万象的经济体系的一个部分——它是雇主；它买进也卖出；它拥有财富；它也对国民生产总值（每年在商品和劳务方面的消费总量）做出贡献。"②

德国社会学家、经济学家马克斯·韦伯在其《新教伦理与资本主义精神》一书中，以独特的角度分析了宗教等精神因素对社会经济发展的影响与作用。他指出新教伦理的禁欲主义观念影响了天职观的形成，而天职观的精神正是近代资本主义精神乃至整个近代文化精神的基本要素之一。禁欲主义是一种通过禁欲或苦行的方式来赢得神的恩宠，达到救赎的宗教理论或学说，它以人神对立为特征，把肉体的欲望和物质生活的享受视为邪恶或不正当的，要求通过禁绝肉欲、情欲或物欲的途径来实现灵魂的得救和心灵的平衡。③

马克斯·韦伯认为"近代资本主义扩张的动力首先并不是用于资本主义活动的资本额问题，更重要的是资本主义精神的发展问题。不管在什么地方，只要资本主义精神出现并表现出来，它就会创造出自己的资本和倾向供给来作为达到自身目的的手段，相反的情况则是违背事实的。"④ 没有经过宗教改革的近代中国、印度与经过宗教改革后的西方国家的宗教伦理精神的差异就是没有形成类似促进西方近代资本主义巨大发展的"资本主义精神"。

事实上，宗教的教义、活动场所、组织、教徒等都与社会经济有着千丝万缕的联系，它不可能脱离社会经济而独立存在。例如古代和中世纪的欧洲宗教实体主要依靠土地出租的收入。到了近现代，已扩展到各个经济领域的经济经营活动，其中不仅包括商业、工业、金融业，而且还包括军火工业。天主教罗马教廷梵蒂冈就是这种世界上最大的宗教经济实体，其经济投资达数百亿美元。美国的新教、天主教和犹太教在军事业投资方面就持有 220 亿美元的股票。有时一个庙宇的经营额就相当于一个大公司。印度保护神毗湿奴神殿，

---

① 陈麟书：《宗教学基本理论》，四川大学出版社 1994 年版，第 71 页。

② ［美］罗纳德·L. 约翰斯通：《社会中的宗教》，尹今黎等译，四川人民出版社 1991 年版，第 194 页。

③ 李淑娟：《精神对经济发展作用的反思》，载《经济研究导刊》2008 年第 11 期。

④ ［德］马克斯·韦伯：《新教伦理与资本主义精神》，于晓、陈维纲译，生活、读书、新知三联书店 1987 年版，第 139 页。

1992 年度的盈利就达 4450 万美元。①

宗教对社会经济的影响既可能是积极的，也可能是消极的。宗教的发展在对商品市场的形成、商道的开通等方面发挥的积极作用，比较典型的是汉传佛教传入西藏，不仅对西藏宗教产生过重大影响，也使当时的吐蕃同中原在经济文化方面的交流得到加强。② 在消极方面，一些传统宗教的避利性思想（如传统佛教的非现实或超现实的利益的追求与传统的基督教的非急功近利和视财富为虚幻的观念）往往与市场经济的逐利性存在一定的冲突，这种冲突进而影响了人们正当的经济活动，并在一定程度上限制了市场经济的发展，因为市场经济的发展动力更多的是来自于人们自利性的追求。

宗教对社会经济影响主要是通过教义（规）或教仪等方式影响其信教徒的行为（其中包括经济行为）来实现的。任何宗教的存在与发展，都必须以教徒及其信仰为其前提和依据。而作为信仰教徒的人又是经济行为或经济交往的重要主体。"人本身是他自己的物质生产的基础，也是他进行其他各种生产的基础。因此，所有对人这个主体发生影响的情况，都会在或大或小的程度上改变人的各种职能和活动，从而也会改变人作为物质财富、商品的创造者所执行的各种职能和活动。在这个意义上，确实可以证明，所有人的……职能……都会影响物质生产，并对物质生产发生或多或少是决定的作用。"③ 人的态度对人的经济活动和经济行为、经济关系的影响是显而易见的。④ 而个人对宗教的态度如信仰程度同样对个人的经济行为和其相关的经济关系产生相应的影响，甚至在一定程度上起到决定性作用。因此，作为个人经济活动或经济行为重要表现形式之一的投机行为与其信仰宗教与否或其对宗教的态度之间实际上也存在一定的关联性，或者说市场主体对某一宗教教义或宗教规范的虔诚态度，直接或间接地影响或决定着其经济行为决策与选择。事实上，这种影响确确实实存在于社会实践中，并且持续了相当长的一段时间，而且有的至今不衰。

实践中，许多宗教（如伊斯兰教）对其信教徒的商业性经济行为的选择所产生影响的教义或宗教信条中，常常表现在其要求其信教徒在商业交往中应

---

①　罗莉：《宗教与经济的关系》，载《西南民族大学学报》（人文社科版）2006 年第 6 期。

②　罗莉：《宗教与经济的关系》，载《西南民族大学学报》（人文社科版）2006 年第 6 期。

③　辛世俊：《论宗教的经济功能》，载《青海社会科学》1995 年第 4 期。

④　辛世俊：《论宗教的经济功能》，载《青海社会科学》1995 年第 4 期。

当公平交易、禁止重利、互惠互益、诚实守信、勤奋的原则或行为准则。这些教义或教规使得其许多虔诚的信教徒在商业活动中非常重视自身经济行为的合乎教义性，以至于以重利为目的的投机性经济行为和损人利己的经济行为，往往也就被排除在外。因而在该宗教盛行的地区，其信教徒在经济交往中往往不愿或很少选择投机，从而导致商品投机尤其是一些特定商品的违法投机行为，失去了存在的可能或失去了其产生与发展的条件。

以伊斯兰教为例。伊斯兰教是崇尚商业的宗教，同时也是非常重视商业道德规范的宗教。如在清真寺的演讲中，人们时常会听到："伤哉！称量不公的人，当他们从别人称量进来的时候，他们称量得很充足，当他们称给别人或量给别人的时候，他们不称足不量足。"① 《古兰经》第二章第 275 节中的"真主准许买卖，而禁止重利"，《古兰经》第六章第 152 节中的"你们要秉公给足了量的称的"，第十一章第 85 节中的"你们当使用充足的斗和公平的秤，你们不要克扣他人应得的财物，不要在地上为非作歹"，第十七章第 35 节中的"你们量出去的时候，要给足量具，你们要用公秤称给人家，这是善事，是结局最优的"等规定，反映了伊斯兰教十分重视公平交易、诚实守信，反对缺斤短两等商业道德。另外在《圣训》中亦有许多有关要求伊斯兰信教徒在商业活动中遵循相应商业伦理规范的规定，如"谁欺骗人，就不是我的教民"，② "在后世，诚实可靠的穆斯林商人与烈士同在"。③ 这些规定与要求其实就反映了公平交易、诚实经商的商业伦理规范。

在实践中，伊斯兰信教徒在经商过程中，通常不经营诸如未成熟的果实等无形商品。因为在他们看来，还未制成之前的物质尚不能确定其质量和数量，因而成败风险未定，无法交货，所以不可定价出售成交。在伊斯兰信教徒的日常生活中，由于受其宗教的影响不吃自死的动物，所以他们在商业活动中往往也不经营自死动物的肉，因而他们也就很少为了重利而昧着良心投机性向市场违法出售可能因病疫导致自死的动物肉体。

既作为信教徒同时又是生产者或商人的市场经济活动主体，由于受其信仰的宗教中有关诚实、公正、守信、禁欲、节俭与勤勉等方面教化与灌输，往往把这些美德充分运用到市场经济活动和生活中，并以此视为对其心目中的万能

① 《古兰经》，马坚译，中国社会科学出版社 1981 年版，第 468 页，转引自丁士仁：《穆斯林的商业道德和经商之道》，载《西北第二民族学院学报》（哲社版）2008 年第 6 期。
② 参见《穆斯林圣训集·信仰篇》。
③ 参见《伊本·玛哲圣训集·信仰篇》。

的"神"或"上帝"或"真主"等的虔诚表示与展现。因而在市场经济活动和生活中，对于那些有违上述宗教伦理美德的投机性经济行为，往往非常自觉地采取自我排斥或厌恶，将投机动机扼杀在观念或思维活动中；对同一教派的其他信教徒予以贬低或阻碍，尽其所能地减低投机行为的负面影响。

（三）商品投机形成的正式制度因素

1. 法律制度因素

从整个人类历史的发展进程看，作为制度核心的法律对社会经济的发展与个体经济行为的影响或作用，与其他制度或规范相比，更具决定性、明显有效性与直接性。其主要原因在于法律往往以国家的强制性力量为后盾。1997 年世界银行的一份报告认为："一个国家如果具有稳定的政府、可预知的法律变动方式、有保障的产权以及强有力的司法体系，就会比缺乏这些制度的国家取得更大的投资和增长。"德国著名的经济学家和社会学家韦伯在其经济社会学中给予了法律以很大的关注，部分是由于他将法律视为资本主义社会的核心。他认为在未忽视其他因素对经济发展影响的前提下，欧洲的发展应归结为两个因素：文化价值和欧洲的制度，尤其是法律制度。对社会个体或组织而言，法律制度在一定程度上为他们指明或划定了行为选择的方向与范畴，告诉他们什么该为之，什么不该为之，使其对自己行为的后果可以进行合理的预期或判断。在韦伯看来，经济行动经常是同时指向其他行动者及法律秩序的。他说，"行动者选择经济秩序自然而然地是指向他自己，此外还要指向他认为有效的常规的和法律的规则，也就是说，他明白如果自己违反了的话要招致其他人特定反应的规则"。

法律制度对个体经济行为的决策与行为方式的选择提供制度性基础与前提的同时，也起到了重要的外部促进或限制作用，甚至是决定性作用。作为市场交换行为重要表现的同时又不同于一般意义上的商品交换行为的商品投机，其形成或个体选择与否，既要有满足和其他所有交换行为所应具备的基础性和前提性条件的法律规范体系，也要有对其产生特殊影响的特定许可性（激励性）或禁止性（阻碍性）法律规范体系。对于前者，它是所有的商品性交换的必要条件与前提，其中包括投机行为，也即只有前者，任何商品交换才有可能，但不是充分条件。对于后者而言，其对商品投机形成与否，主要是起到重要的外部激励或阻碍作用，是商品投机形成与否的重要的外部保障或限制条件。这两类具有不同功能的法律规范体系往往是密切联系在一起的有机统一，前者是后者存在的基础与前提，后者则是前者的保障。如果只有后者没有前者，就决不可能有任何产品交换的存在，因而也就不会有任何商品交往（包括投机）产生的可能。反之如果只有前者没有后者，实践中则可能存在一定形式的经济交往，但往往会因缺乏相应保障而很难维持下去，进而就失去应有的意义。

就具体内容来说，商品投机形成与否的法律制度，包括作为所有商品生产与交换的基础性和前提性的法律规范和直接涉及商品投机与否的特殊法律制度。前者主要包括产权制度、自由交换制度及相应的人权规范，后者主要包括对市场主体的投机行为选择与决策具有特殊影响的法律规范，其中包括和商品投机相关的许可性或禁止性的立法规范及其相应的执法制度。

（1）商品投机形成的基础性与前提性法律制度

①产权、市场与商品投机的关系

市场是商品流通与交换的场所，体现了人与人之间特殊的经济关系。由于市场活动及其所体现的市场关系实质上是一种交换关系，那么市场主体之间能否形成交换关系，其前提在于他们之间是否有各自拥有的并能满足对方某种需要的财货（包括财物与劳务）。对财货是否拥有与被用来交换，关键就在于交换主体对其是否占有并受到保护的可以进行自由交换的权利。由于产权具有社会强制性，它以法律的形式予以确认或界定，所有者能以排他性方式使用自己东西。同时市场的核心内容就是交换，而交换的本质是产权的互相让渡。所以，产权是市场存在与发展的基础与前提，是市场交易和市场经济产生的先决条件，是市场经济活动根本无法回避的问题。正如马克思曾说过的市场交换产生于两个前提：分工和保护私产。

从根本上说，市场经济的全部活动都是以产权为基础并围绕产权来展开的。市场经济这种经久不衰不断攀升的循环往复，就是基于归属清晰、权责明确、保护严格、流转顺畅的产权制度的安排。①

②产权与财产

产权即财产权或财产权利的简称，由于人们研究视角和出发点的差异，对它的内涵与外延也就存在不同的理解。

在西方历史发展的进程中，产权及财产观念早已根深蒂固地存在于西方人的脑海中并成为他们的信仰。有许多学者都对产权或财产权进行了论述，柏拉图、托马斯·阿奎那、洛克、格劳秀斯、马克思、康德、德姆塞茨、科斯等。如古希腊哲学中柏拉图把"财产"视为是依附于人类至善生活的终极目标。托马斯·阿奎那认为，私有财产是神圣的，是上帝对人类的一种"赐福"。马克思认为："财产最初无非意味着这样一种关系：人把他的生产的自然条件看做是属于他的、看做是自己的，看做是与他自身的存在一起产生的前提：把他

---

① 范恒山：《建立健全现代产权制度意义重大》，载《人民日报（京）》2003 年 11 月 18 日。

们看做是他本身的自然前提，这种前提可以说仅仅是他身体的延伸。"① 现代著名的产权理论家 H. 德姆塞茨（H. Demsets）则将产权视为一种能够形成交易行为合理预期的"社会工具"。德姆塞茨认为："所谓产权，意指使自己或他人受益或受损的权利。"② 科斯认为"产权是一种通过社会强制而实现的对某种经济物品的多种用途进行选择的权利"。③ 艾尔奇安说："产权是一种通过社会强制而实现的对某种经济物品的多种用途进行选择的权利，属于个人的产权即为私有产权，它可以转让以换取对其他物品的同样的权利。"④ A. 阿尔钦认为："产权是一个社会所强制实施的选择一种经济品的使用权利。"⑤ 此外，在我国也有许多学者对产权作出相应的界定。如民法学者蒋月认为财产权是指以实现财产利益的自由为内容，直接体现某种物质利益的权利，如物权、债权、继承权等。⑥

产权不仅是一个经济学范畴，还是一个法学范畴，而且法学范畴的产权早于经济学范畴的产权，并对经济学范畴的产权产生了重要影响。⑦ 法律意义上的产权，最早可追溯至古罗马时期的《十二表法》中。其中该法中有关产权的规定主要包括确认和保护私人财产所有权，财产所有权人在法律许可的范围内对其所有物享有相应的使用权和任意处分权。罗马法所设定的财产所有权中，物和奴隶是权利的实体，而奴隶主是权利的主体。从法学的角度讲，产权是以财产所有权为核心和主体，以所有权衍生或派生的占有权、使用权、经营权、收益权、处置权等各种财产权利的总和。根据我国现行《民法通则》第71 条的规定，财产所有权是指所有人依法对自己财产享有占有、使用、收益、处分的权利。

产权是人们对某一财产的占有、使用、收益和处分的权利，是人们在占有、使用的过程中所享有的权利，因此作为产权客体的财产就成为人们关切的

---

① 《马克思恩格斯全集》（第 46 卷）（上下册），人民出版社 1979 年版，第 186 页。

② ［美］德姆塞茨：《关于产权的理论》，载《财产权利与制度变迁》，上海三联书店 1990 年版，第 131 页。

③ ［美］科斯：《论产权的制度结构》，上海三联书店 1994 年版，第 79 页。

④ 转引自袁斌昌：《所有制·产权与市场经济》，载《湖北大学学报》（哲学社会科学版）1995 年第 6 期。

⑤ ［美］A. 阿尔钦：《产权——一个经典注释》，载《财产权利与制度变迁》，上海三联书店 1990 年版，第 147 页。

⑥ 蒋月：《民法总论》，厦门大学出版社 2007 年版，第 78 页。

⑦ 杨宏翔：《产权范畴的起源及其发展》，载《延安大学学报》（社科版）2003 年第 3 期。

核心。在传统理论中，人们所说的财产主要包括有体物（如土地、货币、房屋、粮食、牲畜、生产工具等）和无体物（如劳务）。后来随着社会的发展与进步，作为产权客体的财产，其表现形式得到进一步扩展与丰富，如发明专利、技术等逐渐被纳入财产的范畴之中。在商品社会中，财产作为一种法权现象，是人们享有其他权利的基础。E. G. 菲吕博腾和 S. 配杰威齐则认为产权是由物的存在及关于它们的使用所引起的人们之间相互认可的行为关系。科斯也认为产权是基于财产的存在和使用而引起的行为规范以及与之相关的权利和义务。因此可见，产权存在与发展必须以一定财物为其物质基础与载体，没有相应的财产，产权也就无从谈起。

从产权起源看，产权的确立与保护是人类社会发展到一定历史阶段的产物，是社会分工的必然结果，也是人口、资源有限性、劳动力与人身不可分以及资源占有者持续有效占有、利用等因素综合作用的结果。

一般来说，当人类社会发展到一定程度时人们的认知能力与实践能力也随之提高，进而人们的需要也随着多样化。但是由于资源的有限性，导致人们占有的资源的种类与数量具有不平衡性。基于满足自身利益的需求，人们为了获得更多的资源往往会通过暴力或先占方式抢占资源。抢占资源并不意味着可以永久地和平地自由占有和使用资源，尤其是天然就被人类自身意志控制的劳务资源（包括没有人身自由的奴隶），更是无法永久随时地进行自由操控与利用。如果处理不好，最终可能导致人财两空。

因此在和平时期，只有通过具有强制力为后盾的法律形式对其所拥有的资源进行确认与保护，对"有产者"来说，也是一种不错的选择。当然选择法律形式对占有资源进行保护，最初只是在社会上处于优势地位或主导地位的资源占有者或控制者的主张与手段。当社会许多普通大众在通过自身努力获得一定资源时，也开始主张或要求有法律制定权者通过法律形式予以确认和保护。

随着社会分工的细化和社会人口数量增多，人们仅依靠自行占有的资源是很难满足自身日益多样化的需要。在无法实现自给自足时，人们就自然会想到相互交换。交换过程中，要获得安全保障，除了靠自身强大的武力外，最和平最有效的方式就是获得法律帮助，以产权形式确立和保护自身的财产安全。

频繁的交换必然增加流通量，流通量的增加，进而影响交换场所、交换方式、交换手段的固定化，由此以交换为目的的市场形成，也就在所难免。

即便是在高度集中的专制社会，最高统治者有时也会以立法形式确认全国的自然资源、生产工具及其臣民归其所有。但社会发展到一定阶段时，有的统治者意识到将其操控的财产部分地有条件地授予其臣民，并以立法形式确认其享有一定的财产权，对内在一定程度上可以获得人们的拥护和爱戴，以获得自身统治地位的巩固与无形的加强，同时实现社会产品的多样化与丰富化，以满足自身及其整个社会的需要。对外可以激励人们维护和创造财富，增强国家认同感、民族认同感，增强自身的国家与民族责任与义务，以增强综合国力，巩固国家的安全。赋予被人身枷锁所桎梏的劳动者对其自身劳务以及靠自身劳务获得的收益的合法产权，更能促进和解放生产力的发展，进而促进社会关系与生产关系的进步与发展。

③产权制度

产权制度是关于产权界定、流转、保护等的体制安排和法律规定的总称。① 它反映的是在财产占有、使用过程中，财产所有者、使用者及经营者之间就财产利益问题所形成的权利义务关系。"产权制度"与"产权"是密切联系的但又不是等同的。无论是内涵还是外延，产权制度都比产权宽泛得多。产权制度是划分、界定、保护产权的规则和依据，而产权则是产权制度的具体化与表现。

一般来说，产权制度通常包括由产权确认、产权流通使用和产权保护三种相关的法律规范构成的体系。产权的确立或明确界定其实就是要明确财货归谁所有的问题。产权流通使用就是强调财产所有者在占有、使用或流通过程的收益以及相应的交换自由的权利与义务问题。产权保护是所有者对其所有或占有或使用或收益的财产获得有效性法律保障问题。

产权与产权制度的确立，是历史发展的必然结果，是人类社会发展到一定程度时的必然要求。同时产权制度本身所具有的功能，在一定程度上适应或迎合了人类社会发展的需要。从产权制度的功能看，产权制度具有保障、激励、约束、增进效益、形成稳定预期功能等。

首先，明确确立产权的归属与独立性或产权关系明晰化，对市场经济来说，具有界定交易界区的功能。因为如果不能确立财产的归属，也就无法界定市场交换主体的身份和其与财产之间的权利义务关系，也无法界定交换主体之间权利义务关系，因而交换就很难实现或存在，没有了交换也就没有了市场的存在。因而对产权本身的界定，就会模糊交易界限。马克思指出，在商品交换中，"为了使这些物作为商品彼此发生关系，商品监护人必须作为有自己的意志体现在这些物中的人彼此发生关系，因此，一方只有符合另一方的意志，就是说每一方只有通过双方共同一致的意志行为，才能让渡自己的商品，占有别

---

① 郭建新：《现代产权制度是市场经济的体制基础》，载《经济参考》2007 年第18 期。

人的商品。可见，他们必须彼此承认对方是私有者"。① 明确产权界定，还有助于克服市场交易中的外在性。在市场经济中商品的交换是广泛存在的，企业在与外界的交易或联系过程中，常常会发生一些财产权利的纠纷，并因此而付出费用，这就是一种经济的外在性。按产权理论，要排除外在性，前提就在于明确产权。②

其次，明确产权者对其所有财产的使用权利与交换的自由，为以交换为核心内容的市场的真正形成或确立，提供了重要的保障和基础。也有助于充分调动所有权人尤其是私有产权人的积极性，使其尽可能充分利用其所有的财产权，通过与他人交换以最大程度上获取满足自身需要的财产与利益。从这个意义上讲，产权制度在一定程度上提高了财货的流通性，提高了财货的利用效率，因而其就具有激励和促进资源的优化配置的功能。

最后，产权保护与产权确立或界定是同样重要的问题。法律只确立或界定了财产的归属而缺乏相应的保护，这种产权也就形同虚设，也就没有存在的可能。在西方，私有财产神圣不可侵犯一直被视为一种信仰而千古不变。洛克指出，财产权的基本属性在于其神圣不可侵犯，如果可以随意侵犯，那就不是财产权。他说："如果别人可以不经我的同意有权随意取走我的所有物，我对于这些东西就确实并不享有财产权。"③ 在市场经济活动中，对财产权予以法律保护，有助于规范交易行为，使交易者形成合理的预期。

但是需要明确的是，产权制度不同于财产所有制，两者之间存在很大差异。产权制度主要是一种单纯的法律制度，属于法律的范畴，而所有制则指的是一种经济制度或体制，属于政治经济的范畴，而不是单纯的法律范畴。在中西方有关产权类型的学说中，西方绝大部分学者由于受自由主义的影响，他们所说的产权与产权制度，主要是指私有产权与私有产权制度。而我国许多学者由于受马克思唯物主义思想与相关的经济学理论的影响，认为产权不仅包括私有产权，还包括公有产权，以及与之相对应的私有产权制度和公有产权制度。事实上，在某一所有制体制中，既可能只有一种产权形式或类型（私有产权或公有产权），也可能有两种不同的产权类型（私有产权和公有产权）并存。

产权制度与财产所有制在市场的存在与发展中的地位及其作用，也有一定

---

① ［德］马克思：《资本论》（第 1 卷），人民出版社 2004 年版，第 103 页。

② 周秀英、刘月：《论产权制度与市场经济的关系》，载《锦州师范学院学报》2003 年第 6 期。

③ ［英］洛克：《政府论》（下篇），叶启芳、瞿菊农译，商务印书馆 1983 年版，第 86 页。

的差异。如果在一个高度集中的计划经济体制中，只承认公有财产权而否认私有产权，个体之间的交换则无法成为可能，没有交换也就很难真正地形成市场。社会经济主体之间的经济交往或流通或资源配置主要依靠分配而不是市场自发的流通与交换。如果在一个私人产权为基础的私有制社会或以公私产权为基础的混合所有制社会中，那么真正的市场经济才有存在的可能。当然在混合所有制体制中，也可能因公私产权的并存，导致市场交换与分配的并存，如我国在高度集中的计划经济体制向现代市场经济体制转变过程中的有计划的市场经济就是典型代表。在现代市场经济体制下，由于代理制度引入与推行，公有产权权能也随着发生分离，即公有财产的所有与实际占有、使用、收益、处分产生分离。因此作为公有产权的代理人也就相应地拥有了相对自由甚至完全自由的交换权利，因而在这种情况下，市场的形成已不再是一种可遇不可求的愿望。

实际上，任何一项产权都是由权能和利益两部分组成的。"权能"即职能，界定的是主体"能干什么，必须干什么"。"利益"界定的是主体能得到什么，可以得到什么。"权能"是获取利益的手段，"利益"是行使权能的目的。没有利益的产权和不需要行使职能的产权都不可能存在。[①]

产权的确立与保护并不意味着社会经济一定是持续不断地向前发展，或者说产权和产权制度与社会经济发展结果并无必然的正比例关系。私有产权并不必然导致市场经济，公有产权也并非完全排斥市场，产权和产权制度只是市场经济存在和发展的前提与基础。

产权制度对商品投机的主要功能或作用，主要体现在，明确投机者用以进行投机的产权及其财产的范畴，有助于激励投机者以其产权及其所有财产为媒介或工具去追求超额经济利益，如将其产权及其所有财产投入市场进行交换或流通，实现其产权及其财产效用（使用价值或交换价值）的最大化；也有助于明确界定投机行为与其他一般经济行为或者市场交换主体之间的身份人格及合法投机与非法投机的界限等。在宏观和中观方面，则有助于发挥商品投机在整个市场经济活动中发挥特殊的促进或约束作用。

（2）商品投机形成与法律的许可或限制

而作为市场经济活动与市场交换重要表现形式之一的商品投机行为，其产生或形成同样离不开以相应的财货为表现的物质基础与前提。而对用以交换的商品（或财货）拥有相应的产权与财权制度，则又是市场主体进行商品投机的重要法律基础与前提。即只有市场主体对某一财货拥有占有、使用、处分的

---

① 黄少安：《产权与人权关系的理论分析》，载《学术月刊》1998 年第 3 期。

权利，其才可能将其与其他市场主体进行交换，进而才有投机的可能。但是可能不等于必然，即产权与产权制度的确立与保护并不意味着必然导致市场经济的产生，也不必然导致产权主体之间自由交换，用公式表示为：产权或产权制度≠自由交换。如果要真正地实现市场交换，除了具备相应的产权和产权法律制度作为基础和必要的条件外，同时还应具有相应的许可性的法律规范作为其充分条件。即只有法律赋予产权人具体的与他人自由交换的权利，产权人才有进一步与他人进行交换的法律条件。反之，如果法律没有赋予产权人自由交换的权利，产权人也就无法与他人进行交换，不能进行交换，也就无法形成市场，也就无所谓的市场经济，因而也就不可能形成商品投机行为。

在确立产权与产权制度的国家，如果该国现行的法律规范体系中，对某些资货的市场自由交换没有作出明确地禁止或限制，这实际上就意味着该法律规范对该类资货的自由市场交换采取默认的态度。如果对投机行为命令禁止，那么有关该类资货的合法性投机行为也就很难形成，除非命令许可或不作出明确限制的规定或默认。

例如我国和西方发达国家的期货市场，实际上就是一个典型的投机市场。大量投机者在期货市场进行期货投机，一般情况下都是合法的，究其原因就在各国现行的相应法律规范除对一些特别的投机行为进行限制外，对其他许多一般的期货投机行为则持默认态度甚至是明确许可的态度。

再如在特殊的历史时期如战争期间，虽然有的国家具有一定的承认私人所有的财产权，但对于特殊的物资或产品如粮食则实行严格的统分统配的管控制度，禁止私有产权人将其与他人自由交换，因而对于被国家统配的产品与物资，也就失去了自由流通的可能，进而也就无法真正地形成与这种产品或物资相关的市场或市场活动。而与之相关的合法投机行为也就失去了应有的法律基础。

在这里需要说明的是，产权或产权制度以及对市场自由交换实行许可或激励性法律规范，是市场自由交换或市场经济形成的重要法律制度。但允许自由市场交换或形成了自由交换市场，也并不意味着商品投机的形成就具备了充分的法律条件，因为商品投机的形成往往还要与利差联系在一起。而利差的形成又与价格密切相关，即利差的形成往往是因为某一类商品在市场自由交换的过程中因法律、信息等而导致的其价格在不同地区和不同时间的差异或波动。其中法律制度对因素价差的形成具有重要的影响，甚至起到决定性作用。例如某一国家法律对某些商品行使严格的定价制度，而不是自由定价制度，那么该类商品就很难形成价差，没有价差，投机者也就失去原有的逐利的动机，进而影响其投机的可能性。

市场的存在与发展，交换是其必然内容与关键。但是交换或市场的存在与发展并不必然导致或引起投机行为。因为在某一时期某一地区的法律规范对某一种或所有的商品投机行为进行严格限制或禁止打压，那么合法的投机行为的产生或形成也就失去了应有的法律支持。

但是由于人们受逐利的本能和其他特殊利益的驱使，如果存在获得超额利益的机会或可能，禁止性法律规范并不能杜绝或完全制止人们进行投机，只不过这种投机是失去合法保护的投机，是一种违法性质的投机。违法投机机会的存在以及人们选择违法投机行为，就法律制度本身而言，一方面是因为法律规范本身不尽完善，如对违法行为的惩处力度的较小，使得投机者在衡量违法投机所得与违法成本之后，仍认为具有很大的获利空间，他们照样选择违法投机；另一方面是因为缺乏完善的执法监管机制或执法监管不力，即虽然法律规范对投机行为进行了严格的限制，但实践中因执法监管的因素如无人监管，那么这种禁止性的法律规范也就形同虚设，投机也就在所难免。

例如 2011 年 6 月 4 日，广州市物价局对违反商品房明码标价规定的信华花园、黄埔花园、碧桂园豪园、百荣园和在楼房销售中违反其他相关规定的共 10 个楼盘开出"罚单"。对违反商品房明码标价规定的 4 个楼盘拟处理意见是"责令改正，罚款 5000 元"，其余楼盘皆为责令改正等行政处罚。① "5000 元罚单"对财大气粗的开发商来说，简直是"九牛一毛"。在当前商品房价格高位运行而国家又三令五申的控制房价快速增长和打击房地产投机的背景下，对违法者处罚力度太低，必然会导致许多开发商和投机者宁愿承担较低的违法成本也不愿意放弃具有高额利润回报的投机行为。

2. 政策因素

政策是人类社会发展到一定历史阶段的产物，是政党和国家为实现一定的政治、经济、文化等目标任务而确定的行动原则与准则。

政策和法律都是调整社会关系、规范社会行为的重要工具和制度，具有很高的权威性和有效性，对维护社会秩序、促进社会发展具有重要的作用。但是两者相比并不是完全等同的，也不能相互取代，而是各具特色，具有很大的差异。

一般来说，法律比政策更具有稳定性，而政策则具有较大的灵活性。就其内容来说，政策往往随着社会发展的变化而随时可以进行调整。对于那些暂时的、急于解决的、尚不定型的社会关系，运用政策进行规范调整，相对具有很大的优势。因此，政策本身的针对性和灵活性，在一定程度上可以弥补法律规

---

① 参见《广州首罚违反明码标价楼盘》，载《广州日报》2011 年 6 月 5 日 A1 版。

定的不足和机械性。从制定主体来看，政策是由党和各级政府依照其职权制定的，政策制定的程序显得不很严格。而法律是由国家立法机关依照法定的立法程序制定的，制定程序相对较为严格。

由于法律与政策对社会经济生活和社会主体的行为都具有重要的作用和影响，而且相互间又有很大差异，因此在强调分析商品投机形成的法律制度因素的同时，还应重视政策因素对商品投机的形成所发挥的特殊作用与影响。

例如我国封建专制社会在长期推行的"重农抑商"思想和在此指导下形成的重农抑商政策，最终导致中国两千多年的封建社会的商品经济不发达，并最终未能促使传统的小农经济在近代社会解体，从而也就未能实现古代的小农经济向现代经济的转变。

自从我国实行改革开放政策以来，高度集中的计划经济体制逐步解体，社会生产力得到了极大的解放，人们进行自由市场交换也不再像以前那样畏手畏脚，心惊胆战了。尤其是我国实行以建立社会主义市场经济体制为目标的经济体制改革后，我国的社会主义市场经济得到了飞速发展，市场流通与交换呈现出繁荣的局面。在市场经济的繁荣发展的过程中，商品投机行为也随着兴盛起来，许多商品市场领域都存在程度不同的投机现象。从总体上看，这一时期的投机数量和普遍性明显大大多于计划经济时期。

再如 2010 年国家宣布将海南岛建设成为国际旅游岛的经济发展目标与政策后，原本一直处于低迷状态的海南房地产市场，立刻引来了许多房地产投机客纷纷投机海南岛尤其诸如海口、三亚等地的商品房市场，由此刺激或促进了海南房地产价格突飞猛进。

第二章　中外商品投机法律调控的历史与现状

第一节　国外商品投机法律调控的历史与现状例考

一、国外历史上典型的商品投机及其法律调控

投机是世界各国商品经济活动中共有的现象。不仅中国有投机现象，国外许多国家尤其是西方国家也有投机现象；不仅现代商品经济活动中有投机现象，古代和近现代社会也有投机现象。一些人认为只有资本主义经济体制才把人变成了投机者。这种观点是完全错误的，圣经就已经把这一点驳倒了。① 就经济学意义上的投机而言，投机的产生历史，应当说是相当悠久的。据现有的文献记载，在人类历史上流传的第一次投机则是出自埃及的约瑟夫之手。而古雅典一个名叫弗米恩金融杂技演员因其冒险商业投机活动而导致了一系列的金融灾难和价格暴跌。② 在此后的商品经济发展历史上尤其是近现代商品经济产生和发展以来，许多国家均不间断地会出现各种各样的对其所在国家甚至是其他国家的经济与社会具有重大影响的过度投机事件，如 17 世纪荷兰的郁金香投机泡沫，19 世纪美国西部开发中的疯狂土地投机，20 世纪二三十年代美国狂热的股票投机，20 世纪 90 年代的东南亚金融危机，此外还包括许多国家在紧急状态下尤其是在战争期间许多投机商人大肆囤积生活必需品和其他重要的商品与物资的投机活动等。近代以来各国出现的较为严重或过度的商品投机行为，对近代相关国家商品投机法律调控制度的产生与发展客观上还是起到了刺激或促进作用。尽管各国间的具体法律调控制度、调控水平与完善程度等方面存在诸多不一致性或差异性。

---

① ［匈］安德烈·科斯托拉尼：《大投机家》，何宁译，海南出版社、三环出版社2006 年版，第 13 页。

② ［匈］安德烈·科斯托拉尼：《大投机家》，何宁译，海南出版社、三环出版社2006 年版，第 14 页。

(一) 和平时期的商品投机及其法律调控之例考

1. 普通商品投机及其法律调控

在国外，投机者对普通商品进行投机，主要是选择具有一定的投机价值和投机属性的生活必需品或一些传统的商品为投机对象，如粮食、食盐、燃料、奶及其奶制品。此外投机的对象有时还会涉及生活必需品之外的其他一般产品或商品如花卉。但是在不同的国家不同的历史时期，因受政治经济或社会文化等因素的影响，投机者投机的重点可能有所差异，再加上投机者采取的投机手段、商品投机的程度与影响的不同，各国在限制和打击普通商品投机时，采取的手段和措施往往存在诸多的差异。

就战后日本生活必需品投机而言。第一次世界大战之后，日本工业迅速发展，而与之相对应的农业，由于人口众多、土地零碎分割及技术落后，粮食尤其是大米总体上是无法满足社会和市场的需要。再加上许多地主和米商预料政府要出兵西伯利亚，就大肆囤积大米和其他粮食，致使日本米价飞涨，引起百姓的不满，最终引发全国性 "米骚动" 事件。为了应对 "米骚动" 事件，日本政府除了运用武力镇压参与骚动的百姓外，还通过相应的政策和法律法规，刺激和扩大农业生产规模，增加粮食产量与市场供应，以平衡和稳定米价，间接地起到限制和打击囤积居奇的投机地主和商人的作用。如 1919 年颁布《米麦及其他重要粮食品种改良奖励规则》、1926 年颁布《自耕农创设维持补助规则》，鼓励佃农购买土地，增加粮食产量等。

日本在 "二战" 之后，先后经历了三次较为严重的通货膨胀。通货膨胀必然导致物价上涨，进而刺激或诱发大量的商品投机行为。同时，持续不断地投机行为又反过来推动物价的飞涨。在战后初期，导致通货膨胀与物价上涨，除了投机的因素外，还与日本战败后生产能力下降，物资供应不足、货币发行量的膨胀以及国家对生鲜食品、粮食、煤炭、钢铁等物品价格采取相关的法律法规或政策（主要包括取消公定价格和提价），存在密切关联。战后初期的物价上涨首先是从粮食等生活必需品开始的，此后扩及到其他重要的商品领域。从 1946 年开始，日本整个生活必需品市场中以非法黑市交易、囤积居奇为代表的投机行为已达到相当高的程度。为了抑制通胀，稳定物价，同时也为限制和打击投机行为，从 1946 年年底，日本决策层开始采取了相应的手段和方法。如 1946 年 11 月，日本政府制定和实施了 "临时物资供需调整法"，将 34 种生产资料和 52 种消费资料归于政府统制之下。此外，日本政府还通过配给制以及制定以米价、煤的价格为基准的公定价格体系，高价买入，低价卖出，以打击和限制囤积行为。在宏观上，日本政府还通过一系列政策扩大生产能力，以加大商品的市场供给，调节商品供给和需求的平衡，间接抑制了非法囤积行为。

在 1973 年到 1974 年的通货膨胀期间，日本国内的投机倒把、囤积居奇和惜售等牟取暴利的投机行为相当严重。日本政府为了限制和打击商品投机行为，为了稳定物价和国民生活，于 1973 年 7 月制定和实施了应当说是世界上第一部专门打击和限制以囤积居奇和惜售为主要表现形式的投机法——《投机防止法》，即《关于对生活资料等囤积居奇及惜售紧急法》。根据《投机防止法》的规定，政府有关部门有权对 24 种生活必需品的市场供求和价格进行调查，对商家或企业与个人囤积的产品，有权要求其销售及其销售的数量和期限等。1973 年 12 月，日本政府又制定了《稳定国民生活及紧急措施法》，以严格限制燃气、灯油、卫生纸和手纸 4 种生活必需品的价格，以预防和限制相关厂商利用其市场供应不足而有意囤积、惜售或故意抬高价格以牟取暴利。但是随着日本社会经济形势的好转，《投机防止法》与《稳定国民生活及紧急措施法》也随之失去了应有的价值而在 1976 年 5 月被取消。

就印度粮食投机而言。印度是一个人口仅次于中国的发展中国家。由于其人口众多，再加上自然条件等因素的影响，粮食供应一直是困扰印度的一大难题。由于粮食短缺，市场供求经常失衡，以囤积居奇为代表的粮食投机行为也就在所难免，而这也恰是印度始终高度关注的问题。为了稳定粮食供应和粮价稳定，限制投机商人的囤积、惜售和投机倒把行为，印度自建国以来就重视运用各种手段和措施对粮食及其价格的控制与调整。这其中既包括以立法形式限制和打击囤积居奇等投机行为，也包括各种经济政策和制度间接引导和调整粮食的产供销。例如从 20 世纪 60 年代中期起，印度政府就对当时农民种植的谷物、棉花、黄麻等农作物实行最低收购价和最高销售价格制度，以便使印度在农产品产购销藏等环节，既能维护农民的经济利润，又能限制或打击投机者囤积居奇牟取暴利，维护粮食的市场供应和价格稳定。其中粮食收购和销售，主要是由政府或其国有公司亲自或代为收购与销售。印度粮食销售主要采取的是配给制形式，并以平价方式出售给消费者。当然，也有一小部分粮食被允许在市场上自由流通。此外，印度政府对粮食还实行粮食中央储备制度，将丰产多余的粮食储存起来，在市场粮食供应严重短缺或投机者趁机囤积惜售时，及时低价抛售，以此达到平衡供求，打击或限制投机，维护粮食及其价格的稳定。现在，为了限制外商囤积生活必需品的投机行为，印度对外商企业介入其零售业尤其是生鲜食品和粮食销售行业，一直持保守和谨慎态度。为此，印度政府规定外来商家在介入生活必需品零售时必须遵守反囤积条约的规定。为了限制国内个人或公司对粮食作物的囤积行为，印度国会于 2011 年出台规定，要求个人或公司存储的粮食尤其小麦和扁豆，不能超过一定的数量和限度，否则印度消费者事务及公共分配部有权予以查处。为了配合该项制度，印度国会还修订了一项联邦法令，授权中央政府可以直接控制价格涨幅较大的某一粮食的库存。除此之外，印度在历史上针对作为国家重要产品与百姓生活必需品的粮食，还采取了其他一系列行之有效的政策与法律制度。

就荷兰郁金香投机泡沫而言。郁金香原本产于小亚细亚，16世纪末期从法国传入荷兰（1593年）。当郁金香在荷兰被人们喜爱和欣赏之后，由于郁金香的市场供应有限，价格要比一般花卉高，再加上舆论的鼓吹，一些投机者以其敏锐的目光开始大量囤积郁金香球茎，以待暴涨时再出售，以牟求暴利。到1634年，炒买炒卖郁金香的投机活动已有少数投机商人扩展至全民运动。此外，当时的郁金香交易方式除了现货交易外，还采用类似今天的期货交易方式进行。由于郁金香期货交易没有明确的规则，对合同买卖双方都没有具体的约束机制，所以郁金香合同很容易被投机商随意炒买炒卖、买空卖空，致使郁金香价格在多次转手后而被节节拔高。到了1637年，随着郁金香从土耳其大量抵达荷兰时，郁金香市场供求关系由原先的供不应求迅速转向供过于求，随之价格也开始下降，投机商随之也开始抛售手中的郁金香期货合同。由于许多投机者损失惨重，导致郁金香交易过程中出现大量违约现象。为了抑制郁金香投机对荷兰经济造成的严重负面影响与冲击，荷兰政府不得不出面进行干预，并以法令的形式宣布该事件是一种赌博事件，并终止所有郁金香合同，豁免交割。从而使大批的以郁金香期货交易合同方式进行投机牟取暴利的投机商人破产，荷兰历史上乃至全球史上最为疯狂的郁金香投机泡沫得以抑制。

2. 金融证券投机及其法律调控

自西方资本主义金融证券业产生以来，世界许多地方的金融证券领域都或多或少地存在或发生不同程度的投机行为。金融证券领域中的投机行为的产生与发展，即与当时所在国家的政策与法律制度密切相关；反之，金融证券投机又在一定程度上刺激或促进了该国打击或限制或调整金融证券投机法律制度的产生与发展。只是因政治经济制度、历史背景及投机的表现形式的不同，各国各种有关打击或限制或调整金融证券投机方面的法律制度或多或少的会存在差异。在西方金融证券史上所发生的最具代表性的严重的投机泡沫事件，主要有18世纪英国的南海泡沫和法国密西西比泡沫、20世纪二三十年代席卷全球的美国股票危机，20世纪90年代东南亚的国际金融危机等。

就英国南海泡沫而言。"南海泡沫"是英国18世纪一起严重的证券投机事件，同时也是世界证券市场上发生的首例因过度投机所引发的经济泡沫事件。在南海公司创办之初，公司决策层为了获取其在南美奴隶贸易特权，与英格兰政府达成了以认购政府债券为条件换取南美奴隶贸易特权的协议。此后，南海公司在英国政府的默许下，以欺诈或诱骗等手段公开向社会溢价发行大量的股票，为公司大股东、董事揽取了大量的社会财富。随着投机者纷纷将投机于市，南海股票价格不断上涨，既带动了英国既有的其他公司股票价格的飙涨，也刺激其他投机者投资创建股份公司，并效仿南海公司发行股票，借以揽取钱财，从而导致了当时英国历史上特有的股票投机狂潮。这种疯狂的投机行为，使得南海公司的股票价格的上涨受到较大的影响，进而影响和阻碍了南海公司大股东及相关者的利益。在南海公司领导层的推动下，英国议会很快就批准了一项旨在维护南海公司特权和阻碍与限制其他投资者利用其成立的股份公司发行股票以揽取财富进行投机的法律议案，即史称《泡沫法案》①。就像亨利·巴特勒指出的那样，"泡沫法案是政府制造的竞争门槛，旨在让与议会给予特权的企业竞争的商业机构破产或阻碍发展"。②《泡沫法案》颁布后，大量的充满泡沫的投机公司被宣布为非法成立，进而引起了广大投机者和大众的恐慌，他们纷纷抛售手中的股票，最终导致许多泡沫公司破产倒闭。

根据《泡沫法案》的相关规定，英国权力当局对当时的股票投机行为的限制和打击，主要包括以下几个方面：

首先，在打击对象上看，主要是除南海公司以外的非经英国权力当局审批同意设立的公司，尤其是具有较大投机泡沫性的公司。而南海公司却是当时最大的投机公司而被法案排除在打击和限制之外。这主要是由南海公司在当时所处的特殊社会地位以及公司与英国政府许多高级官员有着千丝万缕的利益关系所决定的。法案对具有投机泡沫性的公司所采取的限制和打击方式，主要是予以其非法地位而取缔之。或者说对未经许可而设立的企业并进行销售股票或超出范围的股票的行为，都是违法和无效的，并被视为是"妨害公众行为"。而对于广大参与炒买炒卖投机的普通百姓，英国权力当局并没有予以否定性的法律评价，也没有追究其相应的法律责任。相反，对在泡沫事件中蒙受损害的普通百姓，英国政府还会拿出其在查处案件过程中没收的非法所得弥补在泡沫事件中蒙受损失的普通百姓。

其次，英国当局除了对已成立的投机性公司采取取缔外，对此后设立的新的股份公司，则采取严格的市场经营主体资格审批制度，起到直接和间接地限制和打击私人公司肆意进行股票投机。

再次，英国执政当局还通过追究相关股份公司的有关责任人的法律责任，

----

① 《泡沫法案》的全称是《授权成立二家海上保险股份公司、皇家许可特权保护与股市规范法案》。

② 转引自刘芸芸：《"南海泡沫事件"研究》，山东大学 2011 年硕士学位论文。

直接打击和限制股票投机行为。这种法律责任既包括民事赔偿责任，还包括吊销营业执照的行政责任，最严重的可以追究其刑事责任如监禁、没收财产给国王和刑事罚金等。即便是被称为具有合法地位的南海公司，其许多相关责任人员也没有摆脱被追究的命运。例如，南海公司的几个董事和艾斯拉比大臣被依法审判后，就送往伦敦塔服刑，同时还没收了其苦心积虑聚敛的财产。

最后，《泡沫法案》在打击和限制股票投机的过程中，还将打击的重点集中于股票发行公司的欺诈或各种虚假宣传方面，而不是现代证券交易市场中普遍存在的操纵交易和内部交易等非法投机行为。

《泡沫法案》可谓是人类历史上第一部具有打击和限制股票投机功能的法律规范，并且在客观上确实起到有效打击和限制股票投机的作用。但是《泡沫法案》出台，在一定程度上也限制或阻碍了英国刚刚兴起的股份公司的进一步发展，但是，它也使得英国的股份公司及利用发行股票以募集社会资金的制度，掐灭在初步发展阶段，使其在此后的近一百年当中几乎是停滞不前的。

就美国 20 世纪二三十年代股票投机泡沫而言。从 20 世纪 20 年代初期开始，美国的工业发展空前繁荣，美国社会聚集了大量的社会财富。在初步发展阶段的金融证券业尤其是公司股票与债券的发行与交易，由于政府采取自由放任的不干预经济政策，再加上当时的金融证券立法的滞后和存在诸多漏洞以及较为宽松的监管机制，在一定程度上极大地刺激了金融证券市场中的股票投机的产生与发展。到了 20 年代后半期，美国逐渐呈现出狂热的股票投机浪潮，到 1929 年之初，美国证券市场的投机狂热几乎失去了控制。整个美国，从大资本家到中产阶级再到低收入者，从商界、政界名人到普通平民百姓，几乎都投入投机炒股当中。在股票发行和交易过程中，还夹杂着大量的欺诈、内部交易、操纵交易的非正当投机行为。这种非正当的投机行为严重损害了广大普通中小投资者或投机者的正当经济利益。例如当时一种比较流行的股市欺诈方法就是发行"掺水股票"，即股份公司所发行的股票总额往往大于公司资产总额。在描述 20 世纪 20 年代的美国时，美国学者德怀特·L. 杜蒙德则将其形容为"讹诈盛行的时代"。[①] 是泡沫，总要破裂的，美国也不例外。到 1929 年秋，美国股票交易市场开始崩盘，股市泡沫破裂，进而引发了有史以来全球最为严重的经济危机。美国工业生产大幅下滑，工人失业严重，农业的状况不断恶化，农产品大量过剩，市场价格总水平急剧下跌，金融信用严重受损，进出口贸易锐减，整个美国经济很快步入大萧条。

---

① 刘英：《略论 20 世纪初美国金融投机》，载《湖南省政法管理干部学院学报》2002 年第 2 期。

针对过度的金融证券投机对美国社会经济所造成的严重冲击与消极影响，美国国会和政府开始逐渐重视确立和完善规范化的证券发行与交易制度的重要性，重视运用法律手段打击和限制证券投机的重要性和积极性。在这种背景下，美国国会先后于 1933 年和 1934 年通过和实施了规范证券发行和交易，打击和限制证券投机的法律规范：《1933 年证券法》与《1934 年证券交易法》。尽管这两部法律的出台迟于股票投机泡沫的破裂，但它对该事件中存在的违法投机行为具有事后追究的作用，同时还对以后的美国证券市场的相关非法股票投机行为，起到了重要的预防功能。

首先，针对当时股份公司发行股票的过程中发行商与股票投资者之间就有关发行公司及其发行的股票相关信息的不对称性而导致的普遍存在的非正当内幕交易、欺诈或误导等行为。《1933 年证券法》明确要求股份公司在发行证券时必须要披露相关信息，以防其在发行证券时对其他投资者进行欺诈或误导的相关规定，首次在人类证券法律历史上确立了证券发行强制披露制度，开创了美国联邦政府对证券业进行监管的先河，因此，《1933 年证券法》常被人们誉为"证券真实之法"。《1933 年证券法》所规定的证券发行强制披露制度，主要是要求公开融资的私人公司在公开发行证券之前，证券发行人、承销商等相关法律主体必须按照法定程序与形式（如招股说明书）向证券督管机构及公众投资者披露与公司及其待发行的股票相关的信息的一种制度。例如《1933 年证券法》第 11（a）条规定，任何人在注册申请材料中"对重大事实的不真实陈述，或者遗漏了被要求陈述的重大事实，或者遗漏了为使该陈述不致产生误导的重大事实"的行为，都必须承担民事法律责任。①

其次，对股票发行过程中存在的欺诈或隐瞒重大事实或作虚假陈述与宣传者，《1933 年证券法》还严格规定了其相关的法律责任。这种法律责任既包括行政责任，也包括相应的民事责任与刑事责任。例如根据《1933 年证券法》的规定，如果发行公司高管或董事违反了证券法则，证券的购买者有权向发行公司索取赔偿；情节严重的则可能被判处 5 年以下监禁。《1933 年证券法》第 17（a）条规定：在销售方通过州际商业设施交易证券过程中，直接地或间接地进行欺诈、虚假陈述活动或参与这些活动，都必须承担刑事责任。②《1933 年证券法》第 17（b）条规定，至于在州际证券交易的广告等宣传资料中对发

①　参见颜晓闽：《美国证券法律史研究》，华东政法大学 2010 年博士学位论文，第 138 页。

②　参见颜晓闽：《美国证券法律史研究》，华东政法大学 2010 年博士学位论文，第 84 页。

行人、承销人或交易人支付给自己作为报酬的证券的数额未加以全面披露的人，也必须承担刑事责任。①

最后，在承担责任的主体上，《1933 年证券法》则规定，证券发行人、发行人的董事、在注册声明上签字的人、承销商以及独立评估师、工程师、会计师等，均要对证券购买者承担责任，由此可见《1933 年证券法》所规定的责任主体是非常广泛的。

当然，由于受当时历史条件的限制，《1933 年证券法》在打击和限制非正当投机方面，仍存在诸多不足或局限性。如该法案虽然要求券商在发行股票时必须按照法定程序披露相关信息，但对证券发行之后的相关信息披露，则欠缺规定。再如，《1933 年证券法》只重视对证券发行过程的监管，忽视对证券交易市场的交易行为进行监管，即该法案只限于对一级市场的监管而忽视二级市场的监管，这不能不说是该法案的一大缺憾。因为在证券市场，除了在发行过程中可能存在大量的非正当投机行为，在证券交易过程中也可能而且事实上存在着大量的内部交易、操纵市场、欺诈交易、洗盘交易等非正当的股票投机行为。这些行为的存在同样也会给普通投资者和其他正当投机者造成严重的损害，并且会扰乱正常的证券市场秩序。另外，《1933 年证券法》在监管对象上，只限于证券发行人——股份公司，但对证券交易所和投资银行两个重要的机构却鲜有提及。

针对《1933 年证券法》本身存在的巨大漏洞，1934 年美国国会在罗斯福的推动下，又通过一部旨在限制和打击证券交易中的各种欺诈、操纵市场和过度投机的行为，保护正当投资者或投机者的合法利益，维护证券市场交易秩序的《1934 年证券交易法》，从而弥补了《1933 年证券法》在证券交易市场——二级市场在监管上的缺失。

此后，为了进一步规范证券交易秩序，美国国会又先后通过和实施了旨在限制和打击不正当证券投机行为方面具有辅佐功能的一系列相关法案，如《1938 年马洛尼法》、《公共事业持股公司法》、《1939 年信托契约法》等。这些法案和《1933 年证券法》及《1934 年证券交易法》一起，共同构建了当时美国相对较为完善的证券法律体系。而且这些法案对后来的美国证券法律的发展，也起到了重要的作用。

3. 土地与房产投机及其法律调控

就美国西进运动过程中的土地投机而言。1785 年美国联邦政府《土地条

---

① 参见颜晓闽：《美国证券法律史研究》，华东政法大学 2010 年博士学位论文，第 85 页。

例》，以法令的形式实行公有土地商品化、私有化，即将西部地区大片的国有土地公开出卖给个人及私营机构。当初，联邦政府拍卖土地的初衷是将土地以廉价的方式出售给迁移至西部地区的普通移民，以促进西部地区的土地开发与经济的发展。但是这种特殊土地政策与制度，事实上并没有给绝大多数贫困的移民带来益处。因为，按照当时的地价和出售土地单元①，广大的贫困的移民仍无力一次性支付现金。相反，却给美国许多政府高员、投机商人、议员等富有阶层以投机土地的机会，即他们以很小的代价大批收购政府出售的土地，然后又乘机抬高地价转手出售，以获取巨额利润。在他们的影响和推动下，从1875 年到 1935 年，美国西部地区先后经历了多次投机高潮。例如在 19 世纪上半期，美国就出现了三次土地投机高潮：1814—1818 年是第一次投机高潮，19 世纪 30 年代中期是第二次投机高潮，19 世纪 50 年代后期是第三次投机高潮。

由于土地投机不仅给美国西部地区的土地开发和经济发展带来了积极的影响，同时过度的土地投机也给美国经济发展和社会稳定带来了严重的消极影响。但是在早期，美国政府并没有认识到土地投机的危害，再加上相关行政机构对土地交易的监管松懈，甚至是缺失以及决策机构监管机构中有许多官员亲自参与投机或者与投机商人相互勾结，所以美国政府对投机行为几乎采取放任的态度，也没有相应的打击或限制土地投机的法律规范。从 19 世纪 50 年代之初，美国政府逐渐重视土地投机的消极影响，认识到运用相应的法律手段适度打击或限制过度土地投机的必要性。例如，经过近 10 年的讨论最终于 1862 年由美国国会表决通过的《宅地法》，就具有一定的限制土地投机的功能。尽管当初的主要旨意在于让广大的贫困农民尤其是西部地区的移民能够真正获得属于自己的土地。根据该法案，农民如果达到一定的条件，就可以几乎免费获取至少一小块属于自己的土地。② 事实上，在实施《宅地法》期间，美国西部地

---

① 1785 年刚开始出售土地时，是以每英亩 1 美元到 2 美元，且以 640 英亩为一个销售单位进行出售；1800 年则改为 320 英亩为一个单元，1804 年又降到每英亩 1.64 美元，160 英亩一个单元，此后尤其是 1854 年公布《逐级降价法》，土地价格逐渐降到 1 美元，最低仅 25 美分。

② 根据 1862 年的《宅地法》的规定，每个家庭的户主或年满 21 岁的美国公民以及申请取得美国国籍而又未曾使用武力反对过美国政府的人，只需交纳 10 美元的登记费，都可以无偿从西部国有土地中获得 160 英亩的土地。连续耕种 5 年以上，就成为该地的主人。参见何黎萍：《美国西部土地立法与农业的资本主义化》，载《社会科学战线》1998 年第 2 期。

区有近 200 万农户无偿获得宅地，其土地面积达 28300 万亩。① 由于《宅地法》使得农民几乎是以免费的方式获取属于自己的小块土地，就必然影响农民从投机者手里购买土地的愿望与行为，进而导致土地购买者的数量和规模，从而在一定程度上间接地影响和限制了土地投机交易规模与数量，过度的土地投机交易也得以被压缩。尤其是 1935 年美国联邦政府宣布停止出售西部国有土地的法令，使美国西部史上连绵不断的过度土地投机行为，才逐渐消停下来。

虽然美国在西进运动的过程中颁布了具有一定的限制和调整土地投机功能的法案，但这些法案的重心并不是直接针对土地投机的，而且对当时参与土地投机的投机商人、政府官员、国会议员、金融机构等，基本上采取的是默认态度，或不予以相应的否定性法律评价如追究其相应的法律责任。所以，美国西进运动的过程中，美国在专门打击和限制普遍存在的土地投机的立法还是欠缺的，或者说是滞后的。

就日本 20 世纪 80 年代中后期到 90 年代初的日本房地产投机泡沫而言。"二战"之后，由于日本实行土地私有②和自由买卖制度，再加上日本地少人多，土地紧缺以及对土地交易（包括土地投机）实行较为宽松的管制政策，这必然为日本国内的投机者进行土地及房地产投机提供了重要的基础与条件。而且事实上，日本战后的土地交易市场并不乏投机行为，只是由于受当时国内外诸多的政治经济因素的影响，其投机程度并不是很明显。但是从日本 20 世纪 80 年代中期开始，日本政府不断采取宽松的金融货币政策如降低利率、实行日元升值与高汇率、不断增加流通市场的货币供应量，持续下调贴现率③、扩大债券发行规模等，再加上国家在规范房地产市场与金融市场方面的法律制度不尽完善以及监管机构监管不到位，使得以银行为核心的金融机构毫无节制地向房地产市场发放贷款，大量私营企业、个人与国际投机机构纷纷将大量资金投向房地产市场进行投机，以牟取暴利。在多种因素相互作用下，到 80 年代末与 90 年代初期，整个日本房地产市场存在严重过度投机现象，进而导致房地产市场及其他市场出现严重的泡沫。为了挤压房地产市场泡沫，抑制房地

---

① 何黎萍：《美国西部土地立法与农业的资本主义化》，载《社会科学战线》1998 年第 2 期。

② 日本有 3/4 的土地掌握在私人和企业手中，而国有土地仅占全国土地的 1/4。

③ 例如从 1986 年 1 月日本央行行长将贴现率下调了 0.5%，降至 4.5% 开始到 1987 年 2 月，在短短的 1 年零 1 个月内，连续 5 次降息，并将贴现率最终调整至 2.5%，达到战后的历史最低点。

产商品投机，1989 年日本政府开始采取"电击疗法"，即将原先的宽松的货币
金融政策调整为紧缩性金融货币政策，① 同时央行还严格要求商业银行减少甚
至停止向房企、金融投机机构融资贷款。由于这些政策的制定与实施过于集
中，且调整幅度大，很快导致日本房地产价格暴跌，再加上外来的国际游资在
日本楼市和股市大赚特赚之后迅速撤离日本，1991 年日本房地产价格开始暴
跌，最终导致日本楼市泡沫破灭。

　　虽然当时日本政府企图通过紧缩的金融货币政策，具有间接地抑制或打击
房地产市场过度投机行为，挤压房地产投机泡沫的作用，但由于其没有把握好
调控的力度或时间，最终导致日本经济此后相当一段时间内萎靡不振。除了实
行紧缩的金融货币政策外，日本还在泡沫破裂前后逐渐运用各种相关法律手
段，预防、限制、打击或引导房地产投机行为。这其中既包括以立法形式直接
限制房地产投机尤其是土地投机，也包括以立法或政策方式从宏观角度间接限
制、引导或调整房地产市场的投机行为。当然这些相关的宏观调控立法大部分
都是基于日本房地产泡沫形成过程中所出现的各种投机行为及其原因而制定和
实施的，且制定和实施的时间也多在泡沫破裂后，因而更多地是具有事后性和
预防功能。当然在之前，日本也制定和实施过一些具有一定抑制和调整房地产
投机的相关法律法规，而且这些规定在短时期内缺失也起到了抑制或打击投机
的作用，但毕竟其规定还有诸多不尽完善地方或滞后于社会发展的需求或者因
执法监管不严，所以导致其未能有效地预防和抑制日本 80 年代中后期过渡到
90 年代初期的房地产投机泡沫的发生。例如日本政府于 1973 年实行的土地保
有特别税与法人土地转让加重课税制度和 1974 年制定和实施的《国土利用计
划法》，在一定程度上就很好地抑制了地价的上涨甚至是负增长。但是这种宏
观调控措施所起到的效果很快就被 1975 年 4 月实施的宽松货币金融政策所
抵消。

　　(1) 进一步制定和完善相关的土地法律与政策，对土地投机者予以直接
规制和间接调控。直接对土地投机予以法律规制主要表现在：

　　首先，以立法的形式明确规定禁止土地投机。如 1989 年《土地基本法》
第 4 条规定土地不能作为投机的对象。

　　其次，直接对土地交易行为进行干预和管制。如根据日本《国土规划法》
的规定，日本各道府县知事对超过一定规模的土地交易项目，有权要求交易方
向其报告交易的具体价格与土地使用目的，如果知事认为该土地价格过高或使

---

　　①　如 1989 年 5 月，日本银行将再贴现率由 2.5% 上调至 3.25%，此后又连续两次上
调利率，到了 1990 年 8 月，银行再贴现率则上调至 6%。

用目的不当，则可劝告交易方降低土地交易价格或直接终止该项交易。

最后，对违反相关法律法规进行土地买卖的，还要追究其相应的法律责任，这其中包括经济责任、行政责任和刑事责任。如根据日本的《国土利用计划法》和《国土调查法》的规定，不提出申请而擅自签订土地买卖合同者，可被判处 6 个月以下徒刑或 30 万日元以下的罚款；如果未得到许可而签订土地买卖合同者，可被判处 3 年以下徒刑或 100 万日元以下的罚款的刑事处罚。

在宏观调控方面，日本 1991 年颁布的《综合土地政策纲要》所规定的政策目标，如控制房贷规模、增加住宅土地供给、及时公布土地供应信息、确定和公布标准地价、严格控制土地闲置、对土地保有者征收相应的固定资产税、保证土地市场价格与实际使用价值相适应等，就具有间接抑制房地产投机功能。

（2）由于导致这次房地产投机泡沫的重要原因之一是金融机构向房地产业过度融资。所以，日本政府与日本央行还进一步加强对金融机构的行政指导，以此控制或限制房地产领域的融资贷款规模，进而间接地抑制地价与房价的上涨。

（3）确立和完善与房地产相关的信息披露制度。如 1969 年日本颁布的《地价公布法》、《地价公布法实施细则》、《地价公布法执行令》等法令，就明确规定了地价公布和土地交易申报制度。然后再以公布的土地价格为类似土地的交易提供指导或指引。但是，在实践中，这一制度并没有得到很好的执行，直到 1990 年房地产泡沫的出现，日本才开始真正重视和执行相关的房地产价格信息披露制度。目前日本地价已形成公布价格、时价、路线价、基准地价、物业税评价额 5 个种类。

（4）公有住房保障制度。公有住房保障制度在一定程度上满足了中低收入群体的基本住房问题，缩小市场的刚性需求量与规模，进而在间接上有助于控制商品房商品投机交易的数量和规模，有助于社会的稳定。战后日本就一直很重视公有住房保障制度的重要性，并且在实践中确实很好地执行了这一制度，即便是 80 年代房地产市场处于严重泡沫的情况下，仍坚持推行该项制度。正是该项制度，使得日本中低收入家庭的生活在泡沫时期仍然能保持较为稳定的状态。日本公有住房保障制度的主要法律依据是《公营住宅法》等法律规范。

（5）通过改革税制间接引导和控制房地产投机。在 80 年代末之前，日本政府一直不太重视税收政策或制度在调控房地产市场尤其是房地产投机的作用，在他们看来税收制度充其量只能起到辅助作用。但到了 80 年代末期，随着土地和房产投机日益猖獗，社会上越来越多的人开始呼吁运用相关的税收制度去抑制或调控房地产投机行为，尤其是当房地产泡沫破裂给整个日本的政治经济与社会所造成的严重后果之后，或者在吸取残酷的教训之后，日本政府开始逐渐重视运用税收手段在调控房地产投机方面的重要作用。从 1990 年起，日本政府开始对土地取得、持有和转让环节进行征税。例如从 1992 年开始，私营企业占有的土地超过一定规模时，需缴纳一定比例的固定资产税。在土地流转如买卖的过程中，买方需缴纳一定比例的不动产税。同时依据相关法律的规定，获得土地一方，在规定的时间之内不能随意转让土地，否则要缴纳一定比例的土地转让税。如取得土地后在两年之内卖出的，转让方要缴纳土地交易总额 9% 的土地转让税。目前日本已经形成了相对完整的有关房地产在取得、占有或持有、转让等环节的税收征收制度。如在取得阶段的税种有房屋（土地除外）购置税、印花税、登记税、遗产税等，在占有或持有阶段有物业税和城市计划税（特别土地保有税 2003 年已停止征收）、空闲地税、所得税等，在转让阶段有出让税、土地增值税、房地产转让收益所得税等税种。日本通过确立和完善相关的房地产税收制度，其中最重要的作用之一是增加房地产投机者的持有或囤积成本，减少其获利数量，从而在一定程度上有助于减少投机者的投机愿望，增加投机者的投机风险与压力，最终起到限制、打击房地产投机和充分利用土地效用的作用。

当然，日本在泡沫破裂之后制定的一系列具有限制和打击房地产投机功能的税收制度，因之后持续的经济萧条，而使得其在促进日本经济复苏或繁荣方面的作用大打折扣。

除了从立法方面逐渐确立和完善一系列具有直接与间接调控房地产投机功能的法律法规外，日本还注重房地产投机的监管机制，并逐渐将以往的执法监管不严或放弃监管的理念转变为严格执法监管理念。

（二）战时经济统制与商品投机法律调控之例考

为了应对战争，许多国家往往会在战争之前或战争过程中，采取或运用了各种各样的与和平时期截然不同的经济政策或经济立法，如对国家经济予以强制干预或统制，以保证与维护战争所必需的各种物资的生产与供给，促使和维护战时国内的经济稳定与发展。这种战时的强制干预经济的政策与立法，大部分都具有统制性质，尤其是涉及生活必需品和重要的战略物资的政策与立法。战前与战争过程中，各国制定和实施的具有统制性质的经济立法与政策，有的直接规定禁止对一定范围内的生活必需品与重要的物资进行囤积、倒买倒卖、私自交易或黑市交易、哄抬物价等投机行为；有的没有直接规定，但对类似前述牟取暴利的投机行为，有时同样具有一定的调控功能。

就法国战时经济统制而言。在法国大革命雅各宾专政时期（1793—1794

年），为了限制和打击以囤积为核心的投机行为，1793 年 7 月，当时的法国国民公会通过严禁囤积垄断的法令，并将囤积垄断视为一种重大犯罪。同时该法令还规定，普通市民（包括私营机构）不得私自储藏属于国家严格控制范畴的生活必需品，否则应及时（一星期内）向当地政府部门申报，并在申报后规定时间内（三天）将其分成小份出售。国民公会还于 1793 年 9 月颁布全面限价的法令，规定特定范围内的日用必需品最高价格，以此达到限制投机者的投机利润，稳定物价和保障生活必需品的供应的作用。

此外，雅各宾派还对全国的农副产品、手工业品和重要资源产供销实行严格管制。同时在巴黎、马赛等大城市，还实行生活必需品计划配售制度。这在一定程度上限制了生活必需品的自由流通与交易，进而限制或制约了投机者对生活必需品的投机行为。而且这种配给制，对后来第一次世界大战期间颁布的配给制度具有重要的参考和借鉴意义，如"一战"期间颁布的《日用必需品配给制法》，很大程度上就受其影响。

就日本战时经济统制而言。在第二次世界大战之前，日本为满足发动战争的需要而确立国家直接管制经济的政策。1937 年侵华战争全面爆发，日本正式将经济统制政策付诸实施，并颁布和实施了一系列为满足战争需要而对生活必需品、重要战略物资等进行全面管制的立法，如 1938 年的《国家总动员法》、1939 年的《价格统制法》和《米谷配给统制令》、1940 年的《公司经营管理统制令》及 1945 年的《战时紧急措施法》等。这些战时具有经济统制性质的法律，一方面为全国范围内的人、财、物统一调度与全面控制提供了法律上的保证，另一方面为打击和限制生活必需品投机，维护物价稳定发挥了积极的作用。

就美国战时经济统制而言。早在第一次世界大战期间，美国政府为应对战争就对国内经济实施统制政策。如 1916 年成立国防委员会，然后在其领导下，又设立了一系列经济统制机构。1917 年，美国国会通过《食品和燃料管理法》（又称《利弗法》），对国内食品和燃料等生活必需品制定相应的标准价格，并对其进行统一分配。《食品和燃料管理法》的出台，对稳定国内物价和防止与限制投机发挥了重要作用。此外，美国政府于 1917 年成立食品管理局，负责对小麦价格进行监管，并规定小麦的最低收购价格以防止不正当的投机利润。1918 年，美国政府又成立食糖供需平衡局，负责对国内的食糖价格进行监管，其中包括限定食糖价格与利润，以此稳定食糖价格，预防和限制不正当的食糖投机行为。

在第二次世界大战时期，美国同样也制定和实施了与"一战"期间相类似的经济统制政策。在 1940 年 5 月德国开始大举进攻西欧之际，罗斯福总统紧急下令在国防委员会之下成立具有协调各种经济职能的国防咨询委员会，以此对国内的工业生产、劳工、工业原料、物价稳定、运输、农产品等方面进行监管统制。对日宣战后，美国国会先后于 1941 年 12 月和 1942 年 3 月通过了两个有关授权总统对国内经济生产和经济资源分配进行统制的《战时权力法》。1942 年 1 月美国国会通过对国内物价进行管制的《物价紧急管制法》，同年又开始对天然气、食糖、咖啡、轮胎、汽油等重要的生活必需品和战略物资实行定量配给，1943 年又把定量配给范围扩大到罐头、包装食品、肉类和油脂等。

罗斯福总统在"二战"时期推行的有关定量配给和物价管制的政策与法律，为保障和维护国内经济的稳定与发展，满足战时之需，提供了重要的条件；同时也为预防和限制不正当投机谋利行为提供了重要的法律依据。

就德国战时经济统制而言。在第一次世界大战期间，德国同样也对国内经济实施统制政策，并制定和实施了一系列相关立法，如 1915 年限制物价的《关于限制契约最高价格的公告》、1916 年限制粮食生产和流通的《确保战时国民粮食措施令》。

希特勒掌权后，德国开始大力推行法西斯军事经济，如控制商品生产与价格、强制卡特尔化、通过发放购物券强制对消费品进行限量供应等，使其为发动战争做准备。为推行上述政策，德国还先后制定了一系列法律法规，这其中主要包括 1933 年 11 月颁布的用以加强国民经济军事化和国家垄断资本主义的《德国经济有机结构条例》，1934 年颁布实施的《国民劳动秩序法》、《有关经济政策法》、《德国经济构成准备法》，1935 年颁布的《动力经济法》，1936 年发布的有关物价管制的《国家价格委员会委派令》。

上述有关推进和实施军事经济和统制经济的立法制定与实施，在某种程度上限制了商品的自由生产与流通，限制了商品生产的价格与利润，限制商品的交易数量与规模，也限制了参与商品交易者的数量与规模，进而在一定程度上限制了当时德国国内商品投机者借以进行投机所必需的投机机会与条件。因此可以说这些战时经济统制政策与立法，不仅在理论上具有限制和打击商品投机的功能与作用，而且在实践中确实也起到了上述作用。

就俄国苏维埃战时共产主义经济政策而言。在俄国十月革命之后，新生的苏维埃政权正面临着外国武装干涉和国内反革命叛乱的严峻战争形式。对当时的列宁和布尔什维克党来说，最主要的困难之一就是要克服以粮食为核心的生活必需品与其他重要的战略物资短缺的问题。其中，导致许多城市粮食供应短缺最主要的原因在于许多富农和投机奸商大肆囤积粮食或任意抬高粮价，疯狂进行粮食投机。为了保证粮食供应，满足基本生活需求，同时也为了打击和限制粮食投机行为，1918年苏维埃中央执行委员会通过了有关在农村组织贫农委员会的法令，并实行粮食垄断。同年8月又颁布了在产粮区实行强制协商交换的法令。1919年1月，苏维埃人民委员会颁布了禁止隐藏粮食和强制余粮收集的法令——《关于在产粮省份中征集应归国家支配的粮食和饲料》。不久苏维埃政权又取消自由贸易、自由商业和货币，禁止私人团体和个人从事产品的买卖和分配，实行企业国有化垄断，对生活必需品实行有计划有组织的统一分配等制度。

战时共产主义政策的实施，基本上将自由商品经济排斥在外，甚至把正当商品交易行为视为一种非法行为予以打击，因而使得以谋取商品差价为目的的商品投机行为几乎丧失了存在与发展的空间，而以囤积居奇、惜售、肆意哄抬物价等代表的非正当投机行为更是打击的重点。

二、国外现行商品投机法律调控机制简析

由于投机对一国经济尤其是市场经济具有的地位和影响，所以目前世界许多国家非常重视运用法律手段对商品投机行为予以调整和限制。从立法体例上看，对商品投机的法律调控既包括以专门限制或调整相关投机的立法，也包含有专门限制或调整投机条款的部门法律规范，前者如巴基斯坦的《反囤积法》、美国《2008年停止过度能源投机法案》，后者如日本的《商法》第489条所规定的危殆公司财产罪中所包含的子罪名——营业外投机交易罪等。既有直接具有限制或打击不正当投机行为的强制性微观法律规范，也有具有间接调整或引导正当与非正当投机行为的宏观法律规范。

（一）商品投机微观法律规制

商品投机微观法律规制主要是对各种各样的不正当投机直接予以强制性限制，从而对市场经济活动中的各种投机行为具有很好的控制作用。根据国外一些主要国家的现行法律规定或实践经验，对不正当商品投机行为的打击和限制，主要包括以下几个方面：

1. 对投机对象的限制。根据某些商品或产品的有限程度及对本国国民需要程度或维护国家安全的重要程度，不同的国家往往会根据自身的实际情况对其采取不同市场政策与交易制度。某一产品或商品在市场上是否允许自由流通，实际上就涉及私人或私营机构甚至包括某些国营机构是否可以对其进行自由交换。如果不允许对其进行自由交换，这在某种程度上限制了其利用市场机制进行正当投机谋利的条件与机会，除非违反某些禁止性规定进行非法私下交易或黑市交易，但这有时需要冒很大的风险或以可能受到法律的制裁为代价。

所以，当一国对某一产品或商品采取禁止自由流通或限制其自由流通的制度时，实际上在某种程度上就等于限制了投机者以该类产品或商品为对象进行正当投机的前提与基础。正是因为如此，当前许多国家往往通过不同的法律制度，直接或间接的将不同类型的产品或商品大体上纳入三种不同的流通制度之中：禁止自由流通、限制自由流通和完全自由流通。

以枪支弹药、核材料、麻醉剂、人体脏器官等特殊的物品，许多国家基本上将其纳入禁止自由流通的法律范畴当中，不允许私人与私营机构自由买卖。对于电力、石油、粮食等生活必需品或公用事业产品，许多国家则通过对其流通渠道、经营主体、范围、价格、交易主体、交易数量与规模等方面的限制，控制或限制其自由流通。以粮食为例，有些粮食极为短缺的国家，往往会采取国家垄断的方式限制私人或私营机构自由买卖。国内的粮食产、运、销基本上是由国家设立或控制的国有企业或公司独自经营，完全排斥或有限制地允许私人或私营机构自由买卖粮食，从而在一定程度上限制其随意投机买卖的空间与机会。

2. 对各种不正当投机方式或手段的限制。世界上许多国家（包括市场经济国家和非市场经济国家）对投机行为微观规制，最主要的方式就是以政策或法律形式直接对经济活动中各种具有投机性质的非正当经济行为进行限制或打击。实践中，具有投机性质的非正当经济行为主要体现为囤积居奇或私藏、惜售、倒买倒卖、买空卖空、制假售假、内部交易、操纵交易、地下交易或黑市交易、散布虚假信息、恶意抬高压低物价、价格操纵等。当然，这些不正当的投机方式或手段，在实践中在某一特殊的市场交易领域，往往又有若干不同的表现形式或分为若干不同的子类型。如证券交易市场中存在的股票操纵交易行为，根据2001年《欧盟内部交易与市场操纵指引》的规定，在欧盟证券交易市场常表现为洗售（也称对倒或对敲或虚买虚卖）、相互委托（又称同谋买卖或相对委托）、连续交易操纵、联合操纵、拉抬等不正当行为。

投机者针对某一类商品实施同一类型的不正当投机行为方式或手段，往往有许多国家或地区在各自相同或相类似的法律规范中对其加以明确限制或禁止。以证券内幕交易为例，目前美国的《证券交易法》（1934年）、《内幕交易制裁法》（1984年）与《内幕交易与证券欺诈执行法》（1988年），英国的《公平交易法》（1993年），德国的《内幕交易法》（1994年），《欧盟内部交易与市场操纵指引》（2001年），我国香港特别行政区《证券（内幕交易）条例》（1990年）以及日本的《证券交易法》和我国台湾地区的《台湾证券交易法》等，均作了相同或相类似的限制性规定。

3. 对投机对象的价格与利润的限制。通过对某一类流通商品的价格与利润的干预与限制，也是目前许多国家限制或打击商品投机的重要方式与途径。因为限制商品的交易价格或成本与利润，在一定程度上影响和制约着投机者投机的动机与意愿，即国家利用提高成本与降低商品利润（如低价出售与最高收购）方式或手段，使投机者原本企图利用特殊的价格手段谋取高额利润或超额利润的投机动力受削弱或压力增大，从而使其放弃或减少投机，进而达到国家某种调控的目的。国外对商品价格与利润进行限制与干预的依据，一般主要包括与商品价格相关的专门法律制度与对某一或某些产品或商品的生产、流通、交易等进行监管的法律规范。前者如法国的《强制价格法》与《价格放开和竞争条例》、德国的《价格法》和《价格表示令》、英国的《转卖价格法》和《标价法》；后者如美国的《公平交易法》与《克莱顿反托拉斯法》、日本的《关于禁止私人垄断和确保公正交易的法律》、韩国的《粮食法》、英国的《公平交易法》、意大利的《公平交易法》和德国《经济犯罪》等。

　　国外运用法律手段对商品的价格与利润进行干预与管制，从而以直接规制或间接干预的方式限制与打击商品投机，一般来说，主要体现在三个方面：一是相关法律规范直接规定或由相关监管机构依据合法授权直接确定某一商品的最高销售价格，或规定最低购买（包括收购）价格；二是由相关法律规范直接规定或由相关监管机构依据合法授权直接确定某一商品的最高利润或利润幅度范围；三是由相关法律规范直接规定或由相关监管机构依据合法授权直接确定某一商品的价格波动范围，否则就要承担一定的法律责任。例如德国《经济犯罪》就明确规定，房地产商出售的商品房价格一般不得超过政府指导价的20%，否则就可能受5万欧元罚款或3年以下的有期徒刑。再如在比利时，价格委员会根据市场供求与消费者的承受能力，有权依法对黄油、牛奶、面包等生活最必需的商品制定最高价格。

　　4. 对投机者的市场经营主体资格的限制。为了防止或规范私人或私营机构随意地从事某种特殊商品的生产与销售，国外有关国家往往以立法的形式规定了经营者必须具备一定条件，方有资格或有权从事该商品的生产与销售。这种规定，在某种程度上有助于直接限制私人投机者从事非法生产经营活动，也有助于限制投机者企图通过合法的生产经营资格进行投机的规模与数量。国外有关法律对私人或私营机构从事某种商品的生产经营活动所设定的条件，一般分为两个方面：一是必须具备从事该商品生产与经营所具有的法定组织形态或条件；二是必须获得相关权力机构特别的市场准入许可或经营许可。这两个条件是相互统一，缺一不可的。当然，对统一商品的生产与经营，不同的国家或地区在设定具体条件时，往往会因其经济制度、对该商品的管制制度及该商品的作用与地位的不同，存在一定的差异。以石油为例，在市场自由化程度较高的西方资本主义国家，私营机构是可以从事该商品的生产与销售，但必须具备法定的企业形态与条件，同时还必须获得进入该领域的市场准入许可证，如加拿大、美国等。但对于我国而言，从事石油生产与销售的企业，通常是国有企业或国有垄断企业，一般的私营企业即便具备了法定的企业形态，也是无法获得从事生产经营许可的。

再以转基因农作物为例。目前许多国家和地区如美国、欧盟、中国、中国台湾地区、日本、加拿大、澳大利亚等均以立法形式明确规定，从事转基因农作物的种植、加工与销售的相关组织机构，必须经过相关权力部门的批准，方可从事有关转基因作物的种植、加工和销售。如美国的《联邦食品、药品和化妆品法案》（FFDCA），欧盟有关转基因生物越境转移的 1946/2003/EC 条例、关于变更核准程序 1829/2003/EC 条例、关于基改作物上市的 2001/18/EC 指令、关于基改作物之出口 1946/2003/EC 规制、关于基改食品与饲料之上市 1830/2003/EC 规制等。

（二）商品投机宏观法律调控

国外许多国家在注重运用法律手段对商品投机行为进行微观规制的同时，还注重运用法律手段对投机行为予以宏观引导、调节，将微观法律规制与宏观法律调控结合起来，形成既涉及正当投机活动又涉及非正当投机活动以及既直接强制控制投机行为又间接对投机活动或准投机活动予以非强制性的引导与调节的相对完整的法律调控制度。根据国外相关国家的立法与实践，对商品投机具有直接或间接宏观调控功能的法律制度，主要包括相关税收法律制度、金融货币法律制度、特殊商品储备法律制度、社会福利与保障法律制度、相关经济计划与产业法律制度等。这些具有宏观调控性质与功能的法律制度，其对商品投机发挥作用机制，主要是通过税收、法律化的金融货币政策的调整、产业与计划所带来的相对稳定预期及相对完善的社会保障制度所形成的对市场经济活动能产生某种影响力的相对稳定的群体等，以影响或制约投机者必须考虑的其借以进行投机所需的各种市场条件与机会如投机成本、获利大小与可能、实现或完成投机所要达到的一定规模的交易群体或投机品的数量等，从而达到直接或间接影响与制约投机者或未来潜在投机者选择投机的内在动力与意愿，最终实现或可能实现对商品投机进行宏观调控所要达到或接近的目标与承销。

就税收法律制度对房地产投机进行宏观调控而言。为了限制或制约房地产投机，西方有些国家就十分重视利用税收政策或法律方式，压缩炒房者的利润空间或增加房地产占有者或持有者的成本，进而达到直接或间接限制房地产投机的目的。一般来说，针对土地或房产投机而采用的税收，主要有房产税①、房产转让税、土地占有税、房产转让所得税、房地产交易税、盈利税等。例如在美国，目前全美的 50 个州都征收房产。韩国对拥有 2 套住房的家庭，如果将其购买的房产在 2 年内出售，就必须缴纳 50% 的房产转让所得税。拥有 3 套住房的家庭，如果将其购买的房产在 2 年内出售的，就必须缴纳 60% 的房产转让所得税。在德国，如出售其房产，出售者需缴纳 1%—1.5% 评估的得不动产税，如果交易成功，还要缴纳 3.5% 的交易税。如果出售的住房价格超过购买时的价格即盈利的，还应缴纳 15% 的盈利税。日本在取得、占有或持有、转让环节分别有房屋（土地除外）购置税、遗产税、物业税、空闲地税、出让税、土地增值税、转让收益所得税等税种。

运用金融货币法律制度或相关政策限制或调节商品投机，也是许多国家或地区比较重视的选择途径。因为依据金融货币法律制度而制定和实施的各种相关政策与手段，在某种程度上影响或制约着货币的流向与规模，货币的流向与流动规模又影响或制约着某一商品的价格变动、利润大小或生产、流通、交易、占有或持有成本，进而影响着投机者对该产品是否具有进行投机的意愿、动力，或有投机的意愿、动力，但会影响或制约着其投机意愿与动力的大小。同时也会影响与制约着投机者能否进行投机的外在条件与机会。例如，为防止房地产投资过热，抑制房地产过度投机，各国通常会采用提高银行利率的方式：提高商品房开发与购房的融资贷款利率，调高个人存款利率，以此起到限制或降低房地产领域的货币流通量，制约或抑制房地产开发与购买的成本与规模，从而达到预防和抑制房地产市场价格不断上涨与过度投机的功效。

目前各国所采用的各种金融货币政策与手段的法律依据，主要是该国的中央银行法，如《德意志联邦银行法》、《日本银行法》、《新加坡金融管理局法》、《泰国银行法》、《韩国银行法》、《英格兰银行法》、《法兰西银行法》、《新西兰储备银行法》等。世界各国的中央银行法所规定的各种金融货币政策或手段，主要有两种：货币政策或手段与信贷政策或手段。其中货币政策与手段又包括利率、汇率、存款准备金、再贴现率等，而信贷政策或手段又可分为紧缩信贷或严格信贷、放宽或放松信贷等途径。

特殊商品或产品（如粮食、石油）储备制度，在某种程度上也具有间接预防和抑制以囤积居奇为核心代表的投机行为的功能。因为对市场紧缺或过剩

---

① 房地产税在不同的国家可能有不同的叫法，即便是在同一个国家，可能也有不同的叫法。如在英国，英格兰、苏格兰和威尔士叫"家庭税"，而北爱尔兰就叫"市政服务税"。

的某一特殊商品进行战略储备，可以预防和抑制国内外投机者恶意进行囤积居奇。通过储备制度也可以有效地抑制或预防因该商品市场流通过剩而导致的价格大跌与市场秩序的混乱，或者防止因市场过剩导致与该产品相关的资源浪费。例如，当某一商品因投机者大量囤积导致市场供应严重不足及价格飞涨时，国家可将其在储备的商品以低于市场的价格及时推向市场，或以低价或无偿的方式分配给广大民众，从而起到平衡市场供求，促使商品的市场价格下跌，最终起到打击或限制囤积居奇的投机者的投机行为，维护市场经济秩序。以粮食储备为例，目前有许多国家与地区已制定和颁布了有关粮食储备的相对完善的法律制度，如美国的《粮食仓储法》和《粮食仓储条例》，澳大利亚的《储运经营法》、《小麦市场法》和《大麦市场法》，日本的《关于主要粮食供需平衡及价格稳定的法律》（简称《新粮食法》），加拿大的《谷物法》和《小麦局法》等。

第二节 我国商品投机法律调控的历史与现状

一、我国商品投机法律调控的历史考察

（一）我国古代商品投机的法律调控

我国是一个商业历史悠久的国家。从夏商开始到清末，中国古代商业已有近四千年历史。有关商业活动的最早历史记载的是《易经·系辞》，如"疱羲氏没，神农氏作，列廛于国，日中为市，致天下之民，聚天下之货，交易而退，各得其所"。① 在此后的历史发展进程中，中国商品经济与商业因素已成为各朝各代经济生活与生产必不可少的内容，并占有重要地位，甚至在某一历史时期，还受到了当时专治统治阶级的高度重视和鼓励发展，如西周时期的"工商食官"，春秋战国时期商人的自由经营等。春秋战国时期，大多数诸侯基本没有实行专卖制度，商人可自由经营盐铁、畜牧、鱼等利润丰厚的产业，经营范围基本不受限制。而且商人的社会地位也较高，其常常居于与国君、权贵平等的法律地位。如《左传·宣公十二年》记载，晋将伐楚，随武子日，

_____

① 肖光辉、余辉：《我国古代反不公正交易法规初探》，载《北方论丛》1994 年第 6 期。

楚"商、农、工、贾不败其业",不可伐,这里商列首位,与后世"士农工商"商列末位不同。① 因此在这一时期,出现了一大批很有名望的商贾,如子贡、吕不韦、范蠡等。所以有的学者将春秋战国时期誉为"中国古代商人的黄金时期",② 但是到了封建社会时期,中国的封建王朝由于实行重农抑商及对商业实行严格控制的政策,使得在春秋战国时期受到重视的经营自由,未能得到进一步维护与深度发展,中国的商业经济始终无法摆脱农业经济的主导地位,最终导致近代社会中国商品经济发展水平远远落后于西方诸国。

从总体上讲,中国古代商品经济不是很发达,自由交易程度也不同于现代意义上的自由商业经济或市场经济。但这并不能排斥或阻碍商业交往过程中的商业投机的出现与发展。在商品交换过程中,只要有获利的机会,就会有人采取各种手段进行逐利活动。逐利行为既包括以营利为目的的常规性商业生产经营活动,也包括以追求暴利或超额利润为目的的非常规性生产经营行为,即投机行为。商品投机与商品交往密不可分,哪里有商品交往,哪里就应有商业投机,但也不是完全绝对的。商品投机的出现与发展和商品经济繁荣程度、统治阶级的管控制度及其配套性的经济制度密切关联。在某一时期内,有的统治者在其统治区域内对所有商品实行严格的政府定价制度或专营制度及严格的管控制度,那么这一时期的商品价格基本是一致的,不许存在同一质量档次的同一种商品出现不同的价格。没有价差,商人也就不愿或无法进行投机。

在中国古代社会,不存在类似现代社会中合法化专业化的投机场所,也没有明确规定何种商业投机行为是合法的法律规范。但从总的历史发展进程看,许多商业性投机行为都被古代统治者纳入限制或禁止的范畴。这些被限制或禁止的投机行为,在实践中,常表现为囤积居奇、操纵物价、大肆倒买倒卖、无经营主体资格经营投机、违反专卖或禁止买卖制度的私营投机、违反法定的交易场所或交易程序的投机交易等。尽管古代法律对诸多商业投机行为作了较为详细的限制,但明确以"投机"或与"投机"类似称谓而入律的商业行为,基本上是空白的。

1. 一般商业性投机与消费投机

在古代社会,客观存在着利用商品在市场流通中形成的价差进行投机的商业性投机者。投机者对因受市场供求关系或地区自然条件等差异的影响而形成

---

① 吕铁贞:《中国古代商人的法律地位》,载《河南司法警官职业学院学报》2003 年第 1 期。

② 吕铁贞:《中国古代商人的法律地位》,载《河南司法警官职业学院学报》2003 年第 1 期。

的价差商品，按照正常的市场交易规则和交易手段进行的投机，则属于一般商业性投机。这种一般性商业投机与法律明确禁止或限制的利用特殊手段人为地创造价差或引起的价差进行投机牟利的行为是相对的。

在我国古代商品经济活动或商业交往中，不仅存在着大量的商业性投机行为，而且在特殊情况下，还存在着一定的消费投机行为。普通老百姓选择消费投机，主要是对一些被各朝政府严格控制的较为稀缺的生活必需品如食盐。当生活必需品市场严重供应不足或被政府囤积居奇或以极高价格强卖给普通百姓时，为了维持自身生存与发展或为了节约自身极为有限的财富，普通百姓往往会违背政府禁令或限制措施，私购消费必需品；或者为了防止各种灾害导致各种生活必需品未来可能短缺的问题，而选择抢购或积存方式，以备不测，这是一种典型的消费投机行为。即便是在当代社会，这种消费投机行为也同样大量存在。

在奴隶社会的夏商周时期，当时商品经济不是很发达，与之相关的市场管理方面的法律制度几乎欠缺，因而有关商品投机的法律规定相对来说也是空白的。而且一般商业性投机的数量和社会影响极为有限，所以一般商业性投机基本上可以忽略，即使存在投机行为，最多也只能是奴隶主及其贵族阶层进行投机，所以统治阶级对其基本采取默认或不加限制的态度。

在春秋战国时期，各诸侯国十分重视商业活动，并采取自由经营政策。与之相应的有关市场管理的法规也逐步得以确立和完善，如曾经是著名商贾的管仲被齐桓公拜为相后，制定了一系列重视发展商业的法律制度，"通齐国鱼盐于东莱，使关市几而不征，以为诸侯利，诸侯称广焉"。① 市场管理法规的确立，在一定程度上规范一系列商品交易行为。有关一般商业性投机，基本没有明确规定。但对于特殊的产品或商品价格如粮食，统治者在特殊情况下因供求不平衡而导致粮食价格畸高或畸低时，对粮食实行特殊的宏观经济政策，平衡粮食或其他重要商品的价格，如平粜、平准政策，② 以维护稳定的粮食供应和安全、保护生产经营者和消费者利益，维护国家利益。这些维护和平衡商品价格的宏观经济调控政策，在一定程度上还具有防止投机者哄抬物价或囤积居

---

① 《国语·齐语》。

② 平粜理论是由春秋战国时期的计然最先提出的。他主张国家储积粮食，控制粮食买卖及其价格，丰年粮食价低时，加价收购，歉年粮价过高时，减价出售。后来计然的平粜理论被统治者采纳，成为一个重要的宏观经济调控政策。平准是平粜的范围扩展。即国家对重要的商品进行吞吐调节，控制物价。如汉武帝时，桑弘羊主持财政，首次实行平准政策。自此以后，平粜、平准及与其类似的政策逐渐为封建各朝政府所采纳或效仿。

奇，以限制或控制投机行为。

到了封建社会，由于封建统治者对从事商业活动的经营者资格、自由流通商品的范围、商品的价格、商品交易场所、交易的程序等实行较为严格的管控制度，再加上封建统治者实行重农抑商的政策和重要的商品专卖制度，这使得中国古代商业经济的自由交往受到大大限制。以逐利为目的的商业性投机行为，在相当长时间内也同样受到了限制。许多一般性商业投机，几乎都没有相应的合法地位。甚至有的封建政权还直接通过立法以限制或打击商人投机。例如，宋神宗熙宁二年（1069 年），王安石颁行的均输法，其一方面为了保证京师物质生活的需要，另一方面也是为了进一步限制大商人的投机活动。

总体来说，在中国古代社会，一般通过正规交易手段和常规经营行为进行牟利的商业投机，如果其投机范围、规模和程度不足以危及统治阶级的利益，或者有益于统治阶级的利益，统治阶级一般不会明令禁止或采取默认的态度。当一般的投机行为严重扰乱了市场秩序，损害或危及统治阶级的利益时，统治阶级就可能通过严刑峻法对商业投机行为进行打击或限制。当然，对封建统治者通过法律打击或限制的对象，主要是当时在社会上有较大影响的大的投机商贾如操纵性投机商人。对于众多小的跟风性投机商人，统治者一般不予直接限制打击，而且也无法直接进行打击，毕竟法不责众。对中小投机商人，封建统治者更多的是采用宏观经济调控政策，对其进行引导、限制。例如，王安石的均输法就是在当时一些大的投机商人的投机行为严重影响了都城汴梁的物资供应，影响了统治阶级的财政收入，加重了普通百姓税负的背景下推行的。

2. 典型非法投机行为

在古代商品交易过程中，统治者为巩固自身的统治地位，往往对关系国家命脉或关系民生的重要物资与商品，实行严格的管控。这种严格的管控制度，主要是通过一系列较为完善的法律法规体现出来。封建统治阶级通过较为严格和较为完善的法律制度，对一些可能有损自身统治利益及可能损害广大普通百姓利益的商品经营手段或投机行为进行严格管控，将其纳入法律禁止范畴。一旦违反，就要严格追究这些非法投机商人的法律责任。概括来说，被专制统治者严格限制或禁止的商业投机行为，除了包括一些常见的囤积居奇、操纵物价、大肆倒买倒卖等行为外，还包括以下几个方面的非法投机行为：

（1）违反国家专卖制度（禁榷），进行非法私营投机

自春秋战国至清朝末年，我国古代统治阶级就对一些重要的物资和商品流通，实行国家垄断经营——专卖制度。专卖的对象由最初的盐、铁，逐步扩展

到茶、粮食、棉、蚕丝、酒、矾等商品。例如，春秋时期的管仲曾在齐国提出"海王之国，谨正盐荚"，①即对盐实行"观山海"的专卖政策。西汉时期汉武帝起用孔仅、东郭、桑弘羊等人，对盐、铁实行专卖制度。三国时期，曹操派官吏监卖食盐，实行民制官卖政策。宋代实行禁榷法，由国家负责盐、铁、茶等重要商品的产供销。中国古代统治者实行专卖制度的目的，一方面是为了保证稳定的财政收入，维护统治阶级的利益；另一方面也是为了贯彻重农抑商的政策，限制私营商业活动，打击商业投机行为。但商业与农业相比，具有无可比拟的优势，如受自然条件的约束较小，具有较高的获利机会，获利的周期较短，付出的体力劳动相对较少等。对于一些重要的生活或生产必需的商品，政府实行专卖制度毕竟无法完全满足社会的需求，或者在一定程度上限制了市场供求平衡。政府专卖制度与巨大的市场需求之间的不均衡性及较高的获利空间，就为一些商人从事相应商业活动提供了诱因。一些商人基于自身的利益追求，往往会违反国家的专卖制度，进行私下投机买卖。

古代统治者对于违反国家专卖制度进行非法私营投机的行为，往往采取较为严厉的惩处措施，这其中就包括行政性质和刑事性质的处罚。例如，五代时的后晋初年"凡带私盐，十斤以上，即行处死，私碾煎盐者，不论斤两皆死。"②后汉对犯禁者"不计斤两多少，并处极刑"。③元朝延庆六年规定："贩卖私盐判徒刑二年，决七十下，财产一半没官，决杖后发大盐场带镣服役。买食私盐杖六十下，再犯从重判决。官吏、军人等走透私盐或犯界盐货，笞四十下，除名。纵放私盐者与犯人同样处理。"④清代刑律中对违反食盐专营制度的私营投机者予以私盐罪科刑，以限制或打击食盐私营投机行为。

（2）违反政府商品价格管理制度，私自抬高或压低价格进行非法投机

在唐代以前，价格管理的特征是商品由国家定价（限价），政府对商品的直接定价一直是价格管制的中心内容。⑤如西周的周武王实行的"市有五均，

---

① 《管子·海王》，参见吕芙蓉：《略论中国历代盐铁专卖制度及其启示》，载《财经政法资讯》2011 年第 2 期。

② 《二十二史札记》卷二二《五代盐曲之禁》，参见吕铁贞：《中国古代商人的法律地位》，载《河南司法警官职业学院学报》2003 年第 1 期。

③ 《册府元龟》卷四五四"山泽二"，中华书局 1960 年版。参见吴海波、李曦：《清政府对私盐的防范和打击》，载《盐业史研究》2005 年第 1 期。

④ 转引自吴海波、李曦：《清政府对私盐的防范和打击》，载《盐业史研究》2005 年第 1 期。

⑤ 杨光华：《古代市场价格管理简论》，载《西南师范大学学报》1996 年第 1 期。

早暮如一"，① 西汉长安的直市中的物无二价，唐代的"三价均市"、"市估"制度等。专制统治者对一些特定的商品或者所有在市场上交易商品的价格，实行政府定价制度，不允许商人私下自行定价进行交易。但在实践中总是有些商人为了追求暴利或额外的利润，常常躲避政府监管，私下对某些商品以高于或低于同类商品的政府定价自行定价。此外还有一些大的投机商人通过散布虚假信息，故意扰乱市场秩序，破坏政府定价制度，趁势投机市场交易，从中谋取超额或高额利润。对于违背政府低价而私自定价交易的投机者和其他故意扰乱政府定价制度以期投机获利的投机者，统治者则通过较为完善和严厉的法律法规予以打击惩处。宋代以后，国家不再对商品价格实行直接定价，但国家仍然对商品实行严格的管制制度，以防止或控制商品投机。例如，宋代开封府尹宗汝霖上任伊始，就遇到开封"物价腾贵，至有十倍于前者，郡人病之"。于是他对扰乱物价者（包括投机者）实行严厉的处罚措施，即"敢擅增此价而市者，罪应处斩"。②

（3）在官定或法定的交易场所（官市）之外进行私下投机交易

在古代社会，有的专制统治者将商业交易的场所设定在某一固定的较为封闭的地方，商人只能在官定或法定的交易场所进行公开交易，不允许商人在官定或法定的交易场所之内或之外私下偷偷进行交易。以唐代为例，在唐代，商品交易场所——市场并不是自发形成的，或者说不是经济发展的自然产物，而是由唐朝政府统一设置。其市场的设置权和废止权皆明确归政府所有，并且市场必须设置于州县治所以上的城市中。如景龙元年（707年）十一月，唐中宗颁布《检校市事敕》，强调"诸非州县之所，不得置市"。③ 作为政府特别设定的各级市场的四周，几乎都筑有围墙或围篱，法律规定商人不得随意越度或者侵坏墙篱，亦不得从市场内外通水的渠道中偷渡进行交易，否则要追究违法者相应的法律责任。如《唐律疏议·卫禁律》越州镇戍等城垣条有云："越官府廨垣及坊市垣篱者，杖七十。侵坏者，亦如之（从沟渎出入者，与越罪同。越而未过，减一等）。"④ 由此可见，在唐代，一般是不允许商人违反规定，擅自在官定的商品交易场所之外或之内进行投机经营活动。商业经营者的交易活

---

① 杨光华：《古代市场价格管理简论》，载《西南师范大学学报》1996年第1期。

② 杨光华：《古代市场价格管理简论》，载《西南师范大学学报》1996年第1期。

③ 《唐会要》卷八十六《市》，上海古籍出版社1991年点校本，第1874页。参见刘玉峰：《论唐代市场管理》，载《中国经济史研究》2002年第2期。

④ 《唐律疏议》，刘俊文点校本，中华书局1983年版，第170页。参见刘玉峰：《论唐代市场管理》，载《中国经济史研究》2002年第2期。

动被严格限制在某一特定的交易场所。当然，在唐代，除了正规的市场——官市之外，在一些农村或偏远的地方，还存在一定的与官市相对应的私市。私市有相对固定的交易场所的私市和无固定场所的私市，前者如草市，后者如流通性私市。之所以有私市，主要原因在于这些地方较为偏远或交易非常零散，政府不便或无法监管。而且这些地方经济发展水平较为落后，政府对此采取相对放任的管理方式，有助于活跃市场，促进当地的经济发展，增强国力。唐政府对于私市中的投机行为打击力度，相对也比较宽松，一方面是因为打击投机的成本太高，而且过分打击投机行为，还有可能限制或约束偏远地区本来就不是很活跃的商品经济的发展；另一方面则是投机的数量和规模相对较少，其对私市和封建统治者的影响也非常有限。

（4）无经营主体资格的投机

在古代，许多专制统治者对从事商业经营活动的主体资格，作了明确的法律规定。从事商业交易的人如果不具备法律所规定的身份与条件，就无权从事专业性商业经营活动，即没有经营主体资格而从事经营活动，就是违法行为，并予以相应的处罚。如唐政府颁布律令，严禁衣冠士人及其子弟家人从事商业活动。《全唐文》卷三十一唐玄宗《禁丧葬违礼及士人干利诏》云："凡士庶人，不兼二业，或有衣冠之内，寡于廉隅，专以货殖为心，商贾为利，须革其弊，以清品流。"《唐令拾遗·杂令第三十三》云："诸王公主及宫人，不得遣亲事帐内邑司如客部曲等在市兴贩，及邸店沽卖者（者疑衍）出举。"① 但实践中总会有些人公开或私下规避法律的规定，擅自对外以经营者身份从事商业性投机活动，其中最典型的当属一些名门贵族或官宦之家仗其钱权之势，公开或私下从事非法商业活动或投机行为。

此外汉唐时期实行的"市籍制"，也是一种较为典型的控制或管理从事商业经营活动主体资格的制度。

在清代，清政府实行食盐专卖制，禁止商人私营或私贩或私运食盐。但是清政府的食盐专卖制，主要是凭借商人之手实行专卖，即在食盐生产、运输和贩售各个环节，都有政府指定的商人参与，清政府则派专门的监管人员对整个环节进行监管。然而由于受巨大的需求市场和利润的吸引，实践中有许多商人，甚至包括政府官员，纷纷违反法律的规定，在没有经营主体资格的情况下，进行私贩、私售食盐的投机活动。为了躲避监管或免受法律的追究，有些非法经营的投机者还特别重视官场公关。其中最典型的当属徽商。当然，在打

---

① 岳纯之：《后论隋唐五代买卖活动及其法律控制》，载《中国社会经济史研究》2005年第2期。

击私盐的法令中，清代是最多，而且也比较严厉，如《武装贩私律》、《豪强贩私律》。《豪强贩私律》中规定："凡豪强盐徒，聚众至十人以上，掌驾大船，张挂旗号，擅用兵仗响器，拒敌官兵……若贫难军民，将私盐肩挑背负，易米度日者，不必禁捕。"①

（5）违反交易程序的商品投机行为

在有的朝代，专制统治政府对商品交易程序作了较为严格的明确的规定，即参与商品交易的双方当事人，必须要履行一定的法律程序如经官府立券（登记备案），方可进行有效地交易，双方的利益才能受到保护。否则，就要追究违规者的法律责任。以唐代为例，在唐代官市进行交易的买卖双方，除了要订立私契外，还必须经过官方公正的契约——市券。《唐律疏议》卷二十六《杂律》云："买奴婢、马牛驼骡驴等，依令并立市券。两和市卖，已过价讫，若不立券，过三日，买者笞三十，卖者减一等。"②

除了上述非法商业性投机行为外，还有其他一些类似或不同的非法投机行为，如非法贩售禁止流通物的投机行为、欺诈性投机行为等。当然，在中国古代，传统伦理非常重视"义利"，强调人们在商品交往中应当诚实信用、公平交易，反对"见利忘义"。以唯利为目的的非法投机行为，不仅受到古代法律的限制，而且也为中国传统伦理所不齿。

（二）国统区商品投机法律调控

从 1912 年到 1949 年，国民党及其政府在中国大陆统治区域内，在沿袭北洋政府商品经济政策的基础上，除在特殊时期如战争和一些关系国计民生或社会稳定的重要商品实行严格管控外，继续重视和发展国内的商品自由交易和流通。相对自由的市场交易制度，在一定程度上为以逐利为目的的投机者提供了商业投机的外部条件与客观基础。因而相比于中国古代社会，民国时期国统区投机商人存在的数量和投机的规模，相对多而广。但是，由于其所处的特定历史环境及自身政治经济制度的复杂性与多样性，往往导致该时期国统区不同阶段、不同类型的投机行为，往往具有不同的法律地位。

1. 国统区合法性投机的客观存在性

在国统区，国民党及其政府事实上对投机行为已有了合法性投机与非法性投机的法律或政策上划分，并采取了不同态度和措施。对于前者，主要采取默认或保护，对于后者，主要采取限制或打击。

---

① 曾仰丰：《中国盐政史》，商务印书馆 1998 年版，第 179 页。
② 岳纯之：《后论隋唐五代买卖活动及其法律控制》，载《中国社会经济史研究》2005 年第 2 期。

实践中合法性的投机行为的产生，一方面是基于社会经济发展的必然趋势与客观要求；另一方面是统治者基于投机行为对自身经济利益和国民经济的发展与维护所具有的积极作用，有了一定的认知和重视。因而，国民党及其统治阶级对一些特殊商品的商业投机行为，以立法的形式确立了专业化、标准化的投机场所，其中最典型的就是金融证券交易场所。以股票为例，1920 年设立的上海证券物品交易所，不仅是融资和投资场所，也是一些股票投机者投机的场所。对于一般的股票投机者，政府一般是采取放任或鼓励政策，而不是严格限制或打压。当然，对于有损于股票交易秩序和统治阶级利益的投机行为（如操纵股价、散布虚假信息扰乱市场秩序等投机行为），则采取严格限制和打击政策。

至于消费者的商品投机性消费行为，国民党及其立法机构，并没有将其纳入立法或政策的考虑范畴，国民政府等行政机构也没有将其纳入行政管控范畴之内。因而，在国民党统治大陆的整个历史时期，其统治区内的消费性投机行为基本上被忽视或没有引起重视，消费性投机行为在总体上不属于法律限制或控制的范畴。不受法律控制或限制的行为，实质上隐含着一定的合法性。

2. 国统区特殊时期的商品投机法律调控

在商品经济交往中，国统区的商品价格可谓是起起落落。究其原因，既有政治、经济和法律等制度因素，也有战争因素、自然灾害因素及商人投机等客观非制度因素。对商品价格影响的因素中，有的是单一因素在发挥主导作用，有的是多种因素相结合，相互影响、相互作用。从民国初期到解放前期，国统区的商品价格波动最大的，主要表现在三个特殊的历史时期：民国初期、抗战时期、解放前夕。而这三个时期，其实也是商业投机最为活跃的时期，其中抗战时期的投机范围、规模最为突出。在这三种不同历史阶段或不同的环境下，国统区中的商品投机的程度、表现形式、规模等，则存在着很大差异。而国民党及其政府则从维护自身统治的需要和维护社会稳定出发，在评估投机的影响、作用和手段的基础上，会因时因地对不同类型的投机行为采取不同的政策和手段。这其中既包括宏观经济间接干预，也包括行政、法律等直接干预与限制。而通过立法形式对一些主要的及典型的投机行为进行打击与限制，是当时最为有效，也是最重要的手段与途径。从国民政府成立之初到国民党溃逃大陆前夕，国民党及其国民政府修订的一系列较为完善系统的限制或打击商业投机的法律法规，主要是在这三个时期颁布实施的。

（1）国民政府成立之初，全国经济较为混乱，政治经济割据较为明显，没有形成统一的经济秩序。国民党及其政府立法也基本上是一片空白。为了巩固和加强新政权的统治地位与权威，国民党在国民政府成立之初，非常重视对经济商业立法，以此作为巩固自身经济基础和财政税收来源的重要手段。所以当时国民政府中有许多有识之士指出："财权与立法，实乃国权实质与精神之命脉。"① 国民党及其政府以孙中山先生的"三民主义"为立法指导思想、② 以国家社会利益为最高利益和效益为立法原则，开展了大规模的经济立法活动。其中对一些重要的物资与商品，如食盐、棉花、铁、煤炭等实现专营或国营制度。在孙中山看来，三民主义中的民生"就是政治的中心，经济的中心和种种历史活动的中心。③ 实现民生主义办法有两个，第一个是平均地权，第二个是节制资本。"④ 其中平均地权，就必须"预防大资本家发生，不能让私人资本操纵国民生计，为此，要限制私人资本的活动范围，一切垄断性质之事业，企业规模巨大者，得自然之富源与社会之恩惠的，以及不宜或不能委诸个人经营者，都不能由私人经营，只能国有国营"。⑤

对一些重要商品或物资实行专营或国营制度，实际上在一定程度上有助于限制或打击投机商人对该类商品或物资的投机活动，有助于维护正常的市场秩序和广大消费者及一般普通商人的经济利益。

以食盐为例。南京国民政府成立后，根据 1929 年 6 月中国国民党三届二中全会整理盐法的决议，在整理盐政的同时，加大了对盐业生产的管理，出台了《检查食盐章程》（1930 年 6 月，国民政府）、《精盐通则》（1931 年 2 月，国民政府）、《盐法》（1931 年 5 月 30 日，国民政府）、《盐场管理通则》（1932 年 6 月 21 日，财政部）等一系列关于盐业的生产、运销、征税、缉私各方面的法律法规。为了打击食盐私贩、私运、私售、囤积居奇、倒买倒卖等投机行为，南京国民政府除沿用北洋政府的《私盐治罪法》、《缉私条例》外，还颁布《海关缉私充赏办法》（1929 年 6 月 12 日）、《私盐轻微案件处罚章程》（1929 年 8 月 14 日）、《私盐充公充赏暨处置办法》（1929 年 8 月 14 日）、《财政部缉私处组织章程》（1930 年 2 月 22 日）、《财政部缉私处缉私总队编制纲要》（1930 年 2 月 22 日）、《缉私局章程》（1930 年 5 月）、《组设场警办法大纲》（1930 年 7 月 30 日）、《财政部盐务稽核总所税警章程》（1932 年 8

---

① 孔庆泰：《国民党政府政治制度史》，安徽教育出版社 1994 年版，第 56 页。

② 在 1931 年《中华民国训政时期约法》中明确规定："三民主义是中华民国之根本原则。"这就以根本法的形式确立了三民主义作为南京国民政府一切活动的指导思想的地位。

③ 《孙中山选集》，人民出版社 1981 年版，第 787 页。

④ 《孙中山全集》（第 9 卷），中华书局 1986 年版，第 337 页。

⑤ 《孙中山选集》，人民出版社 1981 年版，第 338 页。

月）等法律法规，对非法食盐投机行为进行法律规制。

除了在常规时期对一些重要的物资和商品的投机行为进行法律规制外，国民政府还会因特殊原因如自然灾害所诱发或加剧的某种商品投机行为，采取临时性政策或手段对其加以限制或打击。例如 1911 年，长江三角洲地区尤其是上海米价骤涨。导致米价骤涨的原因，除了遭自然灾害减产、驻沪军队与迁徙入沪的人口剧增、各地抗粮风潮高涨及乡民和土匪劫米外，还包括投机商人的囤积居奇。镇江民生国计会支部在 4 月 12 日向上海总部报告中声称："镇江的米价因为来源不通、奸商囤积，已经涨到了十一千文，估计上海也是如此。"① 米价骤涨，事关社会的安定与团结。为了平抑米价，打击或限制投机，保证粮食供应，新生的国民政府及各界社团则采取了诸多应对措施。例如上海民政总长获知源昌、镇昌、裕通、宏昌等南北 16 家米厂共囤米 30 余万石之多后，则力劝米厂将其存米迅速出售，就连米客寄碾之米亦劝令从速发售。此后，民生国计会总部还召开以"调查囤户"与"劝导各米商平价出售"为大会宗旨的救济民食大会。大会还当场公决函告民政长劝令南市米商吴某平价出售其囤米。② 民生国计会以及民政长的"调查囤户、劝令其出售"专门限制米商囤积居奇的投机行为措施，在一定程度上打击和限制了米市的投机行为，稳定了米价和市场秩序。

（2）抗日战争时期，国统区生产萎缩，物资奇缺，游资充斥，投机盛行，物价飞涨。"因战争之揭起，物价必然上涨……此种现象，在上次欧战时，无一交战国不如此，在此欧战时，亦无有一国不如此。"③ 1937 年 7 月到 1938 年底，国统区物价上涨相对较为缓慢。但从 1939 年初到 1941 年年底，由于欧战爆发，国统区连续于 1940 年、1941 年两年粮食歉收，再加上大批国土沦陷等因素的影响，国统区各种物资奇缺。而这一时期国统区急剧通货膨胀，物价变动异常，这为投机者提供了可乘之机。投机操纵、囤积居奇之风盛行，给物价的日益上涨添油加醋。例如根据史料记载："后方各大都市，若干资财雄厚之豪商，竞发战时暴利之邪念，一方倾其全力搜索游资，以争购外来货物，压迫国家外汇支付之负担，一方更将运入货物，积隐匿，阻厄市场之需要，促进价格之飞腾。迨（民国）二十九年（1940 年）以后，此种囤积居奇之嚣风，亦

---

① 《本埠新闻》，载《申报》1912 年 4 月 12 日。参见韩貌、李永春：《从〈申报〉看民国元年上海米价骤涨及应对举措》，载《内蒙古农业大学学报》（社会科学版）2007 年第 5 期。

② 参见《本埠新闻》，载《申报》1912 年 5 月 10 日。

③ 《物价问题》，载《中央日报》1940 年 1 月 17 日。

复愈烈，国内生产物资与农产品，亦次第为所蔓延。……驯至整个社会，皆于不知不觉之中，随波逐浪，相率为助长物价之行为。"①

抗战中后期，由于国民政府抗战无能与战场上失利，国民政府及其军队则被迫溃退，原先控制的国土也大量沦陷。与国民党及其军队溃退相伴的还有大量的避难人口和游资。游资向后方的涌入，随即被大量地用于商品投机。商业投机成为当时获利最大的行业。所以社会上出现了所谓"工不如商"，"商不如囤"的现象。据估计，1940 年重庆、昆明两地游资超过 10 亿元，用于商品和粮食投机。1941 年活动于大后方各重要城市的游资不下 50 亿元。太平洋战争爆发后，沪、港游资大量涌入大后方，数量估计有 100 亿元以上。② 当时在商品流通领域的投机行为中，最典型的当属商品的囤积居奇和投机倒把。

甚嚣尘上的投机之风为国统区的物价上涨火上添油。为了平抑物价，限制或打击投机行为，1938 年 10 月 6 日，国民政府公布《非常时期农矿工商管理条例》明确规定投机垄断、操纵罪，即"经济部有权对指定的企业或物品，明定适当的售价及利润，物品的生产者和经营者不得有投机垄断或其他操纵行为，对于违反本条例第十三条之规定，而有投机垄断或其他操纵行为者，处五年以下有期徒刑，并科所得利益一倍至三倍之罚金。"③ 1939 年 2 月 7 日，国民政府行政院颁布《非常时期评定物价及取缔投机操纵办法》（简称办法）。该《办法》对各地物价管理机构和管理办法作了规定，并明确界定了投机操纵的法律概念。"但以囤积为居奇之手段，影响民生，在所不许。④ 政府于此，将以法令制裁一般暴利者。此辈怀发国难财心理，自可勿容姑息，依法惩治。"⑤ 1939 年 12 月，经济部公布了《日用必需品平价购销办法》，以求进一步稳定物价。1941 年 1 月国民政府颁布了《非常时期取缔日用重要物品囤积

---

①　四川联合大学经济研究所、中国第二历史档案馆编：《中国抗日战争时期物价史料汇编》，四川大学出版社 1998 年版，第 88 页。

②　赵莉莎：《试论抗日战争时期国民政府的限价政策》，载《唐山师范学院学报》2006 年第 1 期。

③　四川联合大学经济研究所、中国第二历史档案馆编：《中国抗日战争时期物价史料汇编》，四川大学出版社 1988 年版，第 514 页。参见姚文格：《抗日战争时期国统区的物价管制》，河南大学 2010 年硕士学位论文。

④　湖南省粮政局：《湖南省粮政法规汇编》（第 1 辑），1941 年版，第 235 页。罗玉明、李勇：《抗战时期国民政府的粮食统制政策述论》，载《湘潭大学学报》（哲社版）2010 年第 2 期。

⑤　《平定物价的方法》，载《中央日报》1939 年 12 月 20 日。参见姚文格：《抗日战争时期国统区的物价管制》，河南大学 2010 年硕士学位论文。

居奇办法》。该《办法》明确界定了"囤积"与"居奇"法律概念。即囤积是"一、非经营商业之人，或经营本业之商人，大量购存前私法指定物品者；二、经营本业之商人，购存前条所指定之物品，而有居奇行为不端者；三、代理介绍买卖，并无真实买卖货主，而化名购存前条所指定之物品者"。居奇是指"储存物品不应市销售，或应市销售而抬价超过合法利润者"。① 同时该《办法》还将一些重要的物品进行归类，对纳入范围内的物品的囤积居奇行为，明确予以取缔。在此后颁布的《非常时期取缔日用重要物品囤积居奇办法执行取缔应行注重事项》中，又明确规定了三种不同的囤积居奇行为："A. 非经营商业之人，或非经营本业之商人，囤积于主管官署公告后，对于指定物品，仍有囤积行为者；B. 囤积居奇或藏匿大量指定物品，分立户名，或分散转移，存入地点，或妨害地方主管官署执行检查，而意图规避取缔者；C. 对于应行依限出售之囤积物品，有黑市买卖、赌期预货及空头飞仓交易行为者。"② 1942 年 3 月又明令颁布《国家总动员法》，明确规定"政府于必要时得对国家总动员物资及民生日用品之交易价格、数量加以管制"。1942 年 12 月国民政府颁布《加强管制物价方案实施办法》，要求各省市政府对其所辖区域内重要商品价格如粮食、盐、食油、棉花、燃料等实施严格限价。为了配合限价政策，1943 年起还逐步实施限量分售。1944 年 5 月，国民党五届十二中全会又通过了《加强管制物价方案紧要措施》，通过扩大征实范围，以便掌控更多的物资，以量控制，限制或抑制投机行为。

对于特殊的物资或商品投机行为，国民党及其国民政府还会通过专门的法律法规或政策予以限制或打击。

以粮食为例。为了防止粮食囤积操纵，1938 年 4 月国民政府颁布了《各战区粮食管理大纲》，规定"战时粮食管理处于必要时，得在粮食重要市场斟酌实际情形妥慎规定粮食之最高或最低价格，以防止投机操纵"。③ 同年 6 月国民政府又颁布了《非常时期粮食调节办法》，其中规定"各地方粮食价格如因奸民投机操纵，致发生不正常涨落情事，应向当地政府或粮食调节机关施行适当处置，予以制止……"④ 1940 年至 1941 年，国统区原先的主要产粮区则

---

① 中央训练团编印：《中华民国法规辑要》（第 4 册），1941 年版，第 19 页。

② 张鹤：《1939—1942 年四川省粮食囤积居奇及国民政府的处理措施》，吉林大学 2007 年硕士学位论文。

③ 重庆档案馆编：《抗日战争时期国民政府经济法规》（下），档案出版社 1992 年版，第 323 页。

④ 张鹤：《1939—1942 年四川省粮食囤积居奇及国民政府的处理措施》，吉林大学 2007 年硕士学位论文。

成为沦陷区，粮食产量锐减，结果导致粮食匮缺、粮价高涨，严重的粮食危机也随之出现。

全国八大主要城市米价之比较（元/市斗）①

	1937 年 6 月	1941 年 6 月	倍数（保留整数）
成都	1.25	38.37	31
兰州	2.44	15.67	26
洛阳	1.79	15.83	49
桂林	1.00	10.76	11
衡阳	0.6	15.47	26
西安	1.55	15.33	10
贵阳	1.44	23.62	17
重庆	1.32	41.87	32

粮食安全问题严重影响了军民生活和抗战进程。以囤积居奇为代表的投机行为则进一步加剧了国统区粮价高涨和市场供应不足的问题。为了解决粮食问题，加强战时粮食管理，国民政府不仅实行粮食统购、统供、统销的统制政策，还对各种粮食投机行为进行严厉打击和限制。当粮食危机首先出现在四川时，国民政府就认为"囤积居奇是导致粮食市场缺乏粮食、粮价暴涨的主要原因"。② 蒋介石认为，粮价飞涨，"完全不是由于天然的缺乏，而是人为所造成的。……有豪猾商贾囤积居奇……各地拥有粮食的人，期待高价，把粮食藏起来"。为此，蒋介石还劝诫有粮富户（包括囤积户）应"遵循政府的法令，将粮食供给市场"，并声言如若囤积不售藏粮待价则以"妨害民生，扰乱社会论罪"。③

1940 年 8 月，国民政府全国粮食管理局颁布了《管理粮食治本治标办法》和《粮食管理紧急实施要项》。其中《管理粮食治本治标办法》规定："凡经规定限期出售之粮食逾期不售者，均应半价征购，其规避藏匿者，应予没收或按应有粮价科以罚金；凡购粮囤积超过自用范围或粮商囤积未售者，限期全部

---

① 罗玉明、李勇：《抗战时期国民政府的粮食统制政策述论》，载《湘潭大学学报》（哲社版）2010 年第 2 期。

② 罗玉明、李勇：《抗战时期国民政府的粮食统制政策述论》，载《湘潭大学学报》（哲社版）2010 年第 2 期。

③ 罗玉明、李勇：《抗战时期国民政府的粮食统制政策述论》，载《湘潭大学学报》（哲社版）2010 年第 2 期。

陈报出售，逾限不售，应予没收或按应有粮价科以罚金，今后发现有囤积情事，立予同样处分。"[1] 1941 年 5 月，国民政府颁布的《非常时期违反粮食管理治罪暂行条例》，加强了粮食囤积居奇者的治罪力度。《暂行条例》明确界定了囤积居奇罪的犯罪概念，规定了具体处罚方式。"凡非经营商业之人或非经营粮食业之商人的囤粮食营利者、经营粮食业之商人购囤粮食不遵粮食主管机关规定售出者，粮户或农户之余粮经粮食主管机关规定出售而规避藏匿者，均为囤积居奇者。"[2] 司法机关根据囤积数量的不同，对囤积居奇者予以不同的刑事处罚。例如该条例第 4 条规定："谷五千市石以上或小麦三千市石以上者处死刑或无期徒刑，谷三千市石以上五千市石未满或者小麦一千八百市石以上三千市石未满者处无期徒刑或十年以上有期徒刑，谷一千市石以上三千市石未满或者小麦六百市石以上一千八百市石未满者处三年以上十年以下有期徒刑，谷五百市石以上一千市石未满或小麦三百市石以上六百市石未满者处一年以上三年以下有期徒刑，谷两百市石以上五百市石未满或小麦一百市石以上三百市石未满者处六个月以上一年以下有期徒刑，谷五十市石以上两百市石未满或小麦三十市石以上一百市石未满者处以拘役或一千元以下罚金。以上各项处罚之案件并没收其粮食之全部。"[3] 需粮农户及公私团体囤（或存）粮超过一定的数量，也将被课以罚金。公务人员如有囤积居奇行为或管理粮食舞弊行为，则按本《条例》从重治罪。为了配合打击囤积不售者，国民政府甚至还出动宪兵和军统至各县协助粮管。例如当时的成都市市长杨全宇就因囤积而被判处死刑（枪决）。

抗战时期的囤积居奇和投机倒把最主要的对象，是一些重要的生活必需品如粮食、食盐、燃料、棉花、布衣等。除了粮食、食盐等重要的生活必需品投机较为突出外，金融领域的投机也较为猖獗。许多商业银行出于对工业贷款的风险担忧，以及对商业资本高回报的追逐，将大量贷款用于商业放款，占总贷款的 76.97%。[4] 非正常放贷行为在一定程度上导致了流通领域大量游资的出现，而大量的游资又助长了商品流通领域的投机行为。此外，许多商业银行在为囤积居奇的投机者提供大量资金的同时，还兼搞囤积货物生意。为了打击或

---

① 重庆档案馆编：《抗日战争时期国民政府经济法规》（下），档案出版社 1992 年版，第 330 页。

② 《粮食管理法规》，粮食部印，1941 年版，第 49 页。罗玉明、李勇：《抗战时期国民政府的粮食统制政策述论》，载《湘潭大学学报》（哲社版）2010 年第 2 期。

③ 湖南省粮政局编：《湖南省粮政法规汇编》（第 1 辑），1941 年版，第 8 页。

④ 赵莉莎：《试论抗日战争时期国民政府的限价政策》，载《唐山师范学院学报》2006 年第 1 期。

限制商业银行的投机行为，1941 年财政部公布实施了《非常时期管理银行暂行办法》，明确规定了禁止商业银行利用银行资本进行囤积活动。同时这一时期黄金投机也十分猖獗。尤其是 1943 年 6 月国民政府实行黄金自由买卖政策后，国统区的黄金投机行为就一发不可收拾，并成为抗战时期国统区最主要的投机类型之一。究其原因，主要在于国民党军队在主要战场上的节节失利，国统区商人因担心战火毁及有形财物，防止人财两空，或者为了转移逃难的便利，纷纷选择迅速出售手中的商品或货物，或停止购货与囤积，并将投机的客体转向具有保值和易于携带转移的金银等金融商品。

（3）抗战胜利后，国民党逐步恢复了对许多沦陷区的控制。为了恢复因战争所损伤的经济，为了增加商品与物资供给，恢复和稳定市场秩序，增加财政收入，巩固自身的统治，国民党及其国民政府则可以将更多的精力投入到经济的恢复与发展上。同时，抗战时期在国统区颁布实施的打击或限制投机的法律法规，仍得以继续实施。因此，在抗战胜利后到解放战争初期，各种投机行为比起抗战中后期则明显萎缩。而与之相关的新的打击或限制投机行为的法律法规也相应较少。

1946 年夏，蒋介石发动了反共反人民的全面内战。因为内战，国民党军费开支空前庞大。庞大的军费开支导致了国民政府巨额财政赤字。随着战争的持续，财政赤字的不断增加，国统区的通货急剧膨胀，物价也随之不断暴涨。1948 年 8 月，国民党实行"币制改革"，改用金元券。由于纸币价值猛跌，百姓手中的法币逐渐成为废纸，金元券也逐步成为废纸。在恶性通货膨胀和物价飞涨、币值猛跌的背景下，国统区的投机行为也随之日渐猖獗。其中金融领域中的黄金、外汇投机和粮食、燃料、食盐、棉纱、棉布等生活必需品投机最为突出。到了中国人民解放军进入战略反攻阶段时，国民党及其军队在一些主要战场的失利，使其已丧失斗志和希望。许多将领及官僚政客或准备逃亡避祸，或准备靠拢投降……国统区的市场交往一时较为混乱，国民政府也无太多的精力去关注市场秩序。国统区百姓抢购、囤积等投机行为，一时成风。到了国民党统治后期，更是因为国民党滥发纸币、庞大的军费财政开支及许多商品物资奇缺而导致国统区严重通货膨胀，物价飞涨、投机极度猖獗。

对于国统区猖獗的投机行为，国民党及其政府并不是完全无动于衷的。为了维护自身的统治利益，为了挽回自己的威信和捞取更多的财富，国民政府相继颁布实施了《财政经济紧急处分令》、《财政经济管制条例》等诸项法令。这些法令的颁布实施，在一定程度上具有打击和限制投机行为，缓和或稳定市场秩序的作用。对一些具有重要战略地位的较大城市①的投机行为的限制与打击，则是当时国民党及其国民政府的重点。打击和限制投机的范围相对较为广泛，其中包括黄金、外汇、证券、粮食、食盐、棉花布料、燃料等投机。对重点城市的投机行为进行打击和限制的活动中，最具代表性的当属蒋经国1948年在上海发起的打击投机倒把、囤积居奇的"打虎"行动。例如蒋经国到上海后，随即派令经济警察执行经济监察，严防囤积，凡棉纱、棉布堆存超过3个月者，一律充公。他同时成立物价审议、物资供应委员会，所有物品价格不得超过"八一九"定价，并要求民间用黄金、美钞、外币兑换金元，同时对囤积居奇而发国难财的奸商，进行严惩，以此稳定物价和市场秩序。蒋经国建立的"八一九"经济防线，②在当时被誉为中国经济领域的"马奇诺"。这一期间，蒋经国确实打下一些"老虎"，其中不少为贪官污吏，如陶启明（股票投机）、戴明礼（外汇投机）、王春哲（黄金黑市交易与投机）等。蒋经国在上海实施的限价和打击投机的行为，虽然取得了一定的成效，但蒋经国并不经管武汉、广州、天津等其他城市的限价和打击投机事务，再加上国民党在大陆的统治行将灭亡的态势及蒋控区的人心惶惶，必然导致国民政府在解放前夕，在其实际控制的整个区域实施的打击和限制投机的政策与措施，并没有取得实质性成功。

3. 对大官僚资本投机的纵容

在以蒋介石为首的国民党统治集团在大陆统治期间，对以蒋介石为代表的四大家族实施的官僚资本垄断与投机行为和普通商人或没有政治背景的资本家及一般的公务人员实施投机行为，实际上采取了双重标准或两种截然不同的态度。对前者，蒋介石及其统治集团利用自身的统治地位，通过一些特定的法律或法规变相或公开支持或放纵以四大家族为代表的官僚资本垄断与投机，积极掠夺或骗取广大人民群众、普通商人或资本家的财富，将其占为己有。例如，蒋经国在上海对日益猖獗的投机行为，实施的"打虎"行动，最终因遇到最大的"老虎"之一的孔氏家族，而不了了之。以蒋家王朝家族为靠山的当时最大的投机分子之一的孔令侃，最终也未受到任何法律制裁。"打虎"行动最终演变为"打苍蝇"行动。对于后者，国民党统治集团则通过一系列较为完

---

①　南京国民政府在进行经济整顿时，宣布成立上海、天津、广州三个经济督导区，企图抓住南北三大名城，即所谓的三大经济中心带动全局。上海是重点。

②　所谓"八一九"经济防线是因8月19日实行的财政经济处分令而得名，其规定"各地各种物品及劳务价格，应照8月18日各种物品货价依兑换率折合金元出售"，主要目的就是管制金融，防止物价飙涨。

善的法律法规，进行打击或限制。

以四大家族外汇投机为例。1938 年，国民党政府颁布《购买外汇请核制度》，实施外汇管制。实施外汇管制后，外汇的官价较低，而黑市价格则不断提高。四大家族就利用其特殊的地位和权力，优先的得到官价外汇，然后又从黑市抛售出去，转手获利上百倍。而一般商人和资本家或私人，则根本不可能得到官价外汇。

在抗战时期，对国内商品贸易与交往方面，国民党政府对一些重要的商品或物资实施"统购"、"统销"、"专卖"和"限制价格"等政策。由于四大家族掌握着"专卖"机构，和其他经济单位，在实施限价之前，便囤积大量的物资。后借国民政府提高重要商品的销价之机，乘机倾销其囤积货物，而获取巨额利润。

对四大家族从事的非法投机行为，国民党政府则采取放纵或默认政策，要么视而不见，要么听之任之，而不是依法进行限制或打击。

（三）新民主主义革命时期革命政权区域内商品投机法律调控

从 1927 年南昌起义之后，共产党领导的人民军队先后经历了土地革命、抗日战争和解放战争三个重要历史阶段，并在中国各个区域建立了统一的或临时分散的革命政权，形成了与蒋介石反动集团实际控制区域与日伪占领区相互对峙的独立政权区域。共产党领导的人民军队与革命政权，一方面要不断地同敌对势力展开政治、军事斗争；另一方面还要经济斗争。而经济斗争既包括反经济封锁与制裁，也包括不断发展和增强自身的经济实力与建设。其中获取稳定的财政收入，保证人民军队必要的军费开支，为了维护革命政权正常的商业交往，维持和促进人民的正常生活水平，为了解决革命政权区域一些重要物资和商品的短缺问题，共产党及其领导的革命政府在其政权区域内，针对不同革命斗争形式和实际需要，因时因地制定与实施了一系列有关金融、商业贸易等经济方面的法律法规与政策，其中包括许多有关投机方面的内容或规定。

1. 土地革命时期根据地商品投机法律调控

土地革命时期，以中央苏区为代表的各根据地政府在商业贸易方面，一方面要客观积极应对国民党反动派的经济封锁，另一方面还要积极发展根据地境内商业和对外（红区对白区）贸易。根据地政府的商业政策是：根据地内部的商业自由政策和对外贸易的管制政策。① 根据地内的工商业包括国营、合作

---

① 于素华、张俊华等编著：《中国近代经济史》，辽宁人民出版社 1983 年版，第 326 页。

社经营和私人经营三种形式。对根据地内重要的战略物资与商品或急需的或紧缺的商品如粮食、食盐、棉花布匹、医药等，基本上实行国营形式，自行生产与销售，或负责内部重要物资的调剂，限制其自由流通与对外贸易。合作社商业是根据地商业的重要组成部分。它分为消费合作社、供销合作社和粮食合作社等形式，它们都是群众性的供销组织，其主要任务与作用之一就是抵制私商的过分剥削或限制私人投机分子过分牟取暴利。由于根据地内部许多重要物资或商品基本上采取统购统销或专营制度，其价格也基本上采取政府定价形式，这必然导致根据地内部商业自由贸易极为不发达，因此根据地内部的商业性投机较少。

　　鉴于私营工商业在革命根据地经济中的重要作用，根据地政府对根据地内的私营工商业，采取的是保护政策，并允许其在境内自由经营，但对中外大资本家的大工厂、大商店，则采取没收办法。早在 1928 年 6 月，红军打下永新后，毛泽东在对部队进行教育时，就提出了对中小工商业采取保护的政策的要求。1928 年 11 月，红军第六次代表大会提出了"保护中小商人利益"[1] 的议案。1931 年中华苏维埃第一次全国代表大会在《关于经济政策的决定》中，明确提出"苏维埃应保证商业自由"。[2] 1932 年 1 月，中央工农民主政府颁布的《关于工商业投资暂行条例决议》，就规定"允许私人资本在中华苏维埃共和国境内自由投资和经营工商业"。[3] 土地革命时期，革命根据地对私营中小工商业采取的保护和自由经营的经济政策，为中小私营商业者正常进行商业活动，提供了法律支持和保护，甚至也为有限的商业投机行为，提供了相应的制度性空间或条件。中小私营商业对活跃根据地经济，满足军民的物资需要，客观上发挥了积极的作用。

　　但在 1927 年 8 月至红军长征前，党在对待私营工商业问题上，曾连续发生三次"左倾"错误：瞿秋白实施的盲目烧杀政策、李立三实行一律没收政策和王明为主要代表的很"左"的劳动政策。由于"左倾"路线对私人商业采取限制、扼杀甚至没收等政策，使得根据地的私营商业贸易在"左倾"路线执行期间受到了严重的影响，自由商业活动几乎停滞，更不要提所谓的商业投机活动。或者说私人商业性投机活动在党的"左倾"路线执行期间，几乎

---

　　① 于素华、张俊华等编著：《中国近代经济史》，辽宁人民出版社 1983 年版，第 328 页。

　　② 《中共中央文件选集》（第 17 册），第 796 页。

　　③ 《工商业投资暂行条例》，载中国近代史资料编辑委员会：《苏维埃中国》，1957 年版，第 96 页。

没有容身之地，更无所谓的合法与否。例如，鄂豫皖根据地霍山县苏维埃政府在执行"左倾"路线时采取的"以封锁对封锁，不准外来商人进入苏区，以及连小商小贩都取缔的政策"，[①] 就是典型的例子。但在后来，以毛泽东为首的党中央，及时纠正了"左倾"错误路线，使中小私营商人的商业活动得到了保护和发展。

在根据地非"左"时期的私营商业活动中，客观上存在着许多私营商人商业投机行为。这种商业投机最主要的表现是私营商人的进出口贸易性投机。在中央革命根据地创建后，国民党即对红军实行经济封锁。苏区一时物价飞涨、物资奇缺，红军的供应遇到了极大困难。私营商人利用国共两个政权区域之间因政治军事因素而导致的有关物资或商品供需的矛盾和明显的地区价格差异，利用各种手段进行进出口贸易，从中获取巨额利润。例如，1932 年，商人从蒋控区的万安、太和两县的农民手中以五角钱一担价格收购谷子，然后又将谷子贩运到中央根据地的赣州，并以四元钱一担的价格卖给当地百姓，获得七倍暴利。再如商人以一元钱七斤价格从梅县收购食盐，后运到根据地，以一元钱十二钱价格出售。[②] 对于这种投机行为，根据地政府并不是完全无动于衷或完全放任自流的，而是采取一系列必要的政策与措施，对其加以限制或引导。1933 年 8 月，毛泽东在江西南部十七县经济建设工作会上就指出："像这样的事情，我们再不能不管了，以后一定要管起来。"[③] 为此，中央工农民主政府设立了对外贸易局，各级政府设立对外贸易机构，专门负责进出口贸易管理。

对于私营商人进出口贸易投机行为，根据地政府并不是采取完全限制或绝对禁止的政策，而是适度的限制措施，即既不能完全容忍牟取暴利的投机行为，但也不能对其采取完全敌视或一点也不容忍的态度或者政策。因为当时的根据地处于白色势力的四面包围中，而且根据地又多处在偏远山区，工农业生产极为落后薄弱，许多军民必需品都要靠进口。为了解决重要物资和商品极度短缺问题，根据地政府往往采取支持或鼓励私营商业从事进出口贸易，并对其进出口贸易的投机行为，采取适度的容忍措施，即一方面允许私营商人通过投机谋取一定的利润，但另一方面又严格限制其过分暴利。根据地政府对私营商

---

① 杨青：《土地革命战争时期党的私营工商业政策与革命根据地的私营工商业》，载《中共党史研究》2005 年第 5 期。

② 于素华、张俊华等编著：《中国近代经济史》，辽宁人民出版社 1983 年版，第326 页。

③ 毛泽东：《必须注意经济工作》，载《毛泽东选集》（一卷本），第 108 页。

人投机行为所采取的切合实际的灵活策略，既起到了有利于根据地军民获取必需的物资或商品，又有利于将根据地多余或富产的产品进行出口，以换取更多外汇或资金的作用，同时还起到限制其过度投机的作用。毛泽东在《中国的红色政权为什么能够存在?》一文中，在分析根据地实际经济情况后，提出边界党应采取"适当的办法"，解决根据地经济问题。这个"适当的办法"实际上就包含对私人工商业相对灵活多变的政策。1929 年 1 月，红军第四军发布布告，规定"城市商人，积铢累寸，只要服从，余皆不论"。

2. 抗战时期抗日根据地商品投机法律调控

抗日战争时期，抗日根据地在经济上所遇到的问题，与土地革命时期根据地及与同期的国统区遇到的经济问题有许多相似或同等问题。与前者相比，两者大多处于山区，土地贫瘠、工农业生产落后，商业自由贸易不是很发达，再加上敌对势力对根据地的封锁，导致根据地许多重要的资源和商品的匮乏。与后者相比，随着抗战的深入，双方实际控制区的减少，工农业生产也日渐萎缩，再加上日伪势力对非控区的经济封锁、破坏与掠夺及各种自然灾害等因素，国共实际控制区域的军民必要物资与商品也相对匮乏，各地的物价则呈现出不断上涨的趋势，各地金融、商业投机行为也是层出不穷。

对于不同时期不同环境，各抗日根据地政权则根据自身实际情况和需要，对商品投机行为往往采取许多相同和不同的政策，并颁布和实施了一系列法律法规。1937 年，抗日战争爆发，中国共产党中央政治局扩大会议通过了《抗日救国十大纲领》，提出了平时经济转入战时经济的经济主张，同时规定了战时经济政策："整顿和扩大国防生产，发展农村经济，保证战时生产品的自给。提倡国货，改良土产。禁绝日货，取缔奸商，反对投机操纵"。[1] 可见，当时的共产党中央对以操纵为代表的投机行为，在总体上采取完全限制和禁止的政策，同时也为以后各根据地对待投机操纵行为指明了方向。随着经济形势的进一步恶化，为了贯彻毛泽东提出的"发展经济，保障供给的经济工作和财政工作方针"，[2] 以陕甘宁边区为代表各抗日根据地纷纷实行"对内自由，对外管制"的商业贸易管理政策，同时还对根据地军民必需的重要的物资、商品与货币，实施战时经济统制与专卖政策，限制或打击各种走私与进出口贸易投机行为，以保证根据地经济供给。与之相关的一系列相关法律法规也相继出台实施。如《陕甘宁边区银行战时法币管理办法》（1941 年）、《陕甘宁边区禁止粮食出境条例》（1941 年）、《偷运私盐处罚办法》（1942 年）、《陕甘

①　孟广涵:《国民参政会纪实》（上卷），重庆出版社 1985 年版，第 30 ~ 31 页。
②　《毛泽东选集》（第 3 卷），人民出版社 1991 年版，第 891 页。

宁边区食盐专卖条例》（1942 年）、《统一购买土棉实施办法》（1942 年）、晋察冀边区政府颁布的《关于掌控重要物资实行专卖出口的指示》（1942 年）。为了限制根据地内部的一些重要的物资和商品投机或非法黑市交易，根据地政府还针对军民必需的物资或商品设立了专门的管制机构。例如为了杜绝骡马店黑市交易及投机走私活动，陕甘宁边区政府在根据地各分区专门设立骡马店管理委员会，统一领导并检查该辖区以内的骡马店的经营、运输与调剂。①

抗战时期，抗日根据地的投机行为最明显也最突出的当属进出口贸易投机和金融领域中外汇投机。进出口贸易投机主要体现在私营商人利用各种物资和商品在根据地与日伪控制区之间的明显地区价差以及供给与需求量上的明显悬殊而追求暴利或高额利润。进出口贸易投机在实践中主要包括私营商人公开的适度性投机和通过走私方式进行的秘密性投机。同时，对属于根据地紧缺而又急需的物资与商品，私营商人进行投机进口贸易，根据地政府则采取适度容忍与鼓励策略；凡属于根据地必需的且被纳入根据地统制的或专营专供的急需的物资或商品或属于根据地军民非必需的或有消极影响的物资与商品，根据地政府则采取严格限制与打击前者的出口贸易投机和后者的进口贸易投机政策。根据地对不同的进出口贸易投机行为所采取的不同政策，其目的在于一方面保证根据地军民的基本需求供给；另一方面是防止非必需品如毒品流入根据地。

以陕甘宁边区为例。陕甘宁边区政府在 1937 年到 1945 年，先后颁布的《陕甘宁边区禁止粮食出境条例》、《偷运私盐处罚办法》、《陕甘宁边区食盐专卖条例》、《禁止私人收售质押及私运现金出境惩罚条例》、《陕甘宁边区贩卖纸烟惩治办法》、《陕甘宁边区禁烟禁毒条例》、《查获鸦片毒品修正办法》等一系列法律文件，规定法币、各种伪币、各种奢侈品、毒品、香烟、酒、人造丝等一律不准入境；凡是敌人需要的或者自己急需的物资与商品，如粮食、骡马、食盐、铁、钢材、硫磺、枪支弹药、棉花布匹等，则禁止出口或鼓励进口。对于私营商人进口运销根据地急需的物资与商品，根据地政府则允许其进行适度的投机与盈利。

再以山东抗日根据地为例。山东抗日根据地政府对私营商业，一方面采取团结和扶持政策，支持或鼓励其有利于抗日和人民的一面；另一方面对不利于抗战和人民的一面，则采取限制与打击，限制与打击的对象其中就包括囤积居奇和走私资敌行为。为了更好的贯彻执行这一政策，山东抗日根据地又将商人分为五种类型：与高利贷剥削相结合的半封建商人、利用抗战发财的流氓性投机商人、经常输入的买办性的敌区商人、敌区普通商人、根据地小商人，然后

① 雷云峰：《陕甘宁边区史》，西安地图出版社 1994 年版，第 235 页。

并针对不同的类型实施不同的政策。对于与群众对立的半封建商人，则在减租减息中彻底消灭；对于流氓性投机商人，则在限制其投机活动的同时，鼓励他们经营各种生产事业，要求他们于追求利润之外，同时照顾抗战和人民的利益；对经常输入的买办性的敌区商人，则要在政治上加以防范，反对其敌探奸细的可能，同时在经济上争取与我们保持经常贸易关系，但需完全受我指挥，遵守抗日民主法令；对于敌区普通商人，则采取团结政策，并保障他们的财权和营业、营利的自由；对于根据地小商人，则采取团结的政策。①

　　为了稳定根据地或边区金融秩序，支持战时财政，打击日伪货币、土票、杂钞的投机与走私，1938 年晋察鲁豫边区政府开始设立边区银行，发行边区钞票，作为边区境内的本位币。1940 年，为了抵制日寇向边区倾销日货，吸收法币的经济进攻，边区政府对法币采取"保护"措施，停止法币流通，禁止进行携带法币出境，对法币黑市交易与走私投机行为予以打击。1941 年陕甘宁边区政府为了解决财政困难，也决定在边区境内停止使用法币。1941 年 2 月 24 日，陕甘宁边区政府颁布实施了《陕甘宁边区财政厅审批法币出境实施细则》，以限制法币的出境和对外流通。同年，陕甘宁边区政府又颁布了《陕甘宁边区银行战时法币管理办法》，进一步明确了私人或私营商人不得擅自将法币携带出境或投机走私或进行黑市交易。1941 年边币发行后，随着时局越来越紧张，边区民众也日渐恐慌，法币黑市交易、走私投机行为严重。1941年 12 月边区政府出台的《破坏金融法令惩罚条例》，对违反金融管理法规者，予以相应的刑事制裁。例如《破坏金融法令惩罚条例》第 11 条规定："……凡在货币交换所以外私行交换货币之营业者，其货币全部没收之；意图破坏边区金融进行货币投机事业以牟利者，其货币全部没收，处以 1 年以上 2 年以下之有期徒刑，并课以 5000 元以上 10 万元以下之罚金"。② 这些法律法规的出台与实施，在一定程度上限制和打击了边区的货币投机与走私行为，稳定了边区的金融秩序。

　　此外，边区政府还通过颁布和实施其他相关的法律法规，以限制和打击金银的投机走私与黑市交易。1942 年，陕甘宁边区颁布《禁止私人收售质押及私运现金出境惩罚条例》，将金银纳入严格监管对象，禁止私人将生金银（包括金块、金条、元宝、银条以及一切金银器具、首饰和硬币）在边区内自由

---

① 参见岳宝爱、鲁成波：《山东抗日根据地的私营工商业政策及其启示》，载《发展论坛》1998 年第 9 期。

② 黄正林：《抗战时期陕甘宁边区的经济政策与经济立法》，载《近代史研究》2001年第 1 期。

交换、流通，也不允许将其携带出境、走私、黑市投机交易。

3. 解放战争时期解放区商品投机法律调控

解放战争时期，中共及其人民政权在抗日根据地制定和实施的相关法律法规和商业政策的基础上，继续推行对内自由贸易，对外实行管制和保护中小私营工商业的政策。此外，还进一步明确提出了完全没收和消灭以四大家族为首的大官僚资本工商业和垄断资本工商业，保护民族工商业的经济政策，并将"保护民族工商业"视为新民主主义革命三大经济纲领之一。1947 年 10 月党中央颁布的《中国土地法大纲》，以法律形式明确规定了工商业者的财产及其合法的营业，不受非法侵犯。同年 12 月，毛泽东在《目前形势和我们的任务》报告中提出的新民主主义革命的三大经济纲领，其中之一就是保护民族工商业。同时把独立的小工商业者的经济和小的、中等的私人资本经济作为新中国经济构成之一而确定下来。

对四大家族为首的大官僚资本工商业和垄断资本工商业采取没收和消灭政策，实际上就是从法律上确认了大官僚资本工商业和垄断资本工商业的非法地位，确认了其在大陆进行的任何工商业行为（包括其各种投机行为），都属于法律禁锢和消灭的范畴。这与国民党及其政府对以四大家族为首的大官僚资本工商业和垄断资本工商业在其控制区域实施的投机行为，实行的纵容或默认政策，截然相反，而且干净彻底。对于罪大恶极的汉奸分子的工商业，也采取同样的政策。1946 年 5 月，刘少奇在其起草的《关于土地问题的指示》中，明确指出："除罪大恶极的汉奸分子的矿山、工厂、商店应当没收外，凡富农及地主开设的商店、作坊、工厂、矿山，不要侵犯，应予以保全，以免影响工商业的发展。"[1]

在解放战争初期，国民党在对解放区大规模军事滋扰和进犯的同时，还在经济上对解放区实施封锁和掠夺。有的解放区则出现军民必需的重要物资与商品短缺，物价飞涨，通货膨胀较为严重。解放区和国统区中有些私营商人乘机实施投机走私活动，以较低价格从国统区购买物资与商品，然后以较高的价格出售到解放区，进而谋取高额利润。为了保证解放区军民的需求，为了弥补日益增加的财政和军费开支，中国共产党提出了"动员一切力量"，"保卫解放区"[2] 的任务。为此，有的解放区则采取了借鉴抗战时期抗日根据地的有效经

---

① 徐秀春：《解放战争时期党对民族工商业的政策》，载《北京商学院学报》1993 年第 2 期。

② 杨青：《解放战争时期党的城市私营工商业政策的制定和实施》，载《党的文献》2005 年第 1 期。

验和做法，对解放区急需的或重要的战略物资实行限制或禁止出口政策，禁止私营商人私自交易与出口，更不允许其进行黑市交易与出口投机贸易。对解放区紧缺而又急需的而国民党又实行严密封锁和控制的物资和商品，则鼓励私营商人进行适度的走私或进口投机贸易，并允许其获取一定程度的利润。

在解放区内部，对于民族工商业、地主与富农工商业及中小私营工商业的产权及其自由经营活动，尽管实行保护政策，但这种保护是有限度的、有条件的，即对必须是有利于人民、有利于新民主主义革命的予以支持与保护；反之则予以限制或打击。换句话说，共产党及其革命政权对民族工商业、地主与富农工商业及中小私营工商业在总体上采取的是既"利用"又"限制"的政策。民族工商业、地主与富农工商业及中小私营工商业的不利一面，实践中主要体现在对广大劳动人民（雇员或雇工、经营或交易相对方）的过度剥削、扰乱工农业生产与市场秩序及各种暴利性的投机行为等。1946 年 2 月 5 日，中共中央指示："私人企业之正当利润，政府当予以保护"；"政府当通过税收、贸易等政策法令，使私人资本有利可图，以扶助私人企业之发展"。但是"私人企业不得故意高抬物价，紊乱市场，操纵国民生计。"① 1948 年下半年，在中共中央政治局扩大会议上，刘少奇指出："在解放区搞经济工作，要注意与私人资本家的斗争。斗争的方式是经济竞争。经济竞争是长期的，首先就是反对投机资本。"② 解放区的这些法律文件和政策在实质上反映了解放战争时期，民族工商业、地主与富农工商业及中小私营工商业实施的以扰乱秩序或暴利为目的的各种投机行为（如囤积居奇、操纵、哄抬物价、走私交易、黑市交易）被禁止或受严格限制的非法地位。

伴随着保护和支持工商业政策的实施，解放区也有些不法商人利用政策大搞投机，扰乱金融、囤积居奇，破坏正常的经营环境。例如 1949 年，中州农民银行郑州市行在 1 月下旬所调查的 130 家私人工商业贷款户中，其共贷款1485 万元（中州币）中，有 185 万元被投机商人利用来囤积居奇。③ 对于以扰乱秩序或暴利为目的的各种商业投机行为，解放区政权往往会通过各种行政、法律手段予以打击和规制。

---

① 杨青：《解放战争时期党的城市私营工商业政策的制定和实施》，载《党的文献》2005 年第 1 期。
② 参见王颖：《解放战争后期党的私营工商业政策述评》，陕西师范大学 2007 年硕士学位论文。
③ 《中州银行郑洛两市行检查贷款中右倾错误》，载《中原日报》1949 年 3 月 17 日第 2 版。

在解放战争期间，人民军队以及解放区地方政府在执行工商业政策的过程中出现了一些严重的"左倾"错误。这其中就包括对新解放城市的民族资本家的滥杀和驱赶，并对民族资本工商业和中小私营工商业进行肆意没收、破坏，在土地改革中对农村地主富农等不加区分，一律采取没收、乱打乱杀、"扫地出门"等政策。如 1947 年秋，解放军攻克陕西榆林高家堡时，对大部分商人及摊贩采取的没收政策，就严重损害了当地私营工商业，并造成了很坏的影响。在解放战争时期，人民军队及解放区政府实施的"左倾"错误路线，主要是因为许多党员和干部对民族工商业、城市中小私营工商业和地主富农工商业缺乏正确的认识，将其与官僚资本工商业及帝国主义工商业混为一谈，不加区分，一律视为剥削阶级，属于革命打击或消灭的对象。另外则是因为对党和毛泽东的新民主主义革命经济纲领缺乏正确的充分的认识，导致其在执行过程中，产生了诸多误差与矛盾。

"左倾"错误路线在一定程度上不但严重地打击和破坏了民族工商业、中小私营工商业及地主富农工商业，进而影响和限制了解放区正常的商业贸易活动的发展，也导致了商业投机行为的萧条与严重萎缩。

为了及时纠正解放区的"左倾"错误路线，党中央及有关解放区政权在分析总结经验和教训的基础上，颁布和实施了一系列法律法规及政策。这其中主要包括 1945 年 9 月 25 日，晋冀鲁豫中央局提出的部队进入城镇以后，必须坚决保护城市工商业，不得破坏与随便私行搬走的规定。《中央关于对解放区私人企业的政策方针问题给邓子恢的指示》（1946 年 2 月 5 日）中提出的"凡在敌占期间，未与敌合作的私人企业，一律保护其继续经营"；"凡被敌伪没收的私人企业，一律发还原主"。①　中共中央发出的《关于土地问题的指示》（1946 年 5 月）中关于"在土地改革中应保护地主富农经营的工商业"的要求，《西北人民解放军前委扩大会议决定》（1948 年 1 月）中"对于工商业，必须保护其营业，不得有任何没收物资及捉人等破坏行为。如有破坏工商业行为者，必须追究责任，按律惩办"的严格规定。《中共东北中央局关于保护新收复城市的指示》（1948 年 6 月 10 日）中的"攻城部队只有保护城市工商业之责，无没收处理之权"规定等。

在新中国成立之前，许多新的解放区尤其是一些大的解放城市如北京、天津、上海等，因国民党溃败之前就已存在的物资奇缺、持续的物价飞涨与通货膨胀和猖獗的投机活动等经济状况，仍得以延续与恶化。面对这种混乱的经济状况，党中央及解放区政府予以了高度重视，并通过一系列法律法规和政策，

---

① 《中共中央文件选集》（第 16 册），第 69 页。

抑制通货，稳定物价，维护正常的市场秩序。例如，为了打击和限制各种投机行为，解放区人民政府实施了通货紧缩政策和"银元之战"、"米面之战"等措施，打击或取缔金融领域和商品领域中的货币投机（包括外汇投机与金银投机）和商品投机，以克服旧中国货币和价格极端混乱局面，克服通货膨胀，稳定解放区的物价和金融秩序。以打击和限制货币投机为例，党中央在合并各解放区银行的基础上，成立了中国人民银行，在各大解放区（东北解放区除外），统一发行人民币，收兑和排挤金元券在市场上流通。1949 年 6 月 3 日上海军管会公布《华东区外汇管理暂行办法》，禁止一切币在市场流通，外汇外币均须存入银行，任何人不得经营和买卖。同年 6 月 10 日上海军管会又公布《华东区金银管理暂行办法》，禁止以金银计价和流通，取缔黑市交易。同时上海军管会还委派公安部队，查封各种投机机构及其办公场所，逮捕一大批投机分子。

为了准确地打击投机分子，同时也为了保护正当商人的利益，有的解放区政府还对正当商人和投机商人作了明确区分和界定。例如，1949 年 4 月，华北人民政府工商部提出界定投机商人和正当商人的标准是："凡在国家的政策法令之下，从事于调剂工农产品，促进城乡物资交流的经营者，都叫正当商人。反之，为谋取高利，而囤积居奇（即投机），玩弄价格（即倒把），波动物价，扰乱市场，破坏国家的政策与法令的，就是投机商人。"[1]

（四）新中国成立后商品投机法律调控

1. 国民经济恢复时期与社会主义改造时期商品投机法律调控

（1）国民经济恢复时期（1949 年 10 月至 1952 年底）

新中国成立后，党和人民在经济上却面临严重的困难。工农业生产被破坏，大量的工厂商店停业或关闭，商品流通不畅，物价飞涨和混乱，通货膨胀严重。究其原因，除了战争直接造成的破坏外，还包括国民党在解放前持续滥发法币和金圆券与解放区过量发行人民币所导致的严重通货膨胀的历史遗留，仍然继续的解放战争所需要的庞大的经费开支所导致的严重财政赤字以及日益猖獗的投机行为等主要因素。李先念在 1956 年中共八大发言中回顾解放初期情形时说："资本主义工商业在全国范围内还占着很大的比重，他们习惯于投机倒把，而国家从经济上支配市场的力量还很薄弱。"[2]

---

① 《正当商人与投机商人怎样区别》，载《人民日报》1949 年 4 月 13 日。参见张学兵：《当代中国史上"投机倒把罪"的兴废》，载《中共党史研究》2011 年第 5 期。

② 张学兵：《当代中国史上"投机倒把罪"的兴废》，载《中共党史研究》2011 年第 5 期。

　　针对持续不断的通货膨胀、物价上涨以及大量投机资本大肆进行投机倒把、囤积居奇、哄抬物价、扰乱市场、破坏金融管理的行为，党中央予以了高度重视。以物价上涨为例，1949 年，北京、上海、天津、汉口、青岛、西安六大城市的 13 种主要商品的价格指数 11 月较 9 月上涨 236%，12 月较 9 月上涨 349%。① 1949 年的 11 月，上海的粮食、棉纱、五金、化工等产品，每天以 20%—30% 的幅度猛涨。② 为了稳定物价与市场，党和人民政府采取了一系列应对措施和手段。其中的重点和首要工作就是打击和限制以资本家及国民党残余势力为代表的投机者实施的金融投机和商品货物投机。围绕市场物价对投机资本实施的打击与限制，实质上是一场无产阶级和资产阶级争夺市场领导权的斗争，是双方在经济力量上的一场较量。打击投机行为成功与否在一定程度上直接影响着党和中央人民政府稳定物价与市场的经济目标，影响着党和人民与敌对势力在经济领域斗争的最终胜利，影响党和人民政权的巩固。

　　为此，中央成立了以陈云为首的中央财政经济委员会，以负责和指导这项工作。在以陈云为首的中财委的领导下，各地人民政府采取了各种措施，以打击和限制各种资本投机。陈云要求对一切有害于国计民生的投机捣乱行为，应予以坚决反击，给投机商人以"适当的教训"，③ 使"投机者不能为所欲为"。④

　　从新中国成立后到 1950 年年初，上海、北京、天津、武汉、重庆、成都、西安、青岛等大城市的物价上涨与资本投机最为突出，而且对全国的影响也最大。特别是作为解放前后全国的金融中心的上海，由于其是投机资本的老窝，投机与涨价风潮常常在上海涌起，然后波及全国各大城市。因此，党和人民政府将打击投机的重点放在全国各大城市，而上海则又是重中之重。据陈云估计，仅上海一地，过去靠"踢皮球"、"抢帽子"的投机者就有二三十万人。⑤

　　新中国成立初期，党和人民政府在打击资本投机方面，主要采取了以下几种主要具体措施与手段：

　　首先，在继续推行新中国成立前夕党和人民政府指定相关法律法规的同时，进一步加强和完善中央和地方相关的立法。这其中包括，为打击和限制金融领域的投机行为，全国继续执行和贯彻中央人民政府已颁布的《金银和外

① 张祖国：《建国初期稳定物价的斗争》，载《上海经济研究》1991 年第 2 期。
② 《当代的中国经济管理》，中国社会科学出版社 1985 年版，第 18 页。
③ 《陈云文稿选编》，人民出版社 1982 年版，第 31 页。
④ 《陈云文稿选编》，人民出版社 1982 年版，第 17 页。
⑤ 《陈云文稿选编》，人民出版社 1982 年版，第 17 页。参见郭贵儒：《陈云与建国初期稳定物价的斗争》，载《河北师院学报》1995 年第 3 期。

币管理办法》，严禁金条、银元、外币在市场上自由流通、禁止黑市交易，取缔各种金银投机和外汇投机行为，继续维护人民币为唯一合法货币的地位。同时全国各大军管区或人民政府还在此基础上，进一步制定或继续实施有关金融管制的具体实施细则或办法，如《华东区金银管理暂行办法》、《西南区金银管理暂行办法》、《华北区金银管理暂行办法》及《北京市人民政府取缔非法商业行为暂行办法》等。

　　为了打击和限制商品贸易领域的投机，党和各级人民政府又颁布和实施有关市场与物价管理及商品交易方面的法律制度，其中包括国家公布的工商登记办法、物价管理制度、商品交易规则。

　　在财政上，1950 年 3 月政务院还公布了《关于统一国家财政经济工作的决定》，为此达到减少财政赤字，降低通涨压力，压缩商品投机的空间。

　　为了准确打击非法投机行为，保护正当的商业活动，1950 年 11 月，中央贸易部还公布《关于取缔投机商业的几点指示》，以行政规范的形式规定"买空卖空，投机倒把，图谋暴利"的行为必须予以取缔。①《指示》中还明确列举了八项"扰乱市场的投机商业"：①超出人民政府批准之业务经营范围，从事其他物资之经营者；②不在各该当地人民政府规定之交易市场内交易者；③囤积、拒售有关人民生产或生活必需物资者；④买空卖空、投机倒把企图暴利者；⑤故意抬高价格抢购物资或出售物资及散布谣言，刺激人心，致引起物价波动者；⑥不遵守各该当地人民政府所规定的商业行政管理办法，扰乱市场者；⑦假冒伪造，掺杂或违反商品规格及使用其他一切欺骗行为，以谋取非法利润者；⑧一切从事投机活动者。②

　　其次，在行政上，积极采取各种措施，加强对商品交易活动的监管。如对从事商品贸易的经营者实行严格的工商登记与备案，未经核准者不得开业、禁止兼做业外生意；建立主要商品和物资集中交易的交易场所，对几种重要的商品，禁止其场外交易，规定当日现款交割，取缔期货、栈单交易，限制退交行为；加强物价监管，保护国营牌价不受破坏，实行议价。建立价格分级管理制度，制定产、运、销三者有利的价格政策。为了加强中央的物价管理权，1950 年 2 月 24 日，中财委发出指示："京、津、沪、穗、汉、西安等大城市批发物

---

　　① 刘慧鑫：《投机倒把》，载《档案天地》2010 年第 8 期。

　　② 《建国以来重要文献选编》（第 1 册），中央文献出版社 1992 年版，第 466～467 页。张学兵：《当代中国史上"投机倒把罪"的兴废》，载《中共党史研究》2011 年第 5 期。

价，由中央贸易部随时电告，各地应根据中央贸易部决定执行，不得擅加修改"。①

再次，运用行政、法律强制手段，直接对投机分子予以严厉打击与惩处。为了打击金融领域中金银投机和生活领域重要物资与商品的投机，全国各地捣毁查封一大批投机窝点，依法逮捕和惩处了一大批投机分子。如在新中国成立之前（1949 年 6 月），上海市政府就查封了当时整个上海市的金银投机大本营——证券大楼，逮捕追诉了 200 多名罪大恶极的投机分子。新中国成立后，在全国物价飞速上涨之际，北京、上海、武汉、成都、广东等地，纷纷抽调大量的司法力量，甚至是在革命武装力量的协助下，打击和惩处大批的投机分子。如 1949 年 11 月，北京逮捕了 16 个粮食投机商人，广州逮捕了 200 多名金融投机者（包括金、银、外汇投机）。

最后，在经济上，党和人民政府通过恢复生产，沟通城乡流通渠道，开展物资交流，以及打破帝国主义的经济封锁、禁运，扩大或增加进口，管理出口等手段，以增加市场供给，平衡市场供求关系，打击和限制投机资本与各种破坏势力的商品投机行为。解放初期，投机分子在金融领域的投机遭到惨败后，又转向商品流通领域，将投机目标指向当时市场上紧缺的粮、棉、煤等重要物资和商品。当时国民党特务曾公然叫嚣：只要控制了两白（米棉）一黑（煤），就能置上海于死地。② 为此，党和人民政府还利用其国营贸易部门控制主要商品与国家控制的金融机构，通过集中抛售粮棉和压缩银根手段，打击投机资本。陈云在当时曾指出，国家掌握足够数量的粮食和纱布，是稳定市场、控制物价的主要手段；掌握粮食以稳住城市，掌握纱布以稳住农村，从而遏制投机资本家兴风作浪。③ 实际上，在解放初期，国家的国营商业机构与组织掌握着主要大城市的足够数量的粮棉的收购和运销，这为政府战胜投机资本提供了强大的物资基础。以上海为例，当时上海市政府控制煤、食盐、纱、布和粮食，分别占到市场的 70%、60%、30%、50%、50% 的比例。④

在新中国成立初期的三年左右的时间内，党和政府领导全国人民实施的控

---

① 龚建文：《建国初期抑制通货膨胀的措施和经验》，载《中国经济史研究》1990 年第 3 期。

② 宋文庆：《建国初期中国共产党稳定物价、统一全国财政经济的成功决策》，载《城市研究》1994 年第 5 期。

③ 《陈云文稿选编》，人民出版社 1982 年版，第 311 页。参见郭贵儒：《陈云与建国初期稳定物价的斗争》，载《河北师院学报》1995 年第 3 期。

④ 参见宋文庆：《建国初期中国共产党稳定物价、统一全国财政经济的成功决策》，载《城市研究》1994 年第 5 期。

制市场、稳定物价、打击投机资本的努力与斗争，并以取得最终胜利而告终，它是解放初期中国共产党在经济领域的第一个重大胜利。毛泽东对此予以了高度评价，称这一胜利的意义不亚于一场"淮海战役"。

总体上讲，解放初期，党和人民政府对官僚资本实行全部没收为国有，坚决取缔和打击资本家与国民党残余势力实施的以牟取暴利或破坏新中国的经济秩序与稳定为目的的各种投机行为。其中非法经营、买空卖空、囤积居奇、倒买倒卖、哄抬物价、投机操纵、坑蒙拐骗、掺杂使假等投机行为，是打击的重点。此外，资产阶级工商业投机资本，也是重点打击和限制的对象，甚至将经济领域中打击投机资本活动，视为一种无产阶级打击和限制资产阶级的政治斗争。正如理论界所言："对投机资本的沉重打击，是对资产阶级的限制和反限制的斗争中我们取得的第一个回合的胜利。"① 对于其他一切从事投机活动者，1950 年 11 月，中央贸易部公布的《关于取缔投机商业的几点指示》，则将其纳入"扰乱市场的投机商业"的范畴，也属于打击和限制的对象。尽管该《指示》只是一种行政性的法律文件，其法律的层级与适用效力较低，但在事实上否认了一切商品投机行为的合法性。这种规定在一定程度上也为后来社会主义改造时期和计划经济时期对商品投机法律地位的界定，奠定了重要的历史基础，并提供了重要的历史经验。当然，党和国家尽管在当时将一切从事商业性投机活动都纳入到非法商业活动范畴，但在实践中，对于普通老百姓基于满足基本生存和发展需要或是为了规避各种风险的目的而实施的一系列抢购、黑市交易等投机行为，党和人民政府基本上是采取适度的限制或默认方式，不予以对其实施法律制裁或追究。

（2）社会主义改造时期（1953 年至 1956 年）

自新中国成立以来，经过三年多的努力，党和人民政府通过打击投机、恢复生产、鼓励和加强国内外商业贸易、统一全国财政收支和管理等措施与手段，全国的市场物价基本稳定下来。但此后不久，市场上又出现了新的问题：物价不断下跌，许多商品的市场物价下跌幅度超过了国营贸易公司牌价下跌的幅度，甚至出现了部分商品市场销售价格低于生产成本的现象，并导致许多商品滞销，许多私营工商业生产经营出现严重困难。由于这次物价下跌，导致商业活动中的获利机会大大降低，甚至会存在巨大的亏损与倒闭的风险，再加上党和政府不断地对资本主义工商业和个体工商业进行的社会主义改造，以及对投机分子及其投机行为继续采取严厉的打击措施及其完全排斥态度，社会主义改造时期的商品投机基本上处于偃旗息鼓的状态。

---

① 《中国共产党的七十年》，中共党史出版社 1991 年版，第 298 页。

1953 年到 1956 年期间，虽然有关打击和限制投机行为的新的立法活动相对处于停滞或空白的状态，但党和国家在对待投机的思想与认识上，仍保持高度重视与警惕。例如 1955 年 4 月，中共中央批转的李先念一份报告强调，"商业资本家是唯利是图的……他们还会进行囤积居奇、制造黑市、掺杂掺假、大斗小秤、尺码不足等违法破坏手段……小商小贩带有很大的投机性"。① 同时，党和国家还通过社会主义改造的经济政策，以铲除私商投机的滋生土壤，克服私商的投机性。

2. 计划经济时期商品投机的法律调控

（1）商品投机的状况及其发生机制

社会主义改造的完成，标志着新中国正式步入社会主义国家行列。从 1956 年到 1978 年 12 月党的第十一届三中全会的召开，中国基本上以苏联为榜样，对社会经济进行全方位统制，实行高度集中的计划经济体制。在这样的经济体制下，各种工农业生产、资源分配、产品流通与消费，基本上都是由国家或政府统一按计划进行安排、调控。人们生产加工的大部分产品，大多数不是用来拿到市场上进行交换的。人们日常生产生活所需要的商品，大多数都是要凭票证定量供应，而不是靠市场流通或交易获取的，因而不是真正意义上的商品。据统计，1963 年 6 月，全国 64 个大中城市中的集市贸易额约占整个商品零售额的 1.06%，私商经营的肉食业和熟食业，不到市场销售量的 10%。②

由于商业自由贸易或商品交易市场受到严格限制，再加上私营工商业各规模与人数被挤压至非常狭隘的活动空间，那么以自由市场为基础的以追求商品差价为主要目的的商品交易行为或投机行为，无论是从规模上还是从数量上，都显得相当有限。因此，这一时期中国的私人商品投机或商业投机，应当是近现代以来最萎缩、最低迷的。尽管投机的规模和人数相对较为有限或呈现萎缩状态，但实践中，仍存一定的投机现象。不过这时期的投机行为，主要表现为一些农民将自己生产的农产品私下进行上市交易以获取高额回报，或是一些小商小贩以谋取高额利润进行倒买倒卖、囤积居奇、长途贩运、地下交易，或是普通百姓与干部子弟等利用海内外关系置办或销售境外商品等。导致农民和小商小贩进行商品交易投机的主要原因在于：①商品的长期短缺，使许多稀松平常的产品或商品都可能成为"居"之"奇货"；②高度集中的计划经济和自由交易市场人为的严重压缩，并不意味着国家从根本上完全否认商品自由交易市场

---

① 张学兵：《当代中国史上"投机倒把罪"的兴废》，载《中共党史研究》2011 年第 5 期。

② 参见《建国以来重要文献选编》（第 16 册），第 578 页。

的存在，无法从根本上杜绝地下交易或黑市交易行为，更无法完全阻止人们"利所在，人逐之"的自然心理与渴望；③而且党和国家决策机构有时会在特殊情况下，对自由市场贸易采取适当鼓励和容忍政策，而不是一棍子全部打死。

（2）打击与限制投机的方针与政策

社会主义改造完成后，虽然投机问题已经不再是经济领域中最主要或最让人担心的问题，但党和国家并没有因此停止或放弃对商品投机的关注，但在不同的时期不同的环境下，采取了不同的政策与立场。

首先，将打击和限制投机行为仍视为经济领域中的一项经济活动。同时将实践中客观存在的投机行为，区分为有限容忍和非容忍两个范畴。对于前者主要是指为满足自身生产发展需要而进行的地下交易或私下交易的商品按贸易投机行为；后者则是指以获取暴利为目的而进行的一系列的非法投机行为。例如，陈云在1962年国务院各部、委党组成员会议上就提出，应当将为获取高价而出售自己生产产品的农民与为获取高额利润进行倒买倒卖的投机区分开来。同时指出，同投机倒把作斗争应当从三个方面着手，即经济斗争、业务经营和行政管理。同年，张闻天在对南方的社会调查结束后，向中央提交了一份报告，其中提到："'投机倒把'的观念，应该限制在违法乱纪的范围内，不要扩大化。关于何谓'违法乱纪'，国家也应该公布若干条，使大家有所遵循。商人是没有不搞一点投机倒把的。禁止一切投机倒把，就等于取缔小商小贩。"①

其次，打击投机行为的"左倾"路线：打击投机的政治化和绝对化。随着国内外政治环境的变化，党和国家在对待投机的问题上，逐渐将打击和限制投机的经济性、相对性转变成政治性、绝对性。

1957年夏，以极端脱离实际的"左倾"思想开始萌芽，1957年以后开始逐步发展，"文化大革命"期间，则达到极致。这种"左倾"思想不但影响了政治领域，而且还影响到经济、文化等领域。并对党和国家的各种方针政策，产生重要的负面影响。在打击和限制以投机倒把为核心和重要内容的投机行为的各种方针、政策及法律法规，同样也没有摆脱"左倾"错误思想的影响与干扰。

从1962年中共八届十中全会后，由于受"左倾"错误指导思想的影响，打击投机倒把活动，开始被视为一种特殊的阶级斗争行为而纳入政治运动的范畴。1963年，中共中央在开展"五反"运动的指示中指出，投机倒把活动实质上是"资本主义势力的复辟罪行，是激烈的两条道路的斗争"，"私商长途贩运、投机倒把、私设地下工厂、倒卖票证等违法活动，是一种资本主义的复

---

① 《张闻天文集》（四），中共党史出版社1995年版，第434页。

辟活动"。① 在"十年浩劫"期间，反对投机倒把的政治运动更是达到顶峰，几乎所有的投机行为都被纳入政治斗争的对象，而不分合法与否。例如，1970年以"反对投机倒把"作为"一打三反"主要内容之一的政治运动，1971年在全国范围内开展的以"割掉资本主义的尾巴"为目的的以打击"地下黑工厂"和"投机倒把"为主要内容的大规模的清查运动。

（3）投机倒把的法律规制

①投机倒把的内涵与外延

投机倒把是计划经济时期人们针对一系列非法商业投机行为的一种概称，是计划经济背景下的特殊产物。在这一时期，人们对商业领域中投机行为的关注，基本上是以投机倒把为核心和主要内容，或者将其与投机倒把混合在一起，不加严格区分。在人们的一般观念中，商业投机其实主要就是指投机倒把，或将非法性投机倒把行为宽泛地等同于商业投机，甚至将现在市场经济中本不属于投机行为的合法的市场经济行为如雇工包工或被现代社会界定为其他的非法经济行为如诈骗等，也纳入投机倒把的范畴，而不是把投机倒把行为仅仅当作商品投机行为的一种特殊类型或表现形式。例如《经济与管理大辞典》将投机倒把界定为：一般指工商业和金融等领域中，为了牟取暴利而进行的各种不正当活动，即利用各种手段扰乱市场以追求高额利润的行为。如黑市经纪、买空卖空、囤积居奇、哄抬物价、倒买倒卖、弄虚作假等，是资产阶级唯利是图本质的表现。在社会主义阶段，则是一种违法行为，是打击的对象，是保证社会主义事业顺利发展和巩固无产阶级专政的一项重要措施。② 《当代汉语词典》与《汉语大词典》则将投机倒把界定为，"以囤积居奇、买空卖空，掺杂使假，操纵物价等手段攫取暴利的行为"。③ 在法律实务界，根据相关法律法规或司法解释中的有关投机倒把违法犯罪行为的规定以及相关司法实践经验，人们对投机倒把的内涵和外延界定也是相当宽泛的，其几乎涵盖了金融、工商业领域中各种非法投机行为。

②投机倒把违法犯罪行为的立法与司法

从1956年到1992年期间，由于受计划经济体制的影响，这一时期的商业

---

① 《建国以来重要文献选编》（第16册），第174页、第183页，转引自张学兵：《当代中国史上"投机倒把罪"的兴废》，载《中共党史研究》2011年第5期。

② 马洪、孙尚清主编：《经济与管理大辞典》，中国社会科学出版社1985年版，第454页。

③ 参见《汉语大词典》（第6卷），汉语大词典出版社1990年版，第407页；《当代汉语词典》，北京师范大学出版社1993年版，第1069页。

投机行为处于相对低迷的状态，但我国仍不断地通过创设或完善各种法律法规，进一步加强对以投机倒把为核心和主要内容的各种非法投机行为的规范与控制。有关投机倒把的立法活动与法律发展，也因其所经历环境变化而呈现出不同的特点。1956 年到 1978 年期间，可以说是我国有关投机倒把立法的初步发展阶段。1978 年到 1992 年期间，是有关投机倒把立法的完善阶段。而这一时期我国有关打击或限制投机倒把行为的立法水平、立法内容与立法规模，在中国历史上应当是空前绝后的。1992 年到 2011 年期间，可以说是有关投机倒把立法活动逐渐势微或逐渐淡化阶段。在这一时期，随着社会主义社会经济体制的确立和不断完善，原先的有关投机倒把的法律法规，因与社会现实发展需要相背离而为人们所诟病，并逐渐退出历史舞台。

A. 投机倒把立法的初步发展阶段。这一时期有关投机倒把的立法，主要是以行政机关或机构以行政法规的形式对投机倒把行为进行规制。有关投机倒把的内容或具体表现形式的规定，相对较为全面，甚至还囊括了一些被市场经济社会视为重要组成内容和正当经济活动的私人自由交易活动。其立法内容与现代社会相比，往往缺乏一定的合理性，而在立法技术水平、立法层次与效力方面，也显得相对较低。具体来说，这一时期相关的行政性立法，主要表现在以下几个方面：

首先，1957 年 10 月，国务院在批转《中央工商行政管理局关于当前城市市场管理若干问题的报告的通知》中，根据当时私营工商业所占比重很小的实际情况，明确规定了 8 种投机倒把的行为。非法贩运国家统购国家统销物资；对国营牌价和议价的商品超过牌价、计价出售或哄抬价格；抢购、套购市场缺俏商品；买空卖空；囤积拒售；偷税漏税；粗制滥造；掺杂使假、短秤少尺、以次充好、以伪充真等。

其次，1963 年 3 月国务院颁发的《关于打击投机倒把和取缔长途贩运的几个政策界定的暂行规定》，不但界定了正当交易和投机倒把之间的界限，而且列举了 8 种具体的投机倒把行为：私商转手批发、长途贩运；开设地下厂店行栈，放高利贷，雇工包工剥削；黑市经纪；买空卖空、居间牟利、坐地分赃；囤积居奇，哄抬物价；倒卖耕畜；倒卖统购、派购物资和计划分配的工业品；伪造或倒卖票证；贩卖黄金、白银、外币等。

再次，1964 年中央在批转《关于对贪污、投机倒把问题处理意见的报告》中，首次以行政规范的形式明确界定了投机倒把的概念，即"以牟取暴利为目的，套取国家和集体的物资，进行投机倒卖、长途贩运、组织地下企业

（地下工厂、商店、工程队等）以及其他从事商业活动的行为。"①

最后，在 1970 年《中共中央关于反对贪污、投机倒把的指示》中，也明确规定了无证从事工商业活动，私自上市交易一律不准上市的商品，私自到集市中、农村社队采购物品，地下经济组织及其活动（地下工厂、商店、包工队、运输队、俱乐部）等 5 种投机倒把的行为。

B. 投机倒把立法逐步完善阶段。1978 年十一届三中全会以后，党和国家开始将工作重心逐步转移到经济建设上来。随着改革开放政策的实施，经济领域中各种违法投机行为也逐渐活跃起来。为了纠正打击投机倒把活动中的"左倾"路线，防止打击投机倒把活动的进一步政治化，也为了吸取"文化大革命"时期因"无法无天"地肆意践踏和侵害私人经营者的正当经营行为及投机者合法利益的教训与经验，将打击和限制各种投机倒把行为纳入法制轨道上来，我国从 1978 年开始恢复和加快各种相关立法活动，并形成了一套以 1979 年《刑法》为核心和代表的有关限制与打击投机倒把违法犯罪行为的较为完整的多层次立法体系。这其中既包括以全国人民代表大会及其全国人大常委会依法制定和实施的各种法律及其立法解释，也包括以最高人民法院和最高人民检察院为代表的司法机关所作的各种司法解释，还包括以国务院为代表的国家相关行政机关依法制定和实施的一系列行政性规范文件。具体来说，主要包括以下几个方面：

首先，有关投机倒把违法犯罪行为的法律规定主要有《中华人民共和国刑法》（1979 年）、《中华人民共和国经济合同法》（1981 年）、《中华人民共和国文物保护法》（1982 年）、《中华人民共和国矿产资源法》（1986 年）、《中华人民共和国计量法》（1985 年）等。此外还有全国人大常委会所作的相关立法解释，如《关于严惩严重破坏经济的犯罪的决定》（1982 年）、《关于惩治捕杀国家重点保护的珍贵、濒危野生动物犯罪的补充规定》（1988 年）、《关于惩治走私、制作、贩卖、传播淫秽物品的犯罪分子的决定》（1990 年）等。其中 1979 年《刑法》（第 117 条、第 118 条和第 119 条）首次以法律的形式明确规定了投机倒把罪的犯罪类型和处罚方式。但是"1979 年《刑法》中投机倒把罪的内容总体上还是比较宽泛和笼统的，因而被时人称作三大'口袋罪'之一（余二者系流氓罪和玩忽职守罪）"。②

其次，是最高人民法院和最高人民检察院（含公安部、司法部）对投机

---

① 张海忠等：《投机倒把罪》，中国检察出版社 1992 年版，第 62 页。
② 张学兵：《当代中国史上"投机倒把罪"的兴废》，载《中共党史研究》2011 年第 5 期。

倒把违法犯罪行为所作的一系列司法解释。其中主要包括"两高"《关于当前办理经济案件中具体应用法律的若干问题的解答（试行）》（1985 年 7 月）、"两高"及公安部《对于惩处倒卖车、船票的犯罪分子如何适用法律条款的问题的批复》（1986 年 3 月）、"两高"《关于办理盗伐、滥伐林木案件应用法律的几个问题的解释》（1987 年 9 月）、"两高"《关于办理盗窃、盗掘、非法经营和走私文物的案件具体应用法律的若干问题的解释》（1987 年 11 月）、"两高"及公安部、司法部《关于严厉打击倒卖走私黄金犯罪活动的通知》（1987 年 6 月）、"两高"《关于依法严惩非法出版犯罪活动的通知》（1987 年 11 月）、"两高"《关于依法惩处倒卖飞机票犯罪活动的通知》（1988 年 7 月）、最高人民法院《关于假冒商标案件两个问题的批复》（1988 年 12 月）、"两高"《关于当前处理企事业单位、机关、团体投机倒把犯罪案件的规定》（1989 年 3 月）等。

再次，是有关投机倒把违法行为的行政法规，其中主要包括工商总局、海关总署《关于打击走私、投机倒卖进出口物品的通告》（1980 年 9 月）、中国银行《外汇兑换券暂行管理办法》（1980 年 3 月）、国务院《中华人民共和国外汇管理暂行条例》（1980 年 12 月）、国务院《城乡集市贸易管理办法》（1983 年 2 月）、国务院《城市私有房屋管理条例》（1983 年 12 月）、国务院《关于合作商业组织和个人贩运农副产品若干问题的规定》（1984 年 2 月）、国务院《投机倒把行政处罚暂行条例》（1987 年 9 月）、国家工商局《关于汽车交易市场管理的暂行规定》（1985 年 9 月）、国务院《城乡个体工商户管理暂行条例》（1987 年 8 月）、国家工商总局、国家物价局《关于处理"就地转手倒卖"案件几个问题的通知》（1989 年 12 月）、国家工商总局《投机倒把行政处罚暂行条例实施细则》（1990 年 8 月）等。其中《投机倒把行政处罚暂行条例》，可以说是我国投机倒把违法行为之规定的集大成者，它的颁布实施标志着我国有关打击和限制投机倒把违法犯罪行为的法律规范体系的确立与基本完善。

最后，是有关投机倒把行为的地方性法规。其中主要有《四川省查处投机倒把条例》（1990 年）、广东省人民政府《关于查处走私、投机倒把经济案件的若干规定》（1988 年）、《山东省查处投机倒把活动的暂行规定》（1987 年）、《黑龙江省打击投机倒把和走私活动暂行办法》（1983 年）、《西藏自治区查处投机倒把活动暂行办法》（1982 年）等。

在对上述有关投机倒把违法犯罪行为规定的演变进行分析，可以发现，不同时期，因经济形式、涉及的经济领域及经济政策不同，其有关投机倒把行为的概念、范围、表现形式也就有所不同。但从总体上看，有关投机倒把的规定是相当全面的。在内容及对象上涉及金银、外汇、进出口贸易商品、商标、合同、房屋股票、珍贵野生动植物、文物、证照票、出版物等方面；在表现形式上除了囤积居奇、制假售劣等旧贯外，还包括长途贩运、雇工剥削、地下厂店、倒买倒卖、偷工减料、哄抬物价、欺行霸市、市场垄断、合同诈骗以及盗窃、盗掘、走私、非法制售与传播、为投机倒把活动提供帮助等方面。

3. 社会主义市场经济逐步确立与完善过程中商品投机法律调控

我国社会主义市场经济的确立与完善是一个相对漫长的过程，而不是一蹴而就的，其间经历了思想与观念的解放与转变，经历了实践过程中的各种尝试与逐步推进。早在 1979 年 11 月，邓小平在会见美国和加拿大客人时，就首次提出"社会主义也可以搞市场经济"的论断。由此拉开我国从计划经济向市场经济体制转变的序幕。1984 年 10 月，党的十一届六中全会通过的《关于建国以来党的若干历史问题的决定》突破完全排斥市场调节的大一统的计划经济概念，形成了"计划经济为主，市场调节为辅"的思想。1984 年中共十二届三中全会通过了《中共中央关于经济体制改革的决定》提出了大力发展以公有制为基础的有计划的商品经济。1987 年 2 月，邓小平在《计划和市场都是发展生产力的方法》一文中主张放弃"计划为主"的提法。根据他的思想，党的十三大报告把"社会主义有计划商品经济的体制"进一步界定为"计划与市场内在统一的体制"。同时提出建立"国家调节市场，市场引导企业"的运行机制。1992 年春，邓小平同志南方视察过程中发表了一系列的讲话，从思想上和认识上理清了市场与计划的关系，强调了市场经济的价值功能与意义。1992 年，中共十四大提出了我国经济体制改革的目标是建立和完善社会主义市场经济体制后，中国开始正式走向了社会主义市场经济的道路。

在社会主义市场经济逐步确立与完善过程中，人们思想观念也逐渐从传统的计划经济观念转变成市场经济观念，人们对商品交往过程的各种投机行为由传统的单一排斥、贬低或完全否定的思想与态度，也开始以辩证思想与方法分析对待投机行为。言及投机或投机倒把，人们不再向以前那样心生畏惧和羞耻。这种变化，我们可以从相关的立法与司法实践中得到印证，如投机倒把违法犯罪行为的立法分化与淡出，投机行为非法与合法的客观区分，对限制和打击投机行为的合理立法。

（1）投机倒把违法犯罪行为的立法分化与淡出

首先，投机倒把违法犯罪行为的立法分化与淡出，主要体现在 1992 年以前的诸多有关投机倒把违法犯罪行为的立法规定，逐步有一部分违法犯罪行为被漂白，成为合法的行为，或者退出投机倒把的范畴，如个体经营、雇工、长途贩运。被当时视为"口袋罪"的投机倒把罪，也逐渐缩小袋口。在其他仍保留的投机倒把违法犯罪行为当中，有一部分则被分离出来，由新创设或修订的与市场经济相适应的相关法律法规或其相关条款，分别进行规范，如《反不正当竞争法》（1993 年）、《产品质量法》（1993 年）、《消费者权益保护法》（1993 年）、《合同法》（1999 年）。

其次，随着社会主义市场经济体制不断向前推行及人们市场经济观念的深化，原先与"投机倒把"相关的立法规定，如"投机倒把"称谓及其诸多表现形式，也随之逐渐被分解或淡出历史舞台。如 1997 年修订的《刑法》就将投机倒把罪除名，并分解出与之不同的几种罪名，即合同诈骗罪，强迫交易罪，倒卖车票、船票罪，非法经营罪，非法转让、倒卖土地使用权罪等。刑法中的"投机倒把罪"的取消，体现了我国从计划经济向市场经济的真正转变，体现了我国从一个一元、封闭的社会向多元、开放的社会转变。2008 年，国务院宣布废止《投机倒把行政处罚暂行条例》，实际上表明披着浓重的计划经济色彩的专门就投机倒把进行规范的行政法规终于退出历史舞台。2009 年，十一届全国人大十次会议通过修订《计量法》、《野生动物保护法》、《铁路法》、《烟草法》四部法律，将其中有关"投机倒把"、"投机倒把罪"的规定删除。这意味着"投机倒把罪"在中国法律中的最后一块阵地从此消亡。2011 年，国务院通过修订《金银管理条例》和《国库券条例》两部法规，将其中有关投机倒把的规定删除并作出修改。为此，中国历史上有关投机倒把的争论终于尘埃落定，带有浓重计划经济色彩的"投机倒把"一词，从而成为历史。

（2）投机行为非法与合法的客观区分

随着社会主义市场经济体制的逐步发展与完善，"投机倒把"一词也随之退出历史舞台。投机倒把从历史舞台的退出，并不意味着各种商业性投机行为也随着灰飞烟灭。只要存在商品经济或市场经济活动，基于特殊利益需求的投机行为并不会依人们的主观态度而客观存在。随着人们对市场经济活动中的各种投机行为的认知较以前更加客观，所以人们对待商品投机行为也相应地较以前更客观。即在承认投机行为客观存在的基础上，人们不再片面地关注商品投机对社会经济发展的消极作用，而是在关注投机的消极功能同时，还注重投机的积极作用。换句话说，人们不但重视过度投机或恶意投机会影响社会经济的正常发展、扰乱市场秩序、损害广大人民群众的合法利益，而且还重视商品投机对促进社会经济发展、增强经济活力、促进个人福利的正面效应。所以，自社会主义市场经济体制确立与逐步完善以来，我国有关投机方面的立法模式，也开始由以前的片面打击和限制非法投机行为逐步转向打击和限制非法投机行为与扶持或默认合法投机行为的有机结合。前者如采取市场操纵、故意哄抬物价、囤积居奇、黑市交易、倒买倒卖票证等手段进行的投机活动，仍属于法律严格管控的对象，对于后者如消费者消费投机、股市中股民进行的股票投机、期货市场中的普通期货投机、外汇投机等，国家一般不采取立法形式直接明确地予以禁止与限制，或者国家在立法上采取某种程度的容忍或默认方式，间接地认可其存在与发展的积极作用与合法地位，使某些符合现代市场经济的发展趋势和客观要求的投机行为，逐步获得了法学理论界与实务界一定程度的关照。

（3）商品投机宏观调控与微观规制的结合

在现代市场经济立法活动中，国家对市场经济活动中的投机行为的法律调控模式也发生着相应的改变，即由以往片面重视以立法形式对违法投机行为的微观规制模式逐渐转向对投机行为的微观立法规制与宏观立法调控相结合的模式。换句话说，在以往的历史中，国家更注重运用立法和司法形式对各种投机行为直接予以管制，而运用经济政策或经济立法对商品投机行为进行间接宏观调控与引导的方式没有受到足够重视。商品投机严格来说属于微观经济行为范畴，对具体的投机行为直接立法干预与规制，其实就是微观立法干预与规制。由于微观立法干预与规制具有一定的滞后性和不够全面性，因而其结果是"头痛医头脚痛医脚"，无法对投机者的投机行为向健康方向引导，也无法从整体上积极主动地调整国家经济结构与布局，及时应对市场经济运行机制异化现象。基于市场失灵与政府失灵的理论与客观现象，现代许多国家在继续强调以立法与司法手段直接打击与限制各种具体的违法投机行为外，也非常重视宏观经济政策与宏观经济立法在间接引导与规制商品投机行为的积极作用。例如通过各种相关金融政策与法规、财税政策与法规、土地政策与法规等宏观经济政策与立法，可以在一定程度上有效引导或限制投机的规模、程度、领域的变动，从而在宏观与微观经济运行方面，起到双重影响。

二、我国商品投机法律调控的现状

从市场经济发展的历史来看，理想状态下的市场和市场经济——完全自由竞争的市场经济是不存在的。由于市场自由竞争的非完全性或市场自身存在的缺陷，就必然要求政治国家通过其所拥有的特殊权力手段予以适度地干预与介入。同时，在社会化生产条件下，市场主体的经济活动不再是个人之间的事情，而是涉及社会众多人甚至全社会的利益。① 因此国家不得不介入或干预社会经济活动，干预和介入社会经济关系。国家干预市场经济既是政治国家的基本责任，也是政治国家基本经济职能的体现。国家通过法律法规与政策对市场

---

① 韩志红：《经济法调整机制研究》，中国检察出版社 2005 年版，第 16 页。

经济进行干预是国家干预经济的重要手段与内容。在市场经济条件下，国家运用法律法规与政策对市场经济进行微观规制与宏观调节、引导，有助于克服市场经济的自发性和盲目性缺点，有助于促进和保障国民经济稳定健康的发展，有助于维护公平合理的市场经济秩序。

国家对市场经济进行法律干预的方式主要包括两种，即对市场经济进行微观法律规制和宏观法律调控。市场经济微观法律规制与市场经济宏观法律调控两者相比，存在很大的差异性。从对象上看，前者一般针对特定的市场经济的参与者与管理者及其相关的市场行为，如以企业为代表的市场经营者及其生产经营的产品或服务以及经营者的生产经营行为，故其指向往往是明确而具体的；而后者往往指向全体市场参与者与决策者、管理者，指向整个社会经济资源，其指向对象往往不明确，倾向于总体与宏观。前者对被规制主体而言，往往具有直接性和强制执行性；而后者则对受控主体而言往往具有更多的间接性和非强制性。从两者追求的功效与所达目的看，前者重在行为规范与市场正常功能的维持或恢复，而后者则重在长期规划与整体经济目标的促进与实现。

作为市场经济活动的重要内容和组成部分的商品投机，也同样属于国家干预或调控的内容。国家对商品投机进行法律干预或调控，同样也包括对商品投机的微观法律规制和宏观法律调控两种基本模式与路径。但在涉及对象的问题上，商品投机法律规制的对象或被规制的主体更多的是指市场经营者，尤其是进行商品投机的经营者。

具有浓厚计划经济色彩的法律专业术语或称谓——投机倒把从中国历史舞台的退出，并不意味着有关规制投机倒把行为的法律法规以及原本由投机倒把所涵盖的各种投机行为或者与投机倒把在实质上相同或相似的各种非法商业投机行为全部退出历史舞台。实际上，作为商品经济活动重要内容与表现的投机活动与商品经济具有某种天然亲和力。商品经济存在与否在一定程度上直接决定着商品投机的存在与否，而某一特殊法律专业称谓或其相关法律制度的存废与否与商品投机活动存在与否并无必然的联系。市场经济是商品经济的高级发展形式，社会主义市场经济又是市场经济的重要组成部分与表现，因此在我国社会主义市场经济体制确立与发展过程中，必然要伴随着一系列的商品投机行为，只是在不同的时期、不同环境下，往往表现出不同的投机规模、投机程度、投机者的数量及投机手段等。在改革开放以来尤其是社会主义市场经济体制确立以来，为了进一步规范和调节市场经济活动中客观存在的各种投机行为，适应社会主义市场经济发展的客观要求，促进国民经济的健康发展，增进国民的经济福利与社会福利，我国在原有的且仍具有一定效力的有关调控商品投机行为法律法规的基础上，通过进一步地修改、创设与完善与市场经济体制相适应的经济法律法规，目前已基本形成了一套相对较为复杂、全面的具有调整和控制商品投机行为功能的微观法律规制制度与宏观法律调控制度。

（一）商品投机微观法律规制

1. 商品投机微观法律规制体系

在市场经济交往中，作为重要的市场主体之一的投机者具有明显的唯利性。在追求高额经济利润的驱使下，他们往往会尽可能采取各种各样的行为与手段，以达其目的。如果投机者采取非正当行为与手段，其结果就可能会影响市场主体间的正常交往，扰乱市场经济秩序，损害其他经营和消费者的正当利益，阻碍国民经济持续稳定健康的发展。因此，基于社会经济的发展需求和自身所固有的职能，客观要求国家及其政府应当依法对商品投机活动进行规范与约束，以维护正常的市场经济秩序，维护社会的公平与正义，维护经营者、消费者和国家的正当利益。

自社会主义市场经济体制确立以来到目前为止，我国已经制定了大量的有关打击和限制商品投机行为的法律法规，形成了符合市场经济发展趋势和我国实际发展需要的多层次多方位的综合性规范体系。这其中既包括由全国人大及其常委会修订和颁布的相关法律及其立法解释如《价格法》、《刑法》等，也包括由国家与地方行政机关及地方立法机关修订与颁布实施的各种行政法规、部门规章、地方法规、地方政府规章以及各种司法解释等，如国务院颁布实施的《价格违法行为行政处罚规定》（2010 年修订），广东省物价局、省发展计划委员会、省粮食局、省工商行政管理局、省食盐专卖局联合发布的《关于严厉打击囤积居奇、哄抬价格的紧急通知》（2003 年）等。从颁布和实施的时间看，除了绝大部分是 1992 年以后颁布实施的法律法规外，还包括少数的 1992 年之前颁布实施现今继续有效的法律法规，如上海市政府于 1988 年 12 月颁布的《关于加强粮食管理，严厉打击套购倒卖非法活动的若干规定》。从涉及的投机客体与适用的范围看，既包括对几乎所有商品都具有适用性的法律法规，也包括针对特殊的商品或产品修订与实施的法律法规如粮食、房地产、有价票证、土地、金银、外汇、食盐、化肥等。从投机的手段与表现形式看，既包括打击和限制诸如囤积居奇、倒买倒卖、抢购、合谋、串通、操纵、黑市交易等一些传统而又常见的投机行为或其表现形式的法律法规，也包括一些打击和限制存在某些特定领域的投机行为（如证券领域尤其是股票领域中的对敲行为）的法律法规。

以我国的立法机构、法律法规的效力及涉及的投机品种类等方面的差异等为依据，可将我国现行的打击和限制商品投机行为方面的法律规范分为以下几个方面：

（1）由全国人大及其常委会制定和颁布实施的有关限制和打击商品投机行为的法律及其立法解释。这其中包括以《中华人民共和国刑法》（1997 年）为主体的有关打击和限制包括商品投机行为在内的各种扰乱市场经济秩序犯罪行为的刑事法律体系，还包括有关打击和限制包括商品投机行为在内的各种扰乱市场经济秩序的经济违法犯罪行为的经济法律体系。有关打击和限制商品投机行为的经济法律，具体来说主要有与商品投机主体相关的市场主体法如《公司法》，与金融证券投机相关的法律如《证券法》、《银行法》，与投机者竞争行为相关的法律如《反垄断法》、《反不正当竞争法》，与投机者的价格行为相关的法律如《价格法》，与作为生产经营者的投机者的生产经营行为及其生产经营产品的质量有关的法律如《产品质量法》、《计量法》、《食品安全法》，与投机者经济贸易行为有关的法律如《对外贸易法》、《走私法》，具有限制和防范对某些由国家管控或专营的特殊商品或生产经营资料进行投机的法律如《烟草专卖法》、《土地管理法》等。

（2）国务院制定和颁布实施的有关打击和限制商品投机行为的行政法规。主要包括国务院《关于坚决制止就地转手倒卖活动的通知》（1985 年）、国务院办公厅《关于严禁倒卖进口配额、进口登记证明和进口许可证的通知》（1995 年）、国务院《关于坚决制止乱捕乱猎和倒卖、走私珍稀野生动物的紧急通知》（1987 年）、国务院《关于加强粮食管理稳定粮食市场的决定》（1988 年）、国务院办公厅《关于取缔自发黄金市场加强黄金产品管理的通知》（1994 年）、《食盐专营办法》（1996 年）、《烟草专卖法实施条例》（1997 年）、《金融违法行为处罚办法》（1999 年）、《期货交易管理条例》（2007 年）、国务院办公厅《关于切实稳定住房价格的通知》（2005 年）、《中华人民共和国外汇管理条例》（2008 年修订）、《价格违法行为行政处罚规定》（2010 年修订）等。

（3）国务院下属的各部、委、局、行、会等中央政府机构制定和颁布实施的有关打击和限制商品投机行为的部门规章。主要有国家发展和改革委员会（含原国家发展计划委员会、原国家计划委员会）《制止牟取暴利的暂行规定》（1995 年）、国务院证券委、中国人民银行、国家经贸委《关于严禁国有企业和上市公司炒作股票的规定》（1997 年）、国家外汇管理局《关于开展打击外汇黑市交易活动的通知》（1998 年）、国家计委《关于禁止价格欺诈加强市场价格监督检查的通知》（2001 年）、国务院法制办公室、国家发展和改革委员会、国家工商行政管理总局《关于实施〈突发公共卫生事件应急条例〉第五十二条中对哄抬物价违法行为查处有关问题的通知》（2003 年）、国家发展改革委《关于在全国开展查处价格欺诈专项行动的通知》（2005 年）、中国银监会办公厅《关于商业银行从事境内黄金期货交易有关问题的通知》（2008 年）等。

（4）地方立法机关制定和颁布实施的有关打击和限制商品投机行为的地方性法规。针对各种不正当的商品投机行为，我国许多县级以上的地方立法机关（港澳台除外）还制定了大量有关打击和限制非法商品投机行为的地方性法规。例如，为了制止通过价格欺诈方式而牟取暴利的投机行为，西安市人大、吉林市人大等地方立法机关制定和修改了有关制止价格欺诈和牟取暴利的地方性法规；再如贵州、广东等省立法机关制定和修改了有关保障粮食安全同时具有打击或限制囤积居奇等投机行为的《粮食安全保障条例》等地方性法规。

（5）地方行政机关制定和颁布实施的有关打击和限制商品投机行为的地方政府规章。在我国现行的有关打击和限制商品投机行为的法律法规体系当中，地方行政机关制定和颁布实施的有关打击和限制商品投机行为的地方政府规章应当是数量最多，内容最为庞杂，法律效力层次最低的规范体系。这其中既包括县级以上地方人民政府制定和实施的地方政府规章，也包括县级以上人民政府各职能机关或其直属机构制定和实施的地方规范性文件。例如根据北大法律信息网提供的相关立法文件信息，在标题中直接含有"打击囤积居奇"内容的现行的规范性文件共 5 条，且基本上都是地方规范性文件。

如下表所示：

法律规范的性质与效力层次	数量	法律规范的名称	发布日期
法律或立法解释	0		
国务院行政法规	0		
部门规章	0		
地方性法规	0		
地方行政规范性文件	5 条		
		南宁市物价局关于加强市场价格巡查打击囤积居奇维护成品油市场秩序的工作方案	2008.04.23
		甘肃省物价局关于加强市场价格巡查打击囤积居奇维护成品油市场秩序的通知	2008.04.07
		四川省物价局关于转发《国家发改委价检司关于加强市场巡查打击囤积居奇维护成品油市场秩序的通知》的通知	2008.04.03
		宁夏回族自治区物价局关于加强市场价格巡查打击囤积居奇维护成品油市场秩序的通知	2008.04.02
		广东省物价局、省发展计划委员会、省粮食局、省工商行政管理局、省食盐专卖局关于严厉打击囤积居奇、哄抬价格的紧急通知	2003.02.13

但是，需要说明的是上述表格只是反映了"打击囤积居奇"字样出现在规范性文件标题中的数量，并没有否认其他规范性文件中出现或存在有关打击或限制囤积居奇的禁止性内容或条款。

再如具有限制和打击非法商品投机行为功能的现行有效的规范性文件中，其标题中含有"价格欺诈"或"牟取暴利"字样的部门规章有 6 个、地方性法规有 3 个、地方政府规章有 24 个、地方规范性文件有 8 个。①

法规名称	发布日期
部门规章（6 个）	
国家发改委关于《禁止价格欺诈行为的规定》有关条款解释意见的通知	2006.04.13
国家发改委关于对全国商业促销和通信行业开展价格欺诈行为重点检查的通知	2005.12.09
国家发改委关于在全国开展查处价格欺诈专项行动的通知	2005.05.12
国家发改委关于禁止价格欺诈加强市场价格监督检查的通知	2001.12.24
国家发改委《禁止价格欺诈行为的规定》（修订）	2001.11.07
国家发改委《制止牟取暴利的暂行规定》（修订）	1995.01.25
地方性法规（3 个）	
吉林市制止价格欺诈和牟取暴利行为的若干规定（1997 年修改）	1997.05.18
西安市制止价格欺诈和牟取暴利条例（2010 年修订）	1996.12.26
黑龙江省制止不正当价格行为和牟取暴利条例（2000 年修改）	1995.10.14
地方政府规章（24 个）	
厦门市制止价格欺诈和牟取暴利规定（2007 年修正）	2007.09.30
贵阳市反价格欺诈反牟取暴利规定	1998.10.30
湖南省制止牟取暴利办法（1997 年修正）	1997.12.30
山西省制止价格欺诈和牟取暴利的暂行规定（1997 年修正）	1997.11.22
江苏省制止不正当价格行为和制止牟取暴利规定	1997.03.10
武汉市查处价格欺诈和牟取暴利行为实施办法	1996.11.19
山东省制止牟取暴利和价格欺诈行为暂行规定	1996.04.23
山西省制止价格欺诈和牟取暴利的暂行规定	1996.02.02
兰州市制止牟取暴利的实施细则	1995.11.23
湖南省制止牟取暴利办法	1995.10.09
青岛市制止牟取暴利暂行规定	1995.08.31

---

① 以上数据主要是根据北大法律信息网及相关权威网站提供的法规信息统计得出。

续表

法规名称	发布日期
四川省制止牟取暴利实施办法（2011 年修订）	1995.08.10
甘肃省制止牟取暴利实施办法	1995.07.21
广东省制止牟取暴利的规定（1998 年修订）	1995.05.22
昆明市制止餐饮业牟取暴利的实施办法	1995.02.15
昆明市制止娱乐业价格欺诈和牟取暴利的实施办法	1995.02.15
呼和浩特市反不正当价格行为制止牟取暴利的规定	1994.12.27
厦门市制止价格欺诈和牟取暴利的规定（2007 年修订）	1994.12.22
本溪市禁止以不正当价格行为牟取暴利暂行规定	1994.12.09
陕西省制止不正当价格行为和牟取暴利的暂行规定	1994.11.22
宁夏回族自治区制止以不正当价格行为牟取暴利规定（1997 年修订）	1994.09.07
淄博市制止价格欺诈和牟取暴利的暂行规定	1994.09.01
齐齐哈尔市反价格欺诈价格垄断和牟取暴利的暂行规定	1994.07.22
昆明市制止价格欺诈、价格垄断和牟取暴利的暂行规定	1992.02.15
地方行政性规范文件（8 个）	
湖北省物价局关于认定武汉市殡仪馆销售骨灰盒违反规定牟取暴利的复函	2003.09.17
河北省人民代表大会常务委员会关于禁止以不正当价格行为牟取暴利的决定（1997 年修正）	1997.06.29
河北省人大常委会关于修改《河北省人民代表大会常务委员会关于禁止以不正当价格行为牟取暴利的决定》的决定（1997 年）	1997.06.29
新疆维吾尔自治区（物价局）制止价格欺诈和牟取暴利的暂行办法	1995.09.04
四川省制止牟取暴利的商品和服务项目管理办法	1995.08.10
河北省人民代表大会常务委员会关于禁止以不正当价格行为牟取暴利的决定	1994.12.22
辽宁省人民政府关于禁止以不正当价格行为牟取暴利通告	1994.07.13
上海市物价局关于反价格欺诈和牟取暴利的暂行规定	1994.02.02

（6）司法机关所作出的有关打击和限制商品投机行为的司法文件。这其中既包括最高人民法院、最高人民检察院单独或联合制定或发布的司法解释及其他具有约束性的司法文件，也包括地方司法机关单独或联合制定或实施的相关司法文件。前者如最高人民法院《关于对变造、倒卖变造邮票行为如何适用法律问题的解释》（2000 年）、最高人民法院《关于依法做好抗震救灾和恢复重建期间审判工作切实维护灾区社会稳定的通知》（2010 年），后者如北京市公安局、北京市高级人民法院、北京市人民检察院《关于处理倒卖外汇案

件若干问题的规定》（1988 年）。

通过上述分析，我们可以发现虽然我国目前已经形成了一套较为全面复杂并与市场经济发展相对较为适应的商品投机微观法律规制体系，但总体来说，仍具有一定的不科学性或不合理性。其不科学性或不合理性主要体现在有关商品投机的法律规范所涉及的内容缺乏一定的完整性，而且各种规范之间相对较为分散，缺乏有机的统一与协调。具体来说可概括为以下几个方面：

首先，现行的法律法规对商品投机的内涵和外延缺乏明确的统一界定。相关的法律法规基本上是直接以商品投机的某一具体表现形式或手段加以规范与约束，因此这势必造成行政司法等实务部门及其工作人员在认识上存在千差万别，使其在具体认定和约束投机行为时缺乏统一的参照标准。具有浓厚的计划经济色彩的"投机倒把行为"尽管因其与市场经济发展不相适应，但计划经济时期的相关法律法规，对其内涵与外延则作出较为明确的统一的界定，例如，1987 年国务院颁布实施的《投机倒把行政处罚暂行条例》（2008 年废止）第 3 条就明确列举了十一种具体不同的投机倒把行为，在一定程度上有助于人们在主观认识与实务上形成统一的权威的标准。

其次，虽然我国现行的有关打击和限制商品投机行为的法律法规的数量较多，但相对较为分散，缺乏有机统一，而且许多直接涉及商品投机的规范性文件都属于地方规范性文件，缺乏一部明确的法律效力层次较高的相对统一的法律规范。甚至不如计划经济时期有关投机倒把的立法。我国 1979 年《刑法》和 1987 年国务院《投机倒把行政处罚暂行条例》都有明确涉及投机倒把的条款，而且法律效力层次较高。

再次，现行的商品投机法律规范体系过于重视和强调打击和限制非法商品投机行为，忽视对合法的投机行为的确认与保护。实际上，随着市场经济的发展，许多原本在计划经济时期被归为违法犯罪范畴的投机倒把行为，逐渐被非法范畴所抛弃而纳入合法范畴之中，但是还有许多有助于市场经济发展并符合市场经济本质的投机行为，并没有被法律予以明确认可，甚至对一些特殊的投机行为如消费投机还缺乏明确的认知。

最后，从出台时间看，许多有关打击和限制商品投机行为的法律法规尤其是一些地方性的法律法规，往往是随着某一领域中的投机程度严重并已经或可能严重影响市场经济秩序或国民经济稳定健康的发展时出台的，而不是在事前就已经存在。因此，这些规范往往只能发挥"头痛医头脚痛医脚"的作用，不能很好地起到科学预防与规范的作用。例如近两年我国许多地方政府为控制房价过快上涨、抑制商品投机行为而出台的一系列限购措施，就是典型的代表。

2. 非法商品投机的法律认定与规制范畴

（1）非法商品投机的法律认定

随着我国现行《刑法》、《计量法》、《野生动物保护法》、《铁路法》、《烟草专卖法》等法律中有关投机倒把罪罪名的先后被删除及国务院《投机倒把行政处罚暂行条例》在 2008 年被废止，这意味着带有计划经济色彩的名词——"投机倒把"，最终从我国现有的法律法规条文中消失。而原先有关投机倒把行为所涵盖的一系列"非法"经济行为，有的则仍以非法行为而被保留如囤积居奇、哄抬物价，有的则转变为合法性经济行为而被淘汰或废止如长途贩运，还有的则被替代或者被吸收如非法经营。同时，原先旧的法律法规对投机倒把的内涵与外延的界定，在现行的法规中，则找不到任何相同或相似痕迹。换个说法，我国现行的法律法规体系中，有关商品投机或投机或非法投机的概念界定，基本上是空白的。投机在当前更多的时候是被视为一个经济学术语，而现行立法也没有对其作出明确的法律界定，但这并不意味我国现行法律法规中不存在"投机"一词的术语或相关规定。事实上，我国现行的法律法规的条文中，客观地存在与投机有关的法律术语，如上海期货交易所《关于〈上海期货交易所异常交易监控暂行规定〉有关期货市场实际控制关系账户投机持仓合并计算的通知》（2011 年）中的投机持仓行为。而且实践中还客观地存在着在特定时期特定环境下以打击或限制特殊商品非法投机或过度投机（或炒作）为主要目的（或之一）的经济政策或规范。如 2009 年至 2010 年年初，全国房地产市场整体上出现了一些积极变化。但部分城市房价、地价又出现过快上涨势头，投机性购房再度活跃。为坚决遏制部分城市房价过快上涨，切实解决城镇居民住房问题，2010 年 4 月 17 日，国务院下发《关于坚决遏制部分城市房价过快上涨的通知》（简称"国十条"），明确要求各省（自治区、直辖市人民政府）、国务院各部委与各直属机构及其他地方各级政府，采取相关措施以严格限制各种名目的炒房和投机性购房。

在涉及投机问题的现行法律法规与政策中，更多关注的是对非法投机行为的限制与打击。但有关非法投机行为的认定，我们可根据现行的法律法规及相关的实践经验，从主体、主观、客观及行为侵害的客体等方面进行分析界定。

首先，我国现行的法律法规在规制非法投机行为的主体方面，基本上都将其限定为以牟利为目的的参与市场经济活动的经营者，尤其是无经营主体资格的经营者，而不以营利为目的的经营者和以消费为目的的消费者则被排除在外。

其次，在主观方面，则强调投机者要有意识有目的的主动谋取非法高额利润。一般情况下，经营者在市场活动中都具有逐利性的一面。但逐利实际上可分为追逐合法或正当利润与非法或非正当利润。其中判断获利的正当与否或合法与否的依据主要是经营手段是否合法、是否具备合法的经营主体资格以及获利程度是否超出了相关法律法规规定的幅度。当然，经营手段非法或不具备经营主体资格或超出法定的营利范围只能说明经营者的经营行为是非法经营行为，但不能说明其一定是谋取高额利润的非法投机行为。非法获利不仅包括非法高额利润，还包括一般非法获利甚至包括亏损。非法投机行为也不完全等同于非法经营行为，非法投机行为只是非法经营行为的重要内容与表现。

为了打击和限制牟取高额利润的非法投机行为，我国先后出台了许多有关禁止或制止牟取暴利（不管合法与否）的法律法规如国务院《制止牟取暴利的暂行规定》（1995 年）。而且有的法律法规还就如何认定暴利问题，作了明确规定。例如《厦门市制止价格欺诈和牟取暴利规定》（2007 年修订）明确规定所谓的牟取暴利是指经营者在经营活动中，采取不正当价格手段，获取超常利润的行为。而超常利润通常是指其市场价格水平或差价率或平均利润超过市场允许的合理幅度。在具体判定利润的合理幅度上，《制止牟取暴利的暂行规定》规定，可由国家或地方政府价格管理部门根据同一地区、同一时间、同一档次、同种商品的市场价格水平、平均差价率、平均利润率进行对比，然后合理地测定市场及人民群众所能承受或认可的幅度范围。

再次，认定非法投机行为的客观方面主要是从投机的手段是否合法及非法投机的后果或产生的社会影响等方面进行综合判断。实践中，投机者采用的非法投机手段常表现为非法囤积居奇、非法倒卖、哄抬物价、相互串通、操纵等。例如我国的《价格法》、《证券法》、《制止牟取暴利的暂行规定》等为了打击或限制非法投机，均明确规定了禁止经营者在经营活动中采取相互串通、哄抬价格、囤积居奇、操纵等非法手段。在认定非法投机行为时，有时还要求投机者的非法投机行为造成一定后果或影响。操纵证券交易价格的犯罪行为的成立，须以情节严重为其客观要件之一。

最后，认定非法投机行为时，除了要求其具备一定的主体、主观要件、客观方面要件外，还需其侵害的一定客体为其构成要件。投机是一种典型的交易双方的博弈行为，即在正常的经济交往过程中，投机者与其交易相对方之间的经济利益是此消彼长的关系，一方盈利必然导致另一方亏损。但双方相互间的盈利与亏损，必须是在遵循一定的体现社会公平与正义的规则或秩序的前提下，才是正当合理的，其行为及其结果才能受相关的规则保护。如果投机一方为一己之利而违背相关规则，并有损于交易相对方正当利益，显然为社会所不容。同时投机行为与其他的经济行为相比，一般不能创造新的社会财富，只能促使社会财富的流动。但社会财富的流动也应遵循一定的规则或秩序，如果个人投机行为的无序或无度则可能加剧社会的不稳定，损害市场经济赖以存在与发展的基础：公平、合理和有序的理念与制度。所以，在认定投机行为合法与否时，还应当重视投机行为是否危害既存的特定的社会秩序与规则，是否损害特定的社会秩序或规则认同或保护下的市场主体的正当利益。即非法投机行为是否危害或损害受法律所保护的某种特定的客体：公平合理的经济秩序与国家或个人或组织的正当利益。例如我国现行《刑法》规定对旧《刑法》中的投机倒把罪进行部分吸收的破坏社会主义市场经济秩序罪所侵害的客体则是社会主义市场经济秩序。而社会主义市场经济秩序又可细分为市场经营、市场管理秩序、金融秩序等类型。

（2）商品投机法律微观规制的范畴

根据现行的有关法律法规的规定和政策以及相关司法和行政执法工作经验，我国打击和限制非法商品投机行为的范畴，可概括为以下几个方面。

其一，以投机者实施的非法投机手段为依据，对各种非法的商品投机行为进行限制和打击。在实践中，商品投机者为牟取暴利常采用哄抬物价、抢购、囤积居奇、惜售、倒买倒卖、炒作、散布虚假信息、窃取内部信息、空头交易、相互串通、垄断市场价格、操纵市场、阻断流通渠道、制售假冒伪劣商品等手段进行投机。为了打击或限制商品投机行为，我国有许多现行的法律法规都明确规定了禁止经营者采取上述各种非法投机手段。如《价格法》、《价格违法行为行政处罚规定》、《产品质量法》、《证券法》、《刑法》等。对于这些投机手段，有的法律或法规就其中两种或两种以上的投机手段进行限制与打击，有的仅就其中一种投机手段专门予以限制与打击。

例如，2003 年，由于广西甘蔗产量有较大幅度减产，部分地方、部分糖厂出现了跨蔗区抬价抢购糖料蔗的现象，为了稳定和发展糖业生产经营秩序，广西壮族自治区人民政府及时颁布《关于加强糖料蔗管理严禁跨蔗区抢购的紧急通知》，对跨蔗区抢购及跨蔗区炒买炒卖糖料蔗的投机行为予以严格限制和打击。为了规范经营者的价格行为，限制或打击投机者不正当的价格行为，充分发挥价格合理配置资源的作用，保护消费者和经营者的合法权益，促进社会主义市场经济健康发展，我国的《价格法》第 14 条就明确地列举了 8 种不同的不正当价格行为，其中就包括了禁止经营者采取相互串通、操纵市场价格或者捏造、散布涨价信息，哄抬价格等手段以获取非法高额利润。再如《四川省制止牟取暴利实施办法》（2011 年修订）第 9 条明确规定，生产经营者不得采取相互串通，哄抬价格或提供虚假价格信息等手段进行牟利。

对于后者，我们以打击和限制囤积居奇为例，2008 年，甘肃、宁夏、四川、南宁等省市物价部门纷纷出台相关的政策和法规，如甘肃省物价局《关于加强市场价格巡查打击囤积居奇维护成品油市场秩序的通知》（2008 年）、宁夏回族自治区物价局《关于加强市场价格巡查打击囤积居奇维护成品油市场秩序的通知》（2008 年）、四川省物价局《关于转发〈国家发改委价检司关于加强市场巡查打击囤积居奇维护成品油市场秩序的通知〉的通知》（2008年）及南宁市《关于加强市场价格巡查打击囤积居奇维护成品油市场秩序的工作方案》（2008 年）等，以专门限制和打击本地成品油市场中的囤积居奇的投机行为。再如 1988 年 12 月，上海市人民政府发布的《关于加强粮食管理，严厉打击套购倒卖非法活动的若干规定》中，对当时在上海进行投机倒卖粮食者实施严格的管控制度。

　　其二，通过市场准入制度，以规范市场经营主体资格，从而在一定程度上起到限制经营者的投机行为。如果经营者不具备市场准入资格而进行各种经营行为（包括投机），就有可能被纳入非法经营的范畴，成为受限制与打击对象。目前我国已经形成了较为完善的有关市场经营组织及经营主体资格方面的法律法规，这其中包括《公司法》、《独资企业法》、《商业银行法》、《证券法》、《合伙企业法》、《外资企业法》、《对外贸易法》等。它们对合法地参与市场经营活动所具备的人员、组织机构、资金、办公场所等实体条件和相关的程序性审批条件作出了严格要求。例如 2006 年 7 月，由建设部、商务部等"六部委"共同签发的《关于规范房地产市场外资准入和管理意见》和 2007年商务部发布的《关于 2007 年全国吸收外商投资工作指导性意见》，[①] 对外商投资房地产市场准入、开发经营管理以及境外机构和个人购买房产三大领域，均进行了明确规范，这是 2002 年中国取消外销房和内销房的区别后，国内首次对外资投资房地产重设门槛。这两个文件的出台表明了严格限制外资投资房地产的态度。在外界看来，这两个文件在限制外商投资房地产领域的同时，在一定程度上也具有限制外资尤其是一些国际游资投机我国房地产的功能。

　　例如《中国银监会办公厅关于商业银行从事境内黄金期货交易有关问题的通知》（2008 年）规定，商业银行在境内从事黄金期货交易业务除具备商业银行成立应具备的条件外，还必须具备资本充足率达到 8%、具有衍生产品交易资格、具有黄金现货交易资格、具有完善的市场风险管理能力、完成相关可行性研究分析报告、具有完善的黄金期货交易内部业务管理办法、具有开展黄金期货交易业务所需的业务处理系统、具有期货从业资格的人员（不少于 4人，其中交易人员至少 2 人、风险管理人员至少 2 人，以上人员相互不得兼任）以及具有期货交易所会员资格等条件。

---

　　① 商务部办公厅《关于 2007 年全国吸收外商投资工作指导性意见》明确指出：采取有效措施，严格限制外商投资高耗能、高污染、低水平产业，严格限制外商投资房地产。

其三，通过对某些涉及国计民生的特殊商品如食盐、烟草等实施严格管控，在一定程度上有助于限制非法经营与商品投机活动。由于这些商品或产品数量有限，而且对国民经济发展与国家安全及人民的基本生活具有重要地位和影响，所以国家往往采取专营或专卖或严格定价方式，禁止普通的经营者未经许可擅自从事经营活动，抑制其进行非法投机经营，以维护市场与社会秩序，保障市场的供求平衡，满足人们的基本需求。

其四，通过对经营者获利的程度进行规范，以限制或打击商品投机行为。一般情况下，投机者实施投机行为往往以获取高额利润或暴利为直接目的。但实践中客观存在着投机者获取的利润往往超过了正常利润的数倍、几十倍、近百倍，甚至上千倍的情况。这种暴利性的市场经营行为在多数情况下缺乏其应有的合理性和正当性，超出了其他正当经营者、消费者以及其他社会主体的承受或认可的范围，从整体上有损于社会公平，不利于社会经济的正常发展。为此，国家决策机构往往通过法律法规形式，明确规定了经营者在其经营（主要是指非法经营）的过程中其所获得的利润，不能超过一定的幅度或范围，已达到限制或打击非法投机行为的目的。1995 年国务院颁布的《制止牟取暴利的暂行规定》就规定，某一商品或者服务的利润率不超过同一地区、同一期间、同一档次、同种商品或者服务的平均利润率的合理幅度。但是，生产经营者通过改善经营管理、运用新技术、降低成本、提高效益而实现的利润率除外。2011 年 3 月，国家发改委为遏制房地产市场价格过快上涨而颁布了《商品房销售明码标价规定》，明确要求商品房经营者应当明确标示与商品房价格密切相关的因素，实行一房一价，以打击开发商商品房价格欺诈和暴利行为的投机行为。

此外，黑龙江、四川、湖南、兰州、贵阳等省市地方立法机关和行政机关，根据自身的实际情况和需要也制定或出台了一系列有关制止牟取暴利的地方性规范文件。在现行的规范文件中，有的还就如何确定何谓暴利问题，作了相应规定或界定。例如《厦门市制止价格欺诈和牟取暴利规定》（2007 年修订）第 10 条规定："经营者在经营活动中，不得采用不正当的价格手段，使其价格水平超过市场价格水平允许的合理幅度，牟取暴利：（一）经营某一商品的价格水平超过同一地区、同一时间、同一档次、同种商品的市场价格水平允许的合理幅度的；（二）经营某一商品的差价率超过同一地区、同一时间、同一档次、同种商品的平均差价率允许的合理幅度的；（三）经营某一商品获取的利润超过同一地区、同一时间、同一档次、同种商品的平均利润率允许的合理幅度的。"

再如郑州市物价局根据国家反暴利的有关政策，于 2001 年制定的《关于公布反暴利行业有关标准的通知》中，分别规定郑州市汽车（摩托车）配件市场及娱乐、餐饮等行业的酒类、饮料的市场平均差价率或利润率，并要求各有关单位认真参照执行，以此限制相关市场中的暴利投机行为。

当然，需要注意的一点是：在实践中并不是所有的投机者的投机行为都能获得暴利，有的投机者也可能会亏损；或者说并不是所有获得暴利的经营行为都是投机经营行为。

其五，通过对某一商品的价格涨跌过快的抑制及对交易双方交易数量的控制方式，以在一定程度上打击或限制商品投机行为。对于前者，例如随着近几年，我国商品房价格过快上涨的趋势及日益严重的房地产投机现象，我国许多地方政府（如北京、上海、深圳、厦门等城市）在贯彻和执行国家宏观调控政策与立法过程中纷纷出台了相应的限购政策与法规。商品房限购不仅限制了购房者的购买住房的套数，而且还限制了购买者的支付方式，这在一定程度上间接地限制和打击了房地产商品投机，防止了房地产市场的过度投机。

其六，围绕具有重大社会影响的突发事件为中心，以维护市场秩序为目的，有关权力机关和部门往往会制定具有专门或兼具打击和限制相关商品投机行为的临时性或较为稳定的法律法规。具有重大社会影响的突发事件，主要是指一些严重影响一定范围或区域内的某些或所有商品的市场供求平衡的人为或非人为的事件，如地震、干旱、水灾、火灾、战争、重大疫情等。由于突发事件或不可抗力的事件常常会直接或间接导致某些生活用品或生产经营原料的市场供求不平衡，进而可能会引发其价格急剧波动，导致商品投机的增加。当商品投机达到一定程度时，它往往又会反过来影响市场供求关系，扰乱市场秩序。为此，当市场无法克服上述问题时，客观上就需要国家通过制定和实施相应的法律法规，对其加以干预，以维护市场秩序。而国家在重大突发性事件之前、之中或之后，运用各种手段与措施如立法对相关的商品投机行为进行预防或打击与限制，就是其重要的内容之一。例如为限制或打击"非典"期间哄抬物价的非法投机行为，国务院法制办公室、国家发展和改革委员会、国家工商行政管理总局则联合颁布了《关于实施〈突发公共卫生事件应急条例〉第五十二条中对哄抬物价违法行为查处有关问题的通知》（2003 年），北京市物价局也颁布了《关于严厉打击防治非典时期哄抬物价扰乱市场秩序的价格违法行为的通知》（2003 年）。再如 2011 年 3 月，由于受日本大地震的影响，全国部分地区发生食盐抢购现象。为了稳定食盐市场秩序，巴彦淖尔市人民政府及时出台了具有打击和限制食盐投机作用的巴彦淖尔市人民政府办公厅《关于确保食盐市场供应避免引发抢购现象的紧急通知》（2011 年）等。

3. 非法商品投机的微观规制主体

伴随着商品投机法律规制体系的逐渐形成与完善，我国也形成了一套相对较为全面、复杂的横向与纵向相结合的商品投机微观规制主体结构体系。这种商品投机微观规制主体既包括通过制定和实施相关法律法规对各种具体的非法投机行为进行直接和间接约束或限制的主体，也包括依照法定职权、程序对各种具体的商品投机行为直接进行规制的执法监管主体。或者说既包括具有立法权的国家立法机关，也包括具有一定执法权与司法权的行政机关和司法机关。依据我国现行的相关法律法规的规定及其相关的行政与司法实践，我国目前的有关商品投机行为微观规制主体体系，具体来说主要是由以下各种不同的主体构成的：

（1）国家和地方各级立法机关

在实践中，作为国家和地方各级立法机关的全国人大及其常委会与地方各级人大及其常委会，通过制定和颁布一系列的相关的普适性或专门性法律法规，以概括或列举方式对各种扰乱市场经济秩序和损害其他经营者、消费者合法利益的行为作禁止性或限制性规定，从而达到具有直接或间接地限制和打击各种商品投机行为的功能与作用。

国家和地方各级立法机关通过立法形式针对某一类或某一个具体的投机行为或与投机相关的经营手段直接或间接进行约束，实际上体现了立法机关具有干预和规制微观市场经营行为的功能和客观现实。例如，我国的现行《刑法》虽然取消了投机倒把罪的规定，但其中有关破坏社会主义市场经济秩序罪的诸多条款，实际上就包含了许多与投机倒把罪相同或相似的客观表现行为或犯罪手段。换句话说，我国现行的《刑法》虽然取消了与市场经济体制不相适应的投机倒把罪的罪名及相应的处罚条款，但它没有完全取消投机倒把罪所涵盖的所有的非法投机行为或手段，而是在取消该罪名的基础上，通过有针对性地吸收、分解、借鉴及变通等方式，将与市场经济活动有内在联系且在实践中客观存在的各种严重扰乱市场经济秩序、金融管理秩序的投机行为或投机手段如哄抬物价、囤积居奇、散布虚假信息、相互串通、操纵市场、制售假冒伪劣商品等纳入到新创设罪名——破坏社会主义市场经济秩序罪的范畴当中。其中破坏社会主义市场经济秩序罪之下又设立生产销售伪劣商品罪、破坏金融管理秩序罪、扰乱市场秩序罪等子罪名。而每个子罪名之下又设若干具体罪名。以扰乱市场秩序罪为例，我国现行《刑法》第三章第八节明确规定了扰乱市场秩序罪的类罪名，在其之下，又规定了非法经营罪（参见《刑法》第 225 条）。虽然该条没有明确将包含投机在内的哄抬物价、牟取暴利等严重扰乱市场秩序的行为纳入其范畴，但实际上与之相关的一些司法解释如最高人民法院、最高人民检察院《关于办理妨害预防、控制突发传染病疫情等灾害的刑事案件具体运用法律若干问题的解释》，则明确将哄抬物价、牟取暴利等严重扰乱市秩序的行为纳入非法经营罪的范畴之中。① 当然，在理论界也有不少学者认为，现行《刑法》规定的非法经营罪是从 1979 年《刑法》规定的投机倒把罪分解出来的。②

再如我国的《价格法》也明确对市场经济活动中各种具体的价格违法行为，如相互串通，操纵市场价格，捏造、散布涨价信息，哄抬价格等，予以了相应限制或禁止，同样也体现了国家立法机关以立法形式对非法投机行为的微观规制的客观现实。

除了国家立法机关通过立法形式直接或间接打击和限制各种具体的商品投机行为，地方各级立法机关在实践中往往也会通过立法形式，制定一些相关的地方性法规，对各种非法的投机行为进行微观规制。例如吉林市人大常委会关于修改《吉林市制止价格欺诈和牟取暴利行为的若干规定》的决定（1997年），就是典型代表。

（2）中央和地方各级行政机关

中央和地方各级行政机关对商品投机微观经济行为进行规制，主要有两种基本途径：一是依据法定的职能和法律的授权，在自身依法享有的立法权限内，通过制定相关行政性规范文件，对各种具体的非法投机手段或行为直接或间接予以规制，从而为商品投机者的市场经营行为及各执法监管机构的执法监管活动提供相应的规范性指导、依据与约束；二是各执法监管机构依据现行的相关法律法规和自身的法定职责，通过执法监管行为，直接打击和限制各种具体的非法投机者及其投机行为。实际上，中央和地方各级行政机关在许多情况下既享有一定的立法规制权，又具有直接进行监管执法的功能和职责。例如许多地方物价主管部门，除了可以制定和实施享有的规范性文件外，还依法享有对各种价格违法行为进行监管监督的权力。

依法有权对投机行为进行微观规制的中央行政机关主要是指国务院及具有一定经济管理职能的国务院各部、委如发改委、住房与建设部、环境保护部、国土资源部、工业和信息化部、农业部、商务部、人民银行，具有一定经济管理职能的国务院直属机构如海关总署、税务总局、工商总局、质检总局、食品

---

① 最高人民法院、最高人民检察院《关于办理妨害预防、控制突发传染病疫情等灾害的刑事案件具体运用法律若干问题的解释》第 6 条："违反国家在预防、控制突发传染病疫情等灾害期间有关市场经营、价格管理等规定，哄抬物价、牟取暴利，严重扰乱市场秩序，违法所得数额较大或者有其他严重情节的，依照刑法第二百二十五条第（四）项的规定，以非法经营罪定罪，依法从重处罚。"

② 参见张华：《非法经营罪的立法沿革及其构成探析》，载《湖北经济学院学报》（人文社科版）2009 年第 6 期。

药品监管局，国务院直属特设机构——国有资产监督管理委员会，国务院部委管理的国家局如粮食局、烟草局、外汇管理局。此外，还包括依法享有经济管理职权的国务院直属事业单位如银监会、证监会、保监会等。

地方各级行政机关主要是指省（直辖市、自治区）、市（自治州）、县（不设区的市、自治县、市辖区）、乡镇等地方各级人民政府及县级以上各级人民政府设置的具有一定经济监管执法功能的各职能部门派出机关。此外还包括具有一定经济监管执法功能并由中央或地方行政机关垂直领导的地方各级行政机关。在实践中，有关打击和限制商品投机行为的经济法律法规，在许多情况下都是由地方行政机关予以贯彻执行的，而且绝大多数具体的经济行政违法案件（包括非法投机），也是由地方执法监管行政机关负责查处的，所以在我国现行行政机构体系中，地方各级行政机关往往是直接打击和限制各种具体违法投机行为的最主要的主体，也是非法商品投机微观规制主要的主体之一。

（3）公安司法机关

对于一般的违反经济行政法律法规的投机案件是由行政机关在其职权范围内予以直接查处外，我国公、检、法等机关同样也具有一定的执法监管并予以处罚的权利。但与行政机关不同的是，公安司法机关打击和限制非法商品投机行为，除了包括一般的经济违法行为，还包括经济刑事犯罪行为，即公安司法机关运用其侦查权、检察起诉权和审判权，依法对各种具体的严重危害社会主义市场经济秩序的投机行为进行侦查、起诉和审判，以追究非法投机者的刑事责任，实现对非法商品投机行为的微观规制功能。

虽然我国已经形成纵横结合的多层次、多方位的较为复杂全面的商品投机法律规制主体体系，但也存在一些不尽完善的地方。例如在行政执法监管机构或协调机构方面，相比于 1987 年国务院颁布的《投机倒把行政处罚暂行条例》中明确规定的国家工商行政管理机关是投机倒把经济违法行为的主管机关，我国目前缺乏一个统一的专门性的行政执法监管机构或协调机构。各行政执法监管机关在执法监管过程中，往往各自为政，无法进行有效的协调统一，造成执法监管成本太高和低效，不利于保护当事人的合法利益。同时现行的法律法规对各行政主体之间就其非法投机行为的监管与处罚的职能与职责，往往缺乏明确的界限，容易导致在监管执法过程中出现执法监管真空或多头监管或重复监管的问题。例如，涉及粮食的哄抬物价、囤积居奇、掺杂使假等非法投机行为，粮食主管部门、工商、物价部门、食品安全部门、政府及其发展与改革部门等，都享有一定的打击或限制非法投机的监管执法权力。但是它们之间在如何分工、如何协调、如何统一监管执法标准的问题上，则缺乏相应的规定。例如有的机关倾向于从价格违法的角度进行监管执法、有的倾向于从产品质量的角度进行监管执法，还有的倾向于从粮食经营主体资格或维护市场秩序和市场供求与平衡的角度对粮食投机行为进行打击或限制。

4. 非法商品投机的法律责任

法律责任是指行为人因违反法律规定承担的对自己不利的后果，是"因破坏法律上的功利关系和道义关系而产生的法律上的补偿和惩罚的不利后果"，[①] 是一种社会个体对社会与其他个体所应承担的责任。在市场经济活动中，经营者违反法律法规禁止或限制的手段进行投机活动，并造成一定的社会影响和后果，其应当承担相应的法律责任。投机者所承担的法律责任往往具有一定的补偿受害人、惩戒与遏制非法投机的功能。依据我国的法律法规，非法投机者所承担的法律责任包括刑事责任、行政责任和民事责任三种形式。

（1）非法投机者所承担的刑事责任

目前我国已基本形成了一套以《刑法》为核心以《产品质量法》、《反不正当竞争法》、《证券法》、《价格法》等单行法为辅的打击和限制非法投机行为的刑罚责任法律追究体系。依据我国现行《刑法》（1997 年）及相关法律的规定，市场经营者（包括生产者和销售者）和其他市场参与者在市场经济活动中采取掺杂使假、以假充真、操纵、串通、散布虚假信息、倒卖、无合法经营主体资格或无合法经营许可或进出口许可等投机手段，破坏或扰乱市场经济秩序，情节严重或造成结果严重，依法应当承担相应的刑事责任。在具体的定罪量刑上，我国现行《刑法》明确将其纳入破坏社会主义市场经济秩序罪的范畴当中。而破坏社会主义市场经济秩序罪作为一大类罪名，其中又包括生产、销售伪劣商品罪，破坏金融管理秩序罪、扰乱市场秩序罪等若干子罪名。而每个子罪名之下又包括若干具体罪名如前述的扰乱市场秩序罪中的非法经营罪。对犯罪分子所惩处的刑罚种类，则根据其犯罪情节、危害后果和社会影响等，分别可处以有期徒刑、无期徒刑、管制、拘役等自由刑，在财产刑中，还可单处或并处罚金或没收财产，最严重的则被处以死刑。例如现行《刑法》第 227 条第 2 款规定："倒卖车票、船票，情节严重的处以三年以下有期徒刑、拘役或管制，并处或单处票证价额一倍以上五倍以下的罚金。"

其实我国 1979 年《刑法》及 1982 年全国人大常委会《关于严惩严重破坏经济的犯罪的决定》就明确规定投机倒把行为的刑事责任。例如根据第 117 条、第 118 条、第 119 条规定，对违反金融、外汇、金银工商管理规定实施投机倒把行为，情节严重的，或以投机倒把为常业的，或是投机倒把集团的首要

---

① 孙笑侠：《公、私法责任分析——论功利性补偿与道义性惩罚》，载《法学》1995年第 3 期。

分子以及国家机关工作人员实施投机倒把行为，情节严重的，对违法犯罪分子以投机倒把罪论处，其承担的刑罚种类包括有期徒刑、拘役、罚金或没收财产。情节特别严重的，处以 10 年以上有期徒刑、无期徒刑或死刑，可以并处没收财产。此外还有一些单行法律如《文物保护法》（1982 年）、《计量法》（1985 年）、《矿产资源法》（1986 年）等，也分别规定了和投机倒把行为相关的刑事责任。

现行《刑法》中的破坏社会主义市场经济秩序罪，虽然没有出现与投机倒把相对应的条款，但其中所涉及的投机手段、犯罪的实质、犯罪主体、犯罪主观等，与 1979 年《刑法》中的投机倒把罪所规定的犯罪手段、犯罪实质、犯罪主体、犯罪主观等存在诸多相通或相同之处。可以说，我国现行《刑法》中的破坏社会主义市场经济秩序罪，实际上是在形式上废除投机倒把罪罪名的基础上，有选择地吸收和借鉴了投机倒把罪有关犯罪手段、犯罪的实质、犯罪主体和主观等方面的诸多规定，是对投机倒把罪的一种符合时代要求的修订与补充，而不是与其完全隔离或摒除。

（2）非法投机者所承担的行政法律责任

市场经营者或参与者在市场经济活动中，为牟取暴利或超额经济利益违反经济法律法规实施各种非法投机行为，严重破坏市场经济秩序，损害国家、其他经营者、消费者的合法利益的，其还应依法承担相应的行政法律责任。行政处罚机关可以非法投机行为所造成的社会影响、后果及采用手段等差异，分别给予非法投机者以警告、罚款、没收违法所得、没收非法财物、责令停产停业、暂扣或吊销许可证或执照、行政拘留等相应处罚。实际上，非法投机者所承担的行政法律责任，基本上涵盖了我国行政处罚中的七种行政法律责任类型。

以《价格法》为例，我国现行的《价格法》明确规定，经营者相互串通，操纵市场价格，损害其他经营者或者消费者的合法权益，或者捏造、散布涨价信息，哄抬价格，推动商品价格过高上涨的等，执法监管部门有权责令其改正，没收其违法所得，可以并处违法所得 5 倍以下的罚款；没有违法所得的，予以警告，可以并处罚款；情节严重的，责令停业整顿，或者由工商行政管理机关吊销营业执照。此外国务院颁布的行政法规《价格违法行为行政处罚规定》，也明确规定对违反价格行政管理法规的违法价格行为，应当予以相应的行政处罚。如经营者违反《价格法》第 14 条的规定，采取相互串通，操纵市场价格，损害其他经营者或者消费者的合法权益的，责令改正，没收违法所得，并处违法所得 5 倍以下的罚款；没有违法所得的，处 10 万元以上 100 万元以下的罚款；情节严重的，责令停业整顿，或者由工商行政管理机关吊销营业执照。经营者违反《价格法》第14条的规定，捏造、散布涨价信息，恶意囤积以及利用其他手段哄抬价格，推动商品价格过高上涨的，或者利用虚假的或者使人误解的价格手段，诱骗消费者或者其他经营者与其进行交易的，责令改正，没收违法所得，并处违法所得5倍以下的罚款；没有违法所得的，处5万元以上50万元以下的罚款；情节严重的，责令停业整顿，或者由工商行政管理机关吊销营业执照。行业协会有前述规定的违法行为的，可以处50万元以下的罚款；情节严重的，社会团体登记管理机关可以依法撤销登记。

（3）非法投机者所承担的民事责任

根据我国相关法律法规的规定，投机者在市场经济活动中为牟取暴利，并采取非法投机手段，严重破坏市场经济秩序的，除了承担一定的刑事法律责任或行政法律责任外，在特殊情况下还要承担一定的民事责任。如果非法投机者为牟取暴利而出售假冒伪劣等有瑕疵或缺陷的投机品，其他经营者和消费者有权要求其换货或要求退货并返还价款或重作；如果给其他经营者与消费者的合法利益造成损害的，还要赔偿其损失。如果投机品无瑕疵或缺陷，但其非法投机行为给其他经营者或消费者的合法权益造成损害的，非法投机者应当退还非法所得或赔偿受害人损失等。如依据我国的《价格法》第14条和第41条的规定，经营者因相互串通，操纵市场价格，或者捏造、散布涨价信息，哄抬价格，推动商品价格过高上涨等价格违法行为，致使消费者或者其他经营者多付价款的，应当退还多付部分；造成损害的，应当依法承担赔偿责任。《重庆市反暴利和价格欺诈暂行规定》（1995年）规定，经营者如采取以次充好、短尺少秤、混充规格、掺杂使假，或者采取故意串通，联手提价，或者利用市场供求矛盾囤积居奇、高价炒卖、哄抬物价等非法手段，或者经营某一商品的价格水平超过物价管理部门认定的价格水平，或经营某一商品的差价率超过物价管理部门认定的差价率，或经营某一商品所获得的利润超过物价管理部门认定的利润率，物价检查机构视情节轻重给予经营者一定的处罚。其中处罚的形式之一就是"责令退还非法所得，不能退还的予以没收"。

当然，非法投机者对受害人承担的民事法律责任，必须以投机者的投机行为被国家有关执法监管机关依法认定其行为违法并在客观上直接损害了其他经营者或消费者的合法经济利益为前提。如果受害人与某一非法投机者之间不存在直接的交换关系，而是受该投机者某一非法投机手段或行为的影响（如捏造虚假信息），与其他投机者进行商品交换，由此遭受的合法经济损失，则无权直接要求该投机者退还其多付的部分或赔偿其损失或换货或退货并返还价款或重作等。

为了有效地限制和打击非法投机行为，我国现行的相关法律法规除了规定非法投机者相应的刑事、行政和民事法律责任外，还较为明确地规定了执法监管机构及其工作人员在执法监管过程中的相关法律责任。其中这些法律责任既包括一定的行政责任如行政处分，也包括一定的刑事责任。例如《价格法》第45条规定，地方各级人民政府或者各级人民政府有关部门违反本法规定，超越定价权限和范围擅自制定、调整价格或者不执行法定的价格干预措施、紧急措施的，责令改正，并可以通报批评；对直接负责的主管人员和其他直接责任人员，依法给予行政处分。第46条，价格工作人员泄露国家秘密、商业秘密以及滥用职权、徇私舞弊、玩忽职守、索贿受贿，构成犯罪的，依法追究刑事责任；尚不构成犯罪的，依法给予处分。

（二）商品投机宏观法律调控

1. 商品投机宏观调控基本理论

（1）商品投机宏观调控的概念与特征

在我国，"宏观调控"是经济改革中新出现的概念，是中国化的经济理论术语，在计划经济条件下，类似的提法是"国民经济综合平衡"。[①] 在西方经济理论中与宏观调控相对应的一般是政府干预。在当代我国经济法学界，有关宏观调控内涵，目前并没有形成统一的概念，不同的学者则从不同的视角给予了不同的界定。例如陶广峰认为："宏观调控是指以市场自发调节为基础，由国家对宏观经济运行进行调节、干预和控制活动的总称。"[②] 著名的经济学家漆多俊认为："宏观调控是指现代国家从社会经济的宏观和总体角度，运用计划、经济政策和各种调节手段，引导和促进社会经济，影响社会经济结构和运行，维护和促进经济协调、稳定和发展的一种国家调节基本方式；或者更简单地说，宏观调控是国家综合运用各种引导、促进方式对社会经济宏观结构和运行进行调节的一种国家经济职能活动。"[③] 王全兴则将宏观调控界定为："宏观调控主体从社会公共利益出发，为了实现宏观经济变量的基本平衡和经济结构的优化，引导国民经济持续、健康、协调发展，对国民经济所进行的总体调节和控制。"[④] 刘定华认为："宏观调控是特定国家机关基于国家之公共意志，针对市场盲目竞争造成的市场失调和经济异常波动，采用特定的专业经济手段，严格依照特定的程序从微观市场竞争外部对经济总量进行调整，以间接影响、

---

① 王全兴：《宏观调控法论纲》，载《首都师范大学学报》（社会科学版）2002年第3期。

② 陶广峰：《经济法原理》，中国政法大学出版社2005年版，第292页。

③ 漆多俊：《宏观调控法研究》，中国方正出版社2002年版，第10页。

④ 王全兴：《经济法基础理论专题研究》，中国检察出版社2002年版，第620页。

引导市场主体的市场行为的一种经济干预活动。"①

　　宏观调控是宏观与调控两词的结合。经济学意义上的宏观,"是专指一个国家、一个地区经济生活中总量方面的问题"。② 经济生活中的总量其实就是经济学领域中所谓的国民经济总量,"是指国民生产总值、国内生产总值和国民收入之类的总量,社会商品、服务的总供给与总需求,劳动力的供给与需求,货币的供给与需求,国家预算的收入与支出、结余与赤字,对外贸易的出口与进口、外汇收支的顺差、资本的流出与流入之类的总量及其对比关系,相应的经济增长率、物价水平和通货膨胀率、工资率和就业率、利息率和汇率之类的与总量及其对比存在相互决定关系的比率等"。③ 换句话说,作为宏观调控客体的国民经济总量是通过一些重要的宏观经济指标体现出来,比如经济增长的速度,商品的总供求平衡,劳动力的总供求平衡,货币的稳定等。具体指标有:GDP 增长速度、CPI、失业率、固定资产投资总量、国际收支平衡程度、居民人均可支配收入等。④

　　调控则是指调整或调节、控制的意思。宏观与调控结合在一起,意指国家对社会经济进行宏观调控,从本质上说是宏观和总体性的,而不是局部的或部分的,是国家为了实现或促进整个社会经济持续、稳定、健康的发展,保障和促进社会总供给和总需求的平衡,依靠自身特殊的地位并运用行政、经济、法律等手段或各种措施,在市场自发调节的基础上,对金融货币、财政税收、产业、就业、社会保障、商品与服务贸易等进行调节与控制的总称。

　　由于国家对社会经济宏观调控往往不是直接针对某一或某些市场主体,或缺乏明确的对象,因而宏观调控具有明显的间接性。同时宏观调控多采取指导性的手段与措施,因此宏观调控还具有明显的非强制性特征。国家宏观调控的指导性与间接性在一定程度上是对国家微观规制的强制性、直接性的有效弥补。两者相辅相成,有机结合,构成了现代国家有效干预市场经济的基础,体现了国家干预市场经济的统一性与全面性。

　　国家对商品投机进行的宏观调控,一般也不对投机者或其投机行为进行直接干预或直接施加强制性影响与制约,而是通过宏观经济政策、法律和行政等手段对宏观经济总量进行引导、调整和控制,然后通过经济总量的变动对商品投机者及其投机行为施加影响,以保障和促进商品投机的良性发展,进而间接

---

① 刘定华等:《宏观调控法律制度研究》,人民法院出版社 2002 年版,第 16 页。
② 洪治纲:《论宏观调控法的概念和特征》,载《法学杂志》2002 年第 1 期。
③ 洪治纲:《论宏观调控法的概念和特征》,载《法学杂志》2002 年第 1 期。
④ 孙清岩:《宏观调控与微观干预》,载《当代经济管理》2009 年第 2 期。

促进和实施宏观经济目标与任务。换句话说，商品投机宏观调控不是指国家通过各种调控手段直接对投机者及其投机行为进行干预，而是通过行政、经济、法律等手段对国民经济总的变量或影响总变量的要素进行引导、调整和控制，进而以宏观经济变量的变动有目的有针对性地对商品投机主体及其行为施加影响，促使其朝着预期的目标与方向发展变化的总称。

（2）商品投机宏观调控的目的和任务

宏观调控主体进行宏观调控，总是从一定的利益取向出发的。作为宏观调控主体代表的国家或其政府以为人民服务为宗旨，是作为全体人民的整体利益、长远利益和全局利益的代表者来履行其社会经济职能的。[①] 同样，国家对社会经济进行宏观调控也应以全体人民的整体利益、长远利益和全局利益为出发点的，并体现在宏观调控的过程之中。一般来说，国家对经济进行宏观调控往往具有反经济周期的特点。即当整个社会经济处于高位运行或高速增长或各种经济因素差距过大或经济过热时，使得整个社会经济发展已经或濒临某种严重风险时，国家运用各种相应的手段（如行政、经济和法律等）和各种措施予以适当降温或控制；当整个社会经济处于低谷或萧条不景气或严重动力不足或经济过冷时，国家则采取各种相应的手段与措施予以升温，从而达到或试图熨平因自然因素和人为因素所导致的经济周期峰谷，最终促进、实现社会经济总量与社会经济资源总供给与总需求的平衡，保障和促进社会经济的整体稳定、健康与协调发展，尽量控制和克服一些消极因素所带来的负面影响。正如有的学者所言："宏观调控的目的就是减少经济波动，促进经济平稳协调发展。经济过热时我们采取措施使其降温，经济过冷时我们采取措施使其回暖。"[②]

宏观调控的任务与宏观调控的目的虽然密切联系，但两者仍存在一定差异。在笔者看来，宏观调控的任务就是尽量减少或促进与实现整个社会经济的波动，预防和减少各种主客观因素对社会经济发展的负面影响，促进和实现宏观经济变量的基本平衡和经济结构的优化。最终目的在于保障和实现国民经济持续、稳定、健康、协调的发展。西方经济学都把经济增长、充分就业、物价稳定和国际收支平衡作为政府宏观调控的四大目标。[③]

商品投机是市场活动主体实施的并对市场经济发展具有特殊影响的一种特

---

① 杨秋宝：《宏观调控主体的能力及其限度》，载《陕西师范大学学报》（哲学社会科学版）2003 年第 6 期。

② 孙清岩：《宏观调控与微观干预》，载《当代经济管理》2009 年第 2 期。

③ 黄正信：《西方国家政府调控比较研究》，河北大学出版社 1997 年版，第 97 页。

殊的市场经济行为和人为的经济变量。这种经济变量对市场经济的影响具有双重性，即适度的商品投机有助于增强市场经济的活力，优化资源的配置，促进和实现宏观经济变量的平衡，降低或弱化社会矛盾，促进和保障国民经济综合协调发展；反之，如果投机不足或投机过度，则可能助推或加速市场经济发展过热或过冷，破坏市场总供给与总需求及宏观经济变量的平衡，激化社会矛盾，影响或阻碍整个国民经济持续、健康、稳定、协调的发展。

　　一般情况下，影响商品投机经济变量的因素既包括主观因素，也包括客观因素；既包括制度因素，也包括非制度因素；既包括经济因素，也包括非经济因素；既包括国家微观规制的因素，也包括国家宏观调控的因素。其中，国家宏观经济调控是影响商品投机的重要因素之一，即在一定时期内，国家对市场经济整体运行进行宏观调节、引导、干预和控制，在一定程度上有助于间接影响某一种或多种微观市场经济行为（包括商品投机）的规模与数量以及商品投机的方式、结构与方向，进而通过微观经济行为的变化，促进和实施宏观调控目标与任务。反之，国家也可以商品投机行为及其经济变量的状况与变化为参照，相应地采取宏观调控手段与措施，以保障和促进国民经济稳定、持续、健康的发展。所以说，某一时期，一国或地区的商品投机的规模与数量以及商品投机的方式、结构与方向等，往往与国家宏观经济调控的力度、范围、时机、手段与方式、涉及的内容等密切关联。

　　（3）商品投机的调控主体

　　宏观调控主体是指决定宏观调控目标、选择为实现一定调控目标所采取的政策手段、实施对宏观经济总量调节和控制的行为承担者。① 宏观调控是一个复杂的动态的过程，既包括决策阶段，也包括执行阶段。宏观调控决策是指依法享有宏观经济决策权的主体，依照法定程序对有关国家重大的社会经济问题与现象进行分析、判断，并作出一定约束力的决定和选择的总称。宏观调控执行就是相关主体依法对宏观经济的决策予以具体落实与实现的总称。因此，与决策和执行相对应的是，宏观调控主体也应分为宏观决策主体和宏观执行主体两大类。宏观调控决策主体是指制定与决定经济计划、政策和手段的主体。由于权限与职责及法律地位的不同，宏观决策主体的具体表现也就有所不同。

　　在理论界，中央国家机关成为宏观决策主体一般没有什么明显的分歧，但至于地方政府或地方权力机关尤其是省级人大及其政府能不能成为宏观决策的主体，理论界则存在很多争议。在有些学者看来，由于宏观调控权往往集中在

---

　　① 　杨秋宝：《宏观调控主体争议》，载《红旗文稿》（曾用名《内部文稿》）1998 年第 8 期。

中央，因此享有宏观调控权的主体只能是中央机构或组织。同时"只有中央政府才能调控整个宏观经济，才能对经济总量指标负责，地方政府只能无条件执行或是监督宏观调控政策的执行情况，而同时地方政府也可能是中央政府的调控对象，甚至有些时候地方政府为自身的地方利益而对国家的宏观政策进行抵制或消极执行"。① 正如有的学者所言："在级次上，它认为宏观调控权的享有主体只能是中央级次的国家机关，这是学术界都承认的。"② 1993 年通过的中共中央《关于建立社会主义市场经济体制若干问题的决定》指出："宏观经济调控权，包括货币的发行、基准利率的确定、汇率的调节和重要简易税种税率的调整等，必须集中在中央。这是保证经济总量平衡、经济结构优化和全国市场统一的需要。"在我国，享有宏观经济决策权的中央国家机关主要包括全国人大及其常委会、中央政府（国务院）、国务院下属或直属的各部委或行或总局等。其中在我国经常行使宏观调控权的国务院所属的中央经济管理部门中，国家发展和改革委员会（简称"发改委"）、财政部和中国人民银行（简称"央行"）被理论界和实务界誉为三大主要部门。由于宏观调控的最终目标具有一致性，所以这三大部门的主要职责均可笼统的概括为：保持经济总量平衡，抑制通货膨胀，优化产业结构，实现经济持续、快速、健康发展；健全宏观调控体系，完善经济、法律手段，改善宏观调控体制。③

在理论界，有的学者就政府采购和减免税收政策决策权对宏观调控决策权只能隶属于中央提出质疑。他们认为，不仅中央政府享有一定的采购决策权和减免税收的决策权，而且地方政府尤其是民族区域自治政府也享有一定的决策权。但在笔者看来，地方政府享有一定的决策权，最多只能说明其在辖区内享有决策权，其最终的决策只能在其辖区内产生效力并予以执行。地方经济不等于宏观经济，地方经济决策也不等于其享有宏观决策权，最多只能称之为次级或区域决策权。同时，宏观调控权除了决策权外，还包括决策的执行权。宏观决策的执行，除了由中央国家机关执行外，还应当由地方各级机关执行而且是主要执行机关。正如有的学者所言，地方政府主要是落实中央的宏观调控决策，而只能被称为是"二级调控"或"区域性调控"，"地方政府的职责并不排斥在本区域的宏观调控，但这种调控的作用相对于中央政府所采取的相同措施是微乎其微的，所以它只能被称为'二级调控'，即落实中央政府的宏观调

① 孙清岩：《宏观调控与微观干预》，载《当代经济管理》2009 年第 2 期。
② 邢会强：《宏观调控行为的不可诉性探析》，载《法商研究》2002 年第 5 期。
③ 赵文凯：《试论我国宏观调控手段综合协调制度的完善》，载《山东行政学院山东省经济管理干部学院学报》2010 年第 1 期。

控政策的同时，也在本区域内实施区域性宏观调控……"① 至于《民族区域自治法》规定的部分税收减免决策权的税收是只能属于地方财政收入范围的，而按照分税制分税原则，这些地方税对宏观调控的意义不大。②

宏观执行主体一般分为两类：一是中央行政机关，即指国务院及其各部委。如果决策主体是全国人大及常委会，那么其决策的执行不仅需要地方各级权力机关的执行，有时还需要中央行政机关的执行。因为从法律地位上看，中央行政机关不仅是决策机关，也是国家的执行机关。对于国务院作出的决策，有时也需要国务院各部委予以贯彻执行。二是地方权力机关与行政机关。如上述所言，地方权力机关与行政机关不仅是宏观决策的执行主体，而且在实践中也是最主要的执行主体。除此之外，我国有的学者还提出社会中间层主体也是宏观调控执行主体，比如我国商业银行、德国的工会与雇主协会（该类协会是收入政策的主要推行者）。③

市场经济与市场个体的经济之间相互影响、相互作用，密不可分。总体离不开个体，全局离不开局部，宏观离不开微观。国家干预经济职能的发挥既体现在从宏观层面对社会经济施加影响，也体现在对微观经济行为施加影响。国家采取某一干预手段对宏观经济施加影响的同时，也可对微观经济行为施加影响。宏观经济总量与个体经济总量或市场经济总体与市场个体之间是有机结合在一起的，彼此互不分离、相互作用、相互影响、相互促进与实现。因此，在单一的国家主权及其国家机构体系下，国家对市场经济进行宏观调控的行为主体同样也是对微观经济施加影响的行为主体。所以，商品投机宏观调控主体同样也包含宏观决策主体与执行主体，且与国家宏观调控主体在外延上，基本是等同的。

（4）商品投机宏观调控的手段与方式

中共中央《关于建立社会主义市场经济体制若干问题的决定》指出："转变政府管理经济的职能，建立以间接手段为主的完善的宏观调控体系，保证国民经济的健康运行。"而这一宏观调控体系的核心是建立和完善宏观调控手段系统，它是由经济手段、行政手段、法律手段等组成的。④

经济手段是国家对社会经济进行宏观调控的主要手段之一，在整个宏观经

---

① 漆多俊：《宏观调控法研究》，中国方正出版社 2002 年版，第 18 页，转引自张德峰：《宏观调控法律责任研究》，中南大学 2007 年博士学位论文。

② 张德峰：《宏观调控法律责任研究》，中南大学 2007 年博士学位论文。

③ 参见张德峰：《宏观调控法律责任研究》，中南大学 2007 年博士学位论文。

④ 周叔俊：《论宏观调控手段系统》，载《经济理论与经济管理》1994 年第 5 期。

济调控手段系统中占有特殊重要的地位，通常也是国家进行调控的首选手段。经济手段主要是指国家运用各种经济杠杆对宏观经济总量及各种经济利益关系进行调整、引导和控制，促进、实现国家经济和社会发展的战略目标与任务，对国民经济及微观经济组织与行为具有分配、调节、控制、推动与滞碍及监督等方面的功能和作用。一般情况下，对宏观经济进行调控所采取的经济杠杆主要包括税收杠杆、信贷杠杆、外汇杠杆、价格杠杆等。

行政手段是国家凭借行政权力，用颁布行政命令、政策等方式对经济行为进行调整控制，是国家进行宏观经济调控必不可少的手段。

法律手段是国家通过相关的经济立法和经济司法方式，来调控宏观经济运行，规范和引导经济行为，维护经济秩序的一种重要的手段。与经济手段、行政手段相比，法律手段往往具有明显的规范性、强制性、责任性和相对稳定性等特征。宏观调控法律手段具有三层含义："一是对政府市场经济中的调控和管理行为以及竞争主体的经济行为均必须遵循市场经济规律予以强制保障。二是规制经济手段和行政手段的合法性，并用国家强制力予以保障。三是通过经济法律的规范功能、限制功能、促进功能的作用，保障市场经济有序运行，促进经济持续、健康发展。"① 宏观调控法律手段一般主要是指经济立法尤其是宏观经济立法，而不包括经济司法。经济立法主要是指全国人民代表大会所颁布并贯彻执行的各种经济法，同时，也有一部分是以政府法令、条例、规定等形式来颁布执行的，成为经济运行中的行为准则；此外，还可以运用一些具有法律效力的规章制度，如企业登记注册制度、产品合格证制度、生产许可证制度、进出口许可证制度等，调节生产、建设、国内外贸易。②

对宏观调控手段的划分，我国有的学者从纵向的角度将宏观调控手段划分为三个层次："第一层次为计划、财政、金融手段，这三者被我国经济界称为宏观调控的三大支柱，属于政府决策阶段的手段。第二层次是政策实施阶段的手段，主要是经济政策、经济制度、经济信息等。……第三层次是宏观调控政策发挥作用阶段的手段，主要是利用利率、税率、基础货币量、信贷规模、投资规模等。"③ 此外，从纵向的角度考察宏观调控的手段还有一种划分法，即将宏观调控手段划分为直接调控和间接调控两种：宏观调控决策所采取的手段

---

① 路金芳：《论宏观调控的法律手段》，载《经济经纬》1999 年第 4 期。

② 周叔俊：《论宏观调控手段系统》，载《经济理论与经济管理》1994 年第 5 期。

③ 王乃学：《宏观调控失效与微观基础建设》，经济科学出版社 2001 年版，第 11～13 页。

为间接调控；宏观调控执行所采取的手段为直接调控。①

　　在宏观经济调控过程中，各种调控手段之间不是相互分离、互不关联的，而是相互间在各司其职的基础上，相互配合，有机统一。即一方面要充分发挥具体调控手段的特殊功能；另一方面相互间还要彼此协调，互补有缺，扬长避短，各种宏观调控手段构成一个完整的系统，有效地发挥宏观调控手段系统的应有整体功能，以促进和实现调控的目的。

　　一般情况下，国家宏观调控主要是从整体、宏观和系统的角度对社会经济进行间接引导、调整与控制，对微观经济行为并不直接予以干预、调整和控制。但是宏观经济与微观经济并不是完全隔离开来的，二者是相互影响、相互作用、紧密联系的。一方面国家运用各种宏观调控手段对宏观经济总量、要素与结构进行调整、控制，并间接地对微观经济主体及其行为施加或产生某种影响，促进和实现微观经济主体之间的某种良性互动，进而促进和实现宏观经济调控的预期目标与任务；另一方面微观经济主体与行为的运行与变化，往往会影响宏观经济正常运行，影响宏观经济变量的失衡或宏观经济结构的恶化，为此，国家可以微观经济主体及其变化作为其实施宏观经济调控的参考依据或标准，如何时调控、调控的内容与范围、调控手段的选择、调控的直接任务等。

　　在市场经济条件下，国家对商品投机行为调控，既包括从微观角度对各种具体的投机行为直接进行调整与规制，也包括运用宏观调控手段对商品投机行为间接施加影响，以此实现和促进商品投机尤其是合法投机行为朝着良性方向发展。同时商品投机的良性适度的发展在一定程度上有助于宏观经济目标与任务的维护与实现。反之，当商品投机行为严重畸形化如投机严重过度或严重萎缩，严重影响着市场经济运行的正常秩序，影响着市场经济的活力，影响着市场经济的稳定与安全，进而会影响整个社会经济的健康、稳定与发展。为此，国家往往需要对商品投机行为进行风险评估，以此作为是否进行宏观经济调控的考量依据和宏观经济目标实现与否的评价指标。

　　（5）商品投机宏观调控的类型

　　为了引导、控制或促使商品投机朝着良性预期的方向发展，促进和实现宏观经济调控目标与任务，国家对商品投机采取的间接调控，往往可根据调控手段、对象、强制力的大小分为若干不同类型。具体说可分为以下几种主要类型：

---

　　①　张德峰：《宏观调控法律责任研究》，中南大学 2007 年博士学位论文。

①根据强制力度或约束力，① 可将商品投机宏观调控分为指导性宏观调控与指令性宏观调控。指导性调控一般对宏观决策的执行者而言，不具有强制性约束力，执行者执行与否并不会必然引起相应法律责任的承担。中央的宏观决策对执行者只是起到指导或参考或借鉴的作用。而指令性宏观调控对执行者而言则具有强制性约束力。即对执行者而言，中央的宏观经济决策必须予以实施，否则要承担相应的责任，如政治责任、行政责任或法律责任等。

②综合调控与专项调控。综合调控又称为一般调控，是指国家根据当时的社会经济环境与社会发展需要，针对数个或所有的相互关联的宏观经济变量进行的调控，而不是专门针对某一特殊经济领域或宏观经济变量进行调控，如五年经济发展计划或规划所涉及的内容既包括金融，也包括就业、货币、产业、财政、税收、贸易等。专项调控则是指国家根据当时的社会经济环境与社会发展需求，针对某一经济领域或宏观经济变量所进行的调控，如近两年国家对房地市场实施的一系列调控，就属于专项调控。

③根据调控的目标与调控措施的长期稳定性，可将宏观调控分为战略性调控与策略性调控。战略性是指国家从长远和全局的角度出发，为促进和确保宏观经济变量的平衡与社会经济秩序的稳定，以最终促进和实现国民经济持续、健康、稳定的发展而制定和实施的一系列相关调控措施与手段的总称。例如实践中，国家制定和实施长期经济发展计划，制定和实施宏观产业政策，制定和实施长期的粮油储备制度等，都属于战略性宏观调控。策略性调控是指基于当时的社会经济秩序或宏观经济变量或宏观经济结构暂时处于无序或失衡或恶化状态，国家往往会及时采取临时性或短期性的相关手段与措施，以期恢复或促进整个社会经济的良性运行的总称。例如国家针对粮食价格的暴涨暴跌而采取的诸如实行政府指导价或政府定价的一系列稳定粮价的宏观调控措施；为了抑制通货膨胀，央行实施的紧缩银根政策（如提高存款准备金率和限制贷款规模、提高存贷款利率等），都属于策略性宏观调控。一般来说，战略性宏观调控与策略性宏观调控相比，前者更多的着眼于国民经济整体的运行与发展，注重它的全局性与长远性，并具有综合性、非强制性和相对稳定性的特征；而后者往往着眼于市场价格波动和市场秩序，具有临时性或短期性、专项性、灵活性和强制性等特征。

④根据宏观调控决策或方案中是否涉及投机相关的内容，可分为直接涉及投机的调控和无直接涉及投机的调控。

---

① 这里所谓的强制性或约束力，主要是针对宏观决策的执行者而言的，而不是针对受控者或被执行者而言的。

2. 宏观调控法与商品投机宏观调控法

（1）宏观调控法

宏观调控法中的宏观调控和经济学中的宏观调控在内涵和外延上是同一的。宏观调控概念在宏观调控法和经济学中的同一性又决定了宏观调控法与经济学的密切关联性，即宏观调控法必须以经济状态研究结论，既是该时期计划法和产业学在宏观调控问题上的研究成果。① 但两者不同的是宏观调控法旨在为宏观调控行为设置适当的规则，将宏观调控纳入法制的轨道，确保宏观调控的客观性、科学性、稳定性和规范性。正如李铁映同志论述宏观调控法时指出："政府要依法行政，依法进行宏观经济管理，依法改进对国有资产的管理，建立使计划、金融和财政之间相互配合和制约，能够综合协调宏观经济政策和依法运用经济杠杆的机制，因此，必须制定计划法、物价法、预算法、中国人民银行法、税法等法律。通过法律手段，可以保证宏观调控的客观性、科学性和稳定性，克服市场经济的自发性和盲目性的弱点。"② 2001 年通过的《中华人民共和国国民经济和社会发展第十个五年计划纲要》指出的："要综合运用计划、财政、金融等手段，发挥价格、税收、利率、汇率等杠杆的作用，加强和改善宏观调控，为规划实施创造良好的宏观经济环境。"而只有基本法律，才能解决规范这种"综合运用"的任务。③ 经济学意义上宏观调控旨在揭示宏观经济总量在均衡与失衡、有序与无序、协调与失调等相关状态及其发展变化的规律。

宏观调控法实际上是指一系列有关宏观调控的法律法规的总称，是宏观调控法治化的重要体现。由于其常常涉及或包括计划、金融、价格、财政、税收、社会保障、产业、区域发展、内外贸易等领域，因而其内容相对较为宽泛。"宏观经济法不是以个别企业或经营单位及其相互之间发生的经济关系为调整对象，而是以整个国民经济运行中所发生的各种宏观经济关系为调整对象。"④ 宏观经济关系是指国家宏观调控中所发生的社会关系，是国家制定和实施各种计划、政策或手段过程中，调控主体与受控主体之间，宏观决策主体与执行主体之间以及受控主体之间等发生的社会关系。

---

① 洪治纲：《论宏观调控法的概念和特征》，载《法学杂志》2002 年第 1 期。

② 李铁映：《解放思想，转变观念，建立社会主义市场经济体系》，载《法学研究》1997 年第 2 期。

③ 程信和：《宏观调控法论》，载《中山大学学报》（哲社版）2002 年第 2 期。

④ 卢炯星：《宏观经济法》，厦门大学出版社 2000 年版，第 13～14 页。

（2）商品投机宏观调控法律体系

宏观调控的法治化必须以一系列的相关法律法规为基础和前提，而各个经济领域又都要国家予以相应的宏观调控，因而也就需要一系列具体的宏观调控法律法规予以配套。宏观调控法律体系实际上就是由一系列与宏观调控相关的法律法规组成的法律体系。与宏观调控相关的法律法规通常是由具有基础性或原则性的宏观调控基本法和一系列相关宏观调控的部门法或专项法律法规构成的。前者如德国的《国民经济稳定增长法》和我国经济法学界一直热议和倡导制定的《中华人民共和国宏观调控法》；后者如计划法、财政法、税法、金融法、价格法、投资法、产业法、外贸法等。虽然我国目前缺乏一部具有统率作用的宏观经济调控基本法，但是已经基本形成了由税法、价格法、预算法、中国人民银行法、国有资产管理法、对外贸易法等一系列专项法律组成的相对庞杂的宏观调控法律体系。

理论界和实务界对一些相关的法律是否属于或纳入宏观调控法的范畴，还存在一定的争议，没有形成统一的共识，如国有资产法、社会保障法。在笔者看来，一部法律或法规是否纳入宏观调控法范畴，关键在于其对宏观经济变量是否能产生或发挥相应的影响，能否促进和实现整个国民经济持续、稳定、健康的发展，能否从全局角度促进或实现宏观经济变量之间的均衡、协调，而不在于其行为方式与手段。我国的一些学者在论证国有资产法是否属于宏观调控法时指出："国有资产法应当列入宏观调控法体系之中，是因为：①国家投资经营是国家计划统率下与财政、金融并列的调控手段，为实现国家计划所确定的增长和结构目标，需要国家投资经营与财政、金融手段配合；②国家参与并非国家投资经营所独有的特征，财政手段中的发行国债和政府购买等，金融手段中的中央银行公开市场业务、国有商业银行信贷和政策银行信贷等，都属于国家参与行为；③国家投资经营与财政、金融手段一样，都是利用市场机制对资源配置发挥间接调控作用，都属于诱导市场主体的经济手段。所以，国家投资经营是宏观调控体系的有机组成部分，不宜因其属于国家参与行为而将国有资产法列于宏观调控法体系之外。"①

另外，我国的经济法学家漆多俊教授从纵向的角度，将实现宏观调控目标任务的方法、手段划分为国家计划、经济政策和具体调节手段三个层次。在国家计划、经济政策和具体调节手段的关系中，计划规定经济发展的目标和任务，它体现着国家调节的总意图，是宏观调控体系中的"龙头"；经济政策是

---

① 王全兴、管斌：《宏观调控法论纲》，载《首都师范大学学报》（社科版）2002年第3期。

连接国家计划与各种调节手段的中介，它分解计划所规定的经济发展总任务和各种宏观经济总量指标，形成各个方面的基本行为方针和准则，并使各种调节手段能直接发挥作用，如财政政策、货币政策和产业政策等；各种具体调节手段（如税率、利率、汇率、税收、信贷等）是对国家计划和经济政策的落实，它主要是对社会经济活动进行指导、鼓励、提供帮助和服务，属于间接促导型的。① 现代国家宏观经济调控体系实际就是"以'国家计划—经济政策—调节手段'为轴线的系统工程。相应地，宏观调控法的体系从内容构成上看，包括了计划法、经济政策法和关于各种调节手段运用的法律"。② 漆多俊教授提出的上述观点，其实就是被经济法学界热议的"轴线理论"。受此影响我国有的学者则相应地提出："我国应建立以资金（或资本）配置为纽带，计划为导向，财政金融政策为主控手段，其他各种经济手段相互配合的新的调控体系。"③

市场经济宏观调控法律体系是市场经济条件下，国家对市场经济进行宏观调控的一系列相关法律法规的总称，是国家宏观经济法律调控体系的重要表现形式和组成部分。作为市场经济活动重要内容和表现形式的商品投机，那么对市场经济进行宏观调控的法律，同样也适用于商品投机，因此市场经济宏观法律调控体系实际上与商品投机宏观法律调控体系在本质与最终目的上，具有内在的同一性。

（3）宏观调控法对商品投机的作用机制及体现

宏观调控法律体系是由一系列专门或相关的宏观调控法律部门组成的整体。不同的宏观调控法律部门对商品投机具有不同的宏观调控功能与作用机制。但总体上讲，宏观调控法律制度对商品投机的宏观作用机制与影响，并不是直接的，而是通过特殊的传导机制对市场经济活动主体与投机者的心理产生间接的影响，然后市场主体及商品投机者在此基础上，决定或控制其行为，从而在整体上达到调节和控制整个市场或某一特殊市场领域的投机的产生与否、投机的规模、投机的层次或结构等。

但不同的宏观调控法律制度则因其性质和内容的差异，其对商品投机的传导机制与影响也就有所不同。具体来说，宏观调控法律制度对商品投机的作用机制或影响，可概括两大方面：一是通过宏观调控法律改变或调整宏观经济变

① 参见漆多俊：《经济法基础理论（第三版）》，武汉大学出版社 2000 年版，第 361 页。张德峰：《宏观调控法律责任研究》，中南大学 2007 年博士学位论文。

② 漆多俊：《宏观调控法研究》，中国方正出版社 2002 年版，第 18 页。

③ 李远东：《西方国家宏观调控体系及借鉴》，载《经济经纬》2001 年第 3 期。

量，引导或促使宏观经济变量朝着均衡方向发展，以此在总体上影响与控制市场主体的投机心理、投机的主体规模、投机的发展空间及其结构与层次；二是通过宏观调控法律制度影响市场价格变量因素，引导、控制或促使市场价格朝着合理方向发展，然后通过价格变化的信息传导，以影响或控制商品投机主体的心理与规模及其投机的可能空间范围等。

由于宏观调控法律体系的庞杂性、多样化等特点，不可能就每一部具体的宏观调控法律对商品投机的作用或产生的影响进行全面分析或面面俱到。基于此，笔者以漆多俊教授提出的"轴线理论"为基础上，经过适当的补充调整，将宏观调控法律体系划分为四个既相互独立又相互联系的内容体系：计划法、经济政策法、经济调节手段法、社会保障法。然后从每一种类型的调控法律体系，选择有代表性的某一特殊宏观调控立法，分析探究其对商品投机的作用机制或产生的影响，进而希冀达到一斑窥全的效果。

（4）商品投机与计划法

在实践中，对商品投机具有宏观调控作用机制的计划法律制度中，计划法则是其主要的核心与表现。"经济是指通过生产、制造和分配短缺的物品以及提供短缺的服务来有计划地满足人们需求的各种条件和措施的总和。"① 也就是说，经济本身就包含了计划因素在内；换言之，计划是任何一种经济形态固有的内在要素，任何一个市场都内含了一定程度的"计划需要"。同时，任何一种经济形态又是或应该是以市场为基础的，所以，在一种正常运行的经济体制下，计划与市场是相辅相成、和谐统一的。②

计划是指人们在行动之前预先拟定的具体内容与步骤。计划法中的计划，一般多指国家经济（调控）与社会发展计划。"计划法则是指体现国家计划内容，保障计划各项任务和总量指标实现的各有关法律"，③ 如罗马尼亚的《经济和社会发展计划》，它"在宏观调控中处于龙头地位，或可称之为'龙头法'。④

计划法有实体法与程序法之分。实体计划法主要是指有关计划决策、执行和管理体制、计划目标与任务、计划主体的权利与义务等方面的法律法规。计划程序法主要是涉及有关计划的编制、审批与执行等方面的法律法规。尽管我

---

① ［德］罗尔夫·斯特博：《德国经济行政法》，苏颖霞、陈少康译，中国政法大学出版社 1999 年版，第 11 页。

② 李刚：《市场和计划法：对计划的两次限制》，载《经济法论丛》2001 年第 2 期。

③ 漆多俊：《经济法基础理论》，武汉大学出版社 1996 年版，第 75 页。

④ 漆多俊：《宏观调控法研究》，载《法商研究》1999 年第 2 期。

国目前还没有一部独立的计划法法典，但自新中国成立以来，我国还是颁布了一系列有关计划的规范性文件，并加强计划工作和完善计划法制起到一定的积极作用。目前，对我国计划工作起指导和约束作用的有关文件，主要是全国人大及其常委会制定和颁布的一系列有关国民经济与社会发展计划的决议。这其中既包括中长期计划，① 如过去已制定和实施完毕的 11 个五年计划和目前已制定和实施第十二个五年计划，也包括 1 年期的短期计划，如十一届全国人大四次会议关于 2010 年国民经济和社会发展计划执行情况与 2011 年国民经济和社会发展计划的决议。

国家以立法形式将计划的有关问题确定下来，促使国家相关计划部门积极分析与研究国民经济和社会发展的运行情况，及时制定和实施符合国家与社会实际发展需要的国民经济和社会发展计划或规划，以增强规划方案的权威性、可信赖性、合理性、明确目的性或方向性、稳定性及可操作性，并以外在动力与压力形式，从宏观上对市场非理性心理与行为予以冲击与破除，扩大稳定的市场心理规模与深度，压缩投机者过度投机的空间范围与机会，有助于增强市场活动主体的理性决策与行为，进而促进和巩固国民经济与社会的持续稳定健康的发展。具体来说，计划法律规范对商品投机的宏观调控功能，主要体现以下几个方面：

首先，国家通过其了解或掌握的各种经济信息与数据，作出科学的分析和预测，然后拟定出特定时期内符合本国或本地区实际情况与发展需要的经济发展计划或规划，用以指导和影响生产、流通、分配和消费等社会再生产的各个环节。而计划的法治化或制度化与理性化（如引导投资和促进经济结构的合理化）则在一定程度上有助于克服市场经济自身所具有唯利性、自发性、盲目性、滞后性等缺陷，有助于尽量减少或减低市场运行失灵的频繁发生与过度化，进而有助于引导投机者进行理性化投机，间接地控制或限制非理性化投机的泛滥。例如在理性化的计划法的引导下，市场经济在运行过程中，在一定程度上会克服市场经济自身的某些缺陷如无目的性，降低市场失灵现象发生的频率与程度，从而在一定程度上有助于降低以投机者为代表的食利者阶层利用市场过度失灵进行的不合理与不公平的交易与竞争，防止或降低其过度的膨胀对整个市场经济可能带来的消极影响。因此，计划法在一定程度上就是国民经济与社会按照计划或规划方向发展的稳定器与保障。

其次，法制化或制度化的国民经济与社会发展计划，有助于市场主体合理

---

① 长期计划一般又称为远景计划，是指 10 年或 10 年以上的计划。中期计划一般指 5 年计划。

地预测经济发展趋势，稳定市场大众的市场心理，增强市场大众的市场发展预期，减少市场大众的市场行为过度极端化或异化如"羊群效应"，以减少商品投机心理的广度和深度，进而影响和制约商品投机者的规模，预防和控制商品投机的大众化与社会化倾向。

再次，计划与市场都是重要的资源配置手段，只不过计划是人为配置或组织经济资源，而市场则是自发的配置资源。国家在市场调节机制的基础上，对各种经济资源和经济结构进行合理的有计划的干预或配置，引导社会投资与经济结构朝着合理化方向发展，从而有助于克服市场配置资源的滞后性与不均衡性，防止市场供求关系长期过度失衡或过度紧张。因为长期紧张的供求关系与失衡的资源配置状态，在一定程度上容易引发人们改变常规的寻求资源和追求利润的方式与途径，转而探寻其他获取资源与追寻利润的途径与方式，甚至不管其风险大小或行为方式合法与否，如投机行为。

最后，新的资源开发利用与新的产业计划或规划，有助于市场活动主体发现新的商机或展望新的前景，有助于鼓励和引导社会上大量的闲置资金寻求投资渠道与投资机会，减少社会闲置资金流向投机流域。但同时，社会闲置资金以投机的方式适度地流入初步建立或开发的行业，在一定程度上则有助于推动该行业的新兴，进而为推动或活跃整个市场经济提供重要的示范动力。

但是，计划并不是万能的，它和市场一样，自身也存在着一定的缺陷。如我国有的学者就将计划所存在的缺陷概括成 4 个方面：①计划对计划资源的依赖；②计划者对信息难以完全掌握；③计划过程中客观存在着基层单位的劝说行为和谎报军情现象；④计划需要高昂的组织成本。①

（5）商品投机与经济政策法

经济政策，也称为国民经济政策，是政策的一种，是国家或政府有意识的去解决各种经济问题的行动指南。它实际上是国家在政党和各个利益集团的压力下所采取的经济行动，是国家或政府的经济意志的体现。② 经济政策是连接国家计划与各种调节手段的中介，在国家经济中处于极其重要的地位。在现代西方，国家对宏观经济进行政策性调控，主要有两种模式：一是以日本为代表以财政政策为主导的宏观调控模式；二是以美国为代表以货币政策为主导的宏观调控模式，其特点是，政府主要通过货币政策调节市场参数，达到调控经济总量的目的。

---

① 漆多俊主编：《经济法学》，武汉大学出版社 1998 年版，第 443 ~ 445 页。

② 邓峰：《经济政策、经济制度和经济法的协同变迁与经济改革演进》，载《中国人民大学学报》1998 年第 2 期。

经济政策又有宏观经济政策和微观经济政策之分。宏观经济政策主要是对市场经济主体产生或施加间接影响的政策，往往具有明显的引导性和非强制性特征，如货币金融政策、财政政策、投资贸易政策和产业政策等。而微观经济政策主要是对市场经济主体能够产生特殊影响或特殊约束力的政策，如政府的限价政策、限购政策等。

经济政策法是国家经济政策的法律化，是"对经济关系的法律调整，在贯彻执行经济政策中起着重要作用"。① 列宁曾强调指出，经济政策必须"以法律形式最牢固地确定下来，以免发生任何偏向"。② 经济政策法体现了国家各项基本经济政策实体性内容，是国家宏观调控法体系中的重要组成部分。因此与一系列经济政策的法律化相对应的则是与之有关的法律法规如《金融法》、《财政预算法》、《投资贸易法》及《产业政策法》等。

在经济政策及其相应的法律体系中，金融货币政策及其立法规范对商品投机的影响在实践中往往是最为明显、最主要，也是最典型的。因此，分析宏观经济政策法对商品投机的影响及作用机制，我们或可从金融货币政策法律制度的影响及其作用机制中窥其一斑。根据国际上绝大多数国家的做法或惯例，宏观金融调控政策的制定和实施基本上都是由国家的中央银行担任，其制定和实施的法律依据也主要是中央银行法。在我国，《中华人民共和国中国人民银行法》则是制定实施金融宏观调控政策主要法律依据，中国人民银行则是主要的金融宏观调控主体。例如《中国人民银行法》第 2 条第 1 款规定："中国人民银行是中华人民共和国的中央银行。"第 5 条规定："中国人民银行就年度货币供应量、利率、汇率和国务院规定的其他重要事项作出的决定，报国务院批准后执行。"

在金融货币宏观调控政策中，最主要也是常见的是货币政策。货币政策有狭义和广义之分。狭义的货币政策是指中央银行为实现其特定的经济目标而采用的影响货币供应量、信用量或货币供求的方针和措施的总称。广义的货币政策指政府、中央银行和其他有关部门所有有关货币方面的规定和采取的影响金融变量的一切措施（包括金融体制改革，也就是规则的改变等）。例如《中国人民银行法》第 2 条第 2 款明确规定："中国人民银行在国务院领导下，制定和执行货币政策，防范和化解金融风险，维护金融稳定。"近两年，我国媒体上频繁出现的"加息"或"减息"或"提高或降低存款准备金率"等术语，就是我国制定和实施相应货币政策的重要体现。

---

① ［苏］В. В. 拉普捷夫：《经济法》，群众出版社 1987 年版，第 1 页。
② 《列宁全集》（第 33 卷），第 350 页。

就货币在现代经济运行过程中的地位而言，"无论是产业资本运动，还是商业资本运动，都是从货币资本运动开始的，都是通过货币的流通和资金的运动表现出来，因而资金的运动就成为商品生产和流通的必要条件"。① 因此，国家制定和实施货币调控政策，必然在一定程度上会影响货币的市场供求关系。而市场货币供求关系又影响着商品的生产和流通的能力、规模和速度，同时在一定程度上还影响着投机者用以投机需要的货币需求和投机客体，继而影响商品投机的规模、范围等。

一般来说，一个国家制定和实施货币政策的最终目标是为了促进实现或保障经济增长、充分就业、物价稳定、国际收支平衡及金融稳定。如《中国人民银行法》第 3 条规定，我国的货币政策目标为"保持货币币值的稳定，并以此促进经济增长"。但货币政策的最终目标的实现，还需一系列的货币政策中间（介）目标（如货币供给量、长期利率、汇率等）与具体操作目标（如短期利率、基础货币、存款准备金等）的实现为条件。换句话说，货币政策的最终目标实现与否，需以货币政策中间目标实现与否为依据或参考。而货币政策中间目标的实现与否又以一系列具体操作目标的实现为前提。其中货币政策的具体操作目标的实现与否，又与市场主体及其经济行为密切联系的。

货币政策的最终目标与市场经济活动的主体之间，并不直接发生相互作用，而是通过一定的传导机制，间接的相互影响，相互促进与制约。货币政策传导机制是货币政策理论的核心内容，其实也是货币政策对商品投机作用或影响机制的核心内容。货币政策传导机制离不开相应的货币政策工具。而货币政策工具其实就是指中央银行为调控货币政策中介目标而采取的政策手段。货币政策工具一般分为常规性或一般性货币政策工具和选择性货币政策工具。常规性货币政策工具包括公开市场义务、存款准备金和再贴现政策；选择性货币政策工具包括信用（包括消费者信用、证券市场信用、不动产信用等）控制、特种存款（如预交进口保证金）、优惠利率等。《中国人民银行法》第 23 条则明确规定了中国人民银行为执行货币政策，可以运用存款准备金、央行基准利率、再贴现率、向商业银行提供贷款以及通过公开市场业务买卖国债和外汇等货币政策工具。

在市场经济体制下，货币政策传导途径一般有三个基本节点：中央银行、商业银行等金融机构和金融市场、非金融部门的各类经济行为主体（如企业、居民等）环节、社会各经济变量（包括总支出量、总产出量、物价等）。在货

① 闫革：《略论我国政府宏观调控体系》，载《华北电力大学学报》（社会科学版）2005 年第 1 期。

币政策传导途径中，受此影响或参与其中的各类经济行为主体，不仅包括市场非投机者，还包括投机者以及准投机者。国家不管采用哪种货币政策工具都会影响商品投机者投机心理，影响商品投机者用以投机所需的货币或资金以及被用以投机的各种投机品。

国家的宏观货币政策、宏观货币调控目标与商品投机者及其投机行为之间，通过特殊的货币政策工具与传导机制，彼此之间形成了相互影响，相互作用的特殊互动关系。即概括起来可分为两种互动模式：A 模式与 B 模式。

A 模式

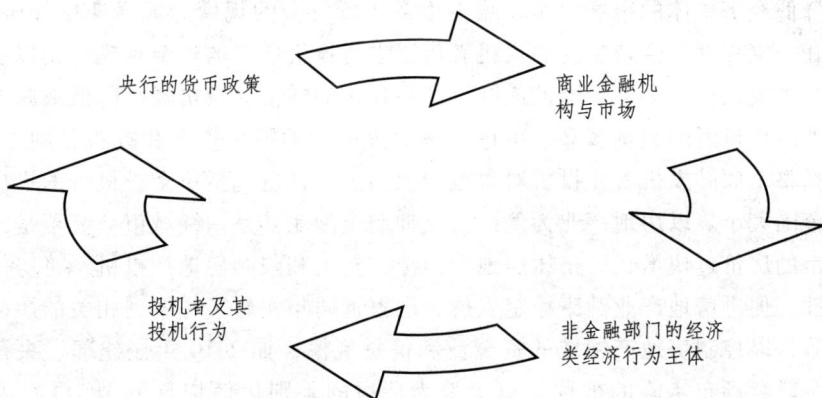

B 模式

市场经济主体的心理与行为→影响投机者的心理与行为→影响着国家宏观经济目标（货币政策最终目标）→制定和实施新的货币政策→具体操作目标→货币政策中间目标→最终货币政策目标

货币政策在传导渠道（或方式）上主要有两种：货币渠道和信贷渠道。货币渠道主要是通过利率、汇率和相对价格来影响宏观经济变量与市场经济主体的心理与行为；信贷渠道则是借助银行系统引起信贷市场的变化，从而影响宏观经济变量与市场经济主体心理和行为。在我国，货币政策的主要传导渠道是信贷。① 而信贷渠道通常又可分为银行信贷渠道和资产负债表渠道。② 在现代银行信贷的实践中，根据银行信贷的规模与严格程度，可将银行信贷分为紧缩或严格信贷和放宽或放松信贷两种途径。

紧缩或严格信贷一般又称为银根紧缩或紧缩银根，③ 是指人民银行采取一系列措施以减少市场货币供应量。具体而言，紧缩信贷不但能够直接减少市场上的流动资金和信贷银行的直接可贷资金，而且还可以使借贷双方的资产负债表恶化，从而降低借贷双方的借贷能力。当市场上可得的流动资金或信贷资金减少，必然在总体上会减少市场经济主体用以进行生产与市场交易所需的资金，降低经济主体的市场信用，减少市场闲置资金的规模和流通速度如游资。从而在一定程度上会减少商品投机者借以进行投机所需的资金规模。用以投机的资金规模较少，必然会降低或减少商品投机的规模。投机规模降低或减少既包括商品投机者的数量多寡，也包括单个投机者的投机资金和投机品的多寡；既包括整个商品投机者在投机对象范围上的大小，也包括单个投机者的投机对象的范围大小。以房地产业为例，为了抑制全国尤其是一线城市，甚至是二三线城市的房价过快增长，挤压房地产泡沫，打击和限制房地产投机，将房价回归理性，促进房地产业健康稳定发展，国家近两年实施了一系列相关的严格信贷措施，以控制房地产领域的资金流和信贷规模，如 2010 年住建部、央行和银监会联合颁布实施的被称为史上最为严厉的差别化信贷政策，④ 再如 2011

---

① 参见周英章、蒋振声：《货币渠道、信用渠道与货币政策有效性——中国 1993—2001 年的实证分析和政策含义》，载《金融研究》2002 年第 9 期；盛松成、吴培新：《中国货币政策的二元传导机制——"两中介目标，两调控对象"模式研究》，载《经济研究》2008 年第 10 期；蒋瑛琨、刘艳武、赵振全：《货币渠道与信贷渠道传导机制有效性的实证分析——兼论货币政策中介目标的选择》，载《金融研究》2005 年第 5 期。

② 白俊、连立帅：《货币政策、产权性质与信贷资金配置》，载《中国会计学会 2011 学术年会论文集》，第 2 页。

③ 银根指的是市场上货币周转流通的情况。因中国 1935 年法币改革以前曾采用银本位制，市场交易一般都用白银，所以习惯上称资金供应为银根。银根有紧松之分，判断依据是资金供需状况。如果市场上资金供不应求，称为"银根紧俏"或"银根紧"；市场上资金供过于求，称为"银根松疲"或"银根松"。现代经济生活中，银根一词也往往被用来借喻中央银行的货币政策。

④ 本次差别化信贷政策的主要内容是：对贷款购买第二套住房的家庭，贷款首付款不得低于 50%，贷款利率不得低于基准利率的 1.1 倍；对购买首套住房且套型建筑面积在 90 平方米以上的家庭，贷款首付款比例不得低于 30%；商品住房价格过高、上涨过快、供应紧张的地区，暂停发放购买第三套及以上住房贷款；对不能提供 1 年以上当地纳税证明或社会保险缴纳证明的非本地居民暂停发放购买住房贷款。

年，央行连续 6 次提高存款准备金率和 3 次提高银行的基准利率等措施。2011年央行实行的一系列严格信贷措施或限贷措施以来，其产生的传导效应已在2011 年的第四季度得以体现，其中全国大部分粮食与蔬菜价格出现回落，许多一线城市（如北京、上海、南京、杭州等）的房价也开始松动，并呈上涨停滞或大幅下降的趋势，为此有些地方甚至出现大批购房者要求退房的现象（又被媒体称为"房闹"现象），房地产泡沫与投机度也相应地得以挤压与降低。以北京为例，从 8 月开始，北京房价开始"hold"不住了，许多楼盘开始选择降价，有的降价幅度非常大。其中北京通州的一个叫"润枫领尚"的楼盘，2011 年 5 月预售时均价是每平米 2.7 万元，但到了 2011 年年底，均价降到每平方米 1.3 万元起价。将近半年时间，降幅就达 50%，降价幅度非常之大。①

　　与紧缩或严格信贷相对应的是放宽或放松信贷，它是指国家增加市场的货币供应量的各种措施的总称。市场货币供应量的增加，一方面会增加市场流通资金的数量和信贷规模，另一方面则可能加剧或导致物价上涨或通货膨胀。对商品投机而言，前者可能会增加市场闲余资金，增加用以投机所需的货币资金与信贷的规模，从而在一定程度上会扩大商品投机的规模。而后者，则可能会加剧市场的波动尤其是价格波动。过分或过度的市场波动，在一定程度上又会增加或扩大投机的机会，刺激市场主体的投机心理，引发其投机动机和参与投机的行为。例如，2008 年 11 月中国为应对国际金融危机提出"适度宽松"的货币政策，宽松货币政策总的来说是增加市场货币供应量，比如直接发行货币，在公开市场上买债券；降低准备金率和贷款利率等。货币量多了，需要贷款的企业和个人就更容易贷到款，一般能使经济更快发展，是促进繁荣或者是抵抗衰退的措施，其中中央放出的大量信贷就是宽松货币政策的表现。但这种宽松的货币政策在一定程度上又刺激了我国房价的不断攀升，进一步加剧了许多一线城市房产地泡沫与投机的程度。这种看法，在理论界已被许多学者所认同。② 以 2009 年为例，全国房地产贷款新增量超过 2 万亿元，占各项贷款新增额的 20.9%，其中个人房贷新增 1.4 万亿元，同比增长高达 47.9%。买别

---

　　① 《开发商对不起了　2012 年将是购房人机会之年》，载凤凰网：http://house.ifeng.com/news/detail_ 2011_ 12/27/11591081_ 0. shtml，浏览日期：2011 年 12 月 27 日。

　　② 如刘霞辉：《宏调底线在哪里》，载《瞭望》2010 年第 10 期；陈志平：《关于我国房地产市场调控的几个问题》，载《内蒙古财经学院学报》2010 年第 2 期。

墅都靠贷款，炒房基本靠贷款，成了公开的秘密。①

　　3. 调节手段法对商品投机调控的应用与体现：价格法与商品投机

　　各种具体调节手段是对国家计划和经济政策的落实，是国家宏观调控体系的重要内容与组成部分，是国家对社会经济生活进行引导、调节、控制、帮助与服务的重要手段或工具或杠杆，其中主要包括价格、税收与税率、汇率、工资等。内容涉及价格的调整与限定、工资收入的增加、货币的收发、税种与税率的增减、市场业务的开放与关闭、费改税、财政转移与支补等。与之相关的法律主要有价格法、税法、财政法、银行法、外汇法等。换句话说，价格法、税法、财政法、银行法、外汇法等，均包含了若干具有宏观经济调控功能的调节手段或具体措施。但是，不同的法律部门及不同调节手段对市场经济的运行，往往具有不同的调控机制，对市场经济主体（包括投机者）的市场心理和市场行为也会产生不同的影响和作用机制。即便是同一部法律、同一种调节手段，也会产生不同的调控效果，如调控幅度、范围、强度、客体、适用时限的差异，对不同的市场主体同样也会产生不同的影响。但总体上，具体调节手段对商品投机产生的影响或作用机制，主要有两种方式：一是利用法律规定的各种特殊调控手段或杠杆，对市场经济资源或宏观经济变量施加影响或进行适度配置，从而以间接的方式引导或控制市场经济主体的市场心理及行为，进而影响和控制市场的投机度，如通过降低奢侈品进口关税，有助于降低或减少我国公民的境外奢侈品消费投机行为，进而有助于活跃或丰富我国的高档奢侈品消费市场；二是利用特殊的调节手段或杠杆直接影响或控制商品投机者的投机心理及投机行为，如国家对特殊商品实行严格的限价或定价制度，在一定程度上有助于限制和打击企图利用该商品的价格波动进行追逐暴利的投机行为，从而有助于稳定相应的市场秩序和供求关系，稳定社会秩序。

　　以我国《价格法》中的价格调控为例。在市场经济中，价格具有表价功能、信息功能、核算功能和经济调节功能。表价功能强调的是价值的货币表现，信息功能表现在价格经济信息的传递与反映，核算功能是指价格被用来计量社会经济活动效果的一种工具，而调节功能强调的是价格的资源调配功能，它调节着整个经济活动，使市场资源、产品发生相应流动和人们利益的分配。但是，当价格信号失灵时如市场价格异常波动，市场价格所具有的积极作用就会受到限制。市场价格失灵必然会导致市场经济运行失灵或不稳定或混乱。而市场无法及时有效地自我调节时，国家就会利用一系列手段（包括价格手段）

---

① 陈志平：《关于我国房地产市场调控的几个问题》，载《内蒙古财经学院学报》2010 年第 2 期。

进行调整控制。国家运行价格手段进行调控，不仅包括对价格本身进行调控，而且还包括对市场主体的价格行为、流通或准流通商品进行调控。

商品投机的商业性投机是一种逐利的行为，通常也是利用商品的市场价格上下波动进行逐利的。因此商品本身是否具有投机属性、商品的价格是否变动，如果变动其变动幅度与趋势如何，影响商品价格变动的因素有哪些，购买特殊商品的交易群体的数量或规模等，通常是投机者考虑的因素，当然也是国家或其政府所考虑的因素。为了适度的调节或控制商品投机，国家可仅仅围绕价格，适时适度采取一系列价格手段与措施，对商品投机进行引导、调整、管理和控制。这其中既包括为维护或实现市场价格总水平的间接性宏观调控，也包括为维护和实现市场价格秩序，规范市场价格行为的直接性的宏观调控手段或措施。

价格总水平的间接性宏观调控主要包括对重要商品进行常规性储备、设立价格调节基金，重要农产品实行保护价等。例如我国现行的《价格法》第 4 条规定："国家支持和促进公平、公开、合法的市场竞争，维护正常的价格秩序，对价格活动实行管理、监督和必要的调控。"第 26 条规定："稳定市场价格总水平是国家重要的宏观经济政策目标。"……第 27 条规定："政府可以建立重要商品储备制度，设立价格调节基金，调控价格，稳定市场。"第 29 条规定："政府在粮食等重要农产品的市场购买价格过低时，可以在收购中实行保护价，并采取相应的经济措施保证其实现。"这些间接宏观调控措施或手段，对商品投机同样也具有相应的调控和引导的功能。例如当某一重要商品（如粮食、牛羊肉）因投机者大肆囤积并导致其市场供不应求和价格飞涨时，国家可相应动用战略储备的商品，将其以较低价格或明显低于市场价格的方式大量投放市场，一方面可以及时平衡该商品的供求关系，另一方面可以有效地促使其市场价格下跌，从而间接地打击或控制商品投机行为。再如当某种重要的农产品当年大丰收而导致其市场供过于求时，投机者往往就会乘机恶意压低价格，然后大量收购进行囤积，以期以后高价卖出而获取暴利。国家为此可采取特殊的保护价或高于当时市场价格的手段或措施，进行收购该农产品，这样一方面可以有效地维护农产品的市场交易执行，平衡供求关系，保护农民的利益；另一方面可以有效地打击或控制商业性商品投机行为。

对市场价格行为进行直接性宏观调控的手段或措施包括在全国范围内或者部分区域内采取临时集中定价、部分或者全面冻结价格、对部分价格采取限定差价率或者利润率、特殊商品的明码标价、实行提价申报制度和调价备案制度等措施。例如《价格法》第 18 条规定，对与国民经济发展和人民生活关系重大的极少数商品、自然垄断经营的商品及资源稀缺的少数商品等，政府在必要时可以实行政府指导价或者政府定价。第 30 条规定，当重要商品和服务价格显著上涨或者有可能显著上涨，国务院和省、自治区、直辖市人民政府可以对部分价格采取限定差价率或者利润率、规定限价、实行提价申报制度和调价备案制度等干预措施。第 31 条规定，当市场价格总水平出现剧烈波动等异常状态时，国务院可以在全国范围内或者部分区域内采取临时集中定价权限、部分或者全面冻结价格的紧急措施，如我国对食盐、烟草等商品实行的政府定价制度。再以商品房价格国家干预为例，为了打击或限制房地产开发商的商品房价格投机行为，为了引导消费者科学合理的消费观念和消费行为，防止或适度限制消费者住房消费投机，2011 年发改委和许多地方政府就明确规定，开发商对其上市销售的住房，必须明码标价，严格限制其随意涨价，即开发商在销售商品房的过程中要明确地标示出待售或预售的商品房的销售价格或严格控制价格上涨的幅度，如果提价或变动价格还需履行相应的提价申报和调价备案程序。

4. 社会保障法对商品投机调控的应用例

社会保障是指国家为了保障社会安全和经济发展而依法建立的，在公民因年老、疾病、伤残、失业、灾害、战争、贫困等原因而生活发生困难时，由国家和社会通过国民收入的分配和再分配，为其提供物质帮助，以维持其一定生活水平和质量的制度。① 社会保障往往具有强制性、公益性、福利性和社会性等特征。强制性主要体现在国家往往通过立法手段来强制实施的，如 1935 年美国颁布了世界上第一部社会保障法《联邦社会保障法》。公益性主要是指社会保障的根本目的在于保障社会成员的基本生存与发展条件，因而社会保障的过程不以营利为主要目的。福利性主要是指国家为其公民提供帮助是其法定责任或政治责任，而公民获得帮助、接受帮助则是其法定的基本权利如居住权、生存权等。社会性则体现在帮助对象的社会性或普及性、经费来源的社会性、保障执行机构的社会性等方面。应用于社会保障的经费来源除了由国家财政预算或拨款、社会公民及其单位依法缴纳依法缴纳的外，还有相当一部分是从社会募集或由社会捐赠的。社会保障经办机构的社会性，即许多是社会保障经办机构都是由社会性组织直接实施或参与的。

新中国成立以来尤其是实行社会主义市场经济体制以来，我国先后颁布了一系列有关社会保障的法律法规，并形成了一套相当较为全面的社会保障立法体系。其中具有代表性的主要有《中华人民共和国社会保险法》、《中华人民共和国残疾人保障法》、国务院《关于城镇保障性住房建设和管理工作情况的

---

① 王全兴：《经济法基础理论研究》，中国检察出版社 2002 年版，第 703 页。

报告》、国务院《关于开展城镇居民社会养老保险试点的指导意见》、国务院《关于试行社会保险基金预算的意见》等。

国家通过制定和实施社会保障法律法规，直接目的在于保障基本生活，但根本目的在于化解社会矛盾、维护和促进社会经济稳定、促进和保障经济与社会发展。维护和促进社会经济稳定，其实就包含着社会保障法具有合理配置经济资源、引导和调节市场行为、维护经济秩序的功能，进而具有调节和引导相应商品投机的功能。

社会保障法对商品投机的宏观引导或调节功能，在实践中主要从两个方面对商品投机产生影响或发挥作用的：

一是利用特殊的社会保障措施或手段，引导、调整、控制特殊的商品（如药品、副食品）市场供给量或其流通渠道（如政府主导下的副食品社区直销），以持续稳定的方式或制度化方式维持市场供应，平衡供求关系，限制或缓解因市场供应短缺而引发的经营性投机如囤积或消费性投机如抢购。或者通过减少特殊商品的流通环节或删减不必要的流通环节，限制或控制经营者不正当的层层加价或提价行为，增强或促进某种特殊商品的成本和利润空间的透明度，从而在一定程度上可以有效地限制或适度控制投机者的逐利动机或投机行为选择，将整个市场中某种特殊商品的投机程度引导或控制在整个社会可承受或认可的范围内。例如，针对近两年物价快速上涨的趋势，在普通居民人均收入无法增长的情况下，为了解决或缓解广大普通百姓日常生活开支的压力，我国许多地方政府尤其是一些城市政府在许多社区实施了具有社会保障性质的粮油、蔬菜等副食品直供或产销直接对接的措施。这一保障措施一方面有助于广大市民节俭开支，保障其基本的生活需求，有助于帮助或解决农民的粮油、蔬菜销售，增加收入，实现和扩大城市居民消费和农村农民生产种植的有效对接；另一方面还有助于减少蔬菜等副食品的销售环节，减少其中的差价，降低其价格，进而减少其价格泡沫或投机度，从而促进或实现市场经济秩序，平衡市场供求关系。

二是通过特殊的社会保障措施，引导、调整或适度控制某种特殊商品或产品的固定买方市场——广大消费者或普通百姓，以此起到较少或降低被经营性投机者作为借以实现其投机目的或追求的交易相对方的规模与数量，以此限制或调整商品投机度。也即国家通过特殊的保障措施以限制、引导、调整或控制特殊消费群体或购买者的数量，使得与投机者进行交易的交易相对方的规模随之降低，以此达到调整或控制某种特殊商品投机的数量、频率与范围等。例如，国家在近三年投资 9000 亿元进行保障性住房的建设，① 一方面是国家为了解决城市低收入住房困难家庭的居住问题而履行的社会保障责任；另一方面则通过向社会提供大量的具有社会福利性质的住房，以此适当地缓解中低收入家庭面对房价过快上涨的恐慌心理，减缓住房供需矛盾，引导、调整和控制作为房地产买方市场的普通百姓或消费者尤其是城市中低收入群体的消费性住房投机，进而以此调整、控制、引导与之相对应的经营性住房投机。

尽管社会保障立法对商品投机具有一定的调控功能，但这并不意味着所有的有关社会保障方面的法律法规都具有商品投机的功能。社会保障法其实就是社会保障措施或手段的制度化或法制化。在实践中，对商品投机具有调控功能的社会保障法律规范，主要是依据社会保障法而制定和实施的对某些特殊商品的市场价格、供求关系能产生重要影响的社会保障措施或手段而体现出来的，即国家为履行相应的社会保障职能，依法制定或实施相关的保障措施与手段，以此有效引导、调整和控制某种或某些特殊商品的市场价格与市场供求总量的变化，借此进而间接的起到影响或引导、调整与控制特定环境下的特殊商品投机问题。

（三）我国商品投机宏观调控机制运行中的问题及原因

1. 通过对我国现行商品投机宏观调控机制的分析，我们可以发现，我国的商品投机宏观调控机制在实际运行过程中，存在着一系列问题与特点，具体来说主要体现在以下几个方面：

（1）我国现行的商品投机宏观调控机制中，政策性宏观调控具有明显的常态化特点，在整个调控机制中往往处以主导地位；而法律调控还没有完全实现非常态化，其受到的重视程度还不够，实践中有针对性地运用法律手段对商品投机进行宏观调控的力度、频次较为欠缺。

（2）实践中，政府制定和实施的有关商品投机的宏观调控政策中，有的明显违背市场经济的内在实质及其规律，缺乏应有的合理性和正当性，有的则具有一定的违法性，忽视甚至侵犯市场活动主体的合法经济权利，如商品房限购政策、对普通商品的价格进行不当干预等。

（3）国家或中央的宏调决策在其实际执行过程中，未能得到切实有效的贯彻执行，宏调决策与执行严重脱节，此正所谓"上有政策在执行时下有对

① 根据规划，"十二五"期间我国要建设 3600 万套保障房。其中 2009 年和 2010 年开工建设的达 1700 万套，2011 年安排开工建设的是 1000 万套，2012 年开工建设 700 万套。参见《住建部：明年新建保障房和改造房 700 万套以上》，载新浪网：http：//news. sina. com. cn/c/2011 - 12 - 24/023323685805. shtml，浏览日期：2011 年 12 月 24 日。

策"，因而其调控效果可想而知。

（4）我国的商品投机宏观调控，在实践中更侧重于运用某一个或几个特殊手段，对某一特殊时期或某一特殊领域的某一特殊商品的商品投机进行专项调控，忽视运用其他各种调控手段或措施进行综合性调控。

（5）过多地注重商品投机的短期宏观调控目标如抑制价格在短期内快速上涨，忽视长期的宏观调控目标与根本目标的促进、维护与实现。

2. 导致我国目前商品投机宏观调控机制在实际运行中存在的上述问题，主要原因在于：

首先，我国正处于社会主义市场经济转型期，市场经济发展不够完善，我国现行的宏调调控法律体系还不够全面，有些非常重要的宏观调控专项法律几乎是空白（如计划法、产业法），尤其是有关商品投机方面的专项法律法规的欠缺，还有的法律法规滞后于市场经济实践，无法满足市场经济发展的现实需求。而且在我国现行的宏观经济法律调控体系中，基本没有明确将商品投机纳入宏观调控的对象范畴中，也没有明确规定商品投机宏观调控的直接目标或具体目标。

其次，商品投机宏观调控主体的职权与职能划分相对较为松散，相互间缺乏一个有效领导和协调主体。这就导致其在实践中相互抵触、相互推诿的现象，无法形成一个统一整体。

再次，受传统政治体制和观念的影响尤其是高度集权的计划经济与政治体制影响等，宏观决策与执行主体在实践中侧重于政治权威对经济生活的作用和影响，不能客观有效地处理好市场与国家干预的关系。

最后，随着科技的进步、市场经济的发展，宏观调控决策主体与执行主体对商品投机的认知往往滞后于商品投机的实践，对商品投机作用、地位、产生与发展规律等的认识还缺乏一定的全面性和客观性。

第三章　商品投机法律调控机制的
失灵与商品投机的变化

第一节　商品投机法律调控机制的失灵

一、商品投机法律调控机制的失灵界定与表现

（一）商品投机法律调控机制的失灵界定

以法律调控预期或预设目标为标准，法律调控的实际效果可分为成功和失灵两种结果。成功意味着某一种或某一套法律制度在实际运行中所产生的某种效果（包括经济效果、政治效果、社会效果、法律效果）与影响，基本接近甚至完全符合法律预设的调控目标与任务。失灵则强调法律调控制度实际运行效果偏离目标或完全背离预设的调控目标。当然，法律调控机制的失灵是一种相对失灵，而不是绝对失灵。法学界所说的法律失灵实际上就是法律调控机制的失灵，是"指现有法律在适用过程中发生的作用偏差和不合理现象，是就法律效果而提出的一个概念"。①

商品投机法律调控机制的失灵则是指有关商品投机的法律调控制度未能将市场经济活动中的投机活动调控至合理的状态或达到预设的目标的一种实际运行状态，是商品投机法律调控制度不成功的重要表现。

（二）商品投机法律调控失灵的表现

法律调控的失灵在实践中因法律制度的不同则往往有不同的表现形式，即便是同一种法律制度，不同人也有不同的看法。就如我国著名学者沈宗灵所言："各个具体法律部门出现的法律失灵现象呈现出不同的表现形式，某些法律虽然有实效，但却没有实现应有的法律效果，或者收效甚微，或者事与愿

---

① 芮卫东：《法律失灵：一个客观的法律现象》，载《华东政法学院学报》2003 年第1 期。

违，实施的结果有悖该法的社会目的及立法者的初衷。"① 有的学者将法律失灵归纳为两种表现形式：一是秩序和权利的冲突，直接表现为以牺牲自然秩序而获得权利；二是公平和效率的冲突，直接表现为了公平而牺牲效率，或为追求效率而舍弃公平。② 还有的学者将实践中普遍存在的法律规避现象视为法律失灵的重要表现，即"它表现在法律的完备与人们对法律的漠视上，以至于法律的规定是一回事儿，人们的行为是另一回事。换句话说，法律规则对人们的行为并不能产生影响，立法者的立法预期不能实现。制定出来的法律不能在实际生活中得到实现，以至于法律规避成为一种普遍现象"。③ 根据法律实际调控效果的差异或实际失灵的程度，法律调控机制的失灵又可分为调控无效与低效两种类型。

商品投机法律调控的失灵，其实就是市场经济法律调控机制的失灵，是法律制度在经济领域的影响或产生的效果不尽如人意，或没有达到立法决策与调控机构预设的经济目标，或严重偏离预设的经济目标，即没有将各种类型的商品投机状况调整、控制到合理的状态——适度投机，以此接近或符合合理的预期或预设的经济目标要求与任务；而是将商品投机的状况主动或被动地调整、控制到不合理的状态如过度投机、严重投机不足、投机泡沫，从而偏离或违背合理的经济预期或预设的经济目标。合理的经济预期或预设的经济目标既包括直接的经济调控目标，也包括间接与根本的经济调控目标，两者往往是紧密联系在一起的。也即市场经济法律调控制度未能有效地促进或维护或实现国民经济总变量的均衡与协调，或未能有效地促进或维护或实现健康、稳定、有序及充满活力的市场经济，从而在直观上导致或表现为商品投机的非合理性的产生与发展，如商品投机不足、商品投机过度、传统的非法投机行为盛行、各种新的投机行为与手段不断地得以创新等。

非法投机盛行意味着市场经济运行机制出现病态化倾向，间接地说明正常的市场经济交易规模受到严重挤压或抵制，合法的交易秩序不断地被腐蚀，市场经济交易活动充斥着不公平和违法侵权现象。在某种意义上讲，法律无法也不能完全杜绝投机，不能杜绝并不意味着法律调控机制的失灵，但非法投机的盛行在一定程度上反映了非法投机行为规制的立法或非法投机行为执法监管的

---

① 沈宗灵主编：《法理学》，北京大学出版社 2001 年版，第 315 页。

② 芮卫东：《法律失灵：一个客观的法律现象》，载《华东政法学院学报》2003 年第 1 期。

③ 李清伟：《法律人类学视角下的法的概念与法律失灵》，载《甘肃政法学院学报》 2008 年总第 98 期。

低效或无效。低效或无效就是一种失灵的表现。

商品投机过度既包括非法投机过度，也包括合法投机的过度。不管是非法投机还是合法投机，只要是其过度，那么就意味着市场存在着巨大的交易风险。巨大的交易风险必然或可能影响市场预期，降低市场主体的信心，增加市场主体的胆怯或畏惧。这种特殊的市场心理活动必然会影响着其市场行为，进而影响市场经济的稳定与发展，影响着预期的宏观经济调控目标的促进与实现。商品投机过度实际反映了商品投机微观法律规制的无效或低效，也反映了宏观法律调控机制对商品投机的引导、调整的无效或低效。

商品投机极度欠缺或不足，在一定程度上反映了市场经济活动竞争力与活力的不足。竞争力与活力的不足，必然导致市场经济发展的动力不足。动力的不足进一步会延滞或阻碍经济调控目标的实现，反映了市场经济法律调控制度在培育和增强市场竞争力与活力方面的不足或失灵。

二、商品投机法律调控机制失灵的原因

导致法律失灵的原因，既有法律自身的原因，也有法律之外的原因；既有立法者的原因，也有执法者的原因；既有决策者与执行者认识的因素，也有实践的因素；既可能是立法者制定的法律与周围的环境缺乏良性互动有关，也可能与法律系统结构存在缺陷有关，或者与信息传递障碍、反馈机制缺乏等有关。但总的来说，导致法律调控机制失灵的原因较为复杂，不同因素，对法律的失灵所发挥的作用机制或影响机制则不同。即便是同一种因素，因不同时间不同地区，对法律调控机制的失灵往往也有差异。导致法律调控机制失灵的原因，可从本体论、主体论、认识论和实践论等角度加以分析之。

（一）本体因素：商品投机法律调控制度自身固有的局限性

从本质上看，"商品投机法律调控机制的失灵"的根源主要在于商品投机法律调控制度自身存在的局限性。法律作为一种行为规范，自其产生以来，它的局限性就成为人们尤其是法学家关注和争论的话题。正如萨维尼所指出的："法律自制定公布之时起，即逐渐与时代脱节。"[①] 美国学者 E. 博登海默指出："尽管法律是一种必不可少的具有高度裨益的社会生活制度，它像人类创建的大多数制度一样也存在某些弊端。如果我们对这些弊端不引起足够的重视

---

① 夏勇主编：《走向权利的时代》，中国政法大学出版社 1995 年版，第 438 页。

或者完全视而不见，那么我们就会发展为严重的操作困难。"① 在法治社会中，法律必须要有高度的准确性，在适用上要有高度的统一性和完整性，这样才会有良好的法治状况，但任何一个时代，一个国家不可能有资格做到使法典都具有优良的品质，它总会有一些缺陷。② 作为法律制度重要内容和组成部分的市场经济法律调控制度同样也不可避免地会存在某些无法忽视的缺陷。

法律的局限性是"法律基于其防范人性弱点工具的特质在取得其积极价值之同时不可避免地要付出的代价，是法律由于其技术上的特点不能完善地实现其目的的情况"。③ 法律的局限性或弊端的具体表现，国内外不同的学者则形成了诸多不同的看法。美国大法官霍姆斯认为，法律具有形式主义的概念主义和科学主义、僵化特点以及法律与生活的分离等三大缺陷。④ E. 博登海默也同样将法律的弊端概括为三个方面：保守的倾向、僵化性、法律控制作用常常会被过度使用。⑤ 美国社会学家庞德认为，法律存在三个方面的固有缺陷：其一，法律所能调整的只能是人的行为，只能是人与事物的外部，而不能及于其内部；其二，法律制裁所固有的局限表现为只能以强力对人类意志施加强制；其三，法律规则不能自动执行，它必须依靠某些人或某种手段来使其运转。⑥ 而我国有些学者也对法律局限性问题，提出了一定的看法。如徐国栋教授认为法律的局限性具体表现为不合目的性、不周延性、模糊性和滞后性。⑦ 秦国荣则从立法和司法的角度，将法律运作的弊端概括为时滞性、非全真性、不周延性、外部性和形式性五个方面。⑧

从立法技术的角度讲，法律与其他制度相比往往具有强制性、稳定性、普遍性、确定性等特征，而这些特征其实也是法律所具有的某些优点。但从辩证

---

① ［美］E. 博登海默：《法理学——法律哲学与法律方法》，邓正来译，中国政法大学出版社 1999 年版，第 388 页。

② ［德］萨维尼：《论当代立法和法理学使命》，北京大学出版社 1983 年版，第 119 页。

③ 徐国栋：《民法基本原则解释——成文法局限性之克服》，中国政法大学出版社 2001 年版，第 176 页。

④ ［美］波斯纳：《法理学问题》，朱苏力译，中国政法大学出版社 1994 年版，第 20 页。

⑤ 参见 ［美］E. 博登海默：《法理学——法律哲学与法律方法》，邓正来译，中国政法大学出版社 1999 年版，第 388 ~ 390 页。

⑥ 秦国荣：《法治社会中法律的局限性及其矫正》，载《法学》2005 年第 3 期。

⑦ 徐国栋：《民法基本原则解释——成文法局限性之克服》，中国政法大学出版社 2001 年版，第 137 ~ 142 页。

⑧ 秦国荣：《法治社会中法律的局限性及其矫正》，载《法学》2005 年第 3 期。

的角度看，任何法律制度都具有两面性，即它所具有的某些优点与特点，在某种程度上讲，也可能是它的缺点，正如 E. 博登海默教授所认为的那样，"法治"有利也有弊。如法律的强制性、稳定性、普遍性、确定性，但在法律对社会生活进行引导、调整、控制的同时，也会产生与之相反或对立的缺陷如权力滥用、时滞性或滞后性、不合目的性及僵化性等。

1. 法律的强制性与法律调控范围的有限性

法律是以国家强制力为后盾的行为规范。国家强制性使得法律具有其他社会控制手段所无可比拟的优越性。正是由于国家强制性的存在，决定了法律调控范围的有限性。即法律的设定只能针对人们的行为而无法直接强制干预、控制和引导人的内心世界与思想，否则将会导致致命的负面影响。正如马克思所言："对于法律来说，除了我的行为以外，我是根本不存在的，我根本不是法律的对象。我的行为就是我同法律打交道的唯一领域。"① 对市场经济而言，商品投机法律调控制度只能作用于市场经济活动主体（含投机者）的行为，而不能直接作用于市场主体投机动机和目的，强制投机者完全丢弃投机的动机和目的，强制其放弃谋利的思想，况且市场经济及其相关法律制度又往往以市场经营主体的逐利思想与目的为其的存在与发展的基础与前提。就人的行为而言，法律有时也是无能为力的。如对于作为消费者的投机者基于基本的消费需求而采取的本质上属于私人经济行为的投机行为，商品投机法律调控制度往往无法直接对其采取强制限制或禁止，除非消费者的消费投机行为违反了法律明令禁止的规定。由此可见，法律是社会调控的主要力量，但不是唯一的力量，并非一切社会关系都可以由法律来调整，一切纠纷都能通过法律来解决。② 美国当代著名的社会法学家，伯克利学派的代表人物 P. 塞尔兹尼克在研究福勒和哈特理论时发现了一个最大公约数：两者都认为政府的威慑性命令不是法的概念的核心。由此，它引伸出一个结论：强制不是法的内在的组成部分，而只是法的外在支持条件之一；因而不应该把强制作为法律现象的基准。

2. 法律的稳定性与法律的时滞性

法律的稳定性是人类法律制度的一个基本特征，也是人类法律制度追求的价值目标之一。法律的稳定性是指法律一经制定并公布实施，就应当保持相对的持续稳定性，不能也不便随意更改废止。如果法律总处于朝令夕改的状态，"那么这种法律就不能成为我们所了解的那种法律制度，而是一种随意决断的

① 《马克思恩格斯全集》（第 1 卷），第 16 ~ 17 页。
② 黄丽娟：《论法律的局限性及其克服》，载《学术交流》2006 年第 8 期。

非正式的'制度'"。① 换句话说，如果法律缺乏相应的稳定性，那么法律应具有的权威性与可信性就会大打折扣，法律在实际推行过程中所遇到的阻碍及其实际效果也就可想而知了。正如美国学者本杰明·N. 卡多佐所言，"法律的确定性并非追求的唯一价值，实现它可能会付出过高的代价，法律永远静止不动与永远不断变化一样危险"。②

相对于现实社会生活的复杂性与变化性，③ 使得以追求稳定性为其价值之一的法律常面临着巨大的压力或冲突。这种压力或冲突实质上反映了法律相对于不断发展变化的社会生活具有一定程度的滞后性。因为所谓的稳定法律所规范的行为及其制定的依据实际上总是倾向于"过去时"的。从本体论角度说，法律作为人类意志的产物，其滞后于社会现实乃是客观必然现象。④ 为此卡多佐发出感叹："'法律必须稳定，但又不能静止不变。'我们总是面临这一巨大的悖论。无论是静止不变，还是变化不居，如果不加以调剂或不加以制约，都同样具有破坏力。"⑤ 卡多佐所言实际上深刻地揭示了法律自身客观存在着稳定性与时滞性、稳定性与社会生活的复杂多变性的对立与统一。

3. 法律的普遍性与不周延性

法律的普遍性通常是指立法者通过抽象、归纳和概括而制定出适用于整个社会群体的行为规范。这种行为规范适用的对象主要是一般的人及其社会关系，而不是具体的人或特定的人及其社会关系。普遍性特征体现了法律对所有对象或社会主体的同等对待，是平等性价值的体现。

但是，由于立法技术和立法语言的局限性以及社会主体及其社会关系的复杂多样性，必然决定了法律所涉及内容与适用的对象无法穷尽或具有不周延性的天然缺陷。正如卡尔波普说道："历史的发展是不断证伪的过程，不是不断

---

① ［美］P. S. 阿蒂亚、R. S. 萨默斯：《英美法中的形式与实质——法律推理、法律理论和法律制度的比较研究》，金敏、陈林林、王笑红译，中国政法大学出版社 2005 年版，第 61 页。

② ［美］本杰明·N. 卡多佐：《法律的成长法律科学的悖论》，董炯、彭冰译，中国法制出版社 2002 年版，第 12 页。

③ 这里所说的社会生活的变化性，不是指作为非常态的社会制度根本性变革或社会生活的急剧变化，而是指处于常态下的社会生活在形态与性质上变化。

④ 秦国荣：《法治社会中法律的局限性及其矫正》，载《法学》2005 年第 3 期。

⑤ ［美］本杰明·N. 卡多佐：《法律的成长法律科学的悖论》，董炯、彭冰译，中国法制出版社 2002 年版，第 4 页。

证明的过程。所以任何法律都存在着一定的规则真空和立法空白。"① 古希腊思想家柏拉图就曾指出，立法是为整个群体制定法律，而法律是由抽象、原则、过分简单的观念所构成的，故而法律不仅永远不能准确地给予每个人以其应得的东西，而且过于简单的法律原则并不能用来解决纷繁复杂的人类事务。② 由此，他得出了"法律绝不可能发布一种既约束所有人又对每个人都真正有利的命令，也不可能在任何时候都完全准确地给每个社会成员作出何谓善德、何谓正确的规定"③ 的结论。柏拉图的弟子亚里士多德对此基本持认同的态度，他认为"法律确实不能完备无遗，不能写定一切细节"。④

4. 法律的确定性与法律的僵化性

确定性是西方哲学寻求的主要目标之一，而对与西方哲学有着千丝万缕联系的西方法律思想来说，寻求确定性同样也是其显著的目标倾向。⑤ 法律确定性的要求是与人类的一般安全感相联系的。从"法律是为秩序的目的而生"这一基本共识看，我们也可以认为，法律本身就是人类追求确定性的结果。一方面，法律保证着生活的确定性，反过来，人们又通过对法律自身的确定性的维护，来巩固法律的这种社会价值。⑥ 法律之所以被人们视为是一种物化了的"公平"和"正义"，其中最主要的因素就在于法律确定性的价值所在。

法律的确定性主要是指法律价值的确定性、法律内容的明确性。法律的确定性首先是其价值的确定性，即平等价值，其次是法律的形式理性。⑦ 法律的明确性是指法律规定的内容应当是明晰准确，而不是模棱两可或含混不清或自相矛盾。如果法律的含义含混不清，就可能会令人无所适从，难以规范人们的行为。法律规定的准确明了，在一定程度上有助于人们较为准确地评判或预测自身行为的法律后果，从而有效地规范或引导其行为。对司法办案人员而言，则有助于其作出公正合理的裁判，维护法律的公平正义。正如我国学者高桐所言：法律的"确定性"，是指在每个单独的诉讼过程中精确预言法律后果和推

---

① ［美］丹尼斯·C. 穆勒：《公共选择理论》，杨春学译，中国社会科学出版社 1999年版，第 324 页。

② 秦国荣：《法治社会中法律的局限性及其矫正》，载《法学》2005 年第 3 期。

③ ［美］E. 博登海默：《法理学——法哲学及其方法》，邓正来、姬敬武译，华夏出版社 1987 年版，第 748 页。

④ ［古希腊］亚里士多德：《政治学》，吴寿彭译，商务印书馆 1965 年版，第 168 页。

⑤ 金锦城：《法律的确定性与不确定性》，载《比较法学》2001 年第 4 期。

⑥ 周少华：《法律之道：在确定性与灵活性之间》，载《法律科学》2011 年第 4 期。

⑦ 金锦城：《法律的确定性与不确定性》，载《比较法学》2001 年第 4 期。

断的可能性程度。①

　　强调和重视法律的确定性时，还要注意与确定性相对立的附带产物——僵化性。为此，卡多佐提醒道："我们尊崇法律的确定性，但必须区分合理的确定性与伪劣的确定性，区分哪些是真金，哪些是锡箔。"② 20 世纪 30 年代，以美国的卢埃林为代表的现实主义法学家认为"书本上的法律在司法过程中的作用并不像人们所预期的那么大，那个根据规则审判案件的理论，看来在整整一个世纪中，不但是把学究给愚弄了，而且也把法官给愚弄了。"③ 英国著名的历史法学派代表人物梅因也指出："社会的需要和社会的意见常常是或多或少地走在法律的前面，我们可能非常接近地达到它们之间缺口的接合处，但永远存在的趋向是要把这缺口重新打开来。因为法律是稳定的，而我们谈到的社会是前进的。"④

　　从宏观角度讲，以法律为核心内容的法律制度是有关立法、执法、司法等一系列制度的有机综合。所以，从这个意义上讲，法律的局限性或缺陷就是法律制度的局限性或缺陷。作为法律制度范畴的商品投机法律调控制度，同其他一般法律制度一样，本身客观地存在着一系列的局限性。

　　人类社会是一个规则社会。尽管规则存在这样或那样的缺陷，但我们不能因此而放弃规则，否则整个人类社会将无以为继。作为人类社会最主要也是最重要的社会规则的法律，早先的柏拉图就已告诫我们："人类必须有法律并且遵守法律，否则他们的生活将像最野蛮的兽一样。"⑤ 总之，对于法律我们应辩证客观对待之，既"不因法律具有其他社会控制手段所无可比拟的优越性而否定法律局限性，也不因法律存在诸多局限而否定法律的权威性与至上性"。⑥

（二）　主体因素：立法决策者与执行者的有限理性

　　法律制度是人类活动的产物，与人类或社会主体相比，只是一种静态的事

　　①　高桐：《法律的确定性和适应性：英国模式》，载《比较法研究》1988 年第 2 辑。

　　②　［美］本杰明·N. 卡多佐：《法律的成长法律科学的悖论》，董炯、彭冰译，中国法制出版社 2002 年版，第 12 页。

　　③　葛洪义、陈年冰：《法的普遍性、确定性、合理性辨析——兼论当代中国立法和法理学的使命》，载《法学研究》1997 年第 5 期。

　　④　［英］梅因：《古代法》，沈景一译，商务印书馆 1959 年版，第 15 页。

　　⑤　法学教材编辑部、西方法律思想史编写组：《西方法律思想史资料选编》，北京大学出版社 1983 年版，第 27 页。

　　⑥　秦国荣：《法治社会中法律的局限性及其矫正》，载《法学》2005 年第 3 期。

物，它无法自我创设，也无法自我运行。法律的创设、修改、废止及其运行，离不开社会主体尤其是肩负着特定责任与义务的立法决策者与执行者的作用发挥。因此法律制度实际运行效果如何，取决于法律的制定与执行的合理程度，最终取决于立法决策主体与执行主体的理性程度。

1. 立法决策者的有限理性

立法的意志性特征决定了它必然受制于立法者对现实社会关系状况的认知与判断能力，立法的利益本质则决定了它必然受制于社会不同利益集团之间的相互角力与博弈结果。① 就立法而言，如果立法决策主体本身缺乏应有的理性，那么其创制和修订的法律规范也就相应地缺乏一定的合理性或非理性化。法律规范本身的非理性化通常包括法律规范的形式非理性与实质非理性、形式理性与实质非理性、实质理性与形式非理性三种类型。法律规范本身的非理性化在一定程度上必然影响其具体实施的效果。而导致法律规范形式非理性或实质的非理性的主要原因之一就在于立法决策者理性的有限性。由于立法决策者理性能力的有限，再高明的立法者，也无法制定出可以包罗万象、长期适用的完美无缺的法律。具体来说，一方面立法决策者既不可能对当下的各种社会关系做出完全准确而全面的观察和描述，也不可能准确地预见未来可能发生的一切情况，因而也就无法完全准确罗列和理顺所有的社会关系，法律调控的范围与对象也就不可避免地存在着有限性。另一方面立法决策者由于无法完全准确地摸清和有效调配所有的人类可用或有用的资源，因而法律借以有效发挥作用的各种媒介与及其追求的平衡与协调资源调配的目的也就存在诸多的被动与不便。另外，如果立法决策者有意或无意的误判社会生活与发展趋势，或故意或过失地为自己或其他特定主体谋取了不公正的特殊利益，或有意无意地偏袒一方利益，忽视或剥夺其他方的正当利益，那么立法决策者由此制定的法律制度，必然为其实际实施效果的不佳埋下了某种可能性前提与基础。最后，如果立法决策主体由于自身的理性不及，可能导致其制定的整个法律规范体系或者某一个具体的法律规则自身所涉及的内容与范畴缺乏相应的协调性与均衡性，或者说偏重某一方面而忽视或轻视其他方面，由此可能引起整个法律规范体系或某一法律规则在实际运行时出现失灵问题。因此可见，主体的理性或人的理性程度对法律制度的理性与否及理性的程度，往往起到决定性作用。

2. 法律规范执行者的有限理性

在笔者看来，法律规范执行者又可称为法律规范的实施者或施控者，是法

---

① 秦国荣：《法治社会中法律的局限性及其矫正》，载《法学》2005 年第 3 期。

律规范制定以后实际发生运行或发挥作用的核心与基本动力来源。如果只有立法决策者制定的法律规范而没有法律的执行，这样的法律也就形同虚设，没有实际存在的价值，因而也就谈不上法律调控机制的失灵问题。从主体角度看，法律调控机制的失灵，除了与立法决策者的有效理性有密切的联系外，其与法律规范的执行者或实施者也有密切的关联。即法律规范的失灵在一定程度上是由于执行者的理性不及所致，即执行者资格的有限理性和执行行为与机制的有限理性和非理性。

从静态的角度讲，法律规范的执行者存在着某种资格瑕疵，使得法律制度被执行之初甚至是法律制度制定之前，就为此后可能出现的法律调控机制的失灵，埋下了"祸根"。例如在我国，有些国家机关如国务院及国务院各部委既享有一定的立法决策权，同时又享有一定的法律规范的施控权或执行权，当其以国家的名义制定和实施法律规范时，它的合法性与合理性受到人们的质疑也就不足为怪了。更有甚者，有的机关出于某种目的或利益考虑，从一开始就有意无意地错误站位，将自身的角色定位成异类或多样化，从而导致法律调控制度从其一开始实施执行就为其失灵留下某种隐患。以我国的现行房地产投机法律调控为例，国家为了打击和限制房地产投机行为，制定了一系列相关的法律法规。但是由于有些地方政府为了维护地方经济利益，一方面在形式上以法律执行者的角色执行相关的法律制度，但另一方面却有特殊的政策或法律投机者的身份，自行参与或主动或被动地支持当地房地产市场的正常运作，以维护或谋取特殊的自身经济利益与政治利益。地方政府在贯彻执行房地产市场法律调控制度之初的角色双重化或角色失位，必然决定了我国的房地产商品投机法律调控制度在打击和限制房地产投机方面的低效或无效。

从动态的角度讲，法律规范的执行者在执行过程中经常存在这样或那样的非理性行为或有限理性的行为。这其中就包括执行者在执行过程中出于某种目的而故意或过失地懈怠执法甚至放弃执法监管、过度执法监管、滥用强制性执法监管权、执法监管不公、执法监管不严、执法监管失衡以及腐败性执法监管。例如在环境保护执法监管过程中，有的执法监管机构或人员为了谋取地方或者部门甚至个人局部利益，对本地的纳税大户同时又是环境污染严重的企业，往往予以暗中扶持。扶持的方式就常包括懈怠环境执法监察或放松环境执法监察或放弃环境执法监察或不配合上级其他部门的环境执法监察等。如果这种环境执法监管者不理性的执法监管状况达到一定的范围或程度，那么就可能导致整个有关环境保护的法律调控制度实际运行的低效或无效。

第二节　商品投机的变化与信息反馈

　　商品投机法律调控机制的失灵，除了商品投机法律制度本身所固有的本体论及商品投机法律调控制度的立法决策者与执法者的主体论因素外，有时还包括认知论因素，即立法决策者与执法者对商品投机变化所反馈的信息缺乏足够的认知与重视。换句话说，由于立法决策者与执法者对商品投机的变化及其所隐含的信息，未能及时予以分析应对，从而导致处于某种隐患的商品投机法律调控机制不断得以放大，进而导致或可能导致法律调控机制的失灵，简言之，商品投机变化的回路信息传递失败是导致进一步法律失灵的重要原因之一。商品投机的变化在某种程度上也可以看作是商品投机法律调控机制失灵的重要社会原因。

　　在我国，在很长一段时期里，各级立法机构只重视实现"有法可依"的制度建设，而对立法之后的反馈机制缺乏足够的重视和认识；只重视对既有法律规范的整理和汇编，而忽视法律运行状况、社会效果等重要信息的收集。在这种背景下，我国一部法律的出台和废止，常被学术界甚至是社会视为是一个极端的历史事件为肇端。

一、商品投机变化之界定与表现形式

　　根据《辞海》解释，变化是指事物在形态上或本质上的转化过程或新的状况。哲学意义上的变化，意指事物运动转化的两种形式或情况。① 《当代汉语词典》则将变化解释为产生新的变化。② 唐朝经学家孔颖达疏："变，谓后来改前；以渐移改，谓之变也。化，谓一有一无；忽然而改，谓之为化。"从上述工具类辞典对变化的内涵界定可以发现，变化既包括内容变化，也包括形式的变化；既包括从有到无的转化，也包括从无到有的转化；既包括此物转化为彼物，也包括彼物转化为此物；既包括新事物的产生，也包括旧事物的消亡；既包括质变，也包括量变等。

　　商品投机变化则是商品投机与变化的结合，是对变化范畴的特殊限定。商

---

① 夏征农主编：《辞海》，上海辞书出版社1999年版，第232页。
② 陈绂、聂鸿音主编：《当代汉语词典》，北京师范大学出版社1993年版，第58页。

品投机变化有广义和狭义之分。广义的商品投机的变化是指在某一国家或地区，在某一特定历史时期商品投机行为或现象在其形态与本质上发生各种变化或转化的总称。它既包括新的商品投机行为或现象的产生与发展，也包括旧的商品投机现象或行为的消逝；既包括商品投机形式变化，也包括商品投机性质的变化；既包括商品投机行为的变化，也包括商品投机现象与规律的变化；既包括商品投机横向范围的变化，也包括商品投机纵向层次变化等；既包括结构变化，也包括数量与规模上的变化；既包括某一种特殊的商品投机的变化，也包括几种或所有的商品投机的变化等。而狭义上的商品投机变化仅指基于特定历史时期特定国家或地区内的某一种或几种或所有的既存的商品投机的前后发展或变化。而本书所论述的则是广义上的商品投机的变化。

商品投机变化与否通常需要一定的具体参照系数为参考标准。参照系主要由具体量化的指标和非量化的指标组成。参照系的选择必须遵循一定的原则（如客观原则、公正原则、全面原则、合理原则等），并以某一时期某一国家或地区的某种或某些或诸多种商品投机的具体量化指标与性质为标准，这样才可能科学合理与相对稳定地进行前后对比分析。商品投机的具体量化指标即可包括投机者的组成比例与数量、投机的结构与层次、投机的地区分布，投机品的利润率、某种特殊商品的实际价格与市场价格比例等。商品投机非量化指标主要是指投机的性质指标，其主要包括投机行为合法与否及合法与非法的相互转化、商业性投机与非商业性投机的差异及相互转化等。因此分析某一国家或地区的商品投机是否发生变化或转变，关键在于其与参照系前后相比，是否存在差异，如果存在差异，就意味着作为被分析对象的一定范畴内的商品投机行为或现象发生了改变或变化；否则就没有发生变化，而不在乎变化的多少或大小。当然，本书所分析的变化，必须是对社会、政治、经济及法律产生一定影响的变化，而不是所有不分大小、层次的商品投机的变化。

当然，被用以分析的参照指标或标准，并不是一旦选取就一成不变，而是取决于实际分析的需要。

商品投机的变化在实践中可谓是复杂多样的，各种变化形式之间相互交融，相互关联。根据划分的标准不同，商品投机的变化可分为不同的类型。以投机者的变化为标准，可分为从事投机的投机者规模上的变化与结构层次上的变化；以被用以投机的投机对象或投机品为标准，可分为投机品规模上的变化或结构层次上的变化；以投机的目的与性质为标准，可分为逐利性投机的变化与消费性投机的变化；以投机的合法与否为标准，可分为合法性投机的变化与非法性投机的变化（包括相互间的转化）；以商品投机本身的界定与分析视角为标准，可分为商品投机形态的变化与商品投机性质的变化；等等。尽管商品投机在实践中复杂多变，并且有诸多变化形式，但总体上可将商品投机的变化概括为四种主要类型：

（一）商品投机程度的变化

商品投机程度的变化又称为商品投机度的变化，主要是指一系列商品投机现象或行为在具体可量化的指标上下波动或前后变化。商品投机的具体量化指标，在笔者看来，均可纳入商品投机度的范畴当中，换句话说，商品投机度其实就是可以被人们直观地用来衡量商品投机行为状况的各种具体化指标体系的总称。商品投机的上下波动或商品投机的前后变化，强调的是一定条件下的某个或某些或整个市场经济领域中各种相关商品投机的量化指标（如市场价格与实际价格比率、利润率、参与投机的人数）与某种特定条件下既定的参照系数进行对比（如大小、多少、高低、有无等对比）。如某种特殊的流通商品的市场价格与实际价格进行对比，可以分析该商品是否存在明显的商品投机现象。如果有，那么该商品的商品投机程度如何？是否存在投机泡沫问题？从整个市场经济领域或某个市场经济领域出发，商品投机变化的大小或变化程度分为四个层次或四种程度：无投机行为或现象、低度商品投机或投机不足、适度商品投机、过度投机（包括严重商品投机和投机泡沫）。商品投机变化实际上就是这四种不同程度的投机行为或现象相互间的转化。但需要注意的一点是：无投机行为或现象只是意味着在具备一定投机客观基础与条件下的某一类投机现象暂时没有出现或暂时被放弃或暂时没有人从事该投机行为，但这并不意味着某一投机行为或现象因投机条件不具备而彻底消失。从某一商品投机者个体出发，商品投机的程度也可分为四个层次或程度：不参与投机、小规模投机、适度投机、过度投机。同样，商品投机者个体的投机变化实际也是指四种不同程度的投机行为或现象之间的相互转化或调整。其中，判断该投机者投机规模的大小，主要是指投机者实际用以投机的资金和商品的多少，以及用以投机的资金或商品占自有资产（主要是指企业经济组织的生产经营资本或家庭或个人的基本收支总额）的比重大小。而本书所探讨的商品投机的变化，主要是指对整个市场经济及相关法律制度能够产生一定影响或具有一定意义的整个商品投机行为与现象的变化，而不是市场经济个体的投机行为或现象的变化。

假定将整个商品投机的变化范围限定在0—1，那么，0就代表的是无投机，而1则代表为投机泡沫破裂现象（临界点）。即商品投机程度的变化范围，实际上就在0与1之间不断地来回变化。在商品投机变化范围之内，即在0和1之间，还可因具体标准和数值的不同，又可分为投机萎靡或投机不足、低度投机、中度投机、适度投机、严重投机、投机泡沫等若干不同的商品投机程度。

（二）商品投机在具体结构上的变化

商品投机在具体结构上的变化又可分为某一类的商品投机在结构上的变化和某几种或整个市场经济活动中所有类型商品投机在结构上的变化。从商品投机的构成要素出发，将商品投机在结构上的变化分为投机主体结构变化、投机对象结构变化、投机手段结构变化、投机动机与目的的结构变化。根据商品投机构成要素的类型和层次，商品投机结构还可分为单一性与单层次性、单一性与多层次性、多样性与单层次性、多样性与多层次性等四种表现形式。商品投机在结构上的调整或变化其实就是这四种形式间的相互转化。单一性或多样性强调的是投机主体、对象、手段、投机的动机与目的等方面的单一性或多样性，是同一构成要素在不同类型上的划分及其各自的比例。而单层次性或多层次性则强调的是任何一种投机构成要素在同一类型上的不同层次上的划分。假如在某一阶段盛行的食盐投机中，基本上是以消费为目的的消费者抢购性投机，经营者基本上不参与食盐投机，而且参与抢购的消费者基本上是以低收入家庭或贫困家庭为主，中高收入家庭几乎没有参与投机，那么这次食盐投机就可谓是单一性单层次性投机。如果某一时期盛行各种类型的投机，而且每一种类型的投机均包含了各种各样、各种层次的投机主体、投机手段、投机对象、投机目的等，那么这种投机属于多样性多层次性投机。

（三）商品投机在性质上的变化

商品投机性质的变化主要包括商品投机在合法与非法之间的转化，普通市场经济行为如投资与投机行为之间的相互转化等。商品投机法律性质的变化或合法投机与非法投机之间的转化，实质是立法本身的问题。而国家立法对商品投机的合法与否的界定，同时还要受制于相应的政治体制、经济体制及文化观念的制约与影响。如在社会主义改造时期和高度集中的计划经济时期，长途贩运被当时立法视为一种非法投机行为而受到严格限制。但实行社会主义市场经济体制以来，我国的相关立法为了适应市场经济的发展要求，逐步取消长途贩运的非法地位，使通过长途贩运方式进行投机的行为合法化。再如消费者出于消费目的而大肆抢购某种消费品，但后来以营利为目的而将其投机租售。

（四）某种类型的商品投机现象的产生与消亡

某种类型的商品投机产生与消亡主要是指在某一特定历史条件下，某一新类型的商品投机行为随之产生或某一旧类型的商品投机随之消失的特殊变化形态。如在没有出现股票之前，根本就没有股票投机，但是随着股票的兴起与发展，与之相应的股票投机也随之出现。

在市场经济活动中，对商品投机存在和发展起到决定、影响或制约作用的各种主客观因素和条件，时刻都在发生变化。主客观因素的变化必然决定或影响着商品投机的存在、发展与变化。这其中既包括投机者自身的主客观因素，也包括投机者以外的其他市场参与者的主客观因素，同时还要受制于国内外政治、经济、军事、思想文化、法律制度、宗教伦理的影响，受制于科学技术的发展变化的影响，甚至受制于自然环境变化的影响如自然灾害。

二、商品投机变化在相关法律调控机制中的作用与影响：特殊的信息反馈机制

在市场经济活动中，各种主客观因素和条件影响、制约着商品投机的存在与发展，影响或制约着商品投机的变化。同样，商品投机的存在与发展变化也影响和制约着其周围相关主客观因素和条件的存在与发展变化，其中包括对科学技术的发展、思想文化、市场经济秩序、社会经济的稳定与发展、各种相关法律制度与政策等。就相关法律制度而言，商品投机的变化对相关法律制度具有一定影响和制约作用。但并不意味着商品投机只要发生的任何变化或变化就必然引起或导致相关法律制度的变化或调整。只有商品投机的变化达到一定程度时，并对社会经济发展、市场经济秩序产生重要影响，而现行的相关法律制度在无法完全有效地发挥作用时，才可能客观要求对相关法律制度进行调整或完善。

商品投机的变化对相关法律调控制度的影响与冲击既可能是直接的，也可能是间接的。具体来说，商品投机的变化对相关法律制度的作用和影响，主要体现在商品投机的变化所具有的特殊信息传递功能。然后人们再根据其所隐含或传递信息，促使相关社会主体（包括市场经济活动主体、广大普通百姓、媒体、相关权力机构）作出相应的行为表达或动作，从而间接地影响或促使相关法律制度作出相应调整或变化。商品投机的变化所传递的信息一般不具有明显的自我展示性，而是具有间接性或不具有可直接获得性，即需要人们对其进行一定的量化指标、形态与性质进行评价分析，然后再根据评价分析出的结果，向人们展示其所隐含或传递的某种特殊信息。使人们能够借此掌握或了解现行相关法律制度实际运行的效果，掌握或了解市场经济运行的实际状况，掌握或了解导致商品投机发生较大或巨大变化的法律制度根源，掌握或了解市场经济活动的参与者和广大百姓的某种心理情态与观点如满意度、抱怨、期待等。

商品投机法律调控决策机构利用商品投机的变化所隐含或反馈的特殊信息或提示，及时促使或引导其分析运行中的法律调控制度存在的问题，然后在充

分分析论证的基础上，按照法定程序对相关法律制度予以适度调控，从而使商品投机的变化对商品投机法律调控制度的调整，起到重要的影响和促进作用。当决策者基于商品投机的变化作出相应调整后，调整后的新的相关法律制度又反过来对市场经济活动中的投机者具有某种引导、调整、控制的功能或作用，进而影响或促进商品投机行为或现象发生新的变化。由此使得商品投机的变化和法律调控制度的调整之间形成一种相互影响、相互促进、相互制约的互动机制。也即：

相关法律调控制度作用于市场经济运行→引起商品投机发生变化→向决策机构进行信息反馈或提示→引导决策机构对相关法律调控制度进行调整

当然，商品投机的变化并不必然直接引起或导致决策机构对相关法律调控制度及时予以调整。决策机构是否对相关法律调控制度进行调整，完全取决于自身主动行使权力的意愿。而行使调整权力的意愿往往又依赖自身所面临的压力或动力的大小。压力或动力的大小，又离不开其对市场经济运行状况及一系列市场活动参与主体的诉求规模与强度的认知水平。决策机构的认知水平往往与相关信息的获取途径紧密联系在一起。通常情况下，决策机构获取信息的途径主要有两种：一是自行或主动获取；二是间接或被动获取。自行或主动获取主要是指利用自身的各种资源（如人力资源、技术设备）直接对各种市场运行状况进行分析调研而获取的；间接或被动获取则是指决策机构利用相关部门或市场经济活动主体提供的相关数据信息资料或反映的情况或提出的诉求。不管是哪种途径，决策机构最终都要经查证及考量斟酌后，才能决定是否依照法定程序对相关商品投机法律条款制度作出相应地调整。如果商品投机的变化程度不是很多或不是很明显，或者商品投机的变化程度对处于稳定、协调、平衡性状态下的国民经济运行的影响较少，或商品投机的变化对绝大多数市场经济活动的参与者的影响不大，且其对商品投机的变化的反应及诉求的规模与普及性，都极为有限，那么决策机构一般不会对相关法律调控制度作出调整，即便是调整，那也只是微调。

当相关法律调控制度在实际运行的过程中获得预期效果或达到某种积极效果时，国家应在原有调控体系的基础上继续完善相关调控制度。当法律调控效果不佳或失灵或失效时，国家应及时调整相关调控制度，及时有效地纠正和改善现行的法律制度。实践中，不同的类型、不同性质的商品投机的变化，对相关法律制度的信息反馈机制也就有所不同，进而对相关法律制度就会产生不同的影响或作用。根据商品投机变化的表现形式，商品投机的变化对相关法律调控制度的反馈与影响，主要体现在：

(一) 商品投机程度的反馈与影响

在市场经济实践中，由于存在无投机行为或现象、低度商品投机或投机不足、适度商品投机、严重商品投机或投机泡沫四种程度的不同商品投机行为或现象，而商品投机的变化又是这四种不同程度的投机现象的相互转化，所以商品投机程度向任何一种层次或方向转变，都可能会对相关法律调控制度产生相应的影响。

假定在市场形成价格基础上的自由竞争机制中，在其他条件既定的情况下，当某一商品交易或流通领域中的商品投机行为在某一时期的表现几乎绝迹或过于低迷或投机度严重不足或过度投机，在一定程度上反映出现行法律调控制度对商品投机的调控效果不佳或调控失灵或失效。针对调控效果不佳或调控失灵的结果，客观上需要我们对现行的商品投机法律调控机制进行反思，分析现行商品投机法律调控机制在实际运行中存在的具体问题和弊端，及时找出根源所在，并在充分调研论证的基础上对相关法律制度及时作出调整。

以商品房商品投机为例。当某一国家或地区的商品房商品投机行为在某一段时间内极为稀缺或投机的程度较低，在一定程度上反映出商品房的市场价格变化或价格波动相对较小，或商品房的市场价格与实际价格差别不大，对投机者而言就缺乏相应的吸引力或选择投机的动力不足。商品房商品投机程度较低，也可能说明商品房市场缺乏极度的不稳定性，使人无法对其进行合理有效地预测，获得利润的预期几乎是负面的，投资或投机的风险极大极高，从而容易给绝大部分投机者和投资者造成某种心理恐惧或不安或缺乏勇气。心理恐惧或不安或缺乏勇气必然导致投机的动力不足，投机的动力不足又必然影响或决定投机者的投机行为的选择。导致房地产市场出现极大的投机或投资风险，很大程度上是人为的不合理因素所致，如不合理的制度风险或政策风险以及战争的风险等。反之，如果某一段时间内，商品房投机程度较为严重或存在过度投机的现象，这在一定程度上反映出商品房的市场价格变化较大，如价格不停地上涨和较大的市场价差，而且具有相对稳定的上涨趋势和普遍存在的实现可能性较大的预期，或者说从事商品房市场交易，可能具有很高或较高的回报率或收益率，为投机者选择投机行为，提供了极大的动力支持和投机空间。

在不考虑其他因素影响的情况下，导致房地产商品投机不足或过度投机，很可能与国家制定和实施的相关法律调控制度存在一定的联系或受其影响。当房地产商品投机不足时，很可能反映出国家制定和实施的房地产调控制度过于严厉，如实行严格的价格干预手段如限价，严格信贷制度如限贷，严格税收制度如房产税，宽松低价的土地供应制度，发达健全的社会保障房制度，严格的商品房转让控制制度，丰富广阔的投资渠道、严格的游资管控等。当然这些制度或政策或手段既可能是单一的发挥作用，也可能是数项或所有项的有机结合，也可能反映出房地产的市场化程度较低，或者未能真正确立产权制度及产权自由交易制度，也可能是反映出国家的收入分配制度与劳动就业程度存在一定的弊端，即房价过高而失业群体太大或绝大多数消费者因收入极低导致其无购买能力等。当商品房市场出现过度投机，则可能反映出国家制定和实施的房地产调控制度过于宽松，如有限的土地市场供应制度，宽松的信贷政策，相关税费减免、社会保障房制度不健全，不合理的产业政策与有限的投资渠道，市场监管不严等。当然上述各种相关的房地产调控制度中，有的是科学合理的，有的则缺乏一定的科学合理性；有的可能是决策时存在不合理甚至不合法现象，有的可能是在执行过程中存在不合理甚至不合法问题；有的是制度本身有问题，有的是在贯彻执行过程中存在着问题，前者如违法成本低，后者如监管不严等。

（二）　商品投机结构变化的反馈与影响

商品投机在结构上发生不同的变化，其对商品投机法律调控制度则会产生不同的影响，或反映出不同的问题。在市场经济活动中，当整个市场的投机呈现出单一化、单层次性且规模较小等特点时，在一定程度上可能反映出整个市场经济运行极为平稳，市场变化或波动较小；但另外也可能反映出整个市场缺乏一定的竞争力，竞争力不足在一定程度上意味着市场经济发展的动力不足或活力不足，进而反映出整个市场法律调控机制在培育市场活力或增加动力上存在一定的缺陷，或国家对整个市场经济实施了较为严厉的微观规制和宏观调控制度，国家强干预的色彩较为浓郁。

当整个市场的投机呈现出多样化、多层次性且规模和范围都比较广，甚至是全民参与投机时。一方面可能反映出市场经济充满竞争力和活力；另一方面也可能反映出市场经济处于高风险运行状态。导致这样的结果，既可能说明国家对市场经济缺乏相应的干预或调控机制；也可能说明现行的市场经济法律调控制度滞后于市场经济实践，不能及时有效地跟进；或者反映出现行商品投机法律调控制度存在着诸多漏洞，从而导致其无法对商品投机的变化进行有效的调控。商品投机的多样化、多层次性特征，也可能反映出商品投机法律调控机制在实际运行过程中存在极不平衡问题，各种调控政策、手段之间缺乏有效的协调；或者过于偏重或忽视对某一经济领域的调控，而忽视或放松其他领域的调控，从而不能从整体上达到适度控制商品投机的效果，相互间产生顾此失彼的现象也就难免。

（三）　商品投机性质变化的反馈与影响

商品投机的性质变化中，商品投机行为与非商品投机行为的相互转化包括投机行为向非投机行为的转化和非投机行为向投机行为的转化。假定某一时期更多的投机行为向非投机行为的转化，则可能反映出某一时期内的整个商品投机法律调控机制在实际运行相对较为有效，进而反映出国家在某一时期内对商品投机的调控力度和广度都比较大，各种调控政策、手段或措施较为完善，能够有机地协调在一起。也可能反映出某一时期调控机制对整个市场的投机空间予以了有效挤压，使投机者对未来投机的良好预期明显减弱，或投机行为与非投机经济行为之间的获益成本与机会差别不大。当然，也可能反映出投机法律调控机制对投机行为实施了严厉打压，增加了投机的风险，使投机者缺乏相应的安全感和继续投机的勇气。

反之，当某一时期的非商品投机行为或一般的市场经济行为更多地向投机行为转化，则反映出该时期的法律调控制度对商品投机的调控力度、广度比较小；或反映出该时期的法律调控制度存在诸多缺陷，从而为投机者制造或留下诸多的投机空间与条件。

非法投机与合法投机之间的相互转化，实际上都是指同一投机行为在不同法律中的地位或在同一法律中的前后不同的地位。尽管某一投机行为是否合法往往取决于法律的规定，但某种投机行为的合法性一旦发生转变，就必然要求与之相关的法律调控制度及时进行调整，以适应其现实发展的需要。当某一时期的某一合法投机行为转变为非法行为（如囤积本身是一种投机行为，但不存在合法与否问题，只有当囤积到一定量或程度时才能认定其非法），并达到一定规模或程度时，该时期的法律调控制度除从微观角度依法加大对违法投机行为的打击力度外，还要及时调整宏观调控法律制度，引导、调节和控制市场经济运行，进而间接地对商品投机行为进行有效调控。当非法投机转变为合法投机时（如计划经济时期被视为非法投机行为的长途贩运，在市场经济体制下逐步转变为一种正常的市场经济行为），决策机构应及时对相关的法律制度进行调整：一方面要对不合时宜的微观规制制度予以修订、废除；另一方面对相关宏观调控制度进行调整，以适应市场经济的客观发展规律与要求：为合法的商品投机行为既要提供合法合理的生存空间，还要对其适度的调整、引导和控制，以免其缺乏足够的动力，影响市场经济的活力，或防止其投机过度，影响市场经济的执行与稳定。

（四）某类商品投机现象的产生与消亡对相关法律调控制度的信息反馈与影响

某种类型的商品投机现象的产生与消亡，总是与某种特定的商业活动紧密联系在一起的，换句话说，该类商业活动存在与否直接决定着与之相关的市场行为的存在与否。而某种商业活动存在与否，往往又受政治、经济、历史、文化、法律、科学技术等诸多因素的制约。在特定的环境下，某种特殊的因素可能催生出相对于以往历史而言的某种新的商业行为或现象，也可能导致某种既存的商业行为或现象随之消失。如计算机及其网络技术的应用与发展，引发了与之相应的一系列商业活动。再如随着现代生产技术的应用与发展，使得一些传统的手工生产加工技术及其相关产品随之被人类遗弃，而与之相关的商业活动也随之不复存在。

　　在新旧商业活动及其相关的投机活动的产生或消失的过程中，有的国家或地区会在其产生或消失的同时或在短暂的反应滞后之后，通过创设新的立法或修改现行立法或废除相关立法的方式，对相关的投机行为或现象予以相应的法律调整、引导、预防或控制，使得整个法律调控体系，能够与时俱进。但也有的明显存在滞后甚至是在出现较为严重的投机现象时，决策与监管机构的反应常常是无动于衷或采取放任自流，听之任之。如作为我国新生的商业现象——文化艺术品的证券化与市场化以来，与之相关的投机行为也随之兴盛起来。但有关艺术品证券投机的法律调控制度，与我国股票市场和期货市场中相关股票投机和期货投机法律调控机制，明显存在不足或严重滞后。

第四章 商品投机法律调控机制失灵的应对

第一节 商品投机法律调控机制失灵的
适应性应对策略与方法

一、法律调控机制失灵的适应性应对策略

文明社会的发展离不开法治，而法治社会的建立和完善就是一个不断解决法律失灵的过程。① 如何克服法律规范的内在缺陷与外在因素的负面影响，促进和实现法律调控制度的有效运行，防止和解决法律调控机制的失灵，不仅是理论界关注的问题，同时也是实务界关注的问题，而且也是当代世界各国法治进程中的一个必须客观面对和需要解决的问题。依据美国学者卡多佐的看法，法律自身确定性、稳定性、不完整性等特性与复杂多变的社会生活之间的矛盾，依靠人类的智慧尤其是立法决策者与执法者的智慧，在一定程度上是可以协调解决的。人是有理智的生物，所以人类从来都不是被动地满足自身的安全需要，而是主动地建立社会生活的准则，通过创造共同生活的秩序，寻求基本的安全感。②

对国内外许多学者来说，协调解决法律失灵的出路也许有很多，但最重要的一种就是在维护法律相关稳定的基础上，对运行过程中的法律制度作适应性调整。因为在他们看来，"法律的适应性机制，使得法律能够不断满足纷繁复杂、变化不居的社会生活需要，并成为法律生命力的源泉"。③ 从法律与社会之间的关系看，法律是社会中的法律，是社会系统中的一种子系统和次系统，

① 芮卫东：《法律失灵：一个客观的法律现象》，载《华东政法学院学报》2003 年第 1 期。

② 周少华：《法律之道：在确定性与灵活性之间》，载《法律科学》2011 年第 4 期。

③ 周少华：《适应性：变化社会中的法律命题》，载《法制与社会发展》2010 年第 6 期。

"哪里有社会，哪里就有法律"。① 法律总是为一定的人类目的服务的，当人们发现自己所创造的这个工具不太合用时，必然会产生改造或者废弃它的愿望。人类不可能反过来牺牲自己的目的而固守纹丝不变的法律这种工具。因此，法律应当适应人类社会，而不是人类社会适应法律。而且事实上，"在人类的法律制度中，普遍存在着一个应对社会生活复杂性和变化可能的适应性机制，这种适应性机制是使法律具有持久生命力的内在原因"。②

何为法律的适应性？首先我们从汉语的词义看，适应性中的"适"则是指"适合"、"恰好"之意，而"应"是指"满足要求"、"顺应、适应"、"应付"之意。"适"与"应"合在一起则是指适合客观条件或环境或需要。③而适用性则是指事物所具有的适合内外部环境与需要的能力。适应性最初是适用于生物学领域，此后，逐渐被适用于心理学领域及其他领域。生物学意义上的"适应"通常是指"生物在生存竞争中适合环境条件而形成一定形状的现象"。而"适应性"则是指"生物体随外界环境条件的改变而改变自身的特性或生活方式的能力"。④ 心理学意义上的"适应"则是一种感觉上的适应，是"感受器在刺激持续作用下所产生的感受性的提高或降低的变化"。⑤ 适应性运用到法律当中，也即所谓的"法律的适应性"。由于适应性在一定程度上是一个功能性的概念，那么法律的适应性是指法律所具有的某种特殊功能，也即指"法律在其运行过程中所具有的，通过各种法律技术和方法的综合运用，使各种法律价值得到合理平衡、法律的目的得到最大实现的一种内在机制"，⑥ 是法律在调整社会关系，满足社会发展的需要所具有的特殊能力。

要求对法律或法律制度作出适应性调整，一方面人类具有的社会协作本能为其提供了基本条件与基础；另一方面则是由法律与社会之间的相互关系所决定的。作为世间的物种之一，我们的成功就在于人类的这种社会本能。⑦ 而且

---

① 拉丁谚语。参见杜健荣：《法律与社会的共同演化》，载《法制与社会发展》2009年第2期。

② 周少华：《适应性：变化社会中的法律命题》，载《法制与社会发展》2010年第6期。

③ 参见《现代汉语词典》，商务印书馆1998年版，第1157页、第1153页。

④ 《辞海》，上海辞书出版社1980年版，第1050页。

⑤ 《辞海》，上海辞书出版社1980年版，第1050页。

⑥ 周少华：《适应性：变化社会中的法律命题》，载《法制与社会发展》2010年第6期。

⑦ ［美］麦特·里德雷：《美德的起源：人类本能与协作的进化》，刘珩译，中央编译出版社2004年版，第281页。

在某种程度上讲，"法律的适应性可以用来描述法律本身所具有的某种品质，也可以用来描述法律实践所具有的能够达到某种合理状态的机制"。①因为：

首先，在现代法治社会，主张法律制度的适应性机制，其实也是现代法律制度开放性与发展性的重要体现。法律制度的开放与发展，既包括随法律本身之外的环境与事物的变化而改变，也包括随人类的进步与社会的发展而发展。法律制度的开放与发展既是法律进步的表现，也是法律得以充满生命力的体现。

其次，法律的适应性其实也是其具有灵活性的体现。适应性是相对于机械、死板而言的，是某一事物具有灵活性的具体表现，但又不完全等同于灵活性。因为灵活性既包括有限的变化，也包括无限的变化，而适应性实际上则是一种有条件有限度的变化，而不是无条件、无限度地作出改变，尤其是对具有极强稳定性与权威性的法律制度而言，更是如此。实际上，自人类利用实现规则之治之初，灵活性的需求就已经开始萌生。如在古希腊思想家亚里士多德的法律思想中，就已经有了法的可变性观念。在此后人们追求公平正义的历史进程中，"灵活性"逐渐被许多学者视为"规则之外的规则"，而逐渐渗透到人类各种法律制度之中，用以处理各种法律问题。尽管其经常被严格规则主义的观念所压制，但是，在每一种法律制度的内部，仍然生长出了各自的灵活性机制。

最后，法律的适应性体现了现代法治社会要求法律能及时有效地回应社会，以适应回应型法治秩序的发展趋势与要求。探求回应型法②已成为现代法律理论的一个持续不断的关注点。如同 J. 弗兰克所指出的那样，法律现实主

---

① 参见周少华：《适应性：变化社会中的法律命题》，载《法制与社会发展》2010 年第 6 期。

② 美国当代著名的社会法学家，伯克利学派的著名的代表人物 P. 诺内特、P. 塞尔兹尼克在其著作《转变中的法律与社会：迈向回应型法》中，将法律划分为三种类型：压制型法、自治型法和回应型法。其中压制型法的标志是法律机构被动地、机会主义地适应社会政治环境。自治型法是对这种不加以区别的开放性的一种反动，它首要关注的是保持机构的完整性，是一种盲目的形式主义。回应型法则是指力求克服或缓解前面两种类型的法局限性一种法，是一种有区别、有选择的适应社会环境并同时重视其所处环境中各种新的力量的法。为了做到这一点，它要求法律机构应对所有冲击法律并决定其成效的因素都要充分地了解，把社会压力理解为认识的来源和自我矫正的机会。参见〔美〕P. 诺内特、P. 塞尔兹尼克：《转变中的法律与社会：迈向回应型法》，张志铭译，中国政法大学出版社 2004 年版，第 167 页。

义者的一个主要目的就是法律"更多地回应社会需求"。① 法律的社会适应性
要求，在一定程度上也体现了现代法治不应以单纯推行立法决策者单方面意志
为唯一目的，而是以回应社会主体多元化利益追求为其基本目标，以尊重社会
的主体性为主要价值取向。

当然，对法律"适应性"的追求，并不总是令人满意的，因为追求可能
会存在或多或少的不足或过度问题。适应性追求及其付出的努力的不足，必然
导致追求行为的忽略性或无实际意义，而过度追求则又可能造成相对稳定的法
律秩序的破坏。

二、商品投机法律调控制度失灵的适应性应对方法

如上所述，法律不可避免地存在这样那样的缺陷，法律调控制度在实际运
行中也或多或少地存在失灵问题，而克服法律自身的缺陷及尽量减少或减低失
灵问题的基本出路就是要求法律制度具有一定的适应性，使其能够适应社会发
展的变化与要求。但适应性毕竟只是一个抽象性和功能性概念，它为人类解决
法律的缺陷和失灵提供了一个明确的行为导向，但却无法为人类直接提供如何
进行适应的方法。即究竟以何种方法使法律具有一定的适应性功能或使其真正
能够适应社会的发展需要，就成为人们必须予以探讨和解决的问题。实际上，
目前中国缺少的不是法治的理念与实践，而是恰当的方法。好在，法律虽然无
法以一种完美无缺的公平方法来适用于一切情况，但是减少不公平现象的某些
方法还是存在的。②

我们通过探究人类的法律实践历史，或多或少地会发现古今中外有许多法
学理论者与实务部门利用自身的智慧与经验，不断地探索出了各种解决或克服
法律失灵与缺陷的方法与路径，这既包括从立法的角度进行解决，也包括从法
律的运用角度进行解决。前者如法律规则的原则化、衡平化，法律拟制；后者
如限制与区分先例的技术、赋予法官自由裁量权、法律适用类推等。例如，古
希腊学者亚里士多德在其《政治学》中曾提到："法律如果得以恰当地制定的
话，应是至高无上的，只有在一般性的法律规定不能穷尽问题细节的情形中，

①　[美] P. 诺内特、P. 塞尔兹尼克：《转变中的法律与社会：迈向回应型法》，张志
铭译，中国政法大学出版社 2004 年版，第 73 页。

②　[英] 彼得·斯坦、约翰·香德：《西方社会的法律价值》，王宪平译，中国法制
出版社 2004 年版，第 133 页。

统治者才拥有自由裁量权。"① 亚里士多德实际上客观地指出了法律制度自身存在的缺陷以及解决这种缺陷的方法——赋予统治者（包括立法决策者与司法裁决者）以自由裁量权。在英国历史法学派代表人物梅因的眼里，通过"法律拟制"或者"衡平"或者创制修订，在一定程度上有助于法律克服和解决法律自身存在的局限性（或失灵），有助于促进和实现法律的社会适应性。因为在他看来：　"在进步的社会里，人们总是以某种隐蔽或者公开的方式——比如'法律拟制'、'衡平'、和'立法'——改变和发展他们的法律。"②

在普通法系与大陆法系历史发展的进程中，客观存在着为促进和实现法律的适应性或灵活性的理论与实践。其中在普通法系国家，判例法的存在并不能自然地等同于灵活性与适应性，而是被认为具有相当的确定性与保守性。换句话说，为普通法法律制度带来灵活性和发展的，是授予法官以自由裁量权和区分先例技术，而不是由法官创造法律的判例法制度本身所赋予的。③ 其中赋予法官以自由裁量权是赋予法律制度灵活性和适应性最常见的方法。如果没有自由裁量权，法律就会变得僵化、机械，与现实生活脱离。正因为如此，自17 世纪以来，以边沁为代表的法律改革者极力主张法典化，并在英格兰作了各种法典化的尝试，但均以失败告终。对于法典化的失败，人们也许会认为，"一部法典的出台，会破坏法律的灵活性，会因为束缚法官的自由裁量权，而阻碍普通法向前发展"。④

相较于普通法系的国家法律制度，在几乎所有重要法律都实现了法典化的大陆法系国家，其法律制度常常给人以僵硬、刻板、缺乏灵活的印象。但这并不能因此完全肯定大陆法系法律制度中缺乏适应性和灵活性机制。实际上，大陆法系国家的法律制度中也客观的存在着一定程度的适应性或灵活性机制。正如有些美国学者所言，大陆法系"由于没有遵循先例的传统原则，其变通与发展就更为容易和适时"。⑤ 以立法为例，立法人员从法典起草和制定之初，就有意无意地在法典中或多或少地留下了张弛余地或空间。例如在法典中，立法者经常采用概括性的立法模式或立法技术，从而在一定程度上为法典不断获

---

① ［古希腊］亚里士多德：《政治学》，颜一、秦典华译，中国人民大学出版社 2003年版，第 106 页。

② ［英］梅因：《古代法》，沈景一译，商务印书馆 1997 年版，第 13 页。

③ 周少华：《法律之道：在确定性与灵活性之间》，载《法律科学》2011 年第 4 期。

④ 周少华：《法律之道：在确定性与灵活性之间》，载《法律科学》2011 年第 4 期。

⑤ ［美］格伦顿、戈登、奥萨魁：《比较法律传统》，米健、贺卫方、高鸿钧译，中国政法大学出版社 1993 年版。

得活力和柔韧以加适应，提供了良好的前提与基础，同时也为司法办案人员尤其是法官提供了解释法律的空间。此外，法律原则也是使法典具有灵活性的技术手段。① 例如，以法、德等国为代表的民法典中，基本都有各种相关的基本原则规定，其中"民法基本原则的不确定规定和衡平规定性质，具有授权司法机关进行创造性司法活动的客观作用，民法基本原则中的法律补充原则，更是直接授予司法机关在一定范围内创立补充规则的权力"。②

针对法律的缺陷和失灵问题，我国也有一些学者展开了相应的研究和探讨，并提出一些具有独特性的观点。如芮卫东提出"法律类推是解决法律失灵问题，实现司法公正，推进法律文明，实现依法治国的核心路径"。③ 当代青年学者秦国荣则在吸收前人成果的基础上并结合中国的实际，主张在肯定和强调法律为现代社会最具权威和效率的社会调控手段的基础上，重视和加强各种社会控制手段（如道德、教育）综合运用与协调；同时还要重视法律的形式理性与价值理性（实质理性）的有机统一，重视法律的制度建设与司法执法人员素质的提高的有机统一，重视法制建设及其相关社会环境和基础条件建设的有机统一。④

在市场经济体制下，现行市场经济法律调控制度要适应市场经济的发展与变化，克服自身存在的缺陷与调控失灵的方法，最直接也是最实际的方法就是对原有的市场经济法律调控机制进行相应的调整。即由立法决策者直接改变原有的法律制度内容和形式，或由法律制度执行者（施控者）直接改变现行的执行机制，以及时有效地应对市场经济的现实变化，适应和满足社会发展的客观需求。

基于满足适应性需求而对原有的法律制度的机制进行调整的机制，笔者将其称为法律制度的适应性调整。从汉语词义看，调整就是指重新调配整顿，使（某一事物）适应新的情况和要求。⑤ 而法律制度的适应性调整其实就是重新调配整顿原有的法律制度，使其适应客观环境和要求，以发挥更大的作用。法律制度的适应性调整不同于我们常说的法律专业术语——法律调整。因为，法律调控制度的适应性调整所强调的是对法律制度本身的改变，而不对其所作用

① 周少华：《法律之道：在确定性与灵活性之间》，载《法律科学》2011年第4期。
② 徐国栋：《民法基本原则解释——成文法局限性之克服》，中国政法大学出版社1992年版，第18页。
③ 芮卫东：《法律失灵：客观的法律现象》，载《华东政法学院学报》2003年第1期。
④ 参见秦国荣：《法治社会中法律的局限性及其矫正》，载《法学》2005年第3期。
⑤ 夏征农主编：《辞海》，上海辞书出版社1999年版，第3610页。

的对象（社会关系）施加改变性影响；而法律调整则是指"法律对人的行为或社会关系进行影响"，① 强调的是法律所具有的特殊功能与作用。

作为市场经济法律调控制度重要内容和组成部分的商品投机法律调控制度，为应对商品投机的变化与适应市场经济的客观发展要求而对商品投机法律调控制度进行适应性调整，就是指立法决策者与法律制度的执行者为基于商品投机的具体发展变化，在遵循一定原则和法定职责与程序的前提下，主动或被动地对原有的商品投机法律调控制度作出部分或全部调配整顿的总称。其中这种调整既包括立法策略调整，也包括执行策略的调整；既包括对法律规则内容的部分调整，也包括对法律规则内容的全部调整；既包括实体法律制度的调整，也包括程序法律制度的调整；既包括对整个法律规则体系的调整，也包括对某一部门性或专门性法律规则的调整等。

对立法决策者而言，对商品投机法律调控制度进行调整的具体方式，可根据现实发展变化与需要，采取创设或制定一部新的独立的法律规则，或对原有的不合时宜的法律规则进行相应的修订，或对旧的完全失去应有作用或完全起到相反作用的法律规则予以废止。

对执行者而言，其商品投机法律调控制度进行调整，主要是在维护既有的法律制度的稳定性和权威性的基础上，以促进和实现商品投机法律调控的目的与任务为核心，并基于商品投机发展变化与实际需要，灵活适当地调整执法策略，如严格执法、宽松执法、宽严相济执法、公正执法等。

第二节　　商品投机法律调控制度适应性调整目标与原则

一、商品投机法律调控制度适应性调整目标

商品投机法律调控制度适应性调整其实就是解决或克服正在运行中的商品投机法律调控机制失灵问题，解决或克服商品投机的存在与变化对市场经济尤其是竞争性市场经济及其整个国民经济的稳定与发展所产生的负面影响或阻滞与破坏作用。因此，商品投机法律调控制度适应性调整的目标就是：将现行的商品投机法律调控制度调整为能适应市场经济活动发展的需要，及时有效地应

---

① 李昌麒：《经济法学》，中国政法大学出版社 2002 年版，第 42 页。

对商品投机行为的发展变化，将非正当和正当的投机行为控制、引导、调整至合理的状态，从而在根本上达到促进和维护稳定有序、公平合理和充满活力与不断发展进步的社会主义市场经济，促进国民经济总变量的均衡、协调与发展，并最终促进和实现整个社会经济的健康稳定与和谐发展。在这些目标中，其中既包括直接目标，也包括根本目标。适应性调整的直接目标主要旨在维护自由市场竞争与交易的前提下，严厉打击或限制对市场经济产生或可能产生严重负面影响的非正当投机行为，促进和维持正当的或不为法律所限制与禁止的投机行为在市场经济活动中适度性的存在与发展。根本目的就在于维护自由、公平、公正的市场经济秩序，维护和促进市场经济发展的可持续、稳定性和合理性，促进和实现市场个体利益与社会整体利益的最大化增长，并最终促进和实现整个社会经济的和谐、稳定与发展。直接目标与根本目标是相辅相成、密切联系的。前者是一种形式意义上的目标，而后者则是实质意义上的目标。直接目标的实现往往是实现根本目标的重要环节与保证；而根本目标则是直接目标的最终标向，是设定直接立法目标的根本价值所在。

当然，对于上述目标的确立，主要是假定在一个相对和平且实行市场经济制度的条件下展开的。但实际上，一个国家或地区的商品投机法律调控目标尤其是直接调控目标的确立，必须要考虑该国或地区实施的政治经济体制，考虑本国或本地区商品与资源的丰富程度、国家的安全状况（军事安全、经济安全、社会稳定）及广大人民的现实需要。例如，某一个国家或地区严格排斥或杜绝市场经济制度，那么正当商品投机的适度性目标的确立可能就是一个无法实现的幻想。再如在国家面临紧急状态下如战争、大范围的重大自然灾害，是否允许对当时非常紧缺的某一生活必需品进行投机，都是一个疑问，更何况适度投机了。

二、商品投机法律调控制度适应性调整原则

对商品投机法律调控制度对现行的调控机制进行调整，并不是随意的，不加任何限制的，而是要在遵循一定原则或准则的基础上，有条件、有限制地进行调整，才能真正促进或实现商品投机法律调控制度的社会适应性尤其是市场经济发展的适应性，以求对商品投机活动进行有效适度调控，进而促进和实现市场经济有序健康发展，促进和实现国民经济总变量的均衡协调发展。商品投机法律调控决策主体与施控主体在对商品投机法律调控制度进行调整的过程中应遵循的基本原则，主要有遵循市场经济本质与规律的原则、均衡兼顾原则、综合协调、依法调整、客观公正与公开原则、形式合理与实质合理相结合的原

则、及时与有效相结合的原则等。

（一）遵循市场经济本质与规律的原则

根据马克思的"经济基础决定上层建筑"辩证唯物主义历史观我们可推知，作为经济基础重要内容的市场经济必然决定和制约着与之相适应的上层建筑之一的法律制度——市场经济法律制度的存在与发展，也决定和制约着作为市场经济法律制度重要组成部分与内容的商品投机法律调控制度的存在和发展。因此，只有在维护和遵循市场经济本质与内在规律的前提下对商品投机法律调控制度进行调整，其才能获得促进和实现商品投机法律调控制度的适应性与有效性的保障，才有可能促进和实现降低或减少调控机制失灵问题。否则，调控机制的适应性与有效性则会变得遥遥无期。维护与遵循市场经济的本质与内在规律，在市场经济活动中主要表现有尊重和维护交易自由原则、等价交易原则、价值规律、平等交易原则、生产与流通规律、供求和竞争规律、利润平均化规律等。

（二）均衡调整原则

均衡（Equilibrium）概念最初源自物理学，意指"当一物体同时受到几个方向不同的外力作用时，若合力为零，则该物体将处于静止或匀速直线运动状态，这种状态就是均衡"。① 后来均衡概念被广泛运用到其他领域如经济学、法学等，用以表示物质世界中相反力量的对抗与平衡。在西方经济学中，均衡通常是指经济事物中有关的变量在一定条件的相互作用下所达到的相对静止的状态。当均衡运用于法学之中并与法律结合在一起，由此出现"法律均衡"、"法律均衡原则"等概念或称谓。法律均衡在理论界通常被界定为法律供给与法律需求之间的平衡。法律均衡的对立面当然是法律的非均衡，是指法律的供给与法律需求之间存在不平衡问题。根据法律涉及的具体领域、性质与地位，法律均衡与非均衡又可分为经济法律均衡与非均衡、行政法律均衡与非均衡、民事法律均衡与非均衡等若干子类型。例如，我国有学者从经济法律的角度探讨了经济法律非均衡问题，指出："经济法律非均衡是指人们对现存经济法律的一种不满意或不满足，欲改变而又尚未改变的状态。……经济法律不均衡的类型主要有经济法律供给不足与供给过剩两种情况。"② 此外，在传统法律理论中，法律均衡原则常被视为是传统法律部门划分理论中的一个原则，即划分法律部门时应当考虑各法律部门之间的法律规范的规模和数量之间保持大体上

---

① 王成礼：《法律均衡研究的进路》，载《学海》2007 年第 6 期。

② 周林彬：《法律经济学论纲》，北京大学出版社 1998 年版，第 296～297 页。

的均衡，不能使某些法律部门的内容（规范）特别多，而有些法律部门的内容特别少。因此，在传统法律理论中，人们对法律均衡与法律均衡原则并没有形成统一的认知，即对有些人看来法律均衡与法律均衡原则并不是完全等同的概念，两者之间无论是在内涵还是外延上都存在一定的差异。

不同的法律规则在发挥作用与功能的问题上，存在一定的差异，即便是同一规制不同的内容，也具有不同的作用与功能。某一特定目的与任务的实现，往往离不开各种法律规则的相互作用，离不开各种法律规则各自特殊功能的发挥。而不同的法律规制功能发挥，又离不开以法律均衡原则为指导。作为一项立法原则的均衡原则，是立法决策者在创制、修订和废止相关规则的过程中所遵循的一项基本行为准则，它要求立法决策者应注意保持或促进法律制度供给与社会对法律制度的实际需求的均衡，注意和维护整个法律规则体系的整体性，同时兼顾相关法律规则的全面性；注意不同法律规则之间的平衡性，同时兼顾同一法律规制不同内容之间的均衡性，以防商品投机法律调控体系在实际运行时因其顾此失彼或兼顾不到位而导致其调控失灵。

在对商品投机法律调控规则的内容调整上，均衡原则主要体现在立法决策机构在立法调整的过程中应注意法律供给与法律实际需求、实体性法律规则与程序性规则、授权法与控权法、中央立法与地方立法、基本法与部门法或专门法、强制性立法与引导性激活调节性立法、公法与私法、惩罚性立法与激励性立法、微观规制立法与宏观调控立法、同一部法律内部各内容或规则、各个法律价值、法律的直接目标与根本目标等之间均衡与兼顾问题，而不是顾此失彼或轻重强弱不一或多寡失当。

（三）综合协调原则

综合协调原则强调的是，立法决策者在商品投机调控立法调整时，应注意各种法律执行机构之间的职能分工，注重相互间的协调性、配合性与制约性，彼此间形成一个静态分工协调与动态运行合作的统一体。例如，在打击和限制非法商品投机时，有关执法监管部门如工商、税务、质检、土地、价格、房产、金融、农业等部门根据投机行为涉及的相关经济领域，将直接调控目标与根本调控目标结合起来，在合理分工的基础上，做到彼此间依法进行相互配合、相互制约、统一协调的效果。此外，综合协调原则还应包括立法决策者在相关立法中注意各种商品投机调控措施或手段或方法的综合性及相互间在发挥作用时的协调性，不能只重其一，忽视其二，防止调控效果的极端化或无效性。如对投机的强制性控制与非强制性诱导、调整的相互配合与协调，微观规制措施与宏观调控手段的结合，经济手段、行政手段和司法手段之间的互相配合与协调等。

（四）　法定调整原则

在现代法治社会，法律制度的调整是一项特殊的立法活动，因此立法者必须在遵循一定的法律准则的基础上，才能确保其立法行为的权威性和有效性，使其制定、修改和废止的法律规范具有相应的实践规范意义，而不是单纯的形式规范意义。依法调整的原则是立法者在立法过程中所应遵循的一项基本立法原则，它要求立法决策者对相关法律制度进行调整时，应当根据《宪法》及《立法法》规定的立法权限、职责与立法程序创设、修改或废止相关法律制度。立法决策者在对商品投机法律调控制度进行立法调整时，同样也要根据《宪法》及《立法法》所规定的立法权限、职责与立法程序进行调整，而不能超越立法权限或违背立法程序，随意地对商品投机法律调控制度进行调整。如果违背法定调整原则而创设、修订或废止法律，就可能导致立法权的滥用，或导致立法专断与腐败。

（五）　合理调整原则

何谓合理，对不同的人不同的学科而言，至今都未形成一个统一的权威性观点。例如，它既可以理解为一种价值标准与评价尺度，也可以理解为一种认识方法或评价方法等，也可以视为一种特殊的状态。从字面上看，人们很容易将其与理性结合在一起，并理解为是"合乎理性"的意思。但实际上，从合理性历史演变来看，合理性既与理性具有某种内在的联系，但又不完全等同于理性。哲学意义上的合理性原本是人们在对理性的反思和批判中衍生出来的词语，其实质是传统理论中绝对理性与绝对非理性相互辩争过程中的产物，是对绝对理性主义理论的一种批判与否定，是一种对理性主义的正确理解，使之回到其应有的合理地位。自近代以后，西方理论学界许多的学者从不同的侧面出发，对合理性问题有了更深层次的研究，并提出了诸多不同的观点和类型，如德国社会学家马克斯·韦伯在其《经济与社会》中提出的目的合理性与价值合理性两种对立的合理性模式。目的合理性强调了逻辑性、规律性与形式的重要性，但它忽视社会主体实际内在需要，忽视了社会主体的主观价值判断。而价值合理性则恰恰是强调了人的主体性及其主体的价值追求与判断，而不仅仅限于工具的、形式的或技术性的东西。

"一般说来，所谓合理的，就是合规律而被认为是客观的，合目的而被认为是有价值的，合逻辑而被认为是严密的，合理智而被认为是正常的，合规范而被认为是正当的，有根据而被认为是应当的，有理由而被认为是可理解的，有价值而被认为是可接受的，有证据而被认为是可相信的，有目标而被认为是自觉的，有效用而被认为是可以采纳的，等等。"① 在笔者看来，合理性是一种特殊的理想状态或观念或某种价值判断标准。判断某一行为或事物是否合理，关键在于其是否就是合乎理智的，是否具有为人们所接受的价值，是否符合一定规律性与时代特征，是否具有一定的逻辑性、可预测性与可操作性等综合标准，并具有一定时代特征理想状态与观念。对商品投机法律调控制度立法调整而言，合理性原则的遵循与实现，直接影响到立法调整的成效，影响着调整后的法律调控制度的实际运行状况与效果。

要求立法决策者遵循一定的合理性原则，既包括规范意义上的合理性，也包括价值意义的合理性，既包括形式意义上的合理性，也包括实质意义上的合理性，既包括客体方面的合理性，也包括主体方面的合理性。② 从立法调整的形式合理性与实质合理性来看，前者要求立法决策者在制定、修改和废止的商品投机法律调控规则时，应当符合客观发展趋势，立法调整方案应当具有科学性、可操作性和明确的适当的立法目的，法律规则的内容与形式具有完整性、严密性和准确性，权利（或权力）与义务（或责任）设置要合理恰当，调整后的立法规则要具有可预测性等。后者要求立法决策者对现行的法律调控机制进行调整必须满足或符合社会主体的客观发展需要，使其真正能体现社会主体性要求，将市场资源在不同的市场主体之间以及市场主体与国家之间合理配置。既要满足一般经营者的合理需求，也要满足合法投机者的合理需求，还要满足消费者以及社会公共的合理需求等。因此，满足社会主体的合理性需要，是立法调整的意义所在或价值所在，是实质合理性原则在立法调整中体现。因为对人而言，需要是一种客观存在。"需要"是一种"天然必然性"。③ 只要有人就应有需要，没有人，也就没有所谓的需要，更没有所谓的合理需要。

（六）民主与效率相结合的原则

立法决策机构在对商品投机法律调控制度进行调整时还应遵循民主与效率相结合的原则。法律调整制度民主调整原则，是现代民主原则在立法过程中的体现与渗透，也是公平、公正、公开价值在立法中体现。立法决策者在法律制度调整的过程中遵循民主调整原则，其实就是要求立法决策者在法律

---

① 欧阳康：《合理性与当代人文社会科学》，载《中国社会科学》2001 年第 4 期。

② 客体方面的合理性，就是在客体方面要合乎客观实际，合乎客观规律，要"求真、求实"；主体方面的合理性，就是要满足主体的需要性，将社会个体利益诉求与社会整体利益诉求有机的结合在一起。

③ 《马克思恩格斯全集》（第 1 卷），人民出版社 1956 年版，第 439 页。

调整的过程中应当充分听取广大市场经济主体或参与者的心声与意见，积极吸纳由人民群众选择的代表参与到立法决策当中，立法结果及时向公众公开，并接受公众的监督，以确保法律决策的普适性、权威性、科学性、公正性等。

效率在字典中释义为单位时间内完成的工作量，是指最有效地使用社会资源以满足人类的愿望和需要。实际上，效率可以适用于不同的领域如经济效率、立法效率、工作效率、生产效率等。适用的领域不同，当然也就被赋予了不同的特殊内涵。在立法领域，法律制度调整效率实际上既包括立法调整的时间效率，也包括立法决策者在立法资源配置方面的效率、立法资源投入与产出的实际经济效率，还包括立法调整过程中所产生的其他效益如安全效益。因此，立法决策者在对商品投机法律调控制度进行调整的过程中，应当根据商品投机的实际发展变化与客观现实要求，在合理配置立法资源并在促进或确保经济安全的前提下，及时对相关法律制度进行创新、修订或废止；而不是有意无意地拖延或消极地对相关法律制度进行调整，或在不考虑立法成本的情况下以极高的代价或资源对相关法律制度进行微调，或在调整过程中只想着调整后的法律作用的发挥而忽视或轻视因立法本身原因所导致或可能导致的经济安全状况的恶化或加剧。

第三节　　商品投机法律调控制度适应性调整范畴

如何对商品投机法律调控机制进行具体的适应性调整，首先就应确定商品投机法律调控体系中，哪些方面需要调整，哪些不需要调整，即要明确界定商品投机法律调控制度适应性调整的内容或范畴。而调整的内容或范畴的界定，在某种程度上可从导致商品投机调控失灵的具体原因着手，如法律体制本身不合理或内容不完善，或相关规则的缺失，或相关规则之间不协调，或国家或政府某种职能或职责的缺失或不到位，或立法决策方案违背市场经济规律与本质，或立法决策依据不够完整充分，或执法监管机制不合理，或对商品投机的变化缺乏重视与应有的认知，或对重大事件的影响缺乏足够的重视等。由于导致法律调控失灵的原因较为复杂，而法律制度的调整又是一种对规范制度的调整，因此，商品投机法律调控制度适应性调整的范畴，就应当围绕规范因素进行界定和展开，即调整商品投机调控立法与执法机制中与市场经济发展与社会需求不相适应与不合理的部分，纠正导致商品投机调控机制失灵的立法与执法缺陷和不足部分。尤其是对可纳入法律规则之中并对商品投机的产生、变化起到决定或重要影响的可操作性规范因素。因此根据商品投机的产生与变化的动因与条件，以及对商品投机的产生、变化起到制约与影响的方式，可将商品投机法律调控制度具体的调整范畴概括为两大方面：一是对商品投机直接产生影响或制约的法律制度进行调整；二是对商品投机产生间接影响或制约的法律制度进行调整。

一、对商品投机具有直接影响或制约作用的法律调控机制的调整

从商品投机的法律性质来说，商品投机有合法与非法之分。因此对商品投机具有直接影响和制约作用的法律调控机制的调整，既包括对非法投机行为直接进行规制的立法与执法监管机制的调整，也包括对合法性投机行为直接进行规制的立法与执法监管机制的调整。

首先，对于非正当的投机行为，无论是立法还是监管执法，都应采取严格的强制性控制方式。根据非正当投机行为所采取的手段、投机的对象、影响程度采取不同的策略与方式。一般来说，对于非正当的投机行为所采取的法律策略与态度，主要分为两类：零容忍和有限容忍。零容忍主要是对被法律纳入禁止范畴的投机手段、投机对象（禁止流通）及对社会经济产生或可能产生严重负面影响的过度非正当投机行为所要达到的控制目标尽可能杜绝。有限容忍主要是对某一投机者运用非正当投机手段进行投机时，法律在其交易时间上、投机对象的数量与规模、交易方式与程序上予以一定的限制。在界限以内的，执法监管机构一旦发现并不立即绝对地予以打击，而是予以一定的期内，要求其自行合法归位，否则就将其纳入非法范畴而予以打击并追究其相关法律责任。对非正当投机行为的立法调整的内容上，重点在于对非法投机行为的事前有效预防与相关法律责任设定的完整性、严格性与可操作性。对于可能出现或已经出现的新的违背公平、公正、自由交易原则并可能或已经严重损害市场经济秩序和他人、集体与社会合法利益的投机行为，应当及时入法，使得执法监管机构在对其执法监管时，能做到有法可依，有规可循。在立法调整的具体内容上，立法决策机构应当将不具有合法市场主体资格的投机者、非正当的投机交易手段与方法、禁止或限制自由流通的商品或产品、在交易的规模与数量受限制的商品，在价格与利润及其浮动范围受到限制的商品等均纳入法律调整的重点。

对非法投机行为的执法监管机制上，调整的重点应当是执法监管机构的设置、执法监管程序、执法监管者的责任追究、执法监管机构之间的协调及执法

监管机构及其人员在执法监管过程中的合法、合理、严格的执法观念。

非法投机行为的立法与执法监管机制的调整是相辅相成、紧密联系、缺一不可的。如果只重视立法调控机制的调整而忽视执法监管机制的调整，或者只重视执法监管机制的调整而忽视立法调控机制进行调整，那么对整个市场法律调控机制来说，其调整都无法或很难达到预期效果，也即很难控制非法投机的形成与发展。例如，在非法商品投机微观规制立法相对较为健全的情况下，如果执法监管机构及其人员在实践中不严格执法或实行宽松执法或懈怠执法或放弃执法，那么相关领域中的非法投机行为就不可能完全消匿，甚至可能充斥整个市场经济活动之中。

其次，对于合法性投机行为或为法律所默许的投机行为，立法与执法监管机构首先应明确投机者及其投机行为的市场法律地位——市场活动的合法参与者与合法的市场交易行为。因此，对合法的商品投机行为直接进行规制的立法与执法监管机制，调整重点应当在尊重和维护商品投机者及其投机行为合法性基础上，基于适度投机的目标、促进和维护市场经济秩序及促进和实现市场参与者个体合法利益与社会公共利益共同增长的需要，对影响或可能影响商品投机产生与变化的若干要素与法律条件进行调整。这其中主要包括对合法投机者的入市条件的放宽与变严，被投机者纳入投机视野中的商品的流通量和交易量的放宽与变严，用以完成交易手段和条件的放宽与变严，投机品的价格或成本与利润的放宽与变严以及对合法投机者及其投机行为从宽与从严的执法监管的观念或程序等方面的相互转变与调整。

二、对商品投机具有间接影响或制约作用的法律调控机制的调整

对商品投机具有间接影响或制约作用的法律调控机制的调整，其调整思路或路径选择，实际上与上述对商品投机具有直接影响或制约作用的法律调控机制的调整思路或路径存在很大的差异。这主要是因为对商品投机具有直接影响或制约作用的法律制度，基本上属于微观规制的范畴。其规定的相关压制、打击和激励的措施或手段往往具有极强的强制力，对具体类型化的投机者及其行为具有极强的针对性，对投机者的心理、动机及其行为的选择，能够产生巨大震慑与激励甚至是起到决定性的作用，而且调控效果的可预测性相对较为明显、准确，评价指标也相对较为简单，具有可操作性。

与直接规制相比，对商品投机具有间接影响或制约作用的法律调控制度，主要是一种宏观调控制度。它一般通过一系列的规范化或法律化的手段或措施，对市场制度的决策者、市场的构成要素、市场制度的执行者直接或间接地

施加某种影响与作用，使市场的构成要素与市场制度的供给与执行等主客观因素获得某种变化，从而间接地影响或改变市场经济运行的状况，进而引导或促进商品投机发生某种变化，使其朝着预期方向或目标进化的一种系统化机制。对商品投机宏观法律调控制度的调整，实际上就是当原先的商品投机法律调控作用机制在某些方面或某些环节上出现病变或者异化时，则由国家的相应调整决策机构基于维护整体机制正常有效运转的需要，依法对病变区或异化区甚至包括其他正常区域与环节进行手术的一种特殊的预防与救治机制。

一般情况下，商品投机的状况发生改变与否，往往与市场的构成要素、市场制度或政策的决策者及其决策机制、市场制度的执行者及其执行机制的关系最为密切。因为商品投机的形成、发展与变化所需依赖的诸多重要的主客观条件，很大程度上都被上述三个方面所包含或者说关联性较为密切。因此，要改变或影响商品投机的状态及演变趋向，就可从上述三个方面入手，对其施加某种规范性改革或影响，或直接通过规范化的方式改变或影响上述三种因素。在各种规范化方式中，最主要也是最直接有效的方式就是对各种相关因素进行法律化处理或在法律化的基础上进行自我的调整，以起到直接或间接地发生某种作用或施加某种影响。

（一）市场构成要素的法律化处理及其调整范畴

市场是由各种基本要素组成的有机结构体，正是这些要素之间的相互联系和相互作用，决定了市场的存在与发展，推动着市场的现实运动与变化。在各种市场构成要素中，根据其在整个系统中的层次与地位，可将其分为宏观构成要素与微观构成要素。市场的宏观构成要素通常包括市场主体、用来交易的商品、市场载体及市场交易机制四大要素。而微观构成要素通常包括市场主体需求、市场主体数量或规模或分布、购买力、购买欲望等方面。

在市场的宏观构成要素中，市场主体是市场构成的主体要素，也是市场构成的核心要素。市场主体"是指参与市场交换活动的一切个体和组织"。[①] 市场主体通常包括向市场提供商品的卖方与商品需求、人格化代表者的买方。在商品投机的交易活动中，其参与主体通常也包括卖方和买方。但在买卖双方中，投机者既可能是卖方，也可能是买方，也可能是买卖双方。

用来交易的商品则是市场构成的客体要素，主要是指在市场交换活动中市场主体之间可供交换的商品，它通常包括物质化商品、劳动力、智力商品、服务、货币等。对商品投机而言，能够被投机者纳入投机视域中的商品通常是指

---

① 王冰、郭华：《论市场构成要素和市场关系》，载《经济问题》1998 年第 10 期。

具有较高投机价值的物质性商品。对于不具有投机属性或投机价值较小的商品如服务、劳动力等，则很少被纳入投机者视野。

市场的现实存在必须依赖一定的外部空间，即必须依赖借以存在所需要的载体。没有载体，市场主体往往是无法完成或实现现实交易，因而也就没有所谓的市场。市场载体指市场主体进行市场客体交换所需要的地点、空间、场所以及其他有关设施，① 是市场构成的必要客观外部条件。对作为市场交易活动重要表现的商品投机而言，同样也存在着市场载体问题，而且对于某些特殊的投机活动，对载体往往具有较强的依赖性，例如，地区或国家间的价格差异进行的跨区或跨境性商业或消费投机就是典型代表。

市场交易机制是有关交易手段、方式、环节等方面的总称，是市场现实化的重要工具，也是市场形成的动态条件。如果只有市场主体、客体与载体，没有市场交易机制，市场的存在只是一种理论上的可能，而不能说是真正现实意义上的市场。

在市场构成的要素中，除了宏观构成要素外，诸多微观构成要素往往也是不可缺少的，如市场主体数量或规模或分布、用以流通或交易的商品的数量、市场主体的购买力、购买欲望等。因为微观构成要素，在某种程度上决定或影响着市场的形成与发展，尤其是现代意义上的市场，而不是处于或类似于雏形状态下的市场。例如，参与市场交易的主体的数量或规模极为有限如当只有个别的社会主体之间进行偶发的交易，那么现代意义上的市场就很难形成或实现。再如在市场主体、市场客体、市场载体和市场交易机制都具备的情况下，如果市场主体有购买欲望，但没有任何购买力，那么所谓的交易行为也就无从谈起，现代意义上的市场也就无法实现，更谈不上商品投机问题。倘若仅具备了一定的人口和购买力，而消费者缺乏强烈的购买欲望或动机，商品买卖仍难以发生，市场也无从现实地存在。

在上述各种市场的构成要素中，任何一种要素的盈缺与变化，都必然会影响市场交易的形成与变化，影响商品投机形成与变化。对于国家而言，其所能做的就是在承认市场存在与发展的前提下，运用手中全民授予或委托的经济干预权限或职责，将能够予以法律规范的主要宏观要素或微观因素纳入法制轨道，使其规范化或法律化。因此，在各个已经法律化或将来可以法律化的要素中，国家如需改变市场状态，其可以通过特殊的立法手段（如对现行法律制度的调整）对各个要素直接或间接施加影响，从而实现对商品投机的现状施加一定的影响，直接或间接地促使或引导商品投机发生改变，以期朝着预期方

---

① 王冰、郭华：《论市场构成要素和市场关系》，载《经济问题》1998 年第 10 期。

向转变。

　　因此，从市场构成要素的法律化角度，商品投机法律调控制度的调整范畴，可以按照决定和影响市场形成与发展的诸要素的法律化内容，进行针对性调整。这其中主要包括：

　　1. 对市场主体法律制度的调整，如国家以市场经营者的身份直接参与市场经济活动，从而以间接方式影响市场资源配置，进而影响商品投机的变化。再如，对参与市场交易的市场主体一方或双方参与市场交易的规模或数量具有引导或影响功能的法律制度或法律化的政策，进行调整，以间接方式影响或改变参与市场交易主体的现状，从而达到促进或引导商品投机发生变化。

　　2. 对市场客体即商品的相关法律制度进行调整，尤其是对涉及影响或决定商品本身投机属性或投机价值的相关法律制度的调整，如对流通性较强而且在一定时间内具有易于储存和增值可能的商品的相关法律规定进行调整。通过对市场客体即商品的相关法律制度进行调整，以期改变后的法律规范对市场客体产生或施加某种影响，促使其投机属性或投机价值的大小受到影响或直接发生改变，从而达到间接促使或影响商品投机现状的改变。如对原本法律允许自由流通的商品，通过调整原先的相关法律规定，将自由流通的许可性或授权性规范更改或修订为限制或严禁自由流通的规定，从而使得原本具有较高投机价值或投机属性的商品受到约束或限制，最终在某种程度上可以起到影响或改变该商品原先的投机状态。

　　3. 对具有投机价值的商品或投机品的市场交易载体相关法律制度进行调整，即对商品交易场所的相关法律规定进行调整，以期起到影响该商品投机价值的大小或投机属性的有无高低，进而达到影响或改变该商品原先的投机不足或投机过度的投机状态。

　　4. 对市场交易机制中流通环节或渠道、信息披露、交易媒介、交易形式、交易时间及交易价格、利润与成本等相关法律制度进行调整。以期起到影响或改变流通交易中的商品的投机属性与投机价值，从而达到促进或阻碍某些流通中的商品的投机状态或趋势。例如，交易品的相关交易信息的披露与否及其披露程度，交易成本中所包含的交易过程中的各种相关税负的增加与减少，交易过程中的即时交易与远期交易，交易过程中的亲自交易与委托交易等，都与商品投机的发展变化存在密切联系。如果将市场交易机制纳入法治的轨道或予以法律化处理，以及对相关法律制度进行相应的调整，都会对商品投机状况的改变或多或少地产生影响。

　　此外，对与市场微观构成要素相关法律制度进行调整，也会对商品投机状况的改变，或多或少地产生影响。

（二）市场制度决策者及其决策机制的法律化及其调整

市场是一套制度的集合，市场制度是市场发展、经济社会化与现代化的基本保证。正如诺斯所讲，制度确定和限制人们的选择集合，它通过建立一个人们相互作用稳定的结构来减少不确定性。① 新制度经济学家 G. W. 霍奇逊也指出："我们把市场定义为一套制度，其中大量的特种的商品交换有规律地发生，并且在某种程度上受到那些制度的促进与构造……简而言之，市场就是组织化、制度化的交换。"② 一般来说，市场是一系列具体制度或规范的有机综合，这其中既包括最为主要也最具约束力的法律制度或规范，也包括不具有强制约束力的道德规范、宗教规范、自发形成的或约定俗成的规约与习俗。

具体不同的市场制度，其供给的主体或决策主体及其决策机制也就有所差异，反之亦然。而且各种不同的市场制度的变化往往会对市场的发展变化产生相应的影响。作为市场制度重要组成部分的市场法律制度的供给与调整也会影响或改变市场的发展变化，影响着商品投机的发展变化，而且这种影响既可能是积极的，也可能是消极的。市场法律制度的供给，在某种意义上讲就是相关市场因素法律化的问题。相关市场因素法律化机制中，通常涉及法律决策者、法律决策的内容或方案、法律方案的决策机制等构件。但每个构件自身是否存在科学合理性，都会对整个市场法律制度的科学合理与否或多或少地产生影响。其中市场法律规范的决策者自身的理性化与否及理性化程度往往是决定或影响法律制度供给科学合理与否的重要前提与基础。具体的法律决策方案或被法律化处理的市场因素则是市场法律制度供给科学合理与否的核心内容。决策者的意志表达机制或决策机制的法律化与合理性化又是市场法律制度科学合理的重要保障。由此可见，为求商品投机发生合理的变化而寻求对相关市场法律制度进行合理化和适应性调整的路径，其中就包括对市场法律制度决策者及相关决策机制进行合理化、法律化的改革。

对决策者而言，决策者自身的理性化与否及其理性化程度，最主要也是最有效的方式之一就是通过特殊的法律约束与保障机制，促进或影响其进行自我理性调整。在现代民主社会中，这些特殊的法律约束和保障机制，在实践中常表现为：

1. 决策者或人民意志的代表者的选定与退出机制，决策者的合理决策保障与责任追求机制。

---

① 周小亮：《论市场制度的三大层次及其耦合》，载《学习与探索》1998 年第 1 期。
② ［美］G. W. 霍奇逊：《新制度经济学宣言》，北京大学出版社 1993 年版，第 208 页。

2. 促使法律解决方案是否科学合理，最主要的法律约束与保障机制就是有关法律方案的论证、拟定、决策及公布、实施的整个程序性机制不断地予以科学、合理地完善或调整。

例如，在房地产商品投机活动中，为抑制房地产过度投机，作为具有特殊经济规则的制定或执行职能的中央政府与地方政府，在就有关土地的市场供应所拟定与实施的相关决策方案与决策机制，如果缺乏一定的科学性合理性，且无法有效地抑制房地产投机，那么此时就应当对决策者及其决策机制进行法律化处理，并及时予以适应性调整。当决策者在决策时因自身利益而错误站位，导致决策方案的不合理或缺乏社会公正性，那么对纳入法律范畴的相关决策者及决策机制，就应当进行科学合理的调整与完善，以克服或解决上述所存在的问题。

（三）法律化的市场制度执行机制及其调整

除市场法律制度或法律化的市场制度本身及市场法律决策机制对市场的发展变化具有特殊影响（制约与保障）功能外，市场法律制度的执行机制在一定的条件下对市场的发展变化也具有某种特殊的直接或间接影响功能。在对市场的发展变化起到某种影响（如引导或诱导）的机制中，任何执行机制的变化或调整都会或多或少地影响市场的发展变化，影响商品投机的发展变化。因此，对商品投机的发展变化起到间接影响（促进或抑制）功能的宏观性市场法律制度的执行机制进行调整，其调整的内容或范畴可概括为两大方面：

1. 对围绕执行主体的静态规定进行的调整，其中主要包括对执行者的设定、职能、地位、责任等进行调整。

2. 围绕执行程序的动态规定进行的调整，其中主要包括执行原则、执行措施、执行期限、执行手段、执行协调等。

例如，为促进或抑制某种商品的商品投机度，决策机构制定了对该商品的价格具有间接影响功能的特殊价格制度，但如果执行者的设定缺乏法定依据或缺乏公平合理性，或执行者在实际执行过程中不合理或不公正地执行，或腐败性执行，或采取与规定相反的执行策略，或消极执行等，则可能抑制或无法促进与实现该价格法律调控制度的预设目标。因此，在法律化的市场制度的执行者及执行机制出现某种问题或发生病变而无法有效影响或改变商品投机的预期发展变化时，就需要及时对相关执行机制进行调整，以期促进或抑制商品投机的发展变化趋势。

（四）对商品投机具有重要影响的宏观经济法律调控制度的调整

为获得或达到对商品投机发展变化的间接促进或抑制功能，除了通过对市场构成要素法律制度及其相关决策和执行机制进行调整外，在某种程度上还可以对与市场存在某种特殊关联的其他经济法律制度尤其是宏观经济法律调控制度的调整，也是商品投机法律调控制度适应性调整的重要内容与范畴。这其中主要包括：国民经济发展规划或计划法律制度，国家与地方财政法律制度，国家产业政策法律制度，自然资源开发、利用与保护法律制度，生态环境开发、利用与保护法律制度，社会保障与社会福利法律制度，社会收入分配法律制度，与社会经济资源与产品的生产、储备、流通与分配相关的法律制度，国家金融法律制度，投资与贸易法律制度等。

　　对上述宏观经济法律调控制度的调整，其对商品投机的发展变化所起到的作用或影响，主要体现在利用法律调控制度的客观变化对经济活动主体的心理施加某种影响，或者刺激与抑制经济活动主体的某种需求，以此来影响或改变市场主体及其市场行为的发展变化，进而间接地影响投机者投机心理与投机行为，达到促进或抑制商品投机的发展趋势的直接目的。而事实上，对宏观经济法律调控制度任何一方面的调整，都可能影响商品投机的发展变化。例如，在社会保障与福利法律制度方面，如果社会保障机制或社会福利制度相对较为健全，而且执行相对较为到位，这在一定程度上可能会增加或减少社会主体参与市场活动的意愿与能力，参与市场活动的意愿与能力的增加或减少，则可能会影响参与市场活动的主体规模与数量，进而会影响投机者的投机心理与行为。例如，在整个社会生活成本既定的情况下，整个社会劳动者充分就业或失业率较低，而且工资收入不断地获得增长，那么整个社会的购买力相对就会提高。购买力的提高在一定程度上又会提高社会主体的购买欲望，而购买力与购买欲望社会规模的提升，在一定程度上又会扩大市场经济活动的规模与活力提高，进而会影响市场主体的投机欲望与投机行为选择的可能。再如对社会主体最基本生活需要之一的居住条件尤其是住房条件的满足与否，直接关系到国家住房保障机制的健全与否。如果住房保障机制不健全，或者虽健全但执行不到位，人们就可能以自身的能力，极力参与住房交易市场，那么参与住房市场交易的人数越多，规模越多，其住房市场的投机机会与投机行为就可能越多。反之，当人们的基本居住条件或住房条件得到满足，那么参与住房市场的人数、规模就会减少，住房商品投机机会与投机程度也随着会减少或降低。

第四节　商品投机法律调控制度适应性调整的依据：投机监测与评估

一、我国市场行情监测与评估机制的现状

随着社会主义市场经济体制确立以来，我国逐渐建立和完善了一系列与市场经济发展相适应的有关市场实际运行的监测与评估系统或制度。目前，从全国到地方，从农村到城市，从一般商品市场到生产资料市场和生活资料市场，从农林牧渔初级产品到工业产品、金融产品再到土地、矿产资源，从农业、商业到工业、金融业、房地产业，从生产经营企业到广大消费者等各个领域，基本都有相应的市场行情监测或评估系统，涉及的范围与内容比较广泛、全面。

从监测或评估主体看，既包括官方或具有官方性质的监测或评估机构的监测或评估系统，也包括非官方性质的企业或自治行业监测或评估体系。前者如中央与各级政府或中央与地方国家行政机关所属的市场行情监测系统。例如，在商务部主管或隶属于商务部的市场行情监测系统就包括：商务部生活必需品市场监测系统、商务部重要生产资料市场监测系统、商务部重点流通企业监测系统、商务部特殊内贸行业监测系统、商务部茧丝绸市场监测系统、商务部中央储备肉监测系统、商务部生猪预测预警系统、商务部中央储备糖监测系统等。再如直属国家发改委的全额财政拨款事业单位——商品价格监测中心，已逐步确立和完善了一整套有关国内、国际市场重要商品和服务价格的监测与报告制度。此外，住房和城乡建设部、国土资源部、海关总署、国家工商行政管理总局、人民银行等国务院各部委、直属机构也都制定和实施了相应的市场行情监测系统。与中央相对应的是，地方各级行政机关或其直属机构也设置和逐步完善了诸多相关商品的市场监测系统。如北京、上海、重庆等许多城市均设有房地产市场监测系统。后者在实践中也大量的存在着，如北京中农信达信息技术有限公司设置的全国农民负担监测系统。

从涉及监测的客体看，既包括生活资料市场监测或评估系统，也包括生产资料市场监测或评估系统，或者普通商品的监测与特定商品的专项监测。

从监测对象或被监测的主体看，既包括对一般生产经营企业的监测或评估体系，也包括对重点流通企业的监测及对消费者的监测或评估体系。

从涉及的范围与地区看，既包括对全国范围内的所有的商品的监测或评估

体系，也包括对地区的商品市场行情监测或评估体系；既包括城市市场行情监测系统，包括农村市场行情监测系统等。

市场行情监测系统的确立与完善，有助于宏观经济决策者客观、公正、合理地进行制定与实施各种经济政策、法律法规，完善宏观经济调控机制；有助于市场经济的管理者与执行者客观合理地采取各种手段与措施，及时有效地维护市场经济秩序，促进市场经济正常发展；有助于市场经济活动的参与者对市场经济发展趋势进行科学合理的分析、判断，并以此确立和实施符合自身实际情况与需要的经济行为与目标。同时，市场行情监测与评估系统的建立与完善，对于其他与市场有关的监测与评估体系的建立、完善，也具有重要的借鉴、指导意义，而且在某种情况下，其监测的数据与评估结果，对其他与市场相关的监测与评估具有一定的替代或直接移用的作用，从而在一定程度上有助于节约成本，提高利用率和社会效果。

我国目前的市场行情监测与评估系统，首先，总体说来是一个多层次、多标准、多样化的复杂综合体。即在市场行情的监测或评估体系之下，又可因监测对象、区域范围、主体、客体的不同，分为若干不同的子系统或更小的系统。而且每一个子系统之下，又可分为若干的更小的系统。

其次，在我国诸多市场行情监测的子系统中，有许多监测系统的设置相对较为全面、合理。这其中就包括配备责任与分工相对明确的监测机构和人员，明确的监测对象与范围，相对较为合理全面、稳定和代表性的信息监测点布局，科学合理的数据收集与统计系统，多样化的市场行情信息发布、汇报与沟通方式等。以国土资源部的土地市场动态监测与监管系统为例，截至 2011 年 7 月底，我国已经建立了相对完整的土地价格与土地市场动态监测体系。正如中国土地勘测规划院地价所所长赵松所言，我国目前已建成覆盖 105 个城市和辽宁、安徽、内蒙古、四川、黑龙江、湖北 6 个省（区）的地价动态监测网络，实现了对监测地区商业、工业和居住用地价格水平的实时监测与信息发布。① 但是，在我国仍然有不少市场行情监测系统的设置存在不合理或不全面或完整的状况。这其中就包括缺少监测责任与分工明确的专业机构与人员；或者虽有监测机构与人员，但因缺乏足够的资金而形同虚设；或者有些市场行情监测是由政府委托社会中介机构完成的，但因监管机制不健全或相互间利益冲突，也往往造成监测的数据不全面或不及时或不客观；或者市场行情监测系统设置较为分散或者是重复设置，结果造成资源的不必要浪费，及监测数据之间

---

① 《我国已建立土地价格与土地市场动态监测体系》，载中国广播网：http：//www. cnr. cn/china/news/201107/t20110726_ 508282675. shtml，浏览时间：2012 年 1 月 26 日。

的矛盾与不统一，进而影响监测数据的权威性，影响市场决策的科学性、客观性与合理性。

再次，目前我国的各个市场行情监测子系统之间，基本上是相对独立的，相互间缺乏相应的沟通与协调。几乎每一个监测机构就其监测的数据，往往只对自己的直接主管部门进行汇报和负责，而不对其他部门负责和汇报。这在一定程度上使得国家与地方决策部门在具体决策时，不能及时有效地顾及市场运行中出现的其他问题，使得其决策方案常常出现片面性或不够全面性，进而影响决策方案的实施效果。

最后，我国虽然已建立了相对全面的多维性市场行情监测与评估系统，但其监测与评估机制仍存在诸多不足或不尽完善的地方。这其中主要包括监测数据与分析评估的严重脱节，监测与评估之后的应对方案的拟定或建议机制的缺失，监测或评估机构与国家的宏观经济决策者之间的业务直接对接机制的欠缺等。

二、商品投机状况的监测与评估体系

一般情况下，要对商品投机法律调控制度进行适应性调整，就必须要对市场的实际运行情况进行实时监测，并以监测到的数据为客观依据，客观、全面、科学、合理地分析商品投机的程度与变化，然后将其与现行的商品投机法律调控制度实际运行情况进行对比，分析和评估现行的商品投机法律调控制度的实际运行成效及其存在的问题，进而以其存在的问题为重点，以促进和实现特定经济目的为指引，确定是否对现行的法律调控制度进行适应性调整，以及如果要进行调整应该如何调整。由此可见，要真正实现对商品投机法律调控制度的适应性调整，就必须以一定的市场行情尤其是商品投机行情的监测与评估为基础或现实保障。如果决策者或调整者在无任何依据的情况下，随意地进行调整或改变，其结果则很可能导致调整的无效或低效，或导致调整的不合理性或失当性，引发或加剧问题的严重性。

由于商品投机是一种特殊的市场行为与市场现象而不是一个具体的、直观的技术参量，因此人们对商品投机认知通常是在获得各种数据的基础上借助一定的标准，进行综合分析与判断而间接获得的，也即在现有的技术水平条件下，人们无法从既有的监测数据中直接看出隐含于其中的商品投机发展变化现象与规律，更何况不同的人对商品投机行为与现象还存在不同的看法与判断标准。

商品投机状况的监测与评估与一般的市场行情监测与评估之间既相互联系又彼此独立，相互间在某种程度上可以说是一种种属关系。即对商品投机状况的监测与评估，必须以现有的市场存在与运行为前提，以现有的市场行情的监测与评估系统为基础，利用特殊的分析方法与判断标准，最后对商品投机的状况作出相应的判断。商品投机状况的监测与评估固然与市场行情监测与评估存在密切的联系，但市场行情监测与评估并不能完全替代商品投机监测与评估，市场行情监测与评估结果也并不能直接推导出商品投机的状况与发展变化趋势。实际上到目前为止，我国及世界其他国家还没有建立或形成一套专门化的商品投机状况监测与评估体系。人们将商品投机状况的监测与评估，基本上是在市场行情监测与评估的基础上进行的，或者将商品投机状况的监测与评估与一般的市场行情监测与评估混淆在一起，没有属于符合自身特点和实际需要的监测与评估体系。因此，在现有的市场行情监测与评估基础上建立和完善专门化商品投机状况监测与评估体系，就显得尤为必要。

与市场行情监测与评估相比，建立和完善专门化商品投机状况监测与评估体系，重点与核心首先在于与商品投机的分析与评估密切相关的数据或指标的收集及商品投机状况的分析判断标准与方法。其次在于通过对相关数据或指标的分析，并依据相关标准，对不同商品的商品投机状况与发展变化趋势作出不同的类型划分或不同的结论。再次就是在对不同商品的商品投机状况作出客观、合理的结论基础上，综合分析导致不同类型的商品投机状况与发展变化趋势的原因，以及不同的商品投机状况与发展变化趋势对某一商品市场或整个市场运行乃至对整个国民经济的可能产生的影响，并就此向特定的社会主体或国家有关机构提出相应的报告或提示或应对性建议与方案。

1. 对商品投机行情监测与评估，除依赖市场行情的一般监测与评估数据与指标外，还要将重点放在与商品投机有密切关联并对商品投机的变化影响较大的诸多敏感性较强的一系列量化的指标或数据上来。一般来说，不同类型或不同商品的商品投机，对商品投机影响较大或能及时反映商品投机状况的各种指标或数据，因投机客体、投机手段或表现形式的不同而有所差异。与商品投机有密切关联并对商品投机的变化影响较大或在一定程度上能够反映或借以判断商品投机状况的数据指标或可量化的因素，同时也是相关监测与评估机构重点监测与评估的指标或因素，在实践中主要包括以下几个方面：

（1）一定时期与一定地域范围内特定商品的价格及其变化幅度，以及商品的实际成本与利润的比率，或商品利润的幅度，如短期内价格涨跌幅度巨大，参与交易者获取利润丰厚或是暴利的行业或商品，其投机程度相当较高。

（2）一定时期与一定地域范围内商品的市场供求总量及其变化。

（3）一定时期与一定地域范围内市场上流动资本尤其是货币资本（即为通常所指的游资）的短期投资规模与方向。

（4）一定时期与一定地域范围内的总人口与及其购买欲望与购买力的大小或市场参与者的数量与动机。如一定时期与一定地域范围内，如果有大批市场参与者采取某一相同或相似的交易行为或指向某一相同或相似的客体时，往往会导致非理性繁荣和从众心理，而从众心理，在多数经济学者看来，恰是商品投机产生的原因之一，同时也是人们分析商品投机发展变化趋势的一个间接性因素。

（5）特定商品的交易时间长短、交易频率或换手率以及交易方式与手段的变化。

（6）一定时期与一定地域范围内特殊商品的市场库存量与实际需求量。

（7）一定时期与一定地域范围内特殊商品的质量。

（8）一定时期与一定地域范围内特殊商品（如住房）的租售数量及其比例等。

2. 对相关数据与指标进行分析的综合性、间接性与评估原理或方法的多样化。

一方面，一般来说，所有被监测的数据，并不能直接推导出商品投机程度，需要利用特殊方法对相关检测到的数据或指标进行综合分析、判断，然后才能作出相应的有关商品投机状况的结论或鉴定。而且借以进行分析判断的数据或指标，既可能是其中某一项，也可能是多项。但总的来说，对一定时期与一定地域范围内特殊商品的商品投机状况的评估所依赖的数据或指标，往往是多项的而不是单项的，是多项数据的有机结合。如我国学者李维哲和曲波在分析市场泡沫程度时，将用以分析判断泡沫程度所需的指标分为四种类型：生产类指标、交易类指标、消费类指标和金融类指标。[①] 此外，检测到的数据或指标的准确性与客观性与否，往往直接影响到商品投机评估的准确性与客观性。同时还要注意的是检测到的数据与相关指标的变化有时与商品投机的变化呈相反的趋势。

另一方面，不同商品不同的检测数据或指标，人们对其投机状况的评估原理或方法也就可能有所不同，即对某一商品的商品投机状况的评估所应用的原理或方法，既可能适用于其他类似商品的投机状况的评估，也可能无法适用于其他类型商品的投机状况评估。即便是同一类型的商品，也可能适用不同的评估原理或方法。由此可知，商品投机实际状况的分析与评估方法在实践中，往往不是单一的或固定不变的，而是灵活的、多样化的。因此，这就要求人们在

---

① 李维哲、曲波：《地产泡沫预警指标体系与方法研究》，载《山西财经大学学报》2002 年第 4 期。

对商品投机的实际状况进行分析评估时，其方法或原理的选择，应以分析评估的具体目标及各个商品的特点与属性为前提与基础。

实践中，对商品投机状况的分析与评估原理或方法，总体上可分为两种类型：定性分析或评估法与定量分析或评估法。定性分析或评估法主要借助对某些特殊的商品投机手段或方式的频率、范围等指标，分析判断或评估该商品商品投机的状况与影响。定量分析或评估法主要是借助监测到具体的量化指标或数据进行分析，然后再按照特定的量化标准，分析判断或评估商品投机的实际状况。以在房地产市场，国内外理论界尤其是经济学界和实务部门在分析判断某地或全国一些热点城市的房地产商品投机程度或泡沫程度的方法，最主要也是最常见的也许就是采用定量分析法。

而房地产商品投机度的定量分析或评估方法，一般又可分为房地产买卖收益还原法和数据比较法等方法。收益还原法是用预期未来的资产收益的现值与资产的现实价格相比较来进行的。① 如日本学者野口悠纪雄和竹内宏就利用收益还原法，计算土地理论价格，并与市场价格比较，从而分析判断出房地产商品投机或泡沫程度，进而对房地产市场的安全情况进行预警。② 数据比较法是将房地产业的主要统计数据，如开工面积、竣工面积、投资数、空置面积、销售面积、土地指标、房地产金融指标等与历史数据进行纵向比较或将其与事先选定的基准数据（如国际通行数据）进行比较。③ 目前商品房空置率、实际价格与理论价格比、房价收入比等指标成为国际上公认的泡沫化判断标准。④ 通过对房地产相关收益还原或数据比较，相关分析评估机构还应当根据房地产商品投机程度的不同划分标准，划分鉴别被监测与评估对象的实际投机程度。如我国学者周咏馨在其《房地产投机度诊断指标及诊断标准研究》一文中，将房地产投机度级别根据严重程度划分为 9 个具体级别，每个级别都设置了一定的数据变化幅度或概率。房地产投机度诊断标准如下表所示：⑤

---

① 李涛、伍建平：《房地产泡沫的成因、评估与预防》，载《建筑经济》2004 年第 5 期。

② 详情参见［日］野口悠纪雄：《土地经济学》（中译本），商务印书馆 1997 年版，［日］竹内宏：《日本金融败战》（中译本），中国发展出版社 1999 年版。

③ 李涛、伍建平：《房地产泡沫的成因、评估与预防》，载《建筑经济》2004 年第 5 期。

④ 李涛、伍建平：《房地产泡沫的成因、评估与预防》，载《建筑经济》2004 年第 5 期。

⑤ 周咏馨：《房地产投机度诊断指标及诊断标准研究》，载《建筑经济》2008 年第 1 期。

房地产投机度概率	0.10 < P ≤0.15	0.15 < P ≤0.20	0.20 < P ≤0.25	0.25 < P ≤0.30	0.30 < P ≤0.35	0.35 < P ≤0.40	0.40 < P ≤0.45	0.45 < P ≤0.5	P > 0.50
市场预警级别	一级中度投机警戒级	二级中度投机警戒级	三级中度投机警戒级	一级重度投机警戒级	二级重度投机警戒级	三级重度投机警戒级	一级投机泡沫破裂级	二级投机泡沫破裂级	三级投机泡沫破裂级

3. 在商品投机的监测与评估的过程中，需要注意的是商品投机的监测与评估结果，有时未必与商品投机的实际运行情况完全吻合，或者说监测与评估结果与实际情况可能会或多或少地存在一定偏差或误判。导致偏差或误判的原因往往较为复杂，这其中既可能是人的主观因素造成的，也可能是各种客观因素造成的。前者如监测与评估人员基于某种特殊利益追求或偏好下的故意，或者是某种主观过失；后者如相关监测与评估机制不健全或不合理，监测与评估所依赖的技术水平与设备的不足或落后等。

第五章　商品投机法律调控的限度与
　　　投机者的权利义务

第一节　商品投机法律调控的限度

一、商品投机法律调控的限度界定

（一）商品投机法律调控的限度之内涵

法律是调整社会关系的重要手段，但不是唯一手段。除了法律之外，伦理道德规范、宗教规范及各种政策等，都具有一定社会经济调整功能。采用法律的方式，并不意味着其可以无事不管、无孔不入的，而是应当有自己的限度。要明确商品投机法律调控的限度，首先就要明确法律或法律调控的限度，了解限度的内涵与外延。

"限度"一词是由"限"和"度"两字的组合。其中，"限"和"度"在不同的场合均有不同的意思或解释。例如在汉语字典或词典中，"限"既可以指界限、边界、分界线，也可以指门槛、险阻，或者是限制、控制等；而"度"既可是指特殊的器具或计量单位，也可指法则、事物所达到的境界、边界及考虑之意。从汉语语法角度看，限度是一个偏正词语，其中"限"是修饰语，而"度"则是被修饰词，两者合在一起意指有界限或边界或范围的计量单位或法则或境界等。

从哲学意义讲，"限度是事物保持其质和量的界限、幅度和范围，它强调事物规定的最高或最低的数量或程度，它客观存于各种事物中，可谓无时不在，无处没有"。① 此外，"限度"一词还被广泛应用于政治、经济、法律、伦理、宗教等领域，反映或表达了不同的内涵。一般来说，任何事物都有自己

---

① 龚耀南、具惠兰：《略论限度观》，载《广州大学学报》（社科版）2011 年第10 期。

相对特殊的范围、界限或边界，而不是绝对无限的，漫无边际的，而且正是这样所谓"限度"的存在，使得许多事物能够维系自身的平衡和良性运行。如果违反这个界限，那么事物自身的平衡和良性运行就可能被打破，产生更多的负面影响。

在法律领域，法律毕竟不是万能的，法律也不应该是万能的。同其他事物一样，法律在施加某种影响或发挥某种作用时，也有自己的限度。即法律只限于在适当的限度内发挥作用或影响，尤其是积极作用与影响，否则，法律所呈现给公共社会或大众的印象，更多的是消极或负面性的事物。当然也不排除在特殊条件或环境下存在因超越特定的限度而达到某种特定的预期结果的特例。通过突破特殊限度以追求这样的结果，多数情况下可能是以牺牲绝大多数社会主体的最大可承受性或容忍性为代价。而这种代价恰恰又是现代民主法治社会中的法律赖以存在与发展的社会基础与持续发挥效力的动力之源。因为承受或容忍的本质就是社会主体在行为上的不反对、不抵触，或者是行为上的极为有限的反对、抵触，有时甚至包括主客观方面的有限支持或肯定。

在笔者看来，法律的限度包括两种基本内涵：一是法律自身所具有的某些局限或缺陷，是一种内在的固有限度或限制；二是对法律在发挥作用或施加影响时予以的限制或控制，是一种外部的限制或控制。据此，可将法律的限度分为狭义的法律限度与广义的法律限度。狭义上的法律限度，主要是指第二种，是指对法律所作用或施加影响的特定对象及采取某种特殊措施、策略和手段等，在范围、力度、幅度、内容、价值理念等方面界限或边界或限制。而广义的法律限度，除包括第二种内涵外，还包括第一种内涵，即法律自身所固有的某种有限性或局限性。而本书所指的法律限度主要是指狭义上的法律限度。据此可推知，商品投机法律调控的限度是指国家相关权力机构运用其手中所掌控的权力，并以法律规范的形式在对商品投机进行调整、引导和控制商品投机时，在范围、力度、幅度等方面受到限制或约束。这种外在的限制或约束，既包括受宪法性规范的限制或约束，即宪法限度，也包括受伦理规范的限制或约束，即伦理的限度。

（二）商品投机法律调控的限度之特征

首先，权限思想是欧洲近现代政治思想史上具有革命意义的思想。近现代政治思想家从不同的角度论证权力的有限性，以达到保护公民利益、促进社会发展之目的。① 商品投机法律调控的限度，实质上是商品投机法律调控制度在实际运行过程中所受到的某种外在限制或约束，是对披上法律的外衣并隐含于法律之内的国家经济权力予以的限制或约束，而限制或约束的核心则是作为国家典型代表的政府的社会经济干预权或管理权。在被限制的范畴方面，其表现也相对较为丰富，它既包括时空、对象方面的限制，也包括力度、性质、价值目标等方面的限制；既包括宪政或政治意义上的限制，也包括伦理意义上的限制和经济意义上的限制等。从界限上看，限度既包括某种意义上的"最低限度"，也包括某种意义上的"最大限度"，是"最低限度"与"最大限度"的同一。在相同一条件下的"最低限度"与"最大限度"之间，其实又可分为适度、中度、高度等若干层次。

其次，商品投机法律调控的限度，实际上是质和量的同一与结合，抽象与具体的结合，而不是单纯意义上的某种质与量或抽象与具体的彼此分离。

再次，商品投机法律调控的限度实际上重在对商品投机法律调控制度在实际运行过程中所发挥或产生的消极作用与影响进行限制或控制，或着说是对其在调控过程中存在与出现的问题予以的某种预防或补救途径。同时也是对其产生或发挥的某种积极作用和影响予以的宪法层面上的特殊维护与保障。

最后，探求商品投机法律调控的限度，实际上是为了寻求一种科学合理的适度的商品投机法律调控观与调控机制。如在判断商品投机法律调控手段或措施是否超过一定的限度或者说是否出现过度，一般情况下要遵循一定的原则与客观规则，如承受性原则、合宪性原则等。

二、商品投机法律调控的合宪性

（一）合宪性、合法性与合法律性

严格来说，在现代宪政体制下，宪政与宪法并不是同一个概念，两者实际上具有一定的差异，即"宪法是指一个国家基本制度框架和安排的法律文本；而汉语语境中的宪政，则是指建立在'活的宪法'基础上的民主政治"。② 因此，"活的宪法"基础上的民主政治，是宪政体制的实质内容与要求，而宪法则是宪政体制在形式上的体现，是制度化、规范化或法律化的宪政。当然，在

---

① 唐土红：《论权力运行的伦理限度》，载《内蒙古社会科学》（汉文版）2011 年第 1 期，第 81 页。

② 王小卫：《宪政经济学——探索市场经济的游戏规则》，立信会计出版社 2006 年版，第 3 页。

宪政演进的历史进程中，经常会出现某些特殊国家或其政府在特定时期制定和实施的宪法偏离甚至背离以现代民主政治为核心的宪政理念与精神的现象。宪政一词在西方的原意，就是对政府权力范围的限制。正如美国学者路易斯·亨金所言："宪政意味着政府应受制于宪法，它意味着一种有限政府，即政府只享有人们的同意授予它的权力并只是为了人民同意的目的。"① 在实践中，维护与尊重宪政体制，最直观也是最重要的表现就是维护和尊重建立在现代宪政理念与精神基础上的宪法性规范。宪法性规范在世界各国，主要是以宪法的形式体现的，如《中华人民共和国宪法》。一般情况下，人们所提到的合宪性问题，实际就是指合乎宪法的规定。而且相对于宪政而言在，尊重与维护宪法，往往比要维护和尊重宪政，更具客观现实性，更能为特定国家权力机构与广大社会主体直接予以认知、把握与操作。所以，本书所说的合宪性主要是指合乎以现代民主政治为基础的宪法规范，尤其是要符合宪法对人民各种基本权利的界定与维护与对立法权、行政权、司法权等各种国家权力界定与限制的规定。美国著名的政论家潘恩指出："宪政不是政府的行为，而是人民构建政府的行为；无宪法的政府，只是无权利的权力。"②

宪法是具有最高法律效力的国家根本大法，"是关于国家的根本制度和国家生活基本原则的法律，是关于规则的规则，是社会最基本的"游戏规则"。③因此，在宪政体制下，除宪法之外的一切法律规则或制度都应以国家宪法为基础与依据，并对宪法负责，接受宪法监督，其规定的内容和效力均不应与之相抵触或相背离。商品投机法律调控制度作为一种法律效力或位阶较低的基本规范或规则，其规定的内容与效力也应置于宪法之下，接受其监督与制约，不得与之相抵触或超出其规定的限度。商品投机法律调控制度合宪性的实质就是对国家享有和行使的市场经济调控权力予以的宪法限制，使其按照宪法的初衷和宗旨或在宪法基本精神下设定与行使相应的市场经济干预（调整、管理与控制权）权，或以宪法所界定的权力为界限。要防止干预成为暴力、专制与集权的载体，唯有以宪政的力量制约干预，是社会经济制度的安排，尤其是政府参与的经济制度安排纳入经济宪法体系之中。④

① ［美］路易斯·亨金：《宪政、民主、对外事务》，邓正来译，三联书店1996年版，第11页。

② 王小卫：《宪政经济学——探索市场经济的游戏规则》，立信会计出版社2006年版，第3页。

③ 王小卫：《宪政经济学——探索市场经济的游戏规则》，立信会计出版社2006年版，第8页。

④ 郭哲：《政府与市场》，湖南大学出版社2010年版，第1页。

宪政的演进过程表明，在市场经济体制中，宪政作为一个必不可少的因素参与了经济发展的进程，经济发展的总体成果与宪政的确立及对价值的尊重是内在统一的。① 在实践中，宪政参与市场经济主要体现为对特定市场主体的市场经济地位、经济权利与义务的确认与维护，对市场经济享有干预或管理权的确认、维护与限制，以及对社会经济制度、社会资源与利益分配制度的确立与维护等。其中被纳入宪法限制范畴的商品投机法律调控权，主要是指对商品投机具有直接或间接调整与控制功能的相关法律规则的创设权及其贯彻执行权，被视为国家重要代表或表征的政府基于宪法与其他相关立法的规定或授权，而行使的有关宏观经济调控权与市场微观规制权，此外还包括对商品投机具有特殊调整与控制的司法权等。

在论及合宪性时，笔者认为应将合宪性与合法性、合法律性区别开来，而不应混淆在一起。严格来说，合宪性既不等于合法性，也不等于合法律性。换句话说，合乎法律的规定并不意味着一定合乎宪法的规定，也不意味着一定具有合法性，具有合法性也不意味着一定是合宪性的。

究其原因，这主要与合法性的内涵变化有密切关联。合法性的概念最早出现的时候，意思是合法的（legal）或法治的（law），表现了与法律相一致的意思。经过中世纪和近代的发展，合法性含义发生了根本性的转变，它不再仅仅局限于与法律相一致的初始意义，而正义、美德等社会公认的基本价值结合起来，从而赋予自身更广泛的意义。② 而合法律性中的法律，重在强调形式的规范性与内容的立法者的意志性，忽视更多更宽泛的社会公认的基本价值的融入与接纳。强调合乎法律的规定，实际就是比较机械地遵循或过度重视法律化的权利（或权力）义务的配置与利益协调机制，对广大社会主体现实的利益诉求或主张，缺乏灵活的适应性应对机制，对特定的社会公认的基本价值冲突，缺乏能够及时充分地反映民意并为大众所认可的有效的协调与化解机制。"合法性意味着，人们之所以遵循和服从统治和法律，是因为他们确认统治和法律是正确的并值得尊敬。"③ 因此，只有当某一行为或事物符合被绝大多数社会主体确认为合理、正确并值得尊敬的法律规范或规则，才被认为合法的。反之，就是不合法，或者充其量就是合法律性。就商品投机法律调控制度，凡

---

① 伍柏麟、王小卫：《市场经济行为的宪法维度探索》，载《上海行政学院学报》2005 年第 2 期。

② 马宝成：《政治合法性研究》，中国社会出版社 2003 年版，第 19 页。

③ ［英］戴维·赫德：《民主的模式》，燕继荣译，中央编译出版社 1998 年版，第316 页。

是符合商品投机法律调控制度的调控行为或措施，只能说其具有合法律性或合乎自身的规定，但并不能因此断定其一定是合法的或合宪的。因为作为一项具体法律制度的商品投机法律调控制度，其本身的创制程序及其所规定的所有内容，未必都合乎宪法的规定，也未必都具有实质意义上的合法性。

当然，合法性与合法律性并不是绝对分离，没有任何关联的。事实上，合法性并不仅仅包含合法律性，合法律性是合法性的必要性而非充分条件。合法律性只有具备三个条件，才能够取得与合法性相同的含义：（1）政治权力遵从的法律是合法的；（2）法律必须和社会认可的价值相一致；（3）法律应该以某种可信的方法促进社会价值的实现。①

其次，合法性适用领域较为广泛，它不仅适用与政治领域，而且还适用其他领域。"合法性问题，虽然是政治的核心问题，但却非为某一学科的排他特性。哲学、政治学、法学、社会学、政治人类学，也同样将合法性作为其优先研究对象。有关图书资料之丰富已足以证明这一点。"② 事实上，"法"字的内涵比较丰富，在不停地领域不同的地方往往有不同的指代，如在古代汉语中，它既可指规范、规则，也可以是指规律、秩序、公正正义等。即便是指代规范、规则，其既可指具有政治领域中的规范或规则如法律，也可指非政治领域中的规范或规则，如道德规范。政治领域中的法，即包括由国家制定或认可的并以国家强制力为后盾的形式上的法律规范或规则，也包括存在于人们观念中的并为人们尊重和认可的"活法"。

最后，合法性也未必都是合宪性的。因为，从合法性中的法的内涵与外延看，政治意义上的法，并不仅限于一国的法律效力最高的根本大法——宪法，还包括法律效力低于宪法的其他一般的法律法规；既包括形式理性意义上的法律规范，也包括实质理性意义上的法律规范。因此，从法律的效力与分类可知，合法的未必都是合宪的，而合宪的一般都是合法的。所以，本书所探讨的商品投机法律调控制度的限度，主要是指调控制度的宪法限度，而不是一般规范意义上的法律限度。

（二）商品投机法律调控的宪法限度

合宪性涉及的对象主要是权力，是该权力是否和为什么应该获得其社会成员的认可、忠诚和支持问题。而商品投机法律调控制度的合宪性涉及的是国家，调控主体凭借较低层次的法律规则形式对商品投机进行调控的权力，

---

① 参见马宝成：《政治合法性研究》，中国社会出版社 2003 年版，第 20 页。
② ［法］让－马克·夸克：《合法性与政治》，佟心平等译，中央编译出版社 2002 年版，第 12 页。

是商品投机调控权的是否符合宪法的规定以及为什么应该符合宪法的规定问题。

"权力是一种力量，依靠这种力量可以造成多种特定的局面或结果，即是使他人的行为符合自己的目的性。"① 权力由特定的社会机构或主体借助于一定的方式或手段对他人或整个社会造成的结果与影响，既可能有积极的，也可能是消极的；既可以是直接的，也可以是间接的；既可以是弱性的，也可以是强烈的。权力之所以能产生不同的影响与结果，主要是由权力所具有的某些特性所决定的，如权力的中立性，权力资源的有限性与分配的非均衡性，权力的拥有、行使主体和作用对象的不平等性，权力的自利性或权力和利益的天生亲和力，权力的伸缩性（弹性），权力背后的强制性，权力的享有与行使的专有性与排他性等。正如由于权力的这些特征，使得权力在实际运行过程中，总被一些有某种特殊欲望和利益追求的机构或个人所追寻、迷恋，使其在社会生活中无限制的利用或不加以合理地自我节制。

从经验层面看，权力自身诸如自利性、伸缩性等特性，往往尤是不可避免的，因此因这些特性而具有或可能导致的某些消极作用与影响，则又是人类社会的一种客观存在的现象。基于这种无法回避但又不能完全克服的两难境地，人们所能做的就是将权力自身具有的某些消极特性与可能产生的负面影响，限制在一定的限度内，"否则，既定的权力关系就被权力客体的抗争所推翻"。② 所以，在这种意义上讲，限制权力就是限制权力的某些消极特性，限制权力在实际运行过程中产生消极作用与负面影响的范围与程度。其中限制权力的消极性，既包括控制或限制权力主体因消极或懈怠行使权力所产生的消极影响，也包括积极或主动扩张性行使权力所造成的消极影响与损害；既包括人类将自身享有的某些天赋权力，共同让渡或委托给某一特定的代理人——国家及其各种组织享有与行使，限制其在履行人们所要求的维持和解决人类最基本的生存与发展需求的最低限度的责任与义务方面的消极性，也包括限制权力主体为了某种特殊利益而主动扩展最大限度的权力范畴所带来的消极性。

1. 商品投机法律调控权的消极限度

满足和维护个体自身的基本生存与发展，是人类最基本的宪法性权利，也是权力主体——国家尤其是政府最基本义务与责任。权力往往与责任紧密联系在一起的，权力主体一旦有资格享有或行使某种权力，那么它也就相应地要承担或履行一定的责任与义务。基于人类社会契约，国家一旦享有权力，随之而

---

① 李景鹏：《权力政治学》，黑龙江教育出版社 1995 年版，第 32 页。

② 马宝成：《政治合法性研究》，中国社会出版社 2003 年版，第 20 页。

来的就是个体最基本的需要满足与维持。因此，满足与维持人类社会最基本的需要，就是权力主体——国家最基本的责任与义务，也即最低的宪法限度。因此，最低的宪法限度重点不在于权力的享有与赋予，而在于权力享有或被赋予后的所产生的影响，在于权力主体应积极行使权力行使，并到达基本权利主体最基本的要求。权力的最低宪法限度其实也是国家最基本义务的边界，是对权力主体消极或懈怠行使权力或履行义务的一种最低限制。究其原因，在于国家权力的享有与行使不但具有排他性、专有性，使得其他主体无资格享有与行使，而且还在于权力的设定与行使的伸缩性（或弹性），使得权力作用范围既可因权力主体而收缩或扩张，也可因权力主体而被懈怠行使或积极行使。无论是收缩还是扩张，也无论消极行使还是积极主动行使，都会对社会及个体造成某种负面影响与间接伤害。

在市场经济体制下，商品投机法律调控权的收缩，既包括调控权设定的收缩，也包括调整行使过程中的收缩。其中，调控权设定的退缩，主要表现在两个方面：一是一般的法律在设定具有调整、引导和控制商品投机功能的权力及其享有或行使的主体时，未能充分地赋予其最基本的经济功能发挥所具备的能量支持，使得权力享有者只有形式上的权力而无实质上的权力；二是商品投机调控权主体原先被赋予或被委托的调控权，以立法形式削弱了，即削弱或减少权力的实质影响或作用的范围。调整行使过程中的退缩主要是指市场调控权主体享有和行使的调控权，在其实际行使过程中因有意或无意地消极行使而无法发挥其应有的经济功能，使得调控主体享有的实权变成虚权。实权变虚权主要是指在权力的行使过程中，本该去做的事情没有去做，该管的事情没有去管，这其实也是一种渎职或不作为，归根结底还是缺乏责任心。①

在市场经济活动中，商品投机调控权的退缩既有一定的积极功能，也有一定的消极功能。当调控权退缩时的消极功能与影响逐渐放大，或其本身具有的积极功能与作用相应的萎缩，并接近或严重低于宪法对其所提出的最低的责任限度要求，即为违宪性。所以，商品投机法律调控权退缩的宪法限度，其实就是商品投机调控权主体应当以宪法为最终法律依据，积极行使最基本的经济权力，及时有效地调整、引导与控制各种商品投机行为，以维护市场经济存在与发展所需要的最基本的市场秩序，维护和保障其他市场主体最基本的正当利益诉求；而不是只享有权力，不履行或消极履行最起码的维护市场秩序、社会公平与市场主体正当利益的经济职能与经济责任。

———————————

① 唐土红：《论权力运行的伦理限度》，载《内蒙古社会科学》（汉文版）2011年第1期。

2. 商品投机法律调控权扩张的限度

商品投机法律调控权同其他权力一样，天生具有某种扩张性。这种扩张性主要是由于调控权力主体自身具有的某种能动性与主动性。权力总是和利益联系在一起的。因此，权力主体的能动性与主动性的动力来源就在于权力主体的特殊利益追求：权力主体自身的特殊利益追求、整个社会普通民众的公共利益追求。而且权力所要达到的目的，其实就主要表现为利益。当然，这种利益，既可能是精神上的，也可能是物质上的，或者二者兼而有之。

"权力的扩张性决定了权力的受限性"① 市场调控权主体不管是基于自身的特殊利益诉求，还是基于公共利益追求，扩张其原有的商品投机调控权力范围，都必须在宪法规定的幅度与范围之内，即必须具有一定的宪法限度。在市场经济实践中，大量的存在着市场调控主体因擅自扩张权力而违反宪法的现象。如市场调控主体通过具有一定程度上违反或超越宪法规定的低层次规则，对市场经济活动进行调整、引导、控制，结果造成了诸多消极影响或负面作用，损害了社会公共利益和广大社会个体最基本的宪法经济权利。事实上，"宪法包含着对基本的、不可剥夺的个人权利的肯定。这些权利不应该被低层次规则、民间社会的强力或各种政府机构所否定"。②

商品投机法律调控主体扩张行使调控权，必须在以下几个方面予以宪法性限制：

（1）商品投机调控立法的宪法限度

以法律规范的形式对商品投机进行调整、引导与控制，调控，首先要有一定的法律规范存在为依据，而法律规范存在又必须由具有一定立法权限的决策机构或由专门的立法机构制定相关法律规则为前提，即所谓调控立法问题。立法机构或相关决策机构在制定相关的商品投机调控法律规范的过程中，其享有和行使的法律规则的制定权及其设定法律规则具体内容时，应以宪法规定的权限为基础、为依据，而不应超越宪法规定的权力限度任意地创设、修改和废止相关调控规则。即商品投机调控主体的立法违宪，主要表现在三个方面：一是商品投机调控机构在没有宪法依据或没有任何宪法性规范授权的情况下，擅自行使具有某种强制影响力的规则制定权与解释权；二是享有一定的规则制定权的商品投机调控机构，在行使规则制定权时超越宪法或宪法性规范规定的权力

---

① 唐土红：《论权力运行的伦理限度》，载《内蒙古社会科学》（汉文版）2011 年第 1 期。

② 王小卫：《宪政经济学——探索市场经济的游戏规则》，立信会计出版社 2006 年版，第 11 页。

范围，制定、修改、废止相关调控规则，或者制定、修改与现行宪法相抵触的规则。

　　商品投机调控立法的违宪性，不仅有损于宪法的最高法律权威性，违背法治理念，而且还直接或间接地限制和损害了广大市场经济主体（包括投机者）的最基本的经济权利和自由，违背了市场经济的本质与规律。商品投机调控主体的违宪性扩张立法对市场主体所享有的宪法性经济权利与自由的剥夺与限制，既包括以规则形式直接地剥夺与限制，也包括以规则形式间接地限制或损害市场主体的基本经济权利与自由。前者如商品投机调控主体改变或混淆投机行为的合法与非法的认定界限，将合法投机行为认定为非法投机，或将非法投机行为认定为合法行为；或者设定或增加强制性惩戒规则或禁止性规则，从而限制或剥夺市场主体尤其是投机者正当的宪法性经济自由与权益。后者如市场调控主体为维护和实现某种特殊的利益，以规则形式扩大或增加或更多地提供给自身或其他某些特殊主体（如国有企业）参与市场活动的授权性或许可性或优惠性机会与条件如垄断性经营，其结果在一定程度上间接地影响或损害的其他广大市场主体（包括商品投机者）正当权益与最基本的宪法性权利与自由。

　　当然，我国需要注意的是：市场调控主体如以规则形式维护和实现某种特殊的利益，常常会从宪法的现行条款中寻求一种形式上的宪法根据如公共利益、社会秩序，但实质上规则的规定又与宪法所规定的精神与宗旨相背离。以"公共利益"为例，市场调控者在其制定的规则所指称的"公共利益"，在实质上可能是某些特定机构或组织或地区或群体或甚至是个人受益的"公共利益"，而不是所谓的国家利益，也不是使全体社会成员或绝大多数社会成员受益的"公共利益"。

　　在理论界和实务界，"公共利益"至今仍是一个模糊的具有争议的概念。正如黛博拉·斯通所指出的那样，"在何谓公共利益这个问题上，永远无法形成广泛的共识。公共利益如同一个空盒，每个人都可以将自己的理解装入其中"。[①] 在立法上，我国现行宪法虽有"公共利益"的条款，但对"公共利益"的内涵与外延却没有作出明确的界定，而且有宪法解释权的全国人大常委会对其也未作出明确的解释。正因为如此，国家有诸多特殊机构或组织或个人，常常利用"公共利益"名义，随意地限制或剥夺市场主体的基本权利与自由，以维护和实现某种特殊的利益，如地方利益、部门利益、特殊群体利益、个人利益等。

---

　　① 赵小军：《社会公共利益的滥用与保护》，载《学术研究》2007 年第 10 期。

我国宪法上的"公共利益"的含义不明确的,并不意味着宪法上的"公共利益"就可以随意地被解释或者界定。① 任何规则上的"公共利益"条款的设定、内涵的界定与解释,都必须以宪法精神上所指的"公共利益"为立法依据、解释依据。我国现行宪法在实质上已经强调"公共利益"主要是指国家安全、社会秩序等以保障人权为最终目的,并且应当主要由人大及其常委会审查和决定的国家的、社会的、集体的利益。②

在笔者看来,要满足宪法上的"公共利益"必须具备三个条件:①普遍性。即社会公共利益的内容必须是广泛的、普遍的,而不是某个人、局部、小群体、机构的利益。经济法学家李昌麒认为:"社会公共利益是指广大人民的利益。这里所指的'广大',一是指范围上的广大,既有全国性的广大,又有地区性的广大;二是指时间上的广大,既包括生活在地球上的当代人,也包括未来生活在地球上的人们。"③ ②开放性。即利益的获益者是针对全体社会成员或绝大多数社会成员,而不是仅限于某一个人或一小部分人。这正如《公共政策词典》所解释的:"公共利益是社会或国家占绝对地位的集体利益而不是某个狭隘或专门行业的利益。"④ ③合理性。公共利益的界定与解释不得以牺牲个人最基本的自然权利和利益为代价,不得与个人的最基本的宪法权利与自由完全冲突为出发点。边沁认为公共利益是"组成共同体的若干成员的利益的总和;不理解什么是个人利益,谈公共利益便毫无意义"。⑤

(2) 商品投机调控法执行的宪法限度

商品投机调控法执行的宪法限度是指商品投机法律调控制度执行主体在贯彻执行的过程中,除严格按照商品投机调控法规定程序与内容予以贯彻执行外,还要遵循宪法规定的权限予以贯彻执行,如果调控商品投机规则与宪法的规定不一致或相抵触,执行主体不执行或应停止执行与宪法不一致或相抵触的部分,或按照宪法规定,变通执行商品投机调控规则。

实践中,客观存在着执行主体出于某种特殊利益的维护与实现在贯彻执行调控规则的过程中违反宪法的规定的现象,如变通执行符合宪法规定的商品投机调控规则,使其在形式上具有合宪性,但实质上有损于宪法,有损于大多数

---

① 上官丕亮:《"公共利益"的宪法解读》,载《国家行政学院学报》2009 年第 4 期。

② 上官丕亮:《"公共利益"的宪法解读》,载《国家行政学院学报》2009 年第 4 期。

③ 李昌麒主编:《经济法学》,中国政法大学出版社 2002 年版,第 62 页。

④ [美] E. R. 克鲁斯克、B. M. 杰克逊:《公共政策词典》,上海远东出版社 1992 年版,第 930 页。

⑤ [英] 边沁:《道德与立法原理导论》,商务印书馆 2000 年版,第 58 页。

社会成员尤其是市场主体的正当权益。以政府为例，政府尤其是地方政府有的在以商品投机调控规则执行者的角色对商品投机行为进行监督、管理、控制、调节的同时，又有的以"经济人"角色，参与市场交易活动，甚至是以投机者身份参与商品投机，以谋取自身特殊的经济利益，从而在一定程度上间接地侵害或剥夺其他市场主体的正当权益与自由。因为"市场经济是平等主体之间交换其产品的经济，它不允许任何一方拥有特权。政府作为一个特殊主体，与其他市场主体在地位上应是完全平等的，同样不能拥有特权"。① 因此，政府通常作为规则的制定者或执行者或监督者或维护者，它的作用就是为其他市场主体提供一个公平、公正的竞争环境，而不是为自身谋私利。再如对人身没有强制执行权和处罚权的执行者在执行调控规则的过程中，超越自身享有的法定权限，直接侵害或剥夺投机者的正当人身权利与财产权益。

三、商品投机法律调控的伦理限度

（一）商品投机调控立法的伦理限度

法律与伦理道德都是调整社会关系的重要手段，而且双方在许多方面都存有共性，如法律与道德都具有一定的正义性，是维护与实现社会正义的重要手段与工具；法律与道德适用对象基本都是全体社会成员，具有普适性；在调整范围或作用的客体——社会经济关系上，双方还具有一定的交叉性或重叠性等。正是因为双方存有共性，使得原本属于伦理道德规范调整的社会关系，常常被立法者以立法的形式将其纳入法律调整的范畴，此即所谓的道德法律化问题。正如我国有些学者所言，"道德法律化的可能性根源于道德与法律的共性"。② 事实上，道德法律化已在许多国家的立法领域尤其是以大陆法系国家民法典为代表的私法领域得到充分体现。如德国的 1900 年民法典第 242 条规定的债务人履行其给付义务时应诚实与信用，我国的《民法通则》中规定的诚实信用原则，《消费者权益保护法》第 4 条规定的"经营者与消费者进行交易，应当遵循自愿、平等、公平、诚实信用的原则"，《反不正当竞争法》规定的公序良俗、商业道德、诚实信用原则等。

尽管法律与伦理道德有许多共性，但这并不意味着法律可以完全取代伦理

---

① 张振东：《市场经济与政府职能定位》，载《北京交通大学学报》（社科版）2009年第 1 期。

② 程明：《试论道德的法律化及其限度》，载《北京师范大学学报》（社科版）2007年第 2 期。

道德，调整或影响所有原本属于伦理道德调整的社会经济关系，即法律调整社会经济关系的范围或者说道德法律化是一定限度的或是有限的。这种限制，在一定程度上讲是由法律与伦理道德各自的特性或在本质上的差异所决定的。正如 E. 博登海默所言："道德和法律代表着不同的规范性命令，其控制范围在部分上是重叠的，道德中有些领域是位于法律管辖范围之外的，而法律中也有些部门几乎是不受道德判断影响的。但是存在着一个具有实质性的法律规范制度，其目的是保护和加强对道德秩序的遵守，而这些道德规则仍是一个社会的健全所必不可少的。"①

伦理道德领域由法律规范调整或道德法律化的有限性，主要是调整范围与调整手段的有限性，即法律在调整范围与手段方面必须遵循一定的伦理限度或受伦理因素的制约，在笔者看来主要体现在：

一方面，从调整的对象与范围看，法律所调整对象或其社会关系对基本上都是最基本最重要的社会关系，但与伦理道德规范相比，相对要小些，或者说伦理道德规范所调整的对象及其社会关系在范围上要比法律宽泛得多，况且法律所调整的对象往往也是伦理道德调整的对象。但反之，则不亦然。一般来说，法律是一种外在的规范，它只调节人们的行为，而对人的思想情感及某些伦理价值判断，往往无法直接予以调节或干预。道德在强调合理的同时更强调合情。其基本范畴如"良知"、"德性"、"善"、"恶"等都是非常模糊和抽象的概念，不具有可操作性。另外，作为一种价值判断，具有很强的主观性，常常没有很明确的标准。② 人的思想情感及某些伦理价值的主观判断的模糊性、不确定性、抽象性与缺乏可操作性，使得对调控对象具有明确的或确定要求的法律而言，常常感到鞭长莫及。同样，对于商品投机而言，商品投机法律调控制度只能调控投机者的投机行为，而对投机者的思想动机（如逐利、偏好）及投机行为本身的某些伦理价值判断（如善或恶），则无法也不能以法律的手段直接予以调整和控制。

另一方面，从调整手段看，法律往往是一种"强法"，它往往以国家强制力为后盾，用各自强制性手段或措施对社会主体及其各种社会经济关系直接或间接施加影响；而伦理道德规范往往是一种"软法"，或者说是具有较弱的强制性甚至无任何强制性。因此，对于某些原本就可以通过伦理道德规范予以非

---

① ［美］E. 博登海默：《法理学——法哲学及其方法》，邓正来、姬敬武译，华夏出版社 1987 年版，第 386 页。
② 程明：《试论道德的法律化及其限度》，载《北京师范大学学报》（社科版）2007年第 2 期。

强制性方式有效调节的特定社会经济关系或特定主体思想行为，如果以法律手段强制性地予以调整与控制，其结果很可能导致两个极端及一种结果：人们对法律的过度依赖使得伦理道德被极度弱化或忽视，因强制性权力与手段的滥用使得法律可能受到社会大众的反对而失去其得以存在的社会根基；一个共同结果就是法律和伦理道德规范都无法得以正常存续与发展。

（二） 商品投机调控权运行的道德维度

从伦理学上看，权力主要有两个道德维度，一是积极性的，即权力必须为公民谋福利；二是消极性的，即要防止权力被滥用和误用。权力运行只有遵循伦理限度，才能够真正成为人类的至善力量。① 权力运行应遵循的"公民谋福利"和"防止权力被滥用"的两个伦理限度，实际上是对权力在运行过程中应遵循的两个基本伦理目标，或者说是伦理规范对权力在运行过程中所提出的基本目标要求。

1. 道德维度一：为民谋福利

在权力问题上，人民首先是权力的所有者，而不仅仅是权力管理的对象，政府应该永远把人民当作目的，而非手段。② 因此，人民应始终是权力的主人，是权力关注的目标，而不是权力附属和奴仆。在市场调控权力行使的过程中，调控主体应当把人民作为权力的服务对象，将"为民谋取最大化福利"作为权力享有和行使的出发点和落脚点，作为终极伦理目标。为民造福永远是权力的终极目的，这在古希腊城邦政治追求"至善"的生活中得到了充分体现。③ 从价值性看，权力本身就是一种终极活动，这种活动本身表现为人类对美好生活的共同追求，而权力的工具性只是获得美好生活的手段。④

对"为民谋福利"最具敏感性的西方思想流派，当属功利主义学派。在功利主义者看来，权力的目的就是要在资源和技术有限的情况下最大限度地实现公民福利。为民谋取可量化的最大化的福利是衡量权力德性的主要标准和方式。在现代民主法治社会，公民福利的实现程度不仅现代民主政治的标志，同

---

① 唐土红：《论权力运行的伦理限度》，载《内蒙古社会科学》（汉文版）2011年第1期。

② 唐土红：《论权力运行的伦理限度》，载《内蒙古社会科学》（汉文版）2011年第1期。

③ 唐土红：《论权力运行的伦理限度》，载《内蒙古社会科学》（汉文版）2011年第1期。

④ 唐土红：《论权力运行的伦理限度》，载《内蒙古社会科学》（汉文版）2011年第1期。

时也是权力道德的合理性依据。伦理学意义的为民谋福利，实际是指为全体社会成员某福利，而且是为全体社会成员谋取最大化的福利，而不是仅仅为某一个人、单位或组织谋福利。按照马克思主义理论，福利是与人的幸福生活相联系的概念，它不仅是物质生活的满足，也是精神甚至道德状态的反映。福利是指人们的需要得到满足的程度。①

　　商品投机调控主体以法律规则形式对商品投机进行调整和控制，也应以"为社会成员谋取最大化的福利"为其终极伦理目标。最大化的福利，从受益主体看，既包括为全体市场主体，也包括未参与市场交易活动的其他社会成员；既包括一般的常规的市场活动主体，也包括非常规的市场活动主体——投机者本人及其家庭成员，而不是将投机者不加区别的完全排除在外。从受惠范围与程度看，既包括绝大多数社会成员最大化的幸福生活，也包括某些特殊个人或群体最大化幸福生活的满足，是社会基本主体的最大化福利与某些特殊个体或群体最大化福利的有机统一和平衡，而不是为了谋取大多数社会成员的最大化的福利而忽视或牺牲以投机者及其家庭成员为代表的少数社会成员的正当的最基本的生活需求的满足为代价。

　　本书中适度性商品投机的法律调控目标的提出，在某种程度上就隐含着商品投机调控权在运行过程中，应当将谋取大多数社会成员的最大化的福利与少数投机者及其家庭成员的最大化福利有机结合起来，真正促进和实现全体社会成员的最大化幸福生活的终极伦理目标。因为过度强调投机的消极作用或积极作用，都很难将谋取大多数社会成员的最大化的福利与少数投机者及其家庭成员的最大化福利有机结合在一起，进而可能导致社会福利在社会成员间分配的极度不平衡，或者极端化如一方是福利的最大化，另一方则是福利的最小化。从经济学的角度看，过度强调投机的消极性，势必会影响市场经济的活力，影响社会经济资源配置与整个市场经济运行的效率。同样过度强调投机的积极性，很可能会导致经济发展在形式上的非理性繁荣，为社会经济稳定健康发展埋下安全隐患。经济效率低下与非理性繁荣都可能影响或阻碍市场调控法律制度终极伦理目标的促进与实现，或影响与阻碍社会福利在全体社会成员间合理分配。

---

　　① ［荷］汉斯·范登·德尔、本·范·韦尔瑟分：《民主与福利经济学》，陈刚等译，中国社会科学出版社 1999 年版，第 17 页。

2. 道德维度二：公正合理地行使调控权

商品投机调控权除了要为民谋取最大化福利外，还应该防止商品投机调控主体尤其是权力的具体行使者因个人的某些偏好或某些非正当的利益追求而被滥用。为了全体社会成员谋取最大化福利而公正合理地行使调控权是调控权执行人员最基本的职业伦理道德要求。公正合理的职业伦理道德要求，就是要求权力执行者应当在一心向公的基础上，不偏袒、不谋私利并且客观、科学、合理与充分地行使权力与履行职责，而不应该因公不合理地滥用权力或误用权力，也不应该因"公"（是指某一特殊机构或组织或群体而非是指全体社会成员）而滥用，也不应该因一己之私而滥用权力。

滥用权力，固然可以通过一定的禁止性或惩罚性法律规范予以限制，但滥用权力也是一种职业伦理腐败行为。对于低于或未触及法律明确禁止或处罚范畴的权力滥用行为，社会大众更多的是予以伦理上的否定性评价或道德上的批评与指责。尽管伦理道德规范相比与法律缺乏强制性的约束力，但人们对违背职业伦理要求的公权力滥用与腐败行为，仍有一定的承受限度或忍受极限，否则某相特定的调控权力及其执行人员就可能因缺乏大众的支持或认同而无法得以正常的存续并发挥积极的作用。况且"法律角度的社会公正和正义在道德上并不是彻底的，很多在法律上已经实现了的公正，在道德角度讲仍然是有缺憾的，并不是真正意义上的公正"。①

第二节　法律调控视角下的商品投机者权利

任何社会的存在与发展，都必须以一定的社会主体（主要是指人）的存在与参与为前提。社会主体的存在与参与，又必须以一定需要或利益满足为基础。任何社会秩序的维护与正常运转，又必须以一定的规则为保障。而规则的存在与运转又必须以一定的权利（力）义务（责任）为内容。商品投机者既是现代社会构成的主体，也是社会活动的参与者；既是市场经济活动的重要参与者，也是市场主体构成的重要组成部分，他和其他社会主体或市场主体一样，也有基本自身需要与利益追求，并享有相应的权利和承担相应的义务。商品投机者自身需要的满足与利益追求离不开相应权利的享有与自行行使，也离不开国家或公共社会相应责任的承担。而社会秩序的维护和市场经济正常运行

---

① 严学钧：《法律与道德关系中的背反与调适》，载《理论建设》2004 年第 4 期。

又离不开投机者的相应义务的承担与履行。因此商品投机者为满足自身正当经济利益而选择投机行为，既要以一定的经济权利和自由为基础与前提，同时也要受一定的义务承担与约束为代价。所以分析探讨与商品投机相关法律问题，就离不开对商品投机者的权利与义务进行探讨分析。权利与义务理论可以是实证的也可以是规范的，既可以是道德上的也可以是法律的。对商品投机者权利与义务的分析，不仅要考虑投机者应该拥有何种权利承担何种义务这一规范问题，还要考虑投机者实际拥有何种权利承担何种义务以及如何实现相应权利与义务的实证问题；不仅要考虑道德上的基本权利与义务问题（如"人成为人"应享有的基本权利与承担义务），还要考虑法律上的权利与义务问题（如公民的基本权利与义务）。

一、商品投机者的权利：自我需要满足下的权利理论与实践

（一）自我需要的满足及其相应的权利

1. 权利的内涵

"享有权利是任何形式的人类社会生活的一部分，所以，如果要有人类社会生活，就必须有权利。"[①] 权利是一个古老而又现代的东西。说它古老是因为有关权利的思想与理论源远流长，从古希腊的民主政治制度和公平正义理论中所蕴含的权利观念及古罗马法中财产权立法，到近代的启蒙思想家的天赋人权及自然权利理论，再到现代的宪政理论及制度中的公民权利，可谓丰富多变，博大深远。说它现代是因为近现代社会中宪政意义上权利观念与理论与古代社会中的权利思想存在很大差异，两者无法完全对等起来。这种现象在西方如此，在中国同样也是如此。

由于权利概念本身及其相关思想与理论的复杂性与多样性，因此要该给权利下一个确切的定义，确实很难。康德在论及权利的概念时写道："问一位法学家'什么是权利？''就像问一位逻辑学家一个众所周知的问题''什么是真理'同样使他为难"。[②]

从历史上所形成的各种权利思想与理论看，人们对权利的概念可以从不同的角度进行界定。如有的是法学角度进行界定，有的是从哲学角度进行界定，还有的是从宪政、伦理学等角度进行界定。即便是在同一历史时期同一学术领

---

① ［英］A. J. M. 米尔恩：《人的权利与人的多样性》，夏勇译，中国大百科全书出版社 1995 年版，第 143 页。

② ［德］康德：《法的形而上学原理》，商务印书馆 1991 年版，第 39 页。

域，不同的人对权利的概念也存在不同的看法。从伦理学角度看，权利往往与公平正义联系在一起，通常指什么是正义的。从宪政角度看，权利往往与自由联系在一起，是"人成为人"的重要标志与工具，是公民限制公权力维护自由与利益的重要工具与斗争手段。从法学角度看，权利是指"法律关系的内容之一，与义务相对，指法律对法律关系主体能够作出或不作出一定行为，以及要求他人相应作出或不作出一定行为的许可与保障。权利由法律确认、设定，并为法律所保护。当权利受到侵害时，国家应依法施用强制手段予以恢复，或使享有权利者得到相应补偿。离开法律的确认和保护，无所谓法律权利存在。"①

近现代以来，在国内外已形成的一些主要权利理论中，权利在本质上究竟是指什么，也存在着不同的看法。荷兰法学家格劳秀斯把权利看作是人的行为资格，是理性的人所固有的道德品质。英国哲学家霍布斯、洛克，荷兰哲学家斯宾诺莎，德国哲学家康德、黑格尔等则把权利看作一种自由。如霍布斯认为权利就是自由，就是不受任何干涉和限制。康德说，权利就是"意志的自由行使"。德国法学家耶林将权利视为一种法律上所保护的利益，美国学者费因伯格则认为权利就是一种要求或主张。实际上，到了21世纪，许多词典在给权利下定义时，都用"要求"这个术语描述权利，而且往往将"要求"看作权利本身。② 此外还有些学者将权利视为一种特殊许可或"可能性"。前者的意思是权利主体能够作出或不作出一定行为，以及要求他人相应地作出或不作出一定行为的许可与保障。后者意指由法律规范规定的，法律关系主体享有的作出某种行为的可能。③

上述各种观点或看法都具有一定科学性，但又不是很全面，具有一定的缺陷，因而至今很难形成一个统一的权威性观点。以"要求论"为例，有的学者就对此提出了批判与质疑，如我国当代学者夏勇就指出，如果"一项要求本身，就意味着一项权利。那么，这是否与我们通常所说的'要求权（claiming rights）'构成同义反复，即成了'要求要求呢'（claiming claiming）？④"对"权利是一种利益"的观点持批评意见的学者则认为，利益学说并不能完

---

①　《中国大百科全书·法学卷》，中国大百科全书出版社1984年版，第879页。

②　夏勇：《人权概念起源——权利的历史哲学》，中国政法大学出版社2001年版，第49页。

③　王方玉：《经济权利的多维透视》，知识产权出版社2009年版，第4页。

④　夏勇：《人权概念起源——权利的历史哲学》，中国政法大学出版社2001年版，第50页。

全解释权利现象，有许多权利是与利益全然无关的。①

　　由于上述对"权利究竟是什么"的各种学说或观点，均具有一定的片面性，所以有的学者则从折中的角度对权利进行了归纳总结，以使权利的界定更具有全面性。例如夏勇在其《人权概念起源—权利的历史哲学》一书中，从权利的构成要素出发，认为权利的本质是由多方面的属性构成的。而这些属性则又是权利成立必不可少的最基本的要素，其中这些要素主要包括利益、主张、资格、权能、自由等六个方面。但对笔者来说，权利是一个综合性概念，它总是与某种利益、主张、资格、自由等联系在一起的，隐含了某种选择，预示了某种可能。在不同场合不同的环境中，则有其一定的侧重，而不是时时刻刻地全指或均衡。因此，在笔者看来权利应是一个综合性概念，而不是仅仅片面指向某一单个要素或学说观点。

　　本书所探讨的商品投机者的权利，实际上既涉及投机者的某种利益与追求，也涉及投机者的某种自由如交换的自由及某种要求与主张等。投机者作为一种特殊的社会主体和社会活动的参与者，其与其他许多社会主体与参与者一样，要维持自身的生存与发展，就必须拥有自己的利益追求与要求，拥有相应的行为资格与自由，拥有争取某种机会的可能，而所有这一切的满足与实现，往往都是通过某种权利或某些权利的拥有与行使为条件、为手段、为表征。如我国学者刘星则指出"权利是一种趋向利益的自由状态"。② 换句话说，权利并不是人类生存与发展的最终目的与根本追求，而是人们实现某种诉求或某愿望的重要手段与工具，是维护人们正当利益的重要保障。人们通过拥有某种权利或行使该权利，其自身某种自我追求与需要才有实现的可能，否则一切都可能是空想。《经济、社会及文化权利国际公约》规定，只有在创造了使人可以享有其经济、社会及文化权利，正如享有其公民和政治权利一样的条件的情况下，才能实现自由人类享有免于恐惧和匮乏的、自由的理想。当然，权利有时在某种意义上也可以是一种行为的目标。但这种目标不是个人及整个人类社会最终目标或根本目标。纵观整个人类社会发展历史，人们经常将手段与目的混为一谈，尤其是将权利的拥有与行使视为目的而非手段，结果导致人们在行为过程最终偏离目的，甚至是与目的截然相悖。究其原因在于：一方面是人们借以实现某种目的的手段本身——权利，缺乏实际存在与行使的可能。手段的不可能，必然导致行为无法抵达目的。另一方面则将手段本身作为目的，即人们

---

　　① 夏勇：《人权概念起源——权利的历史哲学》，中国政法大学出版社 2001 年版，第 54 页。

　　② 刘星：《法理学》，法律出版社 2005 年版，第 133 页。

在享有或行使权利时或在追求作为手段的目的时，往往淡忘或放弃个人所追求的最终目的或根本目的，甚至有时会为其带来难以预料的消极后果或负面影响。

"权利究竟是什么"所强调与反映的是权利的实质及其人们享有和行使的根据，反映了个人的社会地位及人与人之间的特定社会关系。而"对什么享有权利"则重在强调权利的客体或对象，是人对什么东西应拥有权利，是自身还是某个物品，还是两者皆是？对具有个体意义的自然人来讲，"对什么享有权利"在一定程度上反映了权利主体享有权利的范围、程度等。实际上，人们所享有权利的客体或对象既包括有形的，也包括无形的，既可以是物质的，也可以是精神。具体说来，权利的客体或对象包括生命体的自身存在与健康发展及其所依赖的各类事物与资源，个人的行动或行为的自由，个人在社会环境作为人所必需的尊严与人格，个人为追求或满足自身发展（如精神需要）借以实现的各种物质财富与工具。如人类为了自身的存在和发展就必需享有相应的生存与发展权，为了生存和发展就必须享有相应的食物权、居住权、休息权等。

为什么人对自己及对某些事物或资源拥有权利？假如整个社会没有权利，其结果将是怎样的呢？"没有权利就不可能存在任何人类社会。"① 用霍布斯的话说，生活将是孤独、贫困、龌龊、野蛮和短命的。例如，在原始状态下，人类赖以生存的食物，在没有权利确认与保护下，强者可以通过劳动，自我获取，也可以通过自身的强势抢夺或偷窃他人尤其是弱者采集的事物。在这种情况下，弱者将无立足之地。当原始社会成员的数量为两个以上群体或个体时，就必然有强势与弱势之分。在资源有限的情况下，强者与弱者双方或多方，就必然存在因某种利益之争，取得竞争的优势最直接、最有效的方式往往是暴力手段如战争、抢夺。即便是在同一个群落内容，也常常存在这种境况。

2. 自我需要满足下的基本权利

就"权利"一词而言，它是一个相对较为抽象的概念，以致人们对其相关问题的把握，总有一种让人云里雾去，百摸不得其形其义的感觉。我国学者夏勇在其《人权概念起源——权利的历史哲学》一书中指出："从法学角度看，一切权利的概念都是抽象的，无论其属于思想范畴，还是属于制度范

---

① ［英］A. J. M. 米尔恩：《人的权利与人的多样性》，夏勇译，中国大百科全书出版社 1995 年版，第 154 页。

畴。"① 因此对权利问题把握与了解，还应当从人们享用和行使的具体权利入手，才能真正地有助于我们分析和了解与投机者相关的权利问题，如投机者享用的基本权利范畴、类型、行使方式、实现途径、享有和行驶权利之内在根本目的与依据等。

作为自然人首先是具有自然属性的动物，其次才是社会中的人。不管是动物还是社会中的人，其存在与发展必须要以维护自己的生命健康和满足自身的基本需求为基础、为前提，即便是自然状态下也因如此。每个人都具有满足自身需求（如追求快乐和避免痛苦、个人福利的拥有与增长和对财富的渴求等）利己之心。这种利己之心并非完全是伦理道德法则所贬低的对象，而是人类社会最高的伦理道德法则。霍布斯认为在自然状态下人人天生平等，人人都有保全自己生命、获取自己劳动果实和保护自己劳动成果的权利和自由，但是奉行弱肉强食的丛林法则。② 德国著名的法学家耶林强调："主张自己的生存是一切生物的最高法则。它在任何生物都以自我保护的本能形式表现出来。"③《经济、社会及文化权利国际公约》第 11 条规定，人人有权为他自己和家庭获得相当的生活水准，包括足够的食物、衣着和住房，并能不断改进生活条件。鲁道夫·冯·耶林维护人类的生命健康和满足人类的基本需求是任何人类社会得以存在与发展最基本、最起码的条件，也是最基本的人性关怀。对于在人类历史的发展过程中形成或发展起来许多科学与理论，往往都是以一定人性关怀为基础或为背景或出发点或为归宿。英国著名的哲学家、经济学家和历史学家休谟认为："一切科学对于人性总是或多或少地有些联系，任何学科不论似乎与人性离得多远，它们总是会通过这样或那样的途径回到人性。"④ 权利科学更是直接以"人性"作为对象，以自我需要满足为目的而享有与行使的权利则是其具体表现。人类的自由自觉的生命活动过程，其实也就是不断实现"人是人的目的"的天然权利的过程。这一过程也是人类不断克服外在自然界的束缚与人类自身局限性的过程。人的天然的权利也只有在现实中才能反观自身的价值与意义。⑤

从人权意义上讲，作为个体的投机者往往以自然人的身份与形象展现在现

---

① 夏勇：《人权概念起源——权利的历史哲学》，中国政法大学出版社 2001 年版，第 50 页。

② 转引自陈国营、许琼：《经济自由视角下的经济增长与个人福利》，载《新西部》2008 年第 20 期。

③ 转引自陈炎光：《公民权利救济论》，中国社会科学出版社 2008 年版，第 102 页。

④ ［英］休谟：《人性论》，关文运译，商务印书馆 1980 年版，第 6 页。

⑤ 张世远：《产权是人权的现实实现》，载《西南交通大学学报》2007 年第 4 期。

实生活中的。投机者所享有的基本权利首先是作为人所必须的生存权和发展权。而生存权与发展权赖以存在的基础则是对生产资料与生活资料等物质资源的享用。就对人的需要程度而言，生产资料与生活资料又可分为满足基本需要的部分和扩大积累（财富）部分。就需要或追求的内容来说，投机者的需要或追求的物质资源既包括维持基本生存（生命与健康）所需要的物质资源，也包括借以满足自我发展与更高追求（如更好的精神享受、免于经济拮据或更可靠与更稳定的生活保障与生活质量、更高自我价值实现）的物质资源。借以是实现自我发展与更高追求的物质资源，在实践中常常以财富的形态表现出现来。不管是投机者基本生存所需要的物质资源还是自我发展与更高追求所需要的物质财富，其获取与支配必须以投机者享有和行使一定的权利为基础与保障。权利的拥有与行使是投机者获取一定人格与物质资源的重要途径，也是实现其自身目的与追求的重要手段。

无论是在市民社会下还是在政治国家中，人们所应享有的的基本权利不能仅仅靠一个较为抽象"权利"或"基本权利"词语就能涵盖或解释全部，换句话说个人所应享有的基本权利是一个内容与表现非常丰富的概念，是一个多层次复杂的权利体系。当然由于人们分析权利问题的角度与出发点的不同，那么对基本权利的内容与具体表现及其结构层次的看法，则必然存在一定的差异。但对于各种基本权利所隐含的根本目的，基本上是大同小异，不存在天然之别，即基本上都是以人为终极目标，以满足人的基本需求如生产与发展或者维护人的生命健康与自由平等为直接目的。例如，英国哲学家 D. D. 拉斐尔将人所享有的权利分为行为权与接受权。享有行为权则意味着有资格去做某事或以某种方式去做某事的权利。接受权则强调有资格接受某物或以某种方式受到对待的权利。①《世界人权宣言》提出，世界各地所有男女毫无区别地有权享受它所列出的各种基本权利和自由，其中包括公民权利和政治权利，也涉及经济、社会和文化权利。第 22 条规定，每个人……有权享受他的个人尊严和人格的自由发展所必需的经济……各种权利的实现……

从个人享有的基本权利内容体看，"人成为人"所应享有的基本权利无非包括两大类型：一是个人的尊严与人身自由获得最起码尊重与保护并与物质无直接关联的非经济性权利，如人格权、言论权（本书暂不予以讨论）；二是人类赖以存在与发展的为目的的，并与物质资源有直接关联的各种经济性权利。实际上这两类权利只是个概称，在现实生活中它们又包括一些列具体的权利。

---

① D. D. Raphael, Problems of Political Philosophy. London : Macmillan, 1970, pp. 68 – 70.

经济性权利与非经济性权利与其下所包含的各具体权利之间，在某种程度上是种属关系，或是目的与手段的关系，即作为较为宏观和一定抽象性的经济性权利与非经济性权利的享有与行使，往往是通过其下的各种更为具体的权利的行使与享有来实现。基于自我需要的满足（生存与发展的需要），个人往往通过拥有与行使与物资资源有关的一系列经济性权利而获取相应的物质资源。这些一系列的经济性权利，在笔者看来，可概括为以下几种：

（1）劳力自我拥有与支配权。劳力或劳务是自然人自身拥有的行为动力与能力，是行为人实施一系列行为或活动动力来源。劳力自我拥有与支配权主要是指自然人对与其人身上所固有的劳力或劳务具有不可剥夺的自由控制权和支配权，实质上是自然人对自身所固有的活动力量具有为谁施展或发挥功效及怎样施展或发挥功效的的自由。劳力自我拥有与支配权是自然人个人通过自己的努力而获取相应物质资源的最基本也是最重要的保障与基础。一般情况下，一个人为维持自身生存与发展所需要的物质资源，主要是个人通过自由控制和支配自身劳力进行工作或劳动而获取的。如果一个人丧失了对自身劳力的自由控制和支配，或者说被他人或其他组织机构完全剥夺与掌控，其就基本上丧失了"人成为人"最起码的条件，丧失了获取更高更好发展需求的条件与机会，甚至可能导致基本生存问题（如奴隶主专制下的奴隶就是如此）。即便生存不成问题，但这也是暂时的，因为一旦人自然（如年老、疾病）丧失了基本的劳动能力时，也就失去了靠自身行动能力获取其最基本的物质需要的条件与可能。

（2）物质资源自我享有权。物质资源自我享有权是指自然人为满足自身及其家庭成员生存与发展需要而对相关的物质资源（如食物、水、衣被、房屋、基本的生活与生产工具等）的自由地占有、享受、使用和支配的权利。自我享有权实质上是一种经济性质的自由，一种以满足自我需要（如消费）为目的的自由。美国学者弗里德曼在其《自由选择》中，用一种非常朴实语言解读这种类似的自由："经济自由当中很重要的一部分便是支配自己收入的自由：我们给自己花多少钱，花在哪些方面；存多少钱，以何种形式存钱；给别人花多少钱，给谁花等。"① 物质资源享有权又分为对物质资源尤其自然物质资源的原始占有、享有和使用的权利与通过加工改造或交换而劳动获得的物质资源自我享有权。实际上，物质资源自我享有权与人们经常谈及的民法上的法定权利——财产权，在某种程度上是相通的。但物质资源自我享有权有时又不完全等同于现代意义上的财产权，主要原因在于财产权有时会以对虚化的客

---

① ［美］弗里德曼：《自由选择》，张琦译，机械工业出版社 2008 年版，第 14 页。

体占有使用或支配而体现出来，而物质资源自我享有权所强调是满足人的基本需要的相关物质资源的实在性的与可控性。在近现代社会生活中，物质资源自我享有权是常以法律上的私有财产权体现出来的。如罗斯巴德将根据自然法确立的自有权、原始占有重构为其论证的人类行动学上的先决条件。他的"自由"理论围绕着财产权展开，认为只有私有财产权被确立后，才能确立每个人的合法空间。权利这一概念只有作为财产权才有意义，任何一种人权同时也是财产权，比如，言论自由权实际上就是租用一个大厅并向进入大厅的人讲话的权利。① 1789 年的法国《人权宣言》第 2 条规定，政治结合的目的在于保存人的自然的和不可动摇的权利，包括财产权。《世界人权宣言》第 17 条第 1 款规定，人人得有单独的财产所有权以及与他人合有的财产所有权。

（3）满足基本物质资源需求的保障权。满足基本物质资源需求的保障权主要是指在特定的社会条件下（如个人对个人或某一社团组织对个人或某一社会对个人互负责任），当个人无法通过自身的活动或努力实现自我需要的满足时，个人为满足自身生存与发展的基本需求，有向社会或社会管理与决策层要求给予一定的物质资源的权利。满足基本物质资源需求的保障权，实际上类似于民主政治国家中的法定的（最低限度的）物质帮助权抑或最低限度的物质帮助权或社会保障权。例如，1793 年法国的《雅各宾宪法》第 21 条就规定了"每个社会都有给予其人民工作及不能工作的人们生活支助的义务"。《世界人权宣言》第 22 条规定："每个人，作为社会的一员，有权享有社会保障，并有权享受他的个人尊严和人格的自由发展所必需的经济、社会和文化方面各种权利的实现……"第 25 条第 1 款规定："人人有权享受为维持他本人和家属的健康和福利所需的生活水准，包括食物、衣着、住房、医疗和必要的社会服务；在遭到失业、疾病、残废、守寡、衰老或在其他不能控制的情况下丧失谋生能力时，有权享受保障。"我国 1954 年《宪法》、1978 年《宪法》和 1982 年《宪法》也均规定了"中华人民共和国劳动者在年老、疾病或丧失劳动能力的时候，有（从国家和社会）获得物质帮助的权利"。

满足基本物质资源需求的保障权实质上是人们基于生存权而享有的最低层次社会经济保障权，是社会或国家对个人应承担的责任。

（4）物质资源接受权（包括配给与舍赠）。物质资源接受权意指自然人一旦遇到社会或政府或他人提供的可以满足自身某种需求的物质资源时，有权予

---

① ［美］罗斯巴德：《自由的伦理》，吕炳斌等译，复旦大学出版社 2008 年版，第 193 页。

以接受。社会或政府或他人向个人提供的物质资源的方式与途径，既可以是社会或政府或他人基于对接受者承担某种特殊的责任如政府基于社会保障的配给、有偿的雇佣关系中报酬支付、赡养与抚养关系中基本物质资源供给义务的承担，也可以是非基于任何责任与义务的供给如施舍、无偿赠与、社会无偿救助与帮扶等。物质资源接受权实际上接受者所享有的一种自由，包括有接受或不接受（拒绝）的自由、接受这个而不接受那个的选择自由及全部接受与部分接受的选择自由等。

（5）救济性权利。救济性权利一般是指社会个体在享有和行使上述权利的过程中，因人为的侵害或侵权而使满足自我需求的物质资源遭受或可能遭受毁损灭失或剥夺时，通过借助特殊力量和特殊的渠道得以弥补与救济的权利。相对于前述几种权利，救济性权利则具有一定的派生性和事后保障性，是对前述几种权利的进一步巩固、预防与保护。一般情况下公民个人救济性权利的设定与行使，须以其他的基本权利的存在与享有为基础，并且当这些权利已受到或可能受到某种侵害或危险而影响自我需要满足时，以个人自身固有的能力又无法进行自我维护为前提。同时个人救济性权利有效地享有与行使通常需要借助其他特殊的力量或渠道，这些特殊的力量或渠道通常表现为相比于个人，具有强大强制力量的公共社会与政治国家以及其设定的权力机构及其代理人，如国家的行政权力及其行使的代理人——行政机构与行政人员，国家的司法权力及其行使的代理人——裁判机构与裁判人员。

现实生活中，许多国家及国际机构所创设的规范性法律文件，均就公民的救济性权利予以的立法上的设定与确认，并且在实践上也给予了较为充分的重视与贯彻。救济性权利的立法上设定与确认，有的是通过宪法性法律文件予以设定与确认；有的是通过一般的部门性法律文件予以设定与确认；有的是通过实体性法律规范中予以设定或确认；有的是通过程序性法律规范予以设定与确认；还有的是通过具有混合性质的法律文件予以设定与确认。

（二）自我需要满足下的基本权利（经济性权利）行使方式与实现路径

满足公民个人生存和发展所需要的物质资源，是通过其享有和行使其相关的基本权利尤其是经济权利得以实现的。而公民享有与行使其基本权利又是通过不同的方式与路径得以体现的。公民享有与行使其基本权利的方式与路径在实践中通常包括两种：一是公民通过自我主动行使与享有各种不同的即有的经济性权利而实现与体现的，这种方式与路径可概括为公民个人基本权利的自我行使与实现；二是政治国家通过形成与执行公共意志的方式而履行其公民所应承担的特殊责任或义务，这种方式与路径可概括为政治国家的责任承担方式与路径。这两种方式与路径既可以是单独存在，也可以是并行存在的，并有主次之分。公民个人到底选择哪种路径或方式，往往取决于个人所处的社会背景下的具有普适性制度设计，取决于公共事务执行者或国家责任具体履行与承担者的意识与责任感，取决于个人的认知水平与选择意识，取决于个人的身体状况及对需要的满足要求与期待程度。

1. 行使方式与实现路径之一：自我行使与实现

从权利的逻辑上说，权利主体对于自己所拥有的权利拥有主动权，可以通过自己的努力去实现权利。因而，实现权利的首要"义务"在于经济权利主体自身，而不是国家或其他主体。公民个人一旦放弃权利，其他任何主体的努力往往都是无济于事的。

在现实生活，公民个人自我需要的满足，主要是通过个人自由地谋取和处置物质资源来实现的。而自由地谋取和处置物质资源的依据往往是其应享有的法定上的各种具体的经济性权利。公民个人依法享有的经济性权利的自我行使是其实现基本权利主要体现，也是其获取必要的物质资源并最终实现自我需要满足的最主要的方式与途径。公民个人享有与行使的各项具体的法定的经济性权利，在各国诸多法律文件与法律实务中，主要体现为与工作（或劳动）相关的一系列的权利（如工作权、职业选择权、休息权、健康保障权、获取劳动报酬权，劳动所获占有使用权等）、私有财产权（包括使用、交换与处置权、收益权），生产经营权等。例如 1966 年通过的《经济、社会及文化权利国际公约》第一部分第 1 条规定，所有人民都拥有自决权，以自由谋求他们的经济、社会和文化的发展，自由处置他们的天然财富和资源；在任何情况下不得剥夺人民自己的生存手段。

就人类个体而言，工作或劳动是每个人谋生的手段，是个体生存与发展权的保障，同时也是"人的价值、社会需求以及自我实现和人的个性发展的手段"。[①] 因此工作权或劳动权不仅是经济社会权利的核心，也是基本人权的核心。就现代社会条件下的单纯劳动或工作而言，公民个人享有的劳动权利包括劳动与否的自决权，职业类型的选择自由与权利，劳务雇主的选择权（即为谁工作的权利，包括自我劳动或为他人工作的权利），为他人或机构工作有获取劳动报酬、基本福利与保障及相应的休息、安全健康权利等。在现代法治国家，尊重和保护公民的工作权利已成为许多国家宪法性权利而被入宪。如我国《宪法》第 42 条规定，中华人民共和国公民有劳动的权利和义务。国家通过

---

①　K. 杰维茨基：《工作和工作中的权利》，参见［挪］A. 艾德等主编：《经济、社会和文化权利教程》，中国人权研究会组织翻译，四川人民出版社 2004 年版，第 182 页。

各种途径，创造劳动就业条件，加强劳动保护，改善劳动条件，并在发展生产的基础上，提高劳动报酬与福利待遇。

工作权上一般有广义和狭义之分。狭义上的工作权主要是指具有雇佣特点的就业权。而广义上的工作权，除了包括就业权外，还包括具有非雇佣性的自行劳动权，即自我劳动，自享成果，自担风险的权利。

就自行劳动而言，公民个人往往可以通过非雇佣性质的自我劳动，活动其生存与发展所需要的物质资源，以实现自我需要的满足，如自给自足性的经济活动。但是，随着社会分工的发展与细化，科技的进步以及人们需要的内容、层次及结构的多样化、复杂化，自给自足的经济行为与劳动，在现代社会毕竟是少之又少。因此在市场经济条件下，许多个体则可以通过交换的方式，获取自我劳动无法获取的物质资源。这样，公民个人通过自我劳动实现自我需要的满足，就可以通过自给自足与交换的实现。

同样，公民个人在具有雇佣性质的劳动中，对于自我需要的物质资源，有的是可以通过获取的劳动报酬予以实现，但绝大部分的需求则仍然要靠一定的交换行为得以实现。

由此可知，在市场经济条件下，在公民个人基本经济性权利自我实现的前提下，公民个人获取自我需要的物质资源的方式与途径就是劳动与交换结合。其中交换是获取物质资源的主要途径与方式。

公民个人通过交换获取其需要的物质资源，又必须以拥有一定的所有权、处置或交换自由的财产为前提为基础。没有财产也就没有交换，也就无法完全满足个人的需要。公民个人拥有的财产，既可能是劳动报酬，也可能自我生产或劳动的收获或收益或是的合法占有的无主物。公民个人不管是通过哪种方式获取的物质资源或财产，只要其拥有一定占有与自由处置（包括交换），其就可以通过交换方式，从其他人手中获取其需要的物质资源。因此可知，交换是公民个人实现其基本经济权利的重要途径与方式，也是实现其他权利、满足自身其他需求的重要方式、基础与保障，如获得与接受良好教育的权利与需要。

2. 行使方式与实现路径之二：政治国家的责任承担与履行

公民个人基本经济权利的实现除了依靠自己的努力外，还需要国家的帮助，需要向国家提出要求，即要求国家对公民个人生存与发展承担相应的责任或义务。挪威学者 A. 艾德在 1987 年向联合国提交的《国际经济新秩序和促进人权：关于作为人权的充分食物权的报告》中，他将国家对公民的经济、社会、文化权利所应承担的义务，归纳为三个方面：尊重、保护和实现。这三个方面的义务实际上又具有一定层次性，即处以第一个层次上的义务是国家必须尊重个人拥有的资源、个人寻找喜欢的工作自由、采取必要行动和利用必要资源的自由；第二层次上的义务是保护公民个人行动的自由和自己使用资源的自由，防止公民不受外来势力的侵害；第三层次的义务是通过促进和直接提供权利的方式实现每个人的经济、社会和文化权利。① 国家对公民之所以要承担一定的责任或义务，究其原因主要有两个：一是公民个人是国家存在与发展的基础，是国家的重要组成部分，没有公民也就没有国家，而且政治国家的创设的目的之一就在于保障公民个人实现其仅依靠自身的努力而无法实现的自我基本需要的满足。二是就在于公民个人通过自身努力或完全丧失自我工作的能力而无法实现自我基本需要的满足时，国家根据其所应承担责任或义务，为个人的生存与发展提供某种机会、条件与保障。通常情况下，国家对个人的生存与发展或为了满足公民个人基本的需要而提高的保障与条件主要有两种基本方式与途径：

（1）国家直接向公民个人提供其基本需要的物质资源，这其中包括实物分配或供给、对特殊群体提供的最低生活保障（如各种社会保险），物质救济与物质奖励等。直接的实物分配或供给，对公民个人来说，既可能是有偿的，也可能是无偿的。例如，无完全行为能力的未成年人，由于缺乏相应的劳动能力，其基本的物质生活资料的满足很大程度上要靠国家的无偿分配与供给。1989 年第 44 届联合国大会通过的《儿童权利公约》第 26 条就规定，缔约国应确认每个儿童有权受益于社会保障，包括社会保险，并应根据其国内法律采取必要措施充分实现这一权利。分配与供给有偿性，主要体现在公民通过付出一定的劳动才能获取，或者需支付一定对价或非对价的财产（主要是货币）而取得。对整个社会而言，有偿分配实质上是"对社会财富创造给予了必要投入者的一种报酬。这一点是对每个贡献者而言的"。②

分配或供给的主导权（包括分配或供给的方式、时间、对象、数量等）往往掌控在对物质资源拥有实际控制权与支配权的执行国家事务的代理人（一般是政府及其工作人员）手中。从人类历史的发展进程看，国家向其公民直接进行实物分配或供给的制度或方式，并不具有全球的普适性。它作为一种特殊制度的安排，往往出现于某个或某些国家的特殊历史阶段，是如高度集中的计划经济国家，其公民所需要的基本物质资料在许多情况下是通过国家的计划分配方式获取的，即便有些个人没有从事相关劳动也可以获取相应的基本生

---

① ［挪］A. 艾德：《作为人权的经济、社会和文化权利》，载 A. 艾德主编：《经济、社会文化权利教程》，中国人权研究会组织编译，四川人民出版社 2004 年版，第 20 ~ 21 页。

② 巫继学：《论分配与经济权利》，载《时经科学》1992 年第 3 期。

活资料。

对特殊群体无偿地提供最低生活保障（如各种社会保险），也是国家直接向公民个人提供基本物质资源的重要途径与方式。特殊的社会群体主要包括年老或疾病而丧失劳动能力的人和因失业而无力自行生存或生存有困难的人给予的物资帮助。

对特殊群体无偿地提供物质救济主要是指因战事、自然灾害而暂时处于生计困难的群体，由国家直接向其无偿提供基本物质资源的方式或制度。如汶川大地震中，我国政府向灾民提供的物质援助。

（2）国家为公民个人通过自我努力而获取满足自身需要的物质资源提供一些必要的便利条件与帮助，或者通过创设一定制度给予其保障，间接地促进或协助公民个人行使和实现其基本的经济权利。换句话说，当公民个人有自我工作的行动能力与意愿时，国家往往并不直接向其提供基本的物质资料，而是通过向公民个人提供相应的工作机会或自谋生存条件，如对公民进行就业培训与专业技能训练，或者为公民自我创业提供机会与帮助，或创设相应的经济制度如自由交换制度，使公民可以通过自身努力行使与实现基本的经济权利，获取相应的物质资源，以满足自我的需要。例如《世界人权宣言》第 23 条第 1款规定，人人有权工作、自由选择职业、享受公正和合适的工作条件并享受免于失业的保障。《经济、社会及文化权利国际公约》第三部分第 6 条规定，人人应有机会凭其自由选择和接受的工作谋生，在保障个人基本政治和经济自由的条件下达到稳定的经济、社会和文化的发展和充分的生产就业的计划、政策和技术。

从应然性角度讲，尽管国家对维护公民个人的生存与发展应当承担或履行相应的基本保障义务，以满足公民的基本需要。但在现实生活当中，公民个人的需要甚至基本的需要，国家有时也是无法兑现的。究其原因，主要在于国家毕竟不是万能的，国家责任的承担与履行最终要靠人来实现的，而人毕竟不是神，人自身的有限理性必然会导致其公共事务的决策与执行不可能尽善尽美，不可能尽善尽美实际意味着或多或少地存在某种遗漏或不周全。例如，当遇到突发性的重大自然灾害时，大量的急需的救济救灾物资由于交通运输，物资的筹备、大量人力的召集等因素，使得政府很难在短时间内及时有效地向对灾区的灾民直接供给或派发必要物资。对于国家无法满足或保证公民个人自我的需求时，公民个人往往只能通过自身努力，尽可能多地满足自我需求，尤其是部分或完全超出基本生存与发展之外的需求更是如此。在现实生活中，公民个人对更多财富的追求与积累，为免于生活的拮据，为消除未来长期的生存与发展的后顾之忧，为追求或享受高品质的生活质量，单纯地依靠政治国家对公民个人基本责任承担与履行，是很难实现的。在笔者看来，唯一有效的途径就是公民个人在国家通过创设各种制度与条件的辅助下，以个人自身的努力方有实现的可能。当然个人努力的方式或采取的对策可能是千差万别的。但在现代市场经济条件下，公民个人各种采取的行为方式或措施必须囿于一定的市场经济制度，并与诸多经济权利与自由密不可分。

二、商品投机者的经济利益追求与经济权利

（一）商品投机者的经济利益追求

商品投机的主体无论是公民个人还是某一集体或组织，都有自己的利益需求。其中作为投机主体的集体或组织最终还是以人为中心，以人为出发点与归宿。所以探讨投机主体的利益追求，最直观而又最根本的途径就是探究作为个人的利益追求。

作为个人的投机者和其他所有公民一样，首先是作为自然人而存在与发展的，因而也就有自己的生存与发展需求。为了满足自身基本的生存与发展，投机者和普通公民一般，除了依靠自身的努力通过行使相应的基本经济权利予以实现外，有时也要经常依靠国家的帮助，依靠政治国家的责任承担。但是，在现实生活中，投机者即使依靠自身的努力和国家的帮助，有时也无法获取满足自身的生存和发展所需要的基本物质资料，更何况其他更高或更多的需求与追求。因此在特殊情况下，公民往往会借助即有权利与资源，积极主动地采取某些特殊的方式或手段，将权利、资源与自身拥有的某种优势有效结合起来，充分发挥各自的潜力，尽可能去解决或实现生活中诸多的实际问题与需求，而不是按部就班或苦苦地静坐等待。这种行为模式在现实生活中的典型代表就是商品投机行为。

由于投机者除了实现或维持自身及其家庭成员的基本生存与发展外，往往还其他方面的利益追求，这其中主要包括免于生活的拮据、更多财富的追求与积累、消除未来长期的生存与发展的后顾之忧、追求与享受高品质的物质生活质量、以物质财富为基础的更高更好的精神享有与追求或文化艺术享受与追求等。如果要在短时间内实现这些追求或愿望，投机者如果坚持投机之前的常规的生活方式（如节俭或依靠国家救济）或常规的经济权利行使方式（如为他人工作以获取劳动报酬或具有微利性的自我正常的生产、经营行为），其实现的几率是非常小的。因此，从理论上讲，要解决上述问题，实现上述需求，最可能、最直接也最有效的途径之一就是将既有的实际控制的资源充分利用起来，实现其效益或利润的最大化甚至是暴利化。但在实践中，如何在短期内实

现既有资源的效益或利润最大化或或暴利化，在投机者看来，选择具有很大风险性的投机行为，是其不错的选择。因为权利自由在市场经济条件下，投机者为实现上述目的而选择不同于其他市场主体的投机行为，关键问题在于投机者所应享有的经济权利或自由及其行使方式，其次是投机者自身的投机认知水平与意识。

(二) 商品投机者的的经济权利

免于生活的拮据，追求或积累更多财富、消除未来长期的生存与发展的后顾之忧、追求与享受高品质的物质生活、精神生活是投机者所应享有的权利和自由。而这些权利的实现，通常是通过投机者享有和行使相应的经济权利得以实现的。因为投机者要实现上述需求，就必须获取一定的物质资源为保障。投机者获取的物质资源在市场经济条件下，又以投机者在市场经济活动中的获利为前提。投机者获利又以商品形成价差为条件。而投机者参与追求商品价差活动，又必须以其享有相应的经济权利与自由为前提、为基础。

在笔者看来，商品投机者的经济权利有狭义和广义之分。狭义的经济权利一般是指传统意义上的经济权利，是传统人权理论所论及的公民个人应当享有的基本经济权利，它侧重于和人类的基本生存与发展的相关的经济权利，如前述所说的工作权、私有财产权、获得基本保障权利等。这种权利往往具有普适性和显见性，并被近现代各个国家、国际组织及绝大多数公民所认可与易于感触。广义的经济权利主要是指除了包括狭义的基本经济权利（即上述公民个人应当享有的一系列基本经济权利）外，还包括各种与市场经济价值观念有着密切联系或者具有市场经济背景的经济权利，如追求和积累更多物质财富的权利、参与市场交往权（如生产经营权、交换权）、市场交往获益（主要是指利润）权、囤积与储备生活资料和生产资料的权利等。而本节所探讨的经济权利主要是指与市场经济价值观念有着密切联系或者具有市场经济背景的经济权利。对投机者来说，这些权利之间，有的存在并列关系，有的是目的与手段的关系，如投机者实现更多物质财富的积累，往往需要通过市场交往并获取相应利润的途径，才可能实现。再如投机者囤积与储备生活资料和生产资料往往是其正常进行的市场交往的重要手段与方式。

商品投机者享有的的经济权利首要含义就是经济自由。没有经济自由就不能称存在经济权利。"经济自由"是什么呢？它应该是："有随意运用经济的技术可能性。"它包括从"免于经济拮据"这个基本的经济自由起，以至"消

费、购买、贸易、投资、企业等自由"。① 对市场主体来说，经济自由就是市
场主体自主选择、自愿交易、自由竞争以及对其与财产的保护。它通常包含两
个层面：一是从事某种经济活动的选择与交易的自由；二是各种生产要素流动
的自由，包括自由运用资本（包括社会资本）的自由与资本流动的自由。市
场经济是权利经济，因此市场经济条件的经济自由在市场经济活动中可以在多
方面得以体现。如在具有市场经营性质的投机活动中，投机者享有的经济自由
主要表现为经营自由。经营就是指市场主体运用自己的经营能力，对自身拥有
的各种人、财、物及其他资源，通过自主营运、配置、抉择与运用耗费等各种
手段，给予完好的配备与利用、组织与核算，以实现经济效益最大化的活动。
经营自由主要是指经营者对自己的经营资产和经营行为拥有自主的控制权，并
不受其他组织与个人的非法干涉。根据经营者行使自主权方向与范围，经营自
由又可分为内部经营管理与决策的自由与外部生产经营决策与选择的自由，前
者如自行决定人员配置与机构设置，后者如生产与否的自由，选择生产经营方
式的自由，选择合作伙伴的自由等。消费的活动中，消费者拥有消费与否的自
由、选择消费方式的自由，选择商家和消费品的自由，选择消费时间与数量的
自由等。投机消费是消费的一种方式，因此消费者也应享有投机消费的自由。

　　对投机者个人而言，投机者享有的经济权利，一方面有助于促进和实现个
人及其家庭经济福利的增长，进而为个人及其家庭的需要满足与自由（包括
政治自由）奠定物质基础；另一方面投机者的经济权利或自由在一定程度上
具有约束或限制其他个人与组织甚至包括国家的非法干涉，以保障自身的合法
权益的功能。

（三）市场经济制度与投机者经济权利的实现

　　在市场经济体制下，商品投机者的诸多经济行为具有明显的市场性，即投
机者的正常经济交往需以市场为基础。离开市场，其许多经济活动都无法展
开，自身的各种经济利益追求也很难实现。市场经济在本质上就是一种自由经
济，是平等的市场主体之间相互自由交往的经济。自由是市场经济的灵魂，没
有自由就没有市场经济。投机者作为市场主体之一参与市场活动，其也应享有
各种经济交往的自由。其享有的经济交的自由，和市场主体一样，主要是通过
自由地行使各种法定的经济权利而得以体现或实现的。投机者如何自由地行使
经济权利，主要取决于自身享有的法定经济权利的类型，取决于自身的一般市

---

　　① 高寿昌：《经济的自由主义·海耶克和他的理想论文集》，载《文星丛刊》，转引
自黄展骥：《"经济自由"与"自由经济"辨析》，载《兵团教育学院学报》2001 年第
1 期。

场角色与地位，同时还取决于自身的需求。

1. 商品投机者经济权利自我实现

商品投机者享有的经济权利因商品投机者在市场交往中所演饰的实质角色与法律身份的不同，则有所差异。如作为经营者的投机者和作为消费者的投机者，前者享有一定的经营自由权而后者则没有，后者应享有的消费者权前者同样无法享有。因此不同的投机者因参与市场活动的市场角色及其享有的经济权利的不同，其经济权利的自由行使方式也就有所差异。但是，无论是对经营者而言还是对消费者而言，两者参与市场活动和自由进行经济交往，都必须以享有财产权为基础。财产权是所有市场活动主体参与市场交往的基础性经济权利，也是市场主体自由经济市场交往的前提。因此，对投机者来说，自由行使经济权利，首先就是自由享有和行使财产权。当然，财产权并不是单一的权利而是一种若干独立权利的综合。即"财产权是指存在于任何客体之中或之上的完全的权利，包括占有权、使用权、出借权、用尽权、消费权和其他与财产权有关的权利。……最好不要把财产权视为单一的权利，而应该把它视作若干权利的集合体，其中的一些权利或甚至其中的很多独立权利可以在不丧失所有权的情况下予以让与"。① 无论是对国家与社会或经济组织的经济增长还是对经营者与消费者个人的经济福利增长，财产权尤其是所有权都是至关重要的。换句话说，所有权的有效制度安排能够使人们在不遗余力地追求个人利益的同时增进社会利益，它使人们开掘的自己财富小溪能够汇聚成社会的财富大河。② 但是在笔者看来，对市场个体来说，如果财产权的拥有只是为市场参与者获取财富或经济福利的增长提供了激励性基础与可能，但并非必然为其带来财富或经济福利的增长或实现自身的某种追求，因为经济权利毕竟只是一个静态的、抽象的法律概念或观念。无论是对经营者来说还是对消费者来说，要实现财产权物质化增长或经济效益的现实化或某种需要的满足，就必须以财产权为基础，并与其他经济权利为辅助，并结合自身条件及周围环境自由行使。对投机者来说，因其身份角色与需求或追求的目的不同，投机者的经济权利自由行使方式可能有所不同。具体来说，投机者的经济权利自由行使方式主要包括两种：

（1）作为经营者的投机者，和一般经营者一样，为了实现现有财产权项

---

① ［英］戴维·M. 沃克：《牛津法律大辞典》（中译本），光明日报出版社 1998 年版，第 729 页。

② ［美］斯诺：《西方世界的兴起》（中译本），华夏出版社 1989 年版，转引自王克稳：《论市场主体的基本经济权利及其行政法安排》，载《中国法学》2001 年第 3 期。

下的财产增值或经济利润的增长，为了保障对财产权现实支配和实现自身需求的满足，还必须拥有和行使相应的经营自由权。经营自由权的实质就是自由经营。市场经济是发达的商品经济，它与商品经济一样是建立在商品生产者独立自主经营基础上的，要求社会赋予市场经济主体必要的经济自由。在实践中，经营自由主要表现为合同自由、价格自由、竞争自由、交换自由、广告自由、投资的自由、生产的自由、组织与管理的自由、决策与选择的自由、合作的自由、对自有财产和相关权利处置的自由等。在具体的经济交往过程中，投机者如果以经营者身份参与市场活动，只要其享有合法的经营主体资格或者合法的经营者身份，其也就相应地享有并行使上述各种形式的经营自由权。

　　不管是对投机者而言还是对一般经营者而言，拥有并行使合法的财产权与经营自由权，并不是其最终的目的。拥有并行使合法的财产权与经营自由权只是其实现最终目的的手段与工具。即经营者在既定的市场条件下，在遵循一定的市场规律、法律法规前提下，自由将其拥有的经济权利（财产权与经营自由权）与自身的条件及周围的客观环境结合在一起，以追求或实现即有资产的效益最大化，进而实现自身需要的满足。经营者选择投机与否，实质上反映了不同经营者对其既有资产的效益发挥，存在不同的要求，反映了经营者选择或运用经营自由权方式存在差异，反映了经营者不同的自我欲求和经营者自身（主观欲求与自身能力）及其经营自由权对其周围客观环境的自我应对与调适。如作为经营者的投机者，为了实现超额利润或暴利，可通过拥有的商品买卖自由权，自由地买卖商品行为，其中包括自由选购何种商品、自由选择买卖的时间、地点，自由选择交易对象等。例如，有的投机者通过依法享有的经营自由权，自由地购买某种大量的商品或原材料或半成品，待将来价格高涨时，再自由地卖出。

　　（2）作为消费者的投机者自由行使消费选择权。消费者在消费的过程中，依法应享有各种消费的权利。例如，我国《消费者权益保护法》中就规定了消费者应依法享有公平交易权、选择权、知情权、安全权、获得赔偿权、结社权、监督权等。其中消费者选择权是指消费者在消费过程中享有自主选择商品或者服务的权利。在实践中，消费选择自由是消费者权利的重要内容和具体表现，是消费者在消费过程中享有的与消费有关的一系列自主决策权和选择权。消费选择自由包括消费与不消费的自由、消费方式选择的自由、消费结构选择的自由、选择商品或者服务的自由、选择提供商品或者服务的经营者的自由，选择商品品种或者服务方式的自由。

　　在现实生活中，消费者往往根据自身及其家庭成员的消费需求与意识、经济状况及周围客观环境的现状与发展趋势，可以自由的选择消费的水平、消费方式、消费结构。根据消费者需求的迫切程度、消费的频次及经常性开支的项目，通常可将消费水平从低到高划分为三个层次，即满足基本生存与发展需要的生活性消费（如满足基本衣、食、住、行、教育、卫生与安全等方面的消费）、适度改善与提升生活质量的消费和奢侈性生活消费。消费方式选择的自由主要体现在自由地选择消费时间和消费地点、自由地选择消费的批次与频率，自由地选择节俭消费与奢侈消费、自由地选择透支性消费与盈余性消费等。自由选择消费结构主要体现在自由地安排衣、食、住、行、教育、卫生与安全等方面的消费支出与比重，自由地选择消费对象、质量、数量等。

投机性消费是消费者消费自由的重要表现，是消费者行使其消费权，实现自身消费需求的重要方式或途径。

在实践中，消费者基于自身及其家庭成员的消费需求、经济状况及周围客观环境的现状与发展趋势，而往往选择不同的消费投机方式，如抢购、超前消费、滞后消费、防范性囤积消费品、特殊跨界消费等。

以抢购为例。在现代市场经济活动中，抢购在世界各地经常发生。与一般的消费行为相比，抢购则是一种特殊的消费行为。对某些消费者来说，之所以选择抢购主要是基于以下几种因素的考虑：①实现现有的有限的财富效用最大化。即许多消费者由于自身的经济状况的拮据或后续收入不是很满意或期待可能性较小时，往往会选择或考虑如何实现现有财富的效用最大化方式，以尽量满足自身的某种需求。②当发生或可能发生战争或自然灾害或产品质量安全等重大社会问题时，消费者对某些信赖的特殊的消费必需品，因市场供应的不足及国家调控措施不到位或欠缺而无法及时实现市场供求平衡时，往往会采取"自力救济"方式——抢购以实现自救或自保。③当整个社会物价飞涨或通货膨胀时，如果消费者的实际收入及未来的可能性收入无法应对高通胀现象，对于一些特殊的而将来最可能或甚至必须消费的消费品，消费者就可能采取抢购方式，以避免将来丧失支付能力或承受巨大生活压力的超额支付。

再以消费品囤积为例。当某些消费者预测将要发生或可能发生战争、暴乱、自然灾害、环境污染、瘟疫等重大问题，往往会提前大量地购买市场上某些有限的生活必需品，并将其囤积起来，以备不测或以防后患。

无论是抢购式投机消费还是消费品囤积式投机消费，都是消费者通过行使依法享有的购买权予以实现的。消费者在市场活动中所享有的消费自由——买卖选择的自由，是消费者进行投机消费的法律基础与保障。

2. 国家的责任与作用：自由市场的制度供给与保障

在经济活动中，投机者要自由地进行经济交往，自由地自我行使各种经济权利，促进即有财产发挥最大化效用，以满足自身的某种需求，就必须以自由交换为基本特征的市场及其相关制度为根基与支撑。同时自由市场制度也是投机者自由行使或实现其经济权利的重要保障与前提。没有自由市场制度，也就没有所谓的自由交换，因而也就没有其他相应的经济权利与自由。自由交换的市场总是以一种特殊的经济制度形式展现人们面前，换句话说，市场与制度两者之间密不可分。从某种意义上讲，市场就是一种制度安排，因此在实践中，他们常将两者结合在一起，加以表述或称谓，如市场经济制度或市场经济体制。

对于政治国家而言，要促进和实现公民个人与各种经营性经济组织自由地进行经济交往，尊重或保障市场主体（包括投机者）自行行使和实现各种经济权利，就必须制定并实施以自由交换为核心的市场经济制度，即国家通过承担市场经济制度的供给与保障之责，履行其应当履行的义务。事实证明，市场经济是最有效率的经济组织形式，并已成为现代社会最基础的运行方式。市场经济使社会生产力得到迅速提高，极大地丰富社会物质供给。①

我国学者李步云在其《人权法学》一书中指出，人权实现的社会条件包括市场经济、民主政治和法治国家。② 从实现国家的第一层次义务来说，国家应该实施市场经济。由于市场经济的基本理念是自由、平等、多元，因此只有市场经济制度才能尊重个人的权利，也才能真正实施民主政治和法治。③ 市场经济是经济权利生存的经济土壤，民主与法治则是经济权利发展的政治要求。

美国经济学家，诺贝尔经济学奖获得者阿玛蒂亚·森认为："市场之所以重要，首先不在于它会产生有效率的结果，更重要的是它为人们提供了自由选择的机会，为企业提供了各种经济资源自由组合的选择权利。"④ 通过价格机制和价值规律的市场配置资源的能力远非中央政府所能比拟。原因在于市场机制更能有效地充分利用分散的知识和信息，经由价格机制通过市场这只"看不见的手"实现资源的有效配置。⑤

（四）经济权利行使结果的差异与投机者自身之维

在某一特定时期和特定的市场经济条件下，无论是作为经营者的投机者还是作为消费者的投机者，他们之间依法享有和行使的经济权利的内容、类型、

---

① 罗干坤：《追寻自由——论经济伦理自由范畴本义》，中山大学 2004 年博士学位论文。

② 参见李步云：《人权法学》，高等教育出版社 2005 年版，第 94～98 页。

③ 王方玉：《经济权利的多维透视》，知识产权出版社 2009 年版，第 162～163 页。

④ 吴国振：《公民经济权利与行政许可改革》，载《商业现代化》2005 年第 18 期。

⑤ 陈国营、许琼：《经济自由视角下的经济增长与个人福利》，载《新西部》2008 年第 20 期。

机会及其所处的客观社会环境，基本上是平等的。但在现实生活中，每个投机者因自身需要、经济利益追求及自身的条件的不同，就必然导致其选择不同的经济权利行使方式与行使时机，具体行使方式与行使时机的选择不同会导致不同的投机结果。投机的结果与投机者的预期相比，有的实现了预期的结果，有的超出预期，有的没有达到预期。就利润追求而言，有的和预期利润基本一致，有的超出预期利润，有的实现微利，有的是亏损。

　　绝大部分合法的投机者为实现或追求自身的经济利益或实现自身即有的财富产生最大化的效用而选择投机行为，基本上都是凭借其依法享有的各种经济权利或自由，积极参与各种市场经济活动为其基本途径或手段。但是，投机者之所以选择不同的投机方式或投机时机，并产生了不同的投机结果，在笔者看来，主要是因投机者之间自身因素不同。对于作为自然人的投机者来说，投机者之间因其需要、认知水平、意识、意志、性格偏好。投机者自身因素主要是指包括属于物质的身体素质和属于精神的意识素质，其中属于精神的意识素质则是关键。马克思认为："人的本质并不是单个人所固有的抽象物。在其现实性上，它是一切社会关系的总和。"① 个体的人是属于社会的，不过个体的经济人格则是独立的，每个人的经济感受不同，所以每个人对经济问题有不同的看法，这使每个人有自己的经济追求和需要，也受到自身条件的限制和个体经济意识的奴役。②

　　投机者的自身因素决定着其享有和发挥各种经济权利或自由的实际成效，是其充分展示和享有各种经济自由的主要内在力量与动力来源。其中人的意识发展是获得自由的内在能力和自由的体现。而人的意识就其内容来说，又分为政治意志、经济意识、文化意识、宗教意识等内容。就经济意识而言，投机者的经济意识包括他根据自然、社会的知识对经济机会的分析，关于经济活动的观念及自我经济角色的设想等，这些智力因素可决定投机者在投机活动中能否取得成功。因此，商业心理上把这种意识理解为财商，反映一个人经营和获利的能力。中国改革开放以及发展西部也强调观念改变要先行，一些地方经济落后首先表现于当地人经济意识落后，比如，缺乏效率观念、缺乏竞争意识、缺乏时间观念、羞于言利及不尊重商业规则等。

　　投机者的投机与风险认知、逐利意识、危机与意识、竞争意识、专业素养、机会把握能力以及对投机的情感与意志等自身因素，决定了投机者的财产

---

　　① 《马克思恩格斯选集》（第 1 卷），人民出版社 1995 年版，第 18 页。
　　② 罗干坤：《追寻自由——论经济伦理自由范畴本义》，中山大学 2004 年博士学位论文。

与经济权利的自由发挥空间，决定着投机成功的几率，决定着投机者实现自身追求的程度。

（五）商品投机中的特殊经济利益表达与国家的反馈

在市场经济活动中，市场主体在国家所供给的经济制度中，按照自己需要与意愿自我行使各种经济权利，进行正常的经济交往。但既定的经济制度运行过程中，由于受一系列不可预知因素的影响，市场主体往往很难通过自身的努力实现自身的欲求。他们就可能会选择直接或间接地请求或呼吁的方式，向国家表达某种特殊的利益要求，希望国家通过履行其对所辖的国民或各种经营性组织应当承担的责任，予以实现。市场主体基于某种特殊的利益诉求而向国家提出的要求，并不总是能得到相应的回应。即国民或各经营性经济组织向国家或其代理人提出的请求与呼吁声势较为微弱，或对强大势力的决策层来说，其呼吁的声势及其产生的影响还不足以给决策层产生相应的压力并引起其高度关注时，这种经济上的要求就很难获得国家作出及时的回应。国家不能及时地作出回应并履行相应的义务，其原因主要在于国家决策层及其代理人要么是患得患失，做事犹豫不决，或者是腐败或者是国家经济制度的改革与供给职权被人为的践踏，或者是产生的社会问题还未到其预设的风险界限，或者是人本主义意识淡薄，或者是缺乏相应的有效惩处机制，或者经济民主机制（如经济决策参与与监督机制）的缺失或不完善等。因此，当市场主体无法通过自身的正常经济交往行为或通过正常的经济民主机制实现某种需求时，就可能采取会选择一系列非正常的手段，以期改变现状或实现某种特殊需求。

市场主体采取的一系列非正常手段，实际上是其自身利益追求的一种特殊的自我表达方式。所采取的非正常手段，既可能是和平的方式也可能是暴力方式，既可能是经济方式也可能是以民主政治为核心的非经济方式。投机实际上就是一种经济的和平方式与手段，也是市场主体的一种特殊经济利益自我表达方式。换句话说，如果市场活动参与者通过自身合法努力（如正常交易），无法满足自身的基本需求，而且通过其他途径如向决策层或执行机构提出要求，也无法满足自身的基本需求时，就可能通过其他方式或途径（和平和暴力）以求基本需要的满足。例如，诸多市场活动参与者通过合谋或不谋而合的特殊经济行为，以制造或扩大某种经济问题的社会影响与严重性，进而引起决策层的高度关注，使决策层能从中感知他们的基本经济诉求，从而适时调整相关经济政策与制度。例如，市场主体通过实施投机行为，引发某种商品价格的非理性上涨或下跌，或引发某种商品供求关系严重失衡，并导致市场秩序的不稳定。市场秩序的不稳定必然导致其他诸多社会问题或激化社会矛盾。社会问题或社会矛盾的激化，必然会影响更多的人对决策层及其执行机构的政治信任，给决策者或监管者造成某种无形的压力。压力之下必然促使决策者或监管者给予积极的关注，并积极借助自身所处或掌控的权威地位与渠道资源，直接或间接要求有关职权部门或机构及时进行制度改革，以应对市场出现的问题。

对即有制度进行改革与完善，在一定程度上反映了以投机者为代表的广大市场活动参与者的某种意愿或期待。例如，我国商品房价格在当前高位运行的过程中，许多消费者因商品房价格持续上涨的趋势和自身的经济压力，在指望政府解决其基本住房或改善居住条件无法的情况下，纷纷选择投机性消费，其结果必然加速了房地产价格的进一步上涨，提高了房地产市场的泡沫性。房地产市场泡沫客观存在及其可能带来的隐患，引起中央政府的高度重视，进而促使其采取一系列的宏观调控政策。中央政府一系列宏观调控政策的实施，尽管其实际效果与广大消费者（包括投机者）所期待的满足度存在一定的差距，但至少在一定程度上反映了住房投机者在投机过程中的某种意愿表达（居者有其屋或改善居住条件），也反映了投机者通过投机行为可以在一定程度上促使国家对投机者的某种利益诉求作出能动的反应。

第三节　商品投机者的义务

一、商品投机者遵循义务的必要性

（一）人与社会之维

人是社会中的人，是具有社会属性的动物，社会是人的存在方式。换句话，人只能在社会中才能得以存在与发展，没有离开社会的人，也没有离开人的社会。人一旦离开社会，也就不存在所谓的人，因而也就无所谓形形色色的行为。人类生来就是群居动物。人只有结成社会、共同生活，才能满足生存和发展的各种需要。所以，人就必然有维护人际间彼此结合、相互联系的义务，也就必然有维护社会公共利义务。① 马克思在论及人与社会之间内在关系时指出，"人是类的存在物……人把自己本身当作现有的、活生生的类来对待，当作普遍的因而也是自由的存在物来对待。"② "对于个体，只有与这代表人的普

---

① 张霄：《论义务》，载《江西师范大学学报》（哲社版）2011 年第 1 期。
② 《马克思恩格斯全集》（第 42 卷），人民出版社 1995 年版，第 95 页。

遍性的对象现实即整体保持一致或统一，只有把个人完全融进人的世界的统一活动中去，也就是使个体占有类的本质，人们才能获得独立的能力，成为自主性的个人，个人才会有自由。"①

社会本质上是人与人之间形成的各种关系的总和。社会的存在与发展，必须以依赖一定的社会关系予以维系，而社会关系的维系又以一定的规则为基础、为保障。而规则的核心就是权利与义务。人们在享有一定权利的同时还应承担一定的义务。权利与义务同时存在，相互影响，相互作用，相互依存，甚至是相互转化的。"没有无义务的权利，也没有无权利的义务。"② 美国学者阿尔奇·J. 贝姆认为，"一个有活力的社会依赖于某种最起码的共识，即对权利的尊重是以现实地承担相应的义务为前提的。我们必须努力使人们树立权利和义务平衡的观念，使每个人都认识到，任何一种权利的实现都是必须以履行应尽的义务为基础的。权利和义务的相关性业不意味着权利和义务各占50%。以我的经验而言，常常是义务占75%而权利只占25%。人们要想实现自己的权利，就必须同时承认和接受他人的权利，也就是说，无论在自己还是在他人那里，权利和义务必须被同时承认和接受。"③

西塞罗在其《论义务》中指出，人们生活和活动的各个方面，无论是公共的还是私人的，无论是法庭事务还是私人事务，无论是对自己提出什么要求还是与他人订立什么协议，都不可能不涉及义务。④

（二）投机者与市场经济之维

社会，从经济角度看，由于经济的原因联合起来，也由于经济的原因而凌驾于个体之上。⑤ 市场经济作为现代社会的主要表现形式，物质与经济利益问题则是其不可或缺的要素与内容。

市场经济是人类社会发展到一定阶段的产物，是现代经济社会的存在方式，是生产力发展到现代阶段的必然选择，而不是人选择的结果。

---

① 朱有志、高绍君：《市场经济与自由观的三维结构》，载《中国社会科学院研究生院学报》1997年第3期，转引自罗干坤：《追寻自由——论经济伦理自由范畴本义》，中山大学2004年博士学位论文。

② 《马克思恩格斯全集》（第16卷），人民出版社1995年版，第16页。

③ ［美］阿尔奇·J. 贝姆：《重建权利和义务的平衡》，漆玲译，载《道德与文明》1993年第1期。

④ 王焕生：《西塞罗的义务观评析》，载《比较法研究》1999年第Z1（3、4）期。

⑤ 罗干坤：《追寻自由——论经济伦理自由范畴本义》，中山大学2004年博士学位论文。

作为一个高度物质化的社会，市场经济常将各种东西甚至包括人的良心、荣誉、艺术价值顺其自然地用物质来度量，但对于它自身与自然、自身与自身、自身与社会个体之间诸多对立的矛盾与冲突的解决，往往显得束手无策，无能无力。要协调和解决各种冲突与矛盾，维持市场经济持续健康发展，最终还是要靠人们相互间形成的各种显性与隐性规则为行为基础或依据或导向。而规则的客观现实存在的意义就在于规则的核心内容及其发挥的效力。规则的核心内容实际上就是各种权利与义务。

在市场经济条件下，市场主体参与市场经济活动就必须遵循一定的市场规制，并在市场规制的影响与约束下，行使各种经济权利，承担相应的义务。市场主体的自身需要的满足，通常是市场主体通过行使相应的经济权利并获得相应的经济利益而得以实现，换句话说，经济权利是市场主体满足自身需要的重要手段与工具。但是市场主体持续的经济利益追求与需要的满足，还必须以履行相应的义务为基础与保证。因为对任何市场主体来说，只享有权利而不履行相应的义务，市场主体是无法持续参与市场经济活动，也无法真正保障自身的权利与利益享有与行使，整个市场行为也就无法维持下去。

商品投机者是市场经济活动的参与者，也是市场主体的重要组成部分。商品投机在实质上作为一种市场交往行为或市场活动，同样也要遵循一定的市场经济规制或交往规制，既要相应一定的经济权利与自由，也要承担一定的社会责任，履行一定的义务。投机者相关义务的履行是其参与市场活动，进行自由经济交换，选择投机的基础，使其维护投机所得利益的前提与保证。

二、义务与商品投机者的义务之界定

与权利密切联系并相对应的则是义务。权利与义务作为历史的范畴，都是人类历史发展到一定阶段的产物。对义务概念的理解，则因不同的国家、不同的历史文化背景、不同的人，则有不同的看法。因此，直到今天，人们就义务的内涵问题，也未能形成一个统一的、权威性的界定。在希腊语中，义务（kathekon）意指"应该完成的"，"应该做到的"，即应尽的义务。① 不过，古希腊中有关义务的思想与学说中，如苏格拉底中的守法思想、柏拉图的义务观等，均含有浓厚的道德色彩。在英语中，义务（dulty）一词源于拉丁语的"债务"和法语"责任"，意指"负有或应当支付他人而必须履行的一种法律

---

① 王焕生：《西塞罗的义务观评析》，载《比较法研究》1999 年第 Z1（3、4）期。

上的不利条件"，"通常是对将来而言的"。① 康德将义务在本质上看作是一种约束，但他强调这种约束渊源与其内的道德律。在我国古代，"义务"一词最早出现于汉代徐子的《中论·贵验》中："言朋友之义务，在切直以升于善道者也。"② 当时的义务更多的是指伦理意义上的义务，而不是现代社会所重点强调的法律意义的义务。我国的现代《法学词典》则将义务分为狭义与广义为两层含义：一是法律意义的义务，即指法律上关于权利主体应当作出或不作出一定行为的约束。二是泛指根据一定社会规范应当从事一定行为或不从事一定行为的约束。③ 由此可见，无论是内涵还是外延，义务都具有一定的复杂性与多样性。它既可以被看作法律意义上的狭义义务，也可以看作法律、道德及政治意义上的广义义务，如康有为《大同书》甲部第四章："若夫应兵点籍，则凡有国之世，视为义务。"

就义务的本质来说，国内外学术界也形成了若干学说与观点。如有的学者认为义务是负担或约束，"是人们应该和必须适应权利主体而作出或抑制一定行为的负担或约束"，④ 有的学者则把义务视为一种不利，因为权利对权利人来说意味着有利，反之义务在意味着不利，⑤ 有的学者认为义务是一种责任，"是法律关系的主体应从事行为或不应从事一定行为的责任"，⑥ 还有的学者义务就是一种规范，是满足权利人的利益需要而给义务人规定是必要行为的尺度。⑦ 在霍尔巴赫那里，人的义务只不过是人设法使自己生存幸福的手段和工具，而追求自身的幸福就是人进行自我强制的客观根据。我国当代法学家徐显明也将义务（法律义务）看作"是法律关系中的主体以相对抑制的作为或不作为的法定方法满足权利人活动利益的一种约束手段"。⑧

在笔者看来，权利意味着某种自由、资格、利益回报、要求和有利性，而与权利相对应的义务其实应当意味着某种不自由、价值付出、资格丧失、不利性及责任。自由、资格、利益、要求等并不总是与法律单方面联系在一起的，市场经济也不意味着单纯法治意义上的经济。因此就商品投机者的义务而言，在具体的论述过程中，其涉及的内容在以法律义务为核心与主要内容的基础

---

① 徐显明：《公民权利义务通论》，群众出版社 1991 年版，第 13 页。
② 《辞源》（合订本），商务印书馆 1988 年版，第 1356 页。
③ 《法学词典》（增订版），上海辞书出版社 1984 年版，第 48 页。
④ 张文显主编：《法的一般理论》，辽宁大学出版社 1988 年版，第 167 页。
⑤ 王海明：《新伦理学》，商务印书馆 2001 年版，第 3 页。
⑥ 陈玉川、邱坷主编：《伦理学教程》，警官教育出版社 1994 年版，第132 页。
⑦ 孔庆明：《马克思主义法理学》，山东大学出版社 1990 年版，第 32 页。
⑧ 徐显明：《公民权利义务通论》，群众出版社 1991 年版，第 16 页。

上，会或多或少地涉及道德意义上的义务。

市场主体在市场经济活动中因享有某种权利，使其拥有了从事某种行为的资格或者自由，使其因行使该权利而拥有从中获益的现实与可能，使其拥有了对他人的行为进行相应限制与约束的支配力量。但对任何社会主体而言，权利并不是独立存在的，权利的真正的拥有与行使总是要付出的，需要一定代价为基础的。因为付出与代价往往是权利长期持续存在与有效发挥作用的力量之源。在众多付出与代价中，最重要也是最基本的付出与代价就是相应义务的承担与履行。就某一行为而言，对某人可能是一种权利，对其他人可能是一种义务，反之也然。

义务也总是与利益密切联系在一起。在某种程度上讲，义务是实现或维护利益的重要手段。具体来说，一方面义务为广泛的利益保护指明了行为的方向，其中广泛的利益中，既包含着权利人的利益，也包含着义务人的利益；另一方面义务的违反常与代价或不利后果联系在一起。即义务人因违反义务尤其法律义务，往往会受到社会及国家相应的机构或组织如司法机关的惩戒。惩戒必然导致自身利益的减损。因此，从这个意义上讲，义务不仅具有利益保护的功能，而且还具有行为评价与规范操作的功能。

投机者依自然天性和法律规定享有和行使相应的权利或自由的同时，还应承担相应的责任或需要一定的付出或必须面临某种不利的条件。这种责任、付出及不利条件，对投机者而言，就是一种义务，是一种法律与道德上必须或应当承担与履行的义务。对社会及其他权利者而言，投机者义务意味着是社会或国家及其他权利人对投机者在投机的过程中提出的一种要求，是对投机者的投机行为施加某种限制或约束。

投机者的义务并不因社会主体成为市场主体伊始就存在的，而是以市场主体选择并进行各种商品投机行为为前提，以市场主体成为投机者时才产生的。投机者的义务是主客观的统一。投机者义务的客观性主要表现在投机者所承担的义务，往往不以投机者主观意愿而客观存在的。同时，投机者在投机过程中对投机义务遵守与否的选择，对各种投机义务的价值评判，对投机义务的理性认知与内化等，无不反映了投机者的主观思维活动，而这些主观思维活动在一定程度上又反映了投机者的义务具有主观性一面。

就义务的内容与类型看，投机者承担的义务具有多样性。投机者义务多样性在实践中常表现为不同类型的投机者可能承担不同的义务，即便是同一类型的投机者因具体投机行为的差异，也可能承担不同的义务。对于某一投机者而言，也可能因其在不同的时期、不同的地点承担不同的义务。

三、商品投机者的义务类型

一般情况下，商品投机者在市场经济活动中通过其享有的各种经济权利或自由参与市场交往，并进行投机活动，而其享有的权利往往又具有多样性和复杂性的特点。与之相对应的是，投机者承担或履行的义务也具有多样性与复杂性的特点。无论在理论界还是在实务界，因分析视角的不同，人们对市场主体的义务则存在不同的划分方法与类型。同样商品投机者作为市场主体之一，其市场活动（投机）中也相应地会存在不同的类型与划分方法。但是在笔者看来，尽管市场主体的义务与投机者的义务有许多相通甚至相同的内容，但两者并不能完全等同起来。因为作为非常规的商品投机行为与一般的常规市场经济行为相比，两者毕竟存在一定的差异。因此，商品投机者的义务应当是以一般的市场主体所承担的义务为基础，同时与一般的市场主体的义务又所差异，在特殊情况下又具有自身特点的义务。

商品投机者在参与市场行为并进行投机的活动中，其所遵循或履行的义务，可概括为以下三种主要类型：

（一）道德义务与法律义务

从涉及的领域与内容看，义务可分为政治义务、法律义务、道德义务、宗教义务等。当然也有的学者根据义务的内涵与外延，将义务分为广义的义务和狭义的义务。狭义的义务仅指法律义务，而广义的义务除了包括法律义务外，还包括宗教义务、道德义务、习惯义务等。① 实际上，上述每种义务之下又可分为若干不同层次，不同种类的具体义务。以法律义务为例，法律义务只是一种宏观的较为抽象的概念。法律义务无论是在理论上，还是在实践中，又包括若干不同性质、不同内容的各种具体义务类型，或是以各种不同类型的具体义务予以体现的。就法律的性质而言，法律义务又可分为民事法律义务、刑事法律义务和行政法律义务。以义务所属的法律部门为依据，法律义务又可分为宪法义务、民事法律义务、经济法律义务、合同法律义务、金融法律义务等。

投机者是市场主体的一种，属于微观经济主体范畴，其从事的活动应是市场经济行为的一种，是其在市场经济活动中所进行的一种特殊微观经济行为，因此其所承担的义务应当与市场有密切联系，符合其所处的市场经济社会对其提出的要求。同时这种要求也是市场经济社会对投机者在投机过程中提出的要求。作为市场经济社会对投机者提出要求的义务，应当是协调和处理在市场经

---

① 徐显明：《公民权利义务通论》，群众出版社 1991 年版，第 12 页。

济运行过程中所产生的各市场主体之间的具体经济关系或利益关系的重要手段或依据。这种经济关系主要包括投机者与投机者之间、投机者与非投机者之间、投机者与社会之间形成的各种利益关系。权利与义务是处理、分配、协调各种利益关系重要的手段。从实践上看，对执法者（如司法机关）来说，义务往往比权利更具有可操作性。在各种义务的类型中，协调和处理市场主体之间各种经济关系或者利益关系，最主要的、最直接的、最密切的也是最有成效的义务当属法律义务。除此之外，道德义务所发挥的作用同样也不能忽视。

事实上，"历史上最初真实存在的是道德权利与道德义务"，① 而不是法律义务。当然，在西方一些学者看来，在人类社会及自然的发展的进程中，最初出现的是以自然权利和自然义务为内容的自然法则。但实际上，自然权利与自然义务是人类历史上一些学者的主观假定，是一种不证自明的假定，是一种虚幻的和缺乏可操作性的权利义务。在整个人类历史发展的过程中，法律义务并总是处于主导地位，也不是始终发挥着决定性约束作用。在特定的国家或地区的某一特定历史时期，以道德权利和道德义务为内容的道德规范对人们的经济社会生活往往发挥着主导作用。

在市场经济社会条件下，在某种程度上讲，市场经济其实就是一种道德经济。市场经济背后隐藏的是人与人之间的关系，隐含着是市场主体与市场主体之间的关系。市场主体之间的关系，实质上是有关利益的的关系。而市场主体在市场活动中追求利益的行为，不可避免地会涉及市场主体对各种市场经济行为进行道德上的善恶评价，涉及是利己或利他的道德价值追求，涉及某些经济行为的道德规则与原则的信守等道德问题或因素。所以，从这个意义上讲，市场经济就是一种道德经济。换句话说，市场经济的本质不只是投入、产出和效益等问题，更在于市场经济是具有一定道德内涵的经济。因此，道德本身就是市场经济有效运行的不可或缺的秩序因素。以道德义务为核心内容的道德性约束规范在市场经济活动中发挥的作用无法也不能完全被忽视。因为相对于法律秩序而言，道德秩序更切近于市场经济的本质要求或内在要求。② 而道德秩序的维护，关键在于道德规则的存在与遵守，道德规则的存在又必须以道德权利与道德义务为基础、为核心。

法律义务与道德义务相比，道德义务往往以"应该"的形式来表述概念，

① 徐显明：《公民权利义务通论》，群众出版社 1991 年版，第 16 页。
② 吴亚平：《主体意识的发展与市场道德建设的维度》，载《中南财经政法大学学报》2004 年第 3 期。

而法律义务常常以"必须"的形式来界定。① 法律义务之所以用"必须"来表达，最主要原因在于其自身拥有的外在强制约束力，在于投机者在投机过程中往往无法自由选择或回避。而后者主要靠投机者自我约束，具有典型的自律性特点。法律义务是投机者的基础义务，是对投机者最基本的要求，而道德义务与要求往往高于法律要求，是社会对投机者提出的更高层次的义务。

(二) 规则义务与自我义务

根据对社会成员在社会经济活动中提出的行为要求的主体及作用机理的不同，可将人类社会中的所谓的义务分为规则义务与行为。规则义务是利益共同体（整个社会）对成员个体提出的客观行为要求，是整个利益共同体按照一定的程序与规则共同约定或制定的一种约束性规范。"从这个意义上说，义务是规范的一种形式。"② 当我们说某人有做某事的义务时，通常是在要求他对别人或共同体做必须要做的事。③ 如要求市场交易对象在与自己交易时应当诚实守信、平等自愿、合法等。以人际关系为基础的社会或利益共同体，是规则义务存在的基础与条件。如果没有人际关系，也就没有所谓的利益共同体，从而也就不会存在社会、他人对某一个体的行为提出任何要求。利益共同体对利益个体提出的要求，"就是那些规定人们必须做什么或不得做什么的道德要求或法律要求"。④ 它不仅可以约束社会成员的行为，还可以评价、引导社会成员的行为。

在社会共同体内部，有规则义务就必然有规则权利。规则权利和规则义务只不过是一定的社会共同体用来协调各成员间利益关系的一种特殊规则。但规则权利与规则义务的差异在于，前者是社会成员按照形式上的同一标准，从社会公共利益中索取应得份额，是维护个人利益、保障个体发展的社会规则，而后者增进社会共同体利益，促进共同体发展的社会规则。

道德所指向的义务和责任应该是双向的：主体对自我的责任和对他人的责任。⑤ 因此，人除了对他人、对社会负有义务或责任是，还应当对自己负有义务。或责任"人当然也有对自己的义务。⑥ 人对自己负有相应的义务，往往是

---

① 唐能赋：《道德范畴论》，重庆出版社 1994 年版，第 123 页。

② 张霄：《论义务》，载《江西师范大学学报》（哲社版）2011 年第 1 期。

③ 张霄：《论义务》，载《江西师范大学学报》（哲社版）2011 年第 1 期。

④ 张霄：《论义务》，载《江西师范大学学报》（哲社版）2011 年第 1 期。

⑤ 吴亚平：《主体意识的发展与市场道德建设的维度》，载《中南财经政法大学学报》2004 年第 3 期。

⑥ 张霄：《论义务》，载《江西师范大学学报》（哲社版）2011 年第 1 期。

其承担或履行规则义务的前提与基础。例如，人如果不维持自身的生存与发展，人也就无法存在，无人也就无所谓的社会或社会共同体，社会规则也就没有存在的必要，没有社会规则，当然也就无所谓的规则义务。人对自己负有的义务是道德上的一种自我义务。自我义务是指社会成员对自己提出的行为要求，即在社会共同体内部，社会成员在进行各种活动时，除了要履行社会及其社会成员对自己提的行为要求时，还应或可以对自己提出行为要求，如维持自我生存和发展的义务，满足自身及其家庭成员某种需要的义务等。不过，由于人只能通过社会的方式满足需要，所以，人对自己的义务就只不过是人借助社会的方式，规定自我的一种个人形式。

在市场经济社会中，投机者作为社会成员的重要代表，作为市场经济社会利益共同体的一分子，其在参与市场交往及进行投机的活动中，必然要遵循整个社会及其他市场主体对其提出的行为要求，履行整个社会共同制定或约定的法律义务或道德义务。同时基于自身利益和社会共同体利益的需要，投机者除履行市场经济社会所规定或约定的义务外，还应承担对自身的义务。

（三）投机消费义务与投机经营义务

以投机者投机的目的与行为的性质为依据，可将投机者的义务分为投机消费义务和投机经营义务。投机消费义务是指投机者往往消费者的身份，基于特殊的消费的目的而实施的投机行为过程中应承担或履行的义务。投机消费既是一种特殊的市场经济行为，也是一种特殊的消费行为，因此消费者在投机的过程中，除了享有消费者享有的权利或自由外，还应对他人、社会及国家承担相应的责任与义务，这种义务是市场经济社会共同体（包括国家）对消费者在投机消费过程中提出的要求。

投机经营义务是指以营利为目的的经营者，在其进行商务性投机活动中对消费者、其他经营者及社会应承担是责任，是市场经济社会共同体对投机性经营者提出的特殊市场行为要求。市场经济行为主要包括两种：商业经营与消费。其中商业性经营是一种广义上的经营，它不仅包括一般意义上的买卖经营行为，还包括生产经营、投资等行为。

消费者与经营者在商品投机过程的中，除了履行或承担一般意义上的消费义务和经营义务外，还要承担因其自身的投机行为所产生的义务。投机消费义务既包括法定的义务，也包括道德义务，既包括个人对他人、社会的义务，也包括对自身及其家庭成员的义务。例如，消费者为大大节省支出或追求特殊的消费刺激与享受，而违反法律要求或道德要求故意购买违法盗版产品、偷食国家保护的珍贵野生动植物；以追求财富为目的，通过消费的途径要求经营者开具虚开不实消费数额和消费品名的发票，或者以消费的名义专业进行"知假买假"，然后套取商家高额赔偿等行为，都是违背了相关法律要求或道德要求的投机性消费行为。

四、商品投机者的义务内容

商品投机者在投机过程中，其所承担或履行的义务，可归纳为以下几个主要内容：

（一）合理行使权利的义务

如前所述，无论是作为经营者的投机者还是作为消费者的投机者，其在商品投机的过程中，享有依法行使各种经济权利的自由，以追求自身的某种需要，不管这种追求是以暴利为目的，还是以特殊的消费为目的。但是基于投机而行使各种经济权利与自由，总会有一个限度，而不是漫无目的或随心所欲的。即在行使各种经济权利的过程中，投机者应当适度地考虑其合法行使权利频次或规模或层次对社会及整个市场经济的容忍限度的影响，考虑投机行为可能给自身及其家庭所带来的负面影响，而不是一味地受各种非理性主客观因素的影响，故意加剧或忽视日益恶化的社会经济形势与自身的经济行为。如何判断行使经济权利进行投机的合理性，对投机者个人来说，关键在于观察和分析其所处的整个市场经济环境及自身的经济状况，然后决定投机的频率、规模、和层次。

判断投机者行使权利合理与否，关键要看投机者投机的目标地位或追求合理与否，投机手段合理与否，投机的时间、地点、客体、对象的选择合理与否。投机者在投机过程中，违反合理行使权利的义务，在实践中主要表现为盲目行使权利进行投机和滥用权利进行投机。滥用权利往往是一种具有一定恶意的故意行为，投机者有明确的目的、追求和行为手段。而盲目行使权利往往是一种无故意恶意的行为，投机者要么有明确的目的，但无合理的手段；要么无明确目的与追求，但手段合理；要么是无明确目的和合理投机手段。

与权利滥用相关的义务，则是禁止权利滥用的义务。投机者禁止权利滥用的义务是指投机者在自由行使经济权利和自由的过程中，应当对其故意超越权利界限损害他人利益的行为承担相应的法律责任与道德责任。法律意义上的权利滥用，最初源于古代罗马法。起初只是为了保护物权而采取的对役权的限制措施，而不是其他权利领域。现代意义上权利滥用原则，源于法国的《人权宣言》。《人权宣言》第 11 条规定："无拘束地交流思想和意见是人类最宝贵的权利之一，每个公民都有言论、著述和出版的自由，只要他对滥用法律规定情况下的这种自由负责。"① 受此影响，权利滥用逐渐演变成为后世公认的原则。我国1982年《宪法》就规定，中华人民共和国公民在行使权利和自由的时候，不得损害国家的、社会的、集体利益和其他公民的合法的自由和权利。作为一项宪法性原则，同样也应适用现代市场经济社会，适用于所用于所有的市场活动主体，当然也包括享有一定经济权利和自由的商品投机者。投机者一旦滥用经济权利或自由并给国家、社会、集体和他人合法利益造成损害，就必须承担相应的法律责任，甚至包括道德责任。

（二）诚实守信的义务

市场经济实际上是一种交换经济。交换是市场经济存在与发展的核心内容，没有交换也就没有市场。投机者的投机行为是市场交换的重要表现，而市场交换则是商品投机的重要手段。商品投机在实践必然涉及两个或两个以上的不同交换对象。而交易对象既可以是其他投机者，也可能是一般的市场活动主体。对交换双方来说，交换关系的建立和交换成功的重要基础就是诚实守信。如果市场主体不遵守诚信的道德原则与义务，市场经济也就很难维持下去，投机者与其他市场主体的利益也就很难得到保障。从内涵上看，诚实守信就是交换双方应当真诚、遵守诺言，如实及时履行交换义务，不欺诈、不坑蒙拐骗、不弄虚作假等。当然在许多国家，诚实信用已被纳入法律的范畴，作为一项重要的法律原则而被贯彻执行。但是在实践，诚信原则与义务，往往缺乏法律上的外在可操作性，因此诚信义务的有效信守更多的是依赖商品投机者的自律。

（三）信守公平交换的义务

公平自由的义务是指投机者在投机的过程中，交易双方应当地位平等，尊重交换对象的经济自由与人格尊严，遵循进行等价交换和公平交易。公平实质上是人类最基本、最重要的道德价值追求，因而信守公平的道德原则也是市场经济最基本、最重要的道德义务。

（四）利己兼顾利他的义务

商品投机是以利己为目的的经济行为。利己具有典型的自利性，是以有利于满足或实现自身及其家庭成员的某种需要的一种主观欲求状态，是社会成员生存与发展的客观需要。在市场经济活动中，既是市场经济活动主体的主要动力来源，也是市场经济活动得以存在与发展的内在推动力量。因而以利己为目的的经济活动，有其存在的客观合理性和必要性。在这里要注意的是，利己并

---

① 《潘恩选集》，商务印书馆1982年版，第184页；《世界宪法大全》（上卷），中国广播电视大学出版社1999年版，第62页。

非是一种纯粹意义的自私或唯利性，而且强调利己性也并不意味着对利他具有天然的排斥性。

当然，这里的利他并非仅指狭义上的利他——有利其他市场交换主体，而是一种广义上的利他，即包括有利于其他市场交换主体的利益、有利于国家的利益和社会的利益等。

在强调市场经济活动利己性的同时，还应重视市场活动的利他性。利己与利他实际是辩证统一的，是同一个问题的两个方面。如果片面地强调利己而不利他，也就无所谓的利己；反之只强调利他而忽视利己，利他也难以实现。市场经济是利己与利他的同一的市场经济。因此利己与利他之间在市场经济活动中是相互影响、相互依存、互为条件，甚至是相互转化的。

强调利己性的同时，还要强调利他性，是由市场经济的内在特性所决定的。市场经济的内在特性就在于强调和重视市场的主体性、平等性、自由性。市场经济的主体性强调市场经济活动参加者在市场经济活动中，处于主导地位，是市场经济的核心要素。对市场个体来说，强调主体性，处理强调他的客观主体地位外，还强调他的主体意识和自我意识。但是强调主体意识和自我意识并不意味着孤立的自我意识或唯我意识，或者说有我无他的意识，而是意味着在强调自我意识的同时还要注意他我意识，注意在自己交往过程中的对象或其他市场主体，在强调自身利益的同时还应考虑对象的利益。换句话说，市场主体意识还内在包含了对象的意识或自我与对象之间"关系"的意识。就社会内部而言，个人是依靠社会关系和与他人的交往维持其存在的，任何人的主体意识逻辑地包含着"自我"与"他人"共在意识，它既是对"自我"的肯定，又是对"他人"和社会的确认。①

市场经济的平等性主要是指市场主体在市场经济交往中，地位平等，相互尊重，互不隶属。平等是市场主体正常经济交往的基础与保证。平等不仅是身份的平等，享有的权利与义务平等，而且是享受机会的平等，利益的享有与获取的平等。如果过分单方面强调一方经济利益而忽视另一方的利益，必将导致整个社会分配的非均衡性，严重的经济利益分配的非均衡性必导致社会矛盾的激化，进而引起整个社会的不稳定性和非持续性。市场是自发调节利益分配的重要方式，而经济利益的自发调节，有时需要许多市场个体的积极参和有意识地自觉关注，而不是一味地追求或强调个人利益。

无论是从法律的角度还是从市场经济伦理的角度，在市场经济活动中，市

---

① 吴亚平：《主体意识的发展与市场道德建设的维度》，载《中南财经政法大学学报》2004 年第 3 期。

场主体有依法行使相关的经济权利，参与市场经济活动的自由。同时还有在法定的范畴内，进行以逐利为目的的具有利己性的适度投机活动。但是在合法的范畴内进行投机，必须以故意损害国家、社会、集体和他人合法利益为前提，而且在进行利己的投机过程中，还应适当地顾及国家、社会及他人的收益问题，即利他问题。将利己与利他有效结合起来，实现利己与利他均衡发展。这不仅是市场经济社会对投机者提出的法律要求，也是对投机者提出的道德要求。例如，从道德的义务角度看，"以个体为主体的道德义务，实际上包括个人对集体的义务、个人对他人的义务、个人对自己的义务三个基本类型"。①

（五）依法投机的义务

投机者投机时应当在法律规定的范畴内进行投机，而不是违反法律的规定，进行违法性投机。投机者进行合法性投机，不仅要求其具有合法的市场主体资格，而且还要求其按照合法的程序、在合法的场所，对合法的投机客体采取合法的投机手段进行投机。

首先，投机者必须具备合法市场主体资格。投机者必须具备某种特定的市场主体身份，才能参与市场经济活动，进而才能实施相应投机行为。投机者以某种市场主体身份合法地参与市场活动，其市场主体资格合法与否，是其进行合法的市场经济活动及合法的投机活动的前提条件与重要保障。如投机者以进出口贸易商的身份在进出口贸易投机的过程中选择投机行为时，投机者必须具有合法的进出口贸易资格。从事进出口贸易，不是任何市场主体都可以有资格进行的，只有符合法律规定的组织、资金、人事、办公条件和相应的合法的审批手续与相应的执照证件，才有资格进行进出口贸易。

其次，程序要合法。程序要合法是指投机者在投机过程中必须遵循法律规定或要求的程序与步骤。例如，投机者从事某种商品交易或投资，往往要有合法的审批程序或合法交易程序与要求。如对商品房进行投机时，投机者要遵循合法的过户登记、公示等程序。对于进出口商品要遵循报关登记、出示相关证明、缴纳关税及对该商品进行检验检疫等合法的程序。

再次，投机场所要合法。投机场所要合法是指投机者在选择投机时，应当在合法的交易场所进行交易活动，而不是在合法交易场所之外进行交易。例如货币、股票投机，通常要求投机者在合法的货币市场与股票交易产所进行交易。在世界各国，货币、股票的合法交易场所主要是各国合法的金融机构如银行和证券交易所。而我们平时所说的黑市交易，往往就是指在非法的交易场所

---

① 姚新中：《道德研究与伦理比较》，教育科学出版社 2000 年版，第 38 页。

进行交易的行为与状态。

复次，投机的客体要合法。投机者选择投机行为，只能在合法商业领域对合法商品进行投机。对于国家严格管控或禁止流通的商品或特殊的限制流通商品，一般的市场主体往往无权也无资格进行自由交易，因而投机者对该类商品进行投机时，也应当受到严格的限制或约束。投机者只能对可以自由交易的商品进行投机。例如麻醉药品、武器弹药、国家珍贵的野生动植物、受国家重点保护的文物、人体各种组织与脏器官等，一般属于禁止自由流通的产品，因而也不属于投机的对象，或不能成为投机品。

最后，投机手段要合法。投机手段合法，主要是指投机者在进行投机时，应当按照或选择合法的交易手段或竞争手段，进行投机，而不是采用非法的交易手段或竞争手段。与合法投机手段相对应的是非法投机手段。在实践中，投机者采用的非法投机手段主要有弄虚作假、掺杂使假、假冒伪劣、坑蒙拐骗、非法获取或泄露商业信息与秘密、操纵市场交易、恶意垄断或不正当竞争、过度囤积居奇、买空卖空等。

（六）接受监管的义务

投机者在投机的过程中应当接受并主动配合监管机构依法进行监督与管理的义务。在市场经济活动中，为了维护市场经济正常的交易秩序和竞争秩序，为了维护市场活动主体的合法权益，国家有权对所有的市场主及其经济行为进行监督、管理，有权进行引导、约束。国家对市场活动的监管行为，在实践中主要是通过其依法设立的专门执法检查、监管机构或者综合性的执法检查、监管机构的监管行为表现出来的。投机行为作为市场经济行为的重要组成部分和表现形式，理应纳入到国家监管的范畴。因此投机者也相应地承担接受国家监管的义务，同时对国家的监管行为，还具有积极配合与协助的义务，而不是故意阻碍、逃避或对抗。

（七）监督与举报的义务

投机者在市场经济活动中还应当对各种违法的商品投机者行为负有积极监督并向有关执法监管机构积极进行举报的义务。市场主体积极履行监督与举报义务，往往是市场经济活动持续健康发展的重要保证。是有效打击或制约非法商品投机的重要途径。违法的投机行为，不仅会损害了国家、社会和他人的合法利益，而且还可能或事实上会损害自身的合法利益。在市场活动中，投机者依法进行投机，是市场主体实现长期互利双赢的重要前提与基础。如果投机者违反法律的规定进行投机，对违法投机者本人来说，短期内也许是有利，但从长远来说，可能是有害的。

结　语

　　商品投机是客观存在的。一定程度上的商品投机对各个国家或地区一定时期的政治、经济、法律、文化、社会则会产生重要的影响。反之，一定时期的政治、经济、法律、文化、社会制度对商品投机的产生、发展与变化也会产生相应的影响。商品投机的内在本质特征与产生发展规律如何以及究竟采用何种制度或方法能有效解决或调控国内国际市场经济交往中变换不定的商品投机活动，则是世界各国共同面临和期待解决的问题。商品投机是可以调控的，其中最主要的手段之一就是运用法律手段进行调控。如何运用法律手段有效地对商品投机进行调控，商品投机与法律制度之间的内在关联系和互动性如何，则是我们目前亟需关注的重要问题之一。而选择"商品投机法律调控"作为研究内容，在某种意义上就具有了一定的现实意义与理论价值。

　　当然，对"商品投机法律调控"进行研究，对笔者而言则是一种挑战，挑战意味着有难度。之所以有难度是因为商品投机本身涉及的问题与内容较为复杂，而且国内外没有形成相对完整的商品投机基本理论体系，系统研究商品投机基本原理的成果也较为稀少，这使得笔者必须花费较大精力和较大篇幅系统地分析和论述商品投机基本理论。一方面，商品投机基本理论往往要涉及经济学、心理学、社会学、法学等诸多学科，这对于以法学专业为主要研究方向的笔者来说，通常还要在研究探析相关法学基本理论与实践之外，熟悉和运用其他学科知识，以弥补自身的不足，因而文章中如果存在一些法学专业以外叙述欠缺周全的问题也就在所难免。另一方面，本书《商品投机法律调控问题研究》，实际上是一项商品经济法律制度研究，总体上属于经济法研究范畴。其研究的初衷主要在于从理论和制度两个层面分析探讨商品投机法律调控基本原理和具体制度问题，而不只是仅基于现实的需要和实证角度分析探讨现实生活中的商品投机有效法律调控。在笔者看来，进一步深入研究和完善商品投机法律调控基本原理，有时要比在一定时期一定环境下直接对某一法律制度的调整与完善更为重要。因为科学合理的基本法律调控理论对商品投机法律调控实务往往具有重要的理论指导意义。因此选择"商品投机法律调控问题研究"作为本书的标题，难免会给人一种错觉或误解：研究商品投机法律调控就是从具体的法律制度层面和现实需要的角度研究调整、引导和控制实践中出现的各种商品投机行为。事实上，就商品投机具体法律调控制度而言，由于调控商品投机的法律规则与内容相当庞杂，因此仅靠一本专著就能实现或达到对所有的商品投机相关法律调控制度的全面分析与探讨，实为不易之举。因为每一种类型的商品投机的产生、发展与变化都有与其他类型或领域的投机相异的独特之处。而与之相应的法律调控制度除具有与其他法律规范共有的属性外，还具有与其他法律制度不同的独特属性。而这恰是本书没有论及且是今后亟需进一步深入分析探讨的问题。

参考文献

一、著作类

[1] 胡军：《理性投机分析》，上海三联书店 2005 年版。

[2] 黄长征：《投机经济学》，中国社会科学出版社 2003 年版。

[3] 陶广峰：《经济法原理》，中国政法大学出版社 2005 年版。

[4] 王全兴：《经济法基础理论专题研究》，中国检察出版社 2002 年版。

[5] 肖江平：《中国经济法学史研究》，人民法院出版社 2002 年版。

[6] 王海明：《新伦理学》，商务印书馆 2001 年版。

[7] 张雄：《市场经济中的非理性世界》，立信会计出版社 1995 年版。

[8] 漆多俊：《宏观调控法研究》，中国方正出版社 2002 年版。

[9] 张守文：《经济法理论的重构》，人民出版社 2004 年版。

[10] 单飞跃主编：《经济法》，湖南大学出版社 2001 年版。

[11] 顾耕耘主编：《经济法》，高等教育出版社 2000 年版。

[12] 杨春学：《经济人与社会秩序分析》，上海三联书店、上海人民出版社 1998 年版。

[13] 史际春、邓峰：《经济法总论》，法律出版社 1998 年版。

[14] 杨紫烜：《经济法》，北京大学出版社、高等教育出版社 1999 年版。

[15] 陆剑清等编著：《投资心理学》，东北财经大学出版社 2000 年版。

[16] 李容华：《有限理性及其法律适用》，知识产权出版社 2007 年版。

[17] 彭聃龄：《普通心理学》，北京师范大学出版社 2004 年版。

[18] 曾仰丰：《中国盐政史》，商务印书馆 1998 年版。

[19] 周林军：《经济规律与法律规则》，法律出版社 2009 年版。

[20] 黄国石：《预期与不确定性》，厦门大学出版社 2004 年版。

[21] 张金水：《经济控制论》，清华大学出版社 1989 年版。

[22] 卢华：《制度变迁与投资者行为》，上海财经大学出版社 2006 年版。

[23] 《孙中山选集》，人民出版社 1981 年版。

[24] 陶广峰、张宇润：《金融创新与制度创新》，中国政法大学出版社 2006 年版。

[25] 马宝成：《政治合法性研究》，中国社会出版社 2003 年版。

[26] 史永东:《投机泡沫与投资者行为》,商务印书馆 2005 年版。

[27]《古兰经》,马坚译,中国社会科学出版社 1981 年版。

[28] 孔庆泰:《国民党政府政治制度史》,安徽教育出版社 1994 年版。

[29] 杨力:《社会学视野下的法律秩序》,山东人民出版社 2006 年版。

[30] 荣晓华:《消费者行为学》,东北财经大学出版社 2006 年版。

[31] 中央训练团编印:《中华民国法规辑要》(第四册),1941 年版。

[32] 重庆档案馆编:《抗日战争时期国民政府经济法规》(下),档案出版社 1992 年版。

[33] 于素华、张俊华等编著:《中国近代经济史》,辽宁人民出版社 1983 年版。

[34] 孟广涵:《国民参政会纪实》(上卷),重庆出版社 1985 年版。

[35]《陈云文稿选编》,人民出版社 1982 年版。

[36]《当代的中国经济管理》,中国社会科学出版社 1985 年版。

[37]《中国共产党的七十年》,中共党史出版社 1991 年版。

[38] 张海忠等:《投机倒把罪》,中国检察出版社 1992 年版。

[39] 雷云峰:《陕甘宁边区史》,西安地图出版社 1994 年版。

[40] 韩志红:《经济法调整机制研究》,中国检察出版社 2005 年版。

[41] 唐能赋:《道德范畴论》,重庆出版社 1994 年版。

[42] 姚新中:《道德研究与伦理比较》,教育科学出版社 2000 年版。

[43] 刘定华、肖海军:《宏观调控法律制度研究》,人民法院出版社 2002 年版。

[44] 黄正信:《西方国家政府调控比较研究》,河北大学出版社 1997 年版。

[45] 王乃学:《宏观调控失效与微观基础建设》,经济科学出版社 2001 年版。

[46] 夏勇主编:《走向权利的时代》,中国政法大学出版社 1995 年版。

[47] 徐国栋:《民法基本原则解释——成文法局限性之克服》,中国政法大学出版社 2011 年版。

[48] 卢炯星:《宏观经济法》,厦门大学出版社 2000 年版。

[49] 王小卫:《宪政经济学——探索市场经济的游戏规则》,立信会计出版社 2006 年版。

[50] 郭哲:《政府与市场》,湖南大学出版社 2010 年版。

[51] 李景鹏:《权力政治学》,黑龙江教育出版社 1995 年版。

[52] 李步云:《人权法学》,高等教育出版社 2005 年版。

［53］徐显明：《公民权利义务通论》，群众出版社 1991 年版。

二、译著类

［1］［美］史蒂文·M. 谢弗林：《理性预期》，李振宁译，商务印书馆 1990 年版。

［2］［英］约翰·梅纳德·凯恩斯：《就业、利息和货币通论》，高鸿业译，商务印书馆 1999 年版。

［3］［美］凯斯·R. 孙斯坦：《风险与理性——安全、法律及环境》，师帅译，中国政法大学出版社 2005 年版。

［4］［德］马克斯·韦伯：《经济行动与社会团体》，康乐、简惠美译，广西师范大学出版社 2004 年版。

［5］［美］马丁·S. 弗里德森：《投机与骗局》，王娟译，机械工业出版社 2009 年版。

［6］［美］阿弗里德·马歇尔：《经济学原理》，廉运杰译，商务印书馆 2007 年版。

［7］［美］保罗·A. 萨缪尔森、威廉·D. 诺德豪斯：《经济学》，萧琛译，人民邮电出版社 2008 年版。

［8］［美］罗伯特·J. 希勒：《非理性繁荣》，廖理译，中国人民大学出版社 2004 年版。

［9］［美］罗伯特·布伦纳：《繁荣与泡沫：全球视角中的美国经济》，王生升译，经济科学出版社 2003 年版。

［10］［英］琼·罗伯逊：《不完全竞争经济学》，王翼龙译，华夏出版社 2012 年版。

［11］［美］赫伯特·西蒙：《现代决策理论的基础——有限理性论》，杨砾、徐立译，北京经济学院出版社 1989 年版。

［12］［日］奥村洋彦：《日本“泡沫经济”与金融改革》，佘煜宁译，中国金融出版社 2000 年版。

［13］［美］曼瑟·奥尔森：《权力与繁荣》，苏长和、嵇飞译，上海世纪出版集团、上海人民出版社 2005 年版。

［14］［美］维克托·斯波朗迪：《专业投机原理》，俞济群、真如译，机械工业出版社 2011 年版。

［15］［美］罗伯特·考特、托马斯·尤伦：《法和经济学》，张军译，生活·读书·新知三联书店 1999 年版。

［16］［美］阿维纳什·迪克西特：《法律缺失与经济学：可供选择的经济

治理方式》，郑江淮译，中国人民大学出版社 2005 年版。

　　[17]［匈］安德烈·科斯托拉尼：《大投机家》，何宁译，海南出版社、三环出版社 2006 年版。

　　[18]［美］罗伯特·J. 巴罗：《自由社会中的市场和选择》，沈志彦译，格致出版社、上海三联书店、上海人民出版社 2010 年版。

　　[19]［美］P. 诺内特、P. 赛尔兹尼克：《转变中的法律与社会：迈向回应型法》，张志铭译，中国政法大学出版社 2004 年版。

　　[20]［美］约翰·肯尼斯·加尔布雷思：《1929 大萧条》，沈国华译，上海财经大学出版社 2006 年版。

　　[21]［美］米尔顿·弗里德曼：《价格理论》，蔡继明、苏俊霞译，华夏出版社 2011 年版。

　　[22]［美］格雷厄姆：《聪明的投资者》，王大勇、包文彬译，江苏人民出版社 1999 年版。

　　[23]［美］科塞：《社会冲突的功能》，孙立平译，华夏出版社 1989 年版。

　　[24]［美］阿维纳什·K. 迪克西特：《法律缺失与经济学：可供选择的经济治理方式》，郑江淮译，中国人民大学出版社 2007 年版。

　　[25]［美］丹尼尔·F. 史普博：《管制与市场》，余晖、何帆、周维富译，格致出版社、上海三联书店、上海人民出版社 2008 年版。

　　[26]［美］尼尔·K. 考默萨：《法律的限度：法治、权利的供给与需求》，徐显明、申卫星、王琦译，商务印书馆 2007 年版。

　　[27]［美］马斯洛：《动机与人格》，许金声等译，华夏出版社 1987 年版。

　　[28]［美］马斯洛：《马斯洛人本哲学》，成明编译，九州出版社 2003 年版。

　　[29]［瑞典］理查德·斯威德伯格：《马克斯·韦伯与经济社会学思想》，何蓉译，商务印书馆 2007 年版。

　　[30]［德］马克斯·韦伯：《经济与社会》，林永远译，商务印书馆 2004 年版。

　　[31]［德］马克斯·韦伯：《新教伦理与资本主义精神》，于晓、陈维纲译，生活、读书、新知三联书店 1987 年版。

　　[32]［英］斯坦利·杰文斯：《政治经济学理论》，郭大力译，商务印书馆 1997 年版。

　　[33]［美］约翰·肯尼斯·加尔布雷思：《1929 年大崩盘》，沈国华译，

上海财经大学出版社 2006 年版。

[34]〔美〕C. 曼特扎维诺斯：《个人、制度与市场》，梁海音、陈雄华、帅中明译，长春出版社 2009 年版。

[35]〔美〕罗斯科：《庞德通过法律的社会控制》，徐显明、沈宗灵译，商务印书馆 1984 年版。

[36]康芒斯：《制度经济学》（上册），于树声译，商务印书馆 1997 年版。

[37]〔美〕詹姆斯·S. 科尔曼：《社会理论的基础》（上），邓方译，社会科学出版社 1999 年版。

[38]〔美〕罗纳德·L. 约翰斯通：《社会中的宗教》，尹今黎等译，四川人民出版社 1991 年版。

[39]〔美〕A. 阿尔钦：《产权——一个经典注释》，载《财产权利与制度变迁》，上海三联书店 1990 年版。

[40]〔美〕科斯：《论产权的制度结构》，上海三联书店 1994 年版。

[41]〔前苏联〕B. B. 拉普捷夫：《经济法》，群众出版社 1987 年版。

[42]〔美〕E. 博登海默：《法理学——法律哲学与法律方法》，邓正来译，中国政法大学出版社 1999 年版。

[43]〔美〕P. S. 阿蒂亚、R. S. 萨默斯：《英美法中的形式与实质——法律推理、法律理论和法律制度的比较研究》，金敏、陈林林、王笑红译，中国政法大学出版社 2005 年版。

[44]〔美〕本杰明·N. 卡多佐：《法律的成长法律科学的悖论》，董炯、彭冰译，中国法制出版社 2002 年版。

[45]〔古希腊〕亚里士多德：《政治学》，吴寿彭译，商务印书馆 1965 年版。

[46]〔英〕梅因：《古代法》，沈景一译，商务印书馆 1959 年版。

[47]〔美〕P. 诺内特、P. 塞尔兹尼克：《转变中的法律与社会：迈向回应型法》，张志铭译，中国政法大学出版社 2004 年版。

[48]〔英〕彼得·斯坦、约翰·香德：《西方社会的法律价值》，王宪平译，中国法制出版社 2004 年版。

[49]〔法〕让-马克·夸克：《合法性与政治》，佟心平等译，中央编译局出版社 2002 年版。

[50]〔荷〕汉斯·范登·德尔、本·范·韦尔瑟分：《民主与福利经济学》，陈刚等译，中国社会科学出版社 1999 年版。

[51]〔英〕边沁：《道德与立法原理导论》，时殷弘译，商务印书馆 2000

年版。

[52]［英］A. J. M. 米尔恩：《人的权利与人的多样性》，夏勇译，中国大百科全书出版社 1995 年版。

[53]［英］休谟：《人性论》，关文运译，商务印书馆 1980 年版。

[54]［美］弗里德曼：《自由选择》，张琦译，机械工业出版社 2008 年版。

[55]［美］罗斯巴德：《自由的伦理》，吕炳斌等译，复旦大学出版社 2008 年版。

三、期刊

[1] 金杨华：《情绪对个体判断和决策影响综述》，载《心理科学》2004 年第 3 期。

[2] 徐晓坤等：《社会情绪的神经基础》，载《心理科学进展》2005 年第 3 期。

[3] 杨雪冬：《全球化、风险社会与复合治理》，载《马克思主义与现实》2004 年第 4 期。

[4]［美］达奇·里昂纳德、安诺德·休伊特：《应对严重危机——应急准备与响应的更高要求》，宋雅琴译，载《中国应急管理》2007 年第 1 期。

[5] 钟开斌：《风险管理：从被动反应到主动保险》，载《中国行政管理》2007 年第 11 期。

[6] 庄锦英：《情绪与决策的关系》，载《心理科学进展》2003 年第 3 期。

[7] 曹国华：《从众行为理论及其创新》，载《经济学动态》1998 年第 1 期。

[8] 盛洪：《论垄断与投机》，载《天津社会科学》1990 年第 5 期。

[9] 力喜：《通货膨胀下的"泡沫"经济和"投机"产业》，载《探索与争鸣》1994 年第 12 期。

[10] 董长瑞：《投机消费——一种值得研究的消费现象》，载《东岳论丛》2009 年第 3 期。

[11] 倪斐：《公共利益的法律类型化研究》，载《法商研究》2010 年第 3 期。

[12] 夏军：《非理性及其研究的可能性》，载《中国社会科学》1993 年第 4 期。

[13] 罗莉：《宗教与经济的关系》，载《西南民族大学学报》（人文社科版）2006 年第 5 期。

　　[14] 郑永廷、张艳新：《宗教经济与经济宗教简论》，载《学术交流》2009 年第 4 期。

　　[15] 李淑娟：《精神对经济发展作用的反思》，载《经济研究导刊》2008 年第 11 期。

　　[16] 辛世俊：《论宗教的经济功能》，载《青海社会科学》1995 年第 4 期。

　　[17] 黄少安：《产权与人权关系的理论分析》，载《学术月刊》1998 年第 3 期。

　　[18] 肖光辉、余辉：《我国古代反不公正交易法规初探》，载《北方论丛》1994 年第 6 期。

　　[19] 杨光华：《古代市场价格管理简论》，载《西南师范大学学报》1996 年第 1 期。

　　[20] 岳纯之：《后论隋唐五代买卖活动及其法律控制》，载《中国社会经济史研究》2005 年第 2 期。

　　[21] 赵莉莎：《试论抗日战争时期国民政府的限价政策》，载《唐山师范学院学报》2006 年第 1 期。

　　[22] 罗玉明、李勇：《抗战时期国民政府的粮食统制政策述论》，载《湘潭大学学报》（哲社版）2010 年第 2 期。

　　[23] 黄正林：《抗战时期陕甘宁边区的经济政策与经济立法》，载《近代史研究》2001 年第 1 期。

　　[24] 岳宝爱、鲁成波：《山东抗日根据地的私营工商业政策及其启示》，载《发展论坛》1998 年第 9 期。

　　[25] 杨青：《解放战争时期党的城市私营工商业政策的制定和实施》，载《党的文献》2005 年第 1 期。

　　[26] 张学兵：《当代中国史上"投机倒把罪"的兴废》，载《中共党史研究》2011 年第 5 期。

　　[27] 张祖国：《建国初期稳定物价的斗争》，载《上海经济研究》1991 年第 2 期。

　　[28] 刘慧鑫：《投机倒把》，载《档案天地》2010 年第 8 期。

　　[29] 龚建文：《建国初期抑制通货膨胀的措施和经验》，载《中国经济史研究》1990 年第 3 期。

　　[30] 洪治纲：《论宏观调控法的概念和特征》，载《法学杂志》2002 年第 1 期。

　　[31] 杨秋宝：《宏观调控主体的能力及其限度》，载《陕西师范大学学

报》（哲社版）2003 年第 6 期。

[32] 路金芳：《论宏观调控的法律手段》，载《经济经纬》1999 年第 4 期。

[33] 周叔俊：《论宏观调控手段系统》，载《经济理论与经济管理》1994 年第 5 期。

[34] 李铁映：《解放思想，转变观念，建立社会主义市场经济体系》，载《法学研究》1997 年第 2 期。

[35] 程信和：《宏观调控法论》，载《中山大学学报》（哲社版）2002 年第 2 期。

[36] 邓峰：《经济政策、经济制度和经济法的协同变迁与经济改革演进》，载《中国人民大学学报》1998 年第 2 期。

[37] 芮卫东：《法律失灵：一个客观的法律现象》，载《华东政法学院学报》2003 年第 1 期。

[38] 秦国荣：《法治社会中法律的局限性及其矫正》，载《法学》2005 年第 3 期。

[39] 黄丽娟：《论法律的局限性及其克服》，载《学术交流》2006 年第 8 期。

[40] 金锦城：《法律的确定性与不确定性》，载《比较法学》2001 年第 4 期。

[41] 周少华：《法律之道：在确定性与灵活性之间》，载《法律科学》2011 年第 4 期。

[42] 周少华：《适应性：变化社会中的法律命题》，载《法制与社会发展》2010 年第 6 期。

[43] 龚耀南、具惠兰：《略论限度观》，载《广州大学学报》（社科版）2011 年第 10 期。

[44] 唐土红：《论权力运行的伦理限度》，载《内蒙古社会科学》（汉文版）2011 年第 1 期。

[45] 上官丕亮：《"公共利益"的宪法解读》，载《国家行政学院学报》2009 年第 4 期。

[46] 程明：《试论道德的法律化及其限度》，载《北京师范大学学报》（社科版）2007 年第 2 期。

[47] 张世远：《产权是人权的现实实现》，载《西南交通大学学报》2007 年第 4 期。

[48] 张霄：《论义务》，载《江西师范大学学报》（哲社版）2011 年第

1 期。

［49］［意］G. 科拉济亚里：《伦理与经济》，侯宏勋译，载《国外社会科学》1994 年第 3 期。

［50］孙笑侠：《公、私法责任分析——论功利性补偿与道义性惩罚》，载《法学》1995 年第 3 期。

［51］王全兴：《宏观调控法论纲》，载《首都师范大学学报》（社科版）2002 年第 3 期。

四、博士学位论文

［1］董长瑞：《投机消费及其经济影响研究》，华中科技大学 2008 年。

［2］陈燕武：《消费经济学的若干问题研究》，华侨大学 2006 年。

［3］汪浩瀚：《转型期中国居民消费的不确定性分析》，首都经济贸易大学 2006 年。

［4］赵鹏博：《中国股市投机泡沫形成机制与实证研究》，华中科技大学 2008 年。

［5］史永东：《资本市场中的投机泡沫、羊群行为和投资者心理》，东北财经大学 2003 年。

［6］周江博：《我国房地产经济安全与政府控管研究》，华中农业大学 2003 年。

［7］高维和：《中国企业渠道投机行为及其治理策略研究》，上海交通大学 2007 年。

［8］张德峰：《宏观调控法律责任研究》，中南大学 2007 年。

［9］罗干坤：《追寻自由——论经济伦理自由范畴本义》，中山大学 2004 年。

五、外文资料

［1］Williamson, Oliver E. Markets and Hierarchies. New York：The FreePress, 1975.

［2］Williomson, Oliver E. The Mechanisms of Governance. New York：OxfordUniversity Press, 1985.

［3］Shiller. R, (1981). Do stock prices move too much to be justied by subsequent challges in dividends. American Economic Review.

［4］Shiller. R, Market Volatility Cambr. dge, MA：MIT Press, 1989.

［5］Greenwald. B，Stiglitz，J. E&Weiss. A：Information imper – fection in the capital market and macroeconomic fluctuation ［J］ . American Economic Review. 1984（5）.

［6］Joerges. C：Good governance in Europe's integrated market ［M］ . Oxford University Press. 2002.

［7］Habermas. J：The postnational constitution：Political essays ［M］. Cambridge，UK：Polity，1999.

后 记

读研之前，我就对经济学理论充满着兴趣与爱好。在学习和研究过程中，我逐渐将学习与研究的重心从单纯的法学理论转向法律与经济的结合。2008年秋，经过对各个高校经济法博士点的比较，决定报考离自己家乡较近的南京大学的经济法博士研究生。一次偶然的考博电话咨询中，双方相互熟悉而又难以改变的乡音，迅速拉近彼此间的亲近感。这种戏剧般的语音邂逅，从此在我的内心深处结下了无法忘怀的师生之缘。此后成为陶广峰教授的弟子，也就变得很自然了。在攻读博士学位期间，在恩师陶广峰先生指点下，我涉猎了许多经济学方面的理论与知识，并认识到在市场经济条件下，运用法律手段对市场经济进行有效调控是一个实践性很强的问题。正是因为如此，本人对市场经济活动中各种经济现象的关注度也就相应增加，而市场经济活动中的商品投机就是其中之一。经过近两年的努力，我的博士学位论文——《商品投机法律调控问题研究》如期完稿，并顺利通过南京大学博士学位论文答辩。

而本书恰好是笔者在南京大学法学院攻读博士学位期间的博士学位论文基础上经过多次反复修改而形成的。从论文选题到着手准备，从博士论文完稿再到本书的完成修订，本人所历经的酸楚与辛苦，非笔墨所能言清。同时也有几多遗憾。遗憾的是自己的学术功底仍不够凝炼厚重，对论文中有些问题的研究尚不深入，因而本书存在某些缺陷与不足也就难以避免。而且这种遗憾，只能在以后的工作和学习中，通过继续努力加以弥补。

从博士毕业论文选题到完稿再到该书的最终出版，我的博士生导师陶广峰先生可谓付出了诸多劳苦、耐心与睿智。他的严谨不苟的治学态度和仁爱宽厚的人格风范让我由衷的敬佩，使我终身受益。同时还要感谢师母杨慧玲老师在读博期间及博士毕业后持续不断的关怀与帮助。

　　同时还要感谢新疆大学相关领导对本书的顺利出版给予的大力的关怀与帮助。

　　最后还要感谢我的父母和我的爱人冯霞女士对本书的完稿给予的默默无闻的支持与帮助，感谢我的女儿在我学习和写作过程中给予我无限的精神动力，是她让我枯燥乏味的写作过程充满了无尽的欢乐与希望。

夏黑讯
2014 年 4 月

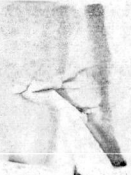

后　记

　　读研之前，我就对经济学理论充满着兴趣与爱好。在学习和研究过程中，我逐渐将学习与研究的重心从单纯的法学理论转向法律与经济的结合。2008年秋，经过对各个高校经济法博士点的比较，决定报考离自己家乡较近的南京大学的经济法博士研究生。一次偶然的考博电话咨询中，双方相互熟悉而又难以改变的乡音，迅速拉近彼此间的亲近感。这种戏剧般的语音邂逅，从此在我的内心深处结下了无法忘怀的师生之缘。此后成为陶广峰教授的弟子，也就变得很自然了。在攻读博士学位期间，在恩师陶广峰先生指点下，我涉猎了许多经济学方面的理论与知识，并认识到在市场经济条件下，运用法律手段对市场经济进行有效调控是一个实践性很强的问题。正是因为如此，本人对市场经济活动中各种经济现象的关注度也就相应增加，而市场经济活动中的商品投机就是其中之一。经过近两年的努力，我的博士学位论文——《商品投机法律调控问题研究》如期完稿，并顺利通过南京大学博士学位论文答辩。

　　而本书恰好是笔者在南京大学法学院攻读博士学位期间的博士学位论文基础上经过多次反复修改而形成的。从论文选题到着手准备，从博士论文完稿再到本书的完成修订，本人所历经的酸楚与辛苦，非笔墨所能言清。同时也有几多遗憾。遗憾的是自己的学术功底仍不够凝炼厚重，对论文中有些问题的研究尚不深入，因而本书存在某些缺陷与不足也就难以避免。而且这种遗憾，只能在以后的工作和学习中，通过继续努力加以弥补。

　　从博士毕业论文选题到完稿再到该书的最终出版，我的博士生导师陶广峰先生可谓付出了诸多劳苦、耐心与睿智。他的严谨不苟的治学态度和仁爱宽厚的人格风范让我由衷的敬佩，使我终身受益。同时还要感谢师母杨慧玲老师在读博期间及博士毕业后持续不断的关怀与帮助。

[5] Greenwald. B, Stiglitz, J. E&Weiss. A: Information imper – fection in the capital market and macroeconomic fluctuation [J] . American Economic Review. 1984 (5) .

[6] Joerges. C: Good governance in Europe's integrated market [M] . Oxford University Press. 2002.

[7] Habermas. J: The postnational constitution: Political essays [M]. Cambridge, UK: Polity, 1999.